死刑執行人

残された日記と、その真相

The Faithful Executioner

Life and Death, Honor and Shame in the Turbulent Sixteenth Century

ジョエル・F・ハリントン 著

日暮雅通 訳

柏書房

THE FAITHFUL EXECUTIONER:
Life and Death, Honor and Shame in the Turbulent Sixteenth Century

by JOEL F. HARRINGTON

Published by arrangement with
Farrar, Straus and Giroux, LLC, New York
through Tuttle-Mori Agency, Inc., Tokyo

1517

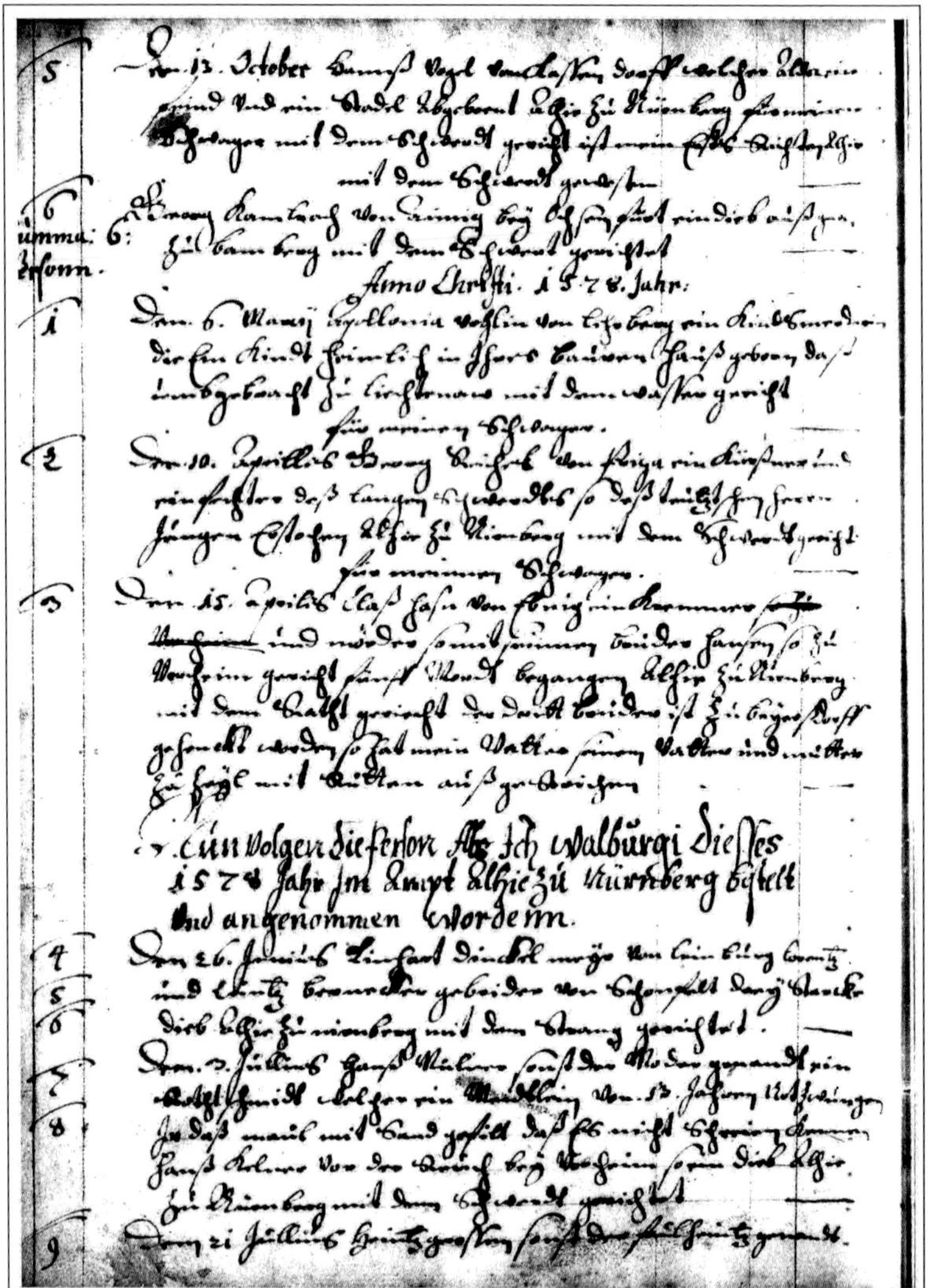

口絵1

フランツ・シュミットの日記、1634年の写本の1ページ。現存する最古の版で、ニュルンベルク市立図書館に収蔵されている。左側の余白に列挙されている処刑件数を数えた数字は、筆耕人が書き加えたものらしい。

口絵 2

信頼性のある資料としては唯一現存する、フランツ・シュミットの肖像画。絵心のあるニュルンベルクの法廷書記官が、死刑に関する法律書の余白に描いたもの。題材となっているハンス・フレーシェルの斬首刑が行われたのは1591年5月18日のことで、フランツ親方が37歳の頃。

口絵3

16世紀初めのニュルンベルクを描いた絵。市壁の外の貧しい周縁部は描かれていないが、市壁の外を取り囲む森に潜む危険から、町の暮らしを守る城塞都市の特徴を捉えている（1516年）。

口絵4
ドイツの歩兵（ランツクネヒト）
あるいは傭兵（1550年頃）。

口絵5
街道強盗に襲われる一人旅の行商人。風景画の細部（ルーカス・ファン・ファルケンボルフ 作、1585年頃）。

口絵6
どこでも罵倒されるブランデンブルク＝クルムバハのアルブレヒト・アルキビアデス。ホーフでシュミット一家を逆境に陥れた張本人（1550年頃）。

口絵7
東から見たホーフの町（1550年頃）。

口絵8

1584年7月7日、フランツ・シュミットによるアンナ・パイヘルシュタイニン処刑の図。実際に目撃して描かれたものと思われる。原画では死刑執行人の服装は視覚的にきわめて目立つ配色である——ピンクの靴下、明るい青の半ズボンにピンクの股袋をつけ、青い胴衣の上に革のベスト、白いシャツカラーを着用——ベストは少しでも返り血を避けるために着用している。ニュルンベルク都市年代記の挿絵より（1616年）。

口絵9

2年から10年のガレー船漕役刑に服すため移動するニュルンベルクの囚人。この形の国外追放は地中海国家で広く行われていた（1616年）。

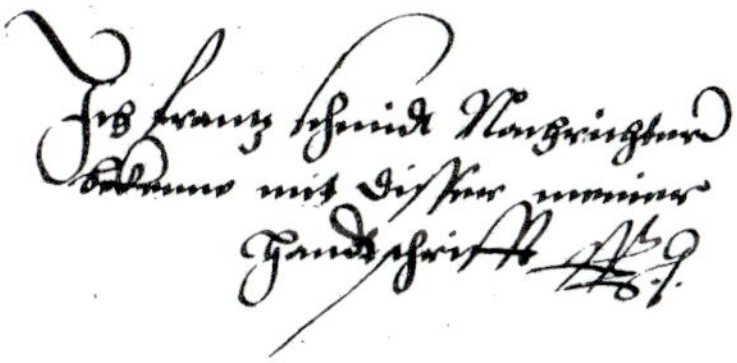

口絵10

1584年の雇用契約書上のフランツの署名。この時代としては例外的に整った形式だが、契約書本体を作成した公証人の書体とは明らかに異なる。したがって、自筆の署名と考えられる。

口絵11

1585年のフランツ・シュミットによる父親殺しフランツ・ゾイボルトの処刑、かわら版より。左上部は、〝人非人〟ゾイボルトの待ち伏せと父親殺しの図。父親は鳥網を仕掛けている。前面の絵では、刑場までの道でフランツ親方が、熱した火ばさみで囚人の肉をつまんでいる。カラス石に着くとゾイボルトは杭に固定され、〈車裂きの刑〉に処された。その後、屍は刑車の上に持ち上げられ、処刑台のそばにさらされた（背景の杭の上に首がさらされている）。

口絵12

近世の居酒屋風景。フランツのような若者に飲酒、ギャンブル、喧嘩、娼婦とのセックスを提供する場となっていた。道徳家には〝犯罪の学校〟と呼ばれることもあり、しばしばここで盗みなどの悪事の計画が練られた。宿の主人が防壁となり、〝泥棒娼婦〟と呼ばれる売春婦が無防備に酔っ払った客から所持金を奪った（1530年頃）。

口絵13

中世の棺桶裁判の図。中世末期まで裁判で行われていた。神明裁判の最後の残滓は、16世紀までには公式な効力をすべて失ったが、殺人者の手が犠牲者の屍に触れたら、傷口から出血したり死体が動くと信じている人々が、まだたくさんいた（1513年）。

口絵14

〈吊るし刑〉と呼ばれる拷問手段。後ろ手に縛った腕を滑車が引き上げる一方で、容疑者の足につけた重さの異なる石が体を引き下げる（1513年）。

口絵15

16世紀末になると、目をえぐり取る伝統的な刑罰はドイツ全土で稀になっていた（1540年頃）。

口絵16

ニュルンベルク都市年代記の挿絵。フランツ親方が、同時に4人の犯罪者をむちで打ちながら町から放逐している。男たちの背中はむき出しだが、フランツ親方同様、帽子を被っている。親方はこの刑のために赤いケープを羽織っている（1616年）。

口絵17

中世においても、女性の生き埋めは恐るべき見世物と考えられ、挿絵にあるように、苦悶する犠牲者の心臓に杭を打ち込むことで過程が短縮されることがよくあった。1522年ニュルンベルクで、そのようなものとしては最後の処刑（1616年）。

口絵18

チューリヒのある法域で、〝哀れな罪深き者〟が小船から水に沈められている。ニュルンベルクではこのために死刑執行人が臨時の処刑台を作った（1586年）。

口絵19

稀な、貴族の絞首刑の図。罪人はアウクスブルクの財務大臣で、年齢も若かったようだ。犠牲者が死ぬまで処刑人は二重梯子の上に留まり、下では教戒師が祈りを捧げている（1579年）。

口絵20

ニュルンベルク市内を行く処刑日の行列。馬に乗った2人の護衛に先導され、〝哀れな罪深き者〟が徒歩で進む。その両側に教戒師がついている（1630年頃）。

口絵21

スイスの町クールにおける、下手な斬首刑。しくじった死刑執行人に人々が投石している。彼らがヘマをすると見物人はいつも暴力を振るうが、死刑執行人が命を落とすことは稀だった(1575年)。

口絵22

南東方向から見たニュルンベルク。後方にカイザーブルクがそびえ立ち、市壁のすぐ外側には絞首台とカラス石がひときわ目立って描かれている（1533年）。

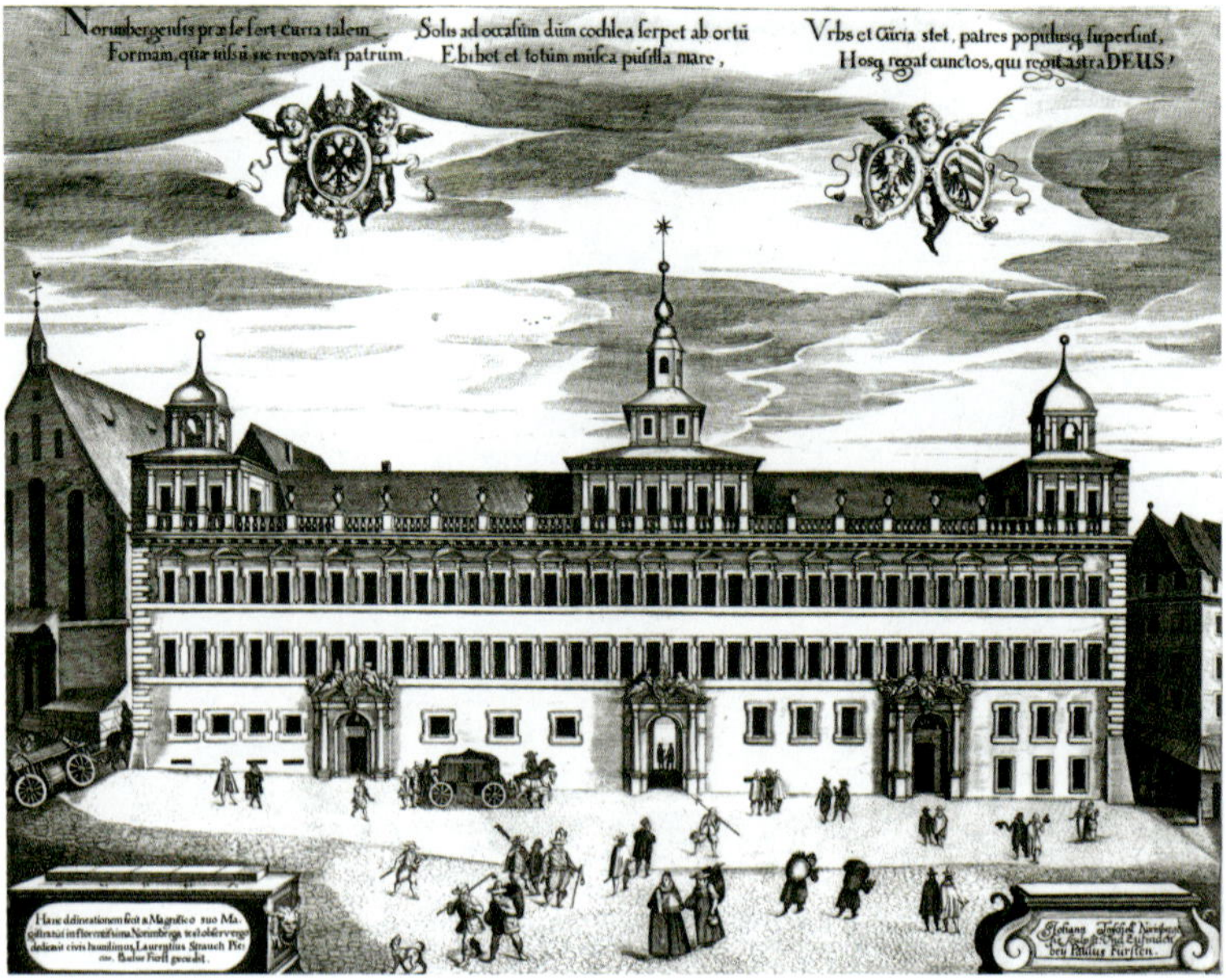

口絵23

西から見たニュルンベルクの荘厳な市庁舎。判決を受けた重罪人は穴牢獄（地下牢）で、1階の法廷で行われる最後の〝審判〟を待つ。絵の庁舎のすぐ右手(南)には中央市場がある(1650年頃)。

口絵24
悪名高いニュルンベルクの絞首台（左）とカラス石（右）（1648年）。

口絵25
ニュルンベルクの絞首台。法廷書記官による絵（1583年）。

口絵26
年代記作家による、1605年に行われたニクラウス・フォン・ギュルヒェン博士の処刑の絵。博士はニュルンベルクの枢密参事会員で、横領などの罪に問われた（1616年）。実際はひざまずかず、〝裁きの椅子〟に座っていた。

口絵27
反逆罪を犯したハンス・ラムシュペルガーの手足と首が、絞首台でさらしものにされている。法廷書記官のスケッチ（1588年）。

口絵28
かわら版の表紙に描かれた、妻と幼い子供2人を絞殺して自分は首を吊った犯罪者（右）。彼の死体はシャフハウゼンの街を引き回され、その後、処刑場の車輪の上にさらされた（左）（1561年）。

口絵29
市の年代記に描かれた、フランツ親方が自分の義兄である強盗のフリードリヒ・ヴェルナーを処刑する場面（1616年）。

口絵30

2人の強盗が卑怯にも、何の罪もない旅人に奇襲を仕掛けている。犯人たちのご機嫌ぶりと犠牲者の恐怖の表情に注目（1543年）。

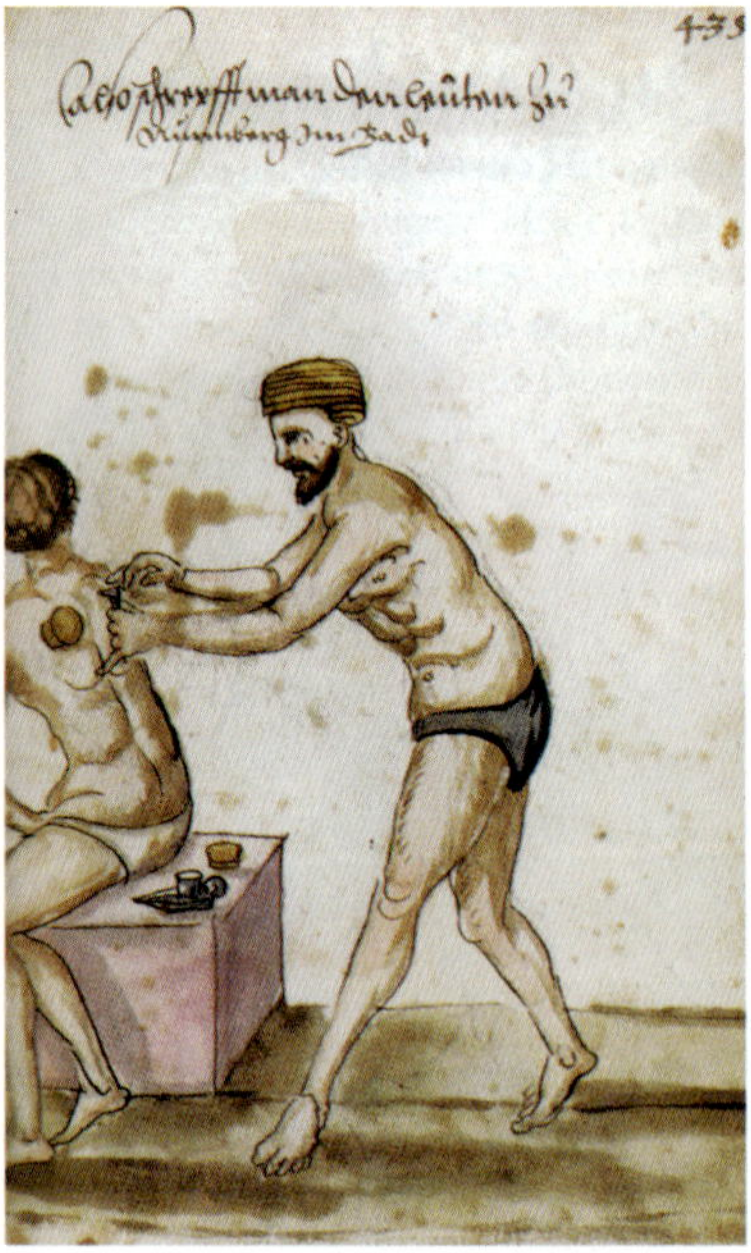

口絵31

公衆浴場は、娼婦などもいて社交の場となったばかりでなく、さまざまな医療も提供した（1570年頃）。

口絵32
家庭に押し入った強盗たちの残虐行為と、どうすることもできずにいる被害者たちの恐怖をありありと描く、18世紀フランスの版画。特に、孤立した水車小屋では助けも望めない（1769年）。

口絵33
誰もが武器を帯びている社会では、蜘蛛の巣を払っている召使いまで、自分の短剣を手の届くところに携えている（1570年頃）。

口絵34

ニュルンベルク都市年代記に、1584年、若い女性2人が絞首刑になり、続いて翌日には若い男性5人が絞首刑に処せられるという、前例のない出来事が記録されている。全員、地元の強盗団の仲間だった（1616年）。

口絵35

かわら版に掲載された〝放蕩息子の物語〟。主人公が、左の場面では別れを告げて出かけるところ。中央場面ではぜいたくにうつつを抜かし、右の場面では落ちぶれて豚を飼うようになっている（1570年頃）。

口絵36

不名誉な泥棒（左）とりっぱな泥棒（右）をなまなましく再現する、アルブレヒト・デューラーの作品（1505年）。

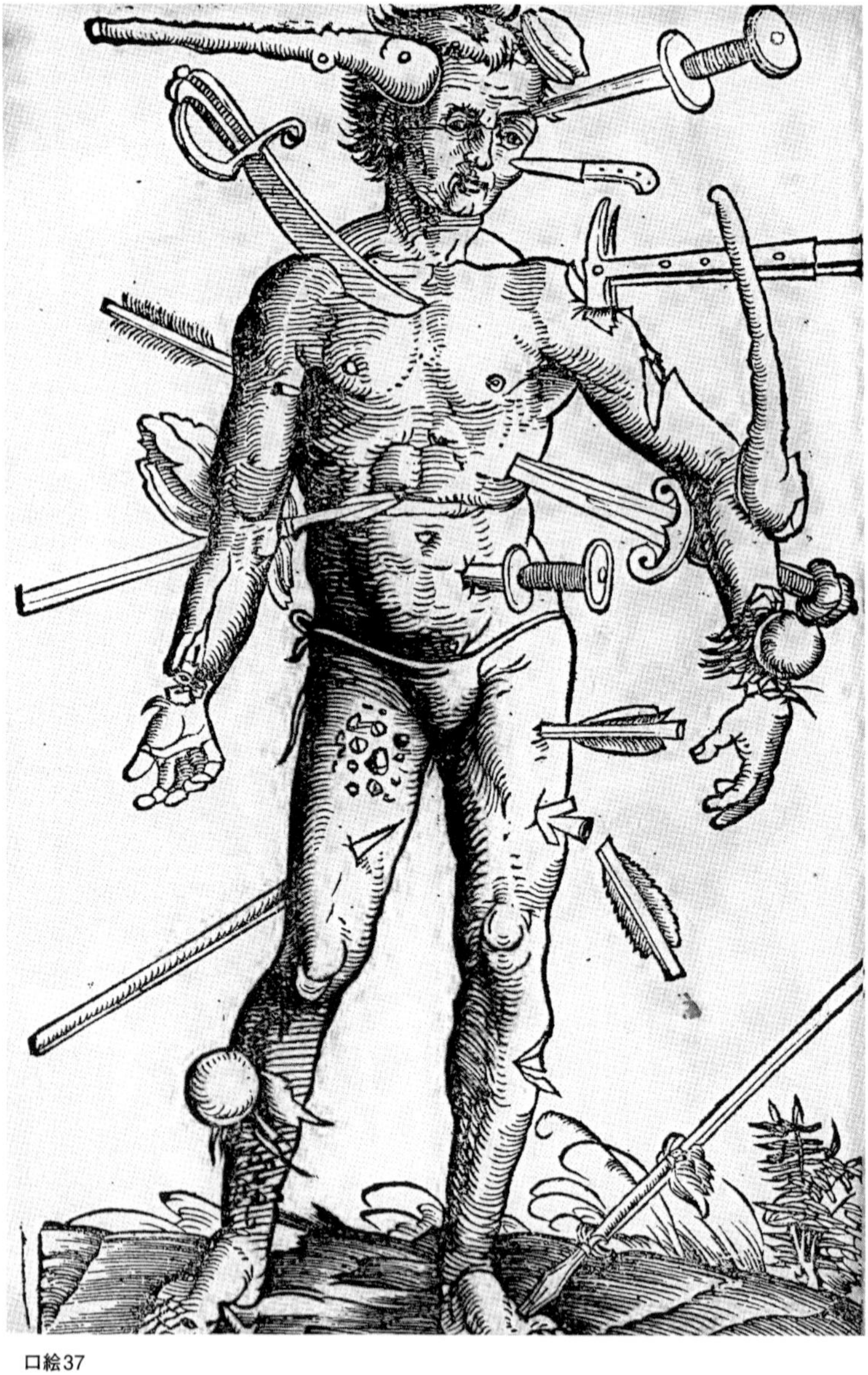

口絵37

たびたび版を重ねたハンス・フォン・ゲルスドルフ著『フェルトブッフ（現場用手帳）』より、「負傷した男」の図解。処刑人や理髪師兼外科医がいつも治療していた、人体がこうむるさまざまな創傷を示している（1517年）。

口絵38
傷医者が、酩酊状態だがまだ意識のある患者に切断術をほどこしているところ。傷医者や理髪師兼外科医が、医療市場におけるフランツの主な競争相手だった（1550年頃）。

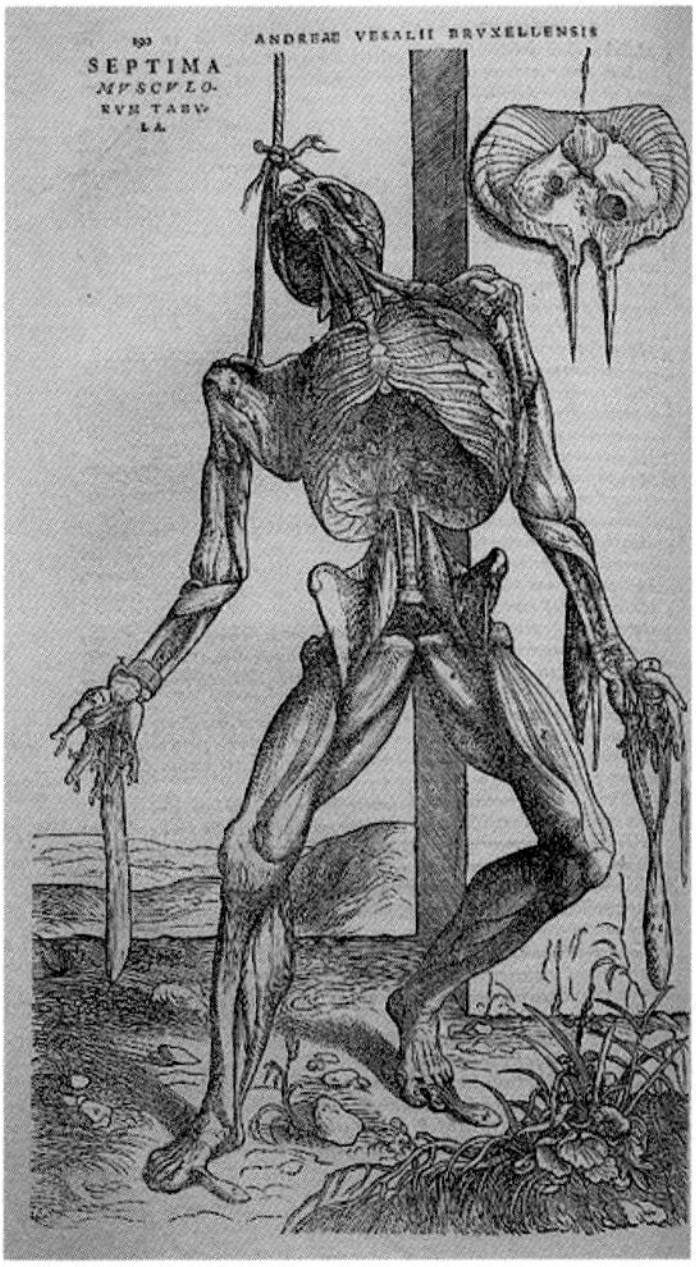

口絵39
人間の筋肉組織。1543年に出版されたヴェサリウス著『人体の構造について』所収の、ほぼ200点に及ぶ詳細な図解のひとつ。名高い専門家でさえ、絞首刑に処せられたばかりの犯罪者をモデルにしていることに注目されたい。

口絵40

ニュルンベルク市の指定医師、ヴォルヒャー・コイター（1534～76年）。後任のヨアヒム・カメラリウス（1534～98年）と同様、コイターも解剖に熱中し、墓泥棒をしたために市から一時期追放されたことがあるほどだった（1569年）。

口絵41

バーデンで生きながら焼かれる、魔女だと告発された3人。全ヨーロッパを荒れ狂った魔女狩りの時期は、フランツ・シュミットの生涯とほぼ一致する（1574年）。

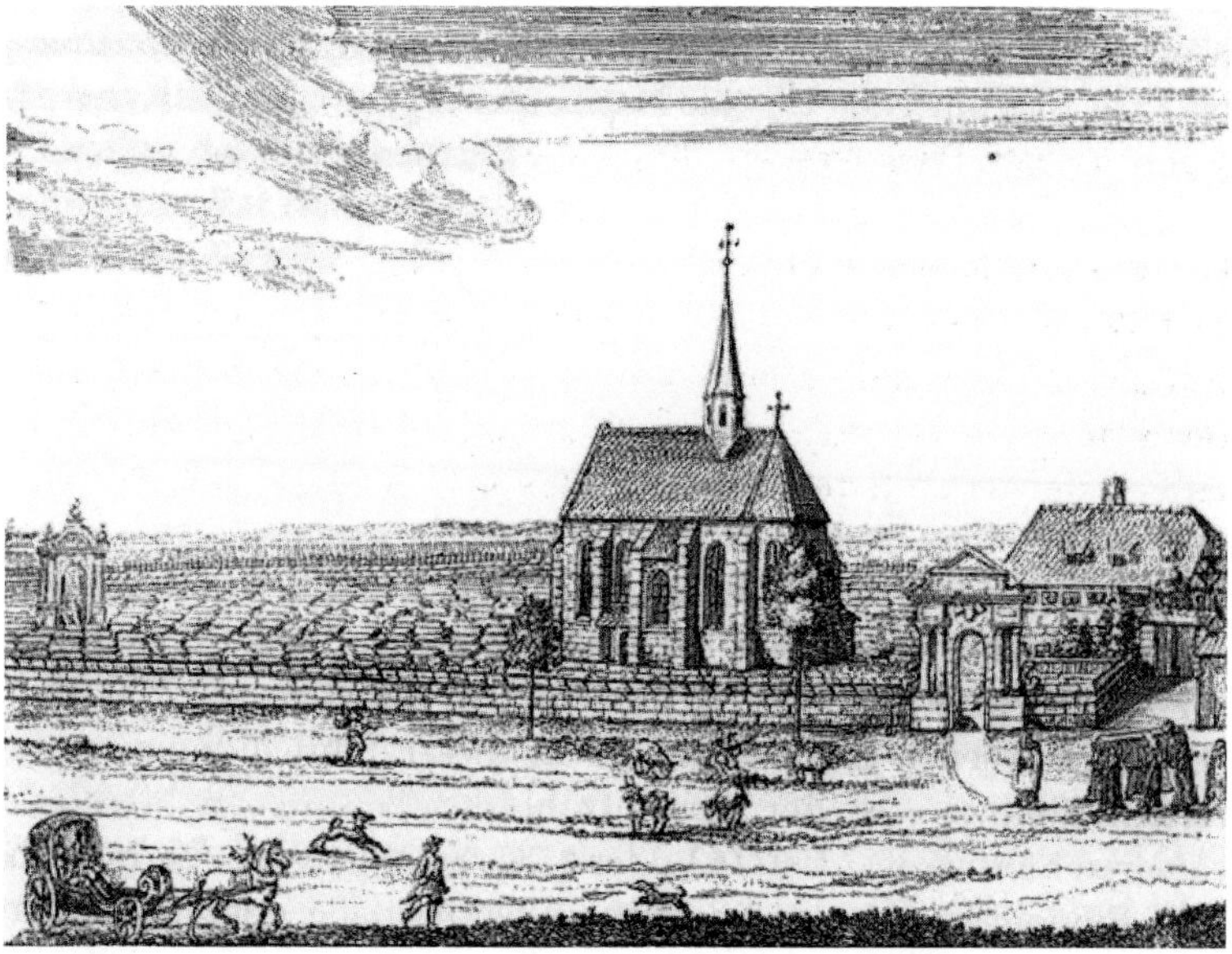

口絵42

市壁のちょうど南西、聖ロクス墓地へ向かう葬列。前景に描かれた礼拝堂の左手約50フィートのところに、フランツの墓がある（1700年頃）。

口絵43

ロマン派のイメージする典型的な中世の刑事法廷。フードをかぶった処刑人とその助手たちと〝鉄の処女〟、秘密裁判が描かれている（1860年頃）。

死刑執行人

残された日記と、その真相

目次

門
見張り塔
（牢獄）
蛙塔
（牢獄）
聖ゼーバルト教会
市庁舎
（"穴牢獄"は地下にあった）
貯水塔（牢獄）
首吊り役人
の家
中央
市場
肉橋
男・女債務者
の牢獄
ペグニッツ川
聖ローレンツ教会
ーベレ・ヴェールト通り
0：フランツ・シュミット
退後の住居
■材木場近く
の断頭場
貴婦人の門
カラス石と絞首台
Map by Gene Thorp

帝国自由都市　ニュルンベルク 1600年頃

フランツ・シュミットの生きた世界

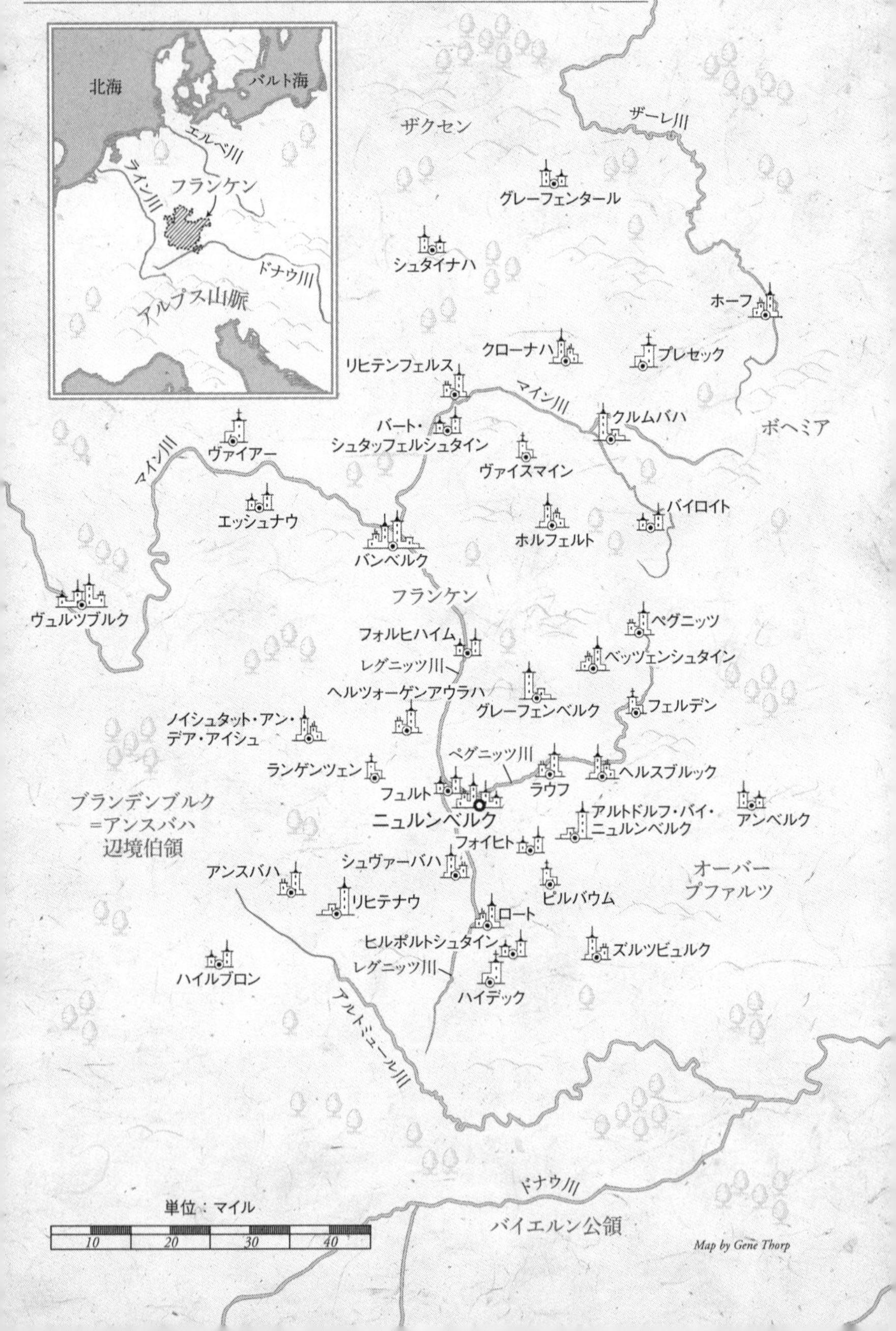
北海
バルト海
エルベ川
ライン川
フランケン
ドナウ川
アルプス山脈
ザクセン
ザーレ川
グレーフェンタール
シュタイナハ
ホーフ
クローナハ
プレセック
リヒテンフェルス
マイン川
クルムバハ
ボヘミア
バート・
シュタッフェルシュタイン
ヴァイアー
ヴァイスマイン
マイン川
エッシュナウ
バイロイト
ホルフェルト
バンベルク
ヴュルツブルク
フランケン
ペグニッツ
フォルヒハイム
ベッツェンシュタイン
レグニッツ川
ヘルツォーゲンアウラハ
グレーフェンベルク
フェルデン
ノイシュタット・アン・
デア・アイシュ
ペグニッツ川
ランゲンツェン
ヘルスブルック
フュルト
ラウフ
ブランデンブルク
=アンスバハ
辺境伯領
ニュルンベルク
アルトドルフ・バイ・
ニュルンベルク
アンベルク
フォイヒト
シュヴァーバハ
アンスバハ
ピルバウム
オーバー
プファルツ
リヒテナウ
ロート
ヒルポルトシュタイン
ズルツビュルク
レグニッツ川
ハイルブロン
ハイデック
アルトミュール川
ドナウ川
単位：マイル
10
20
30
40
バイエルン公領
Map by Gene Thorp

死刑執行人

残された日記と、その真相

序

有用な人物はみな尊敬に値する。

――ユリウス・クラウツ、ベルリンの処刑人、一八八九年

太陽がかろうじて地平線を描き出そうかという朝まだき、ひんやりとした空気のなかを人々が集まりはじめた。一六一七年十一月十三日、木曜日。法と秩序の砦としてヨーロッパ中に聞こえる帝国自由都市ニュルンベルクで、またひとつ公開処刑が行われようとしていた。あらゆる階層の者たちが、これから始まる一大イベントに先立ち、格好の見物場所を確保しようとしているのだ。市庁舎から市壁のすぐ外にある絞首台まで、つまり〝死の行進〟の全行程沿いには急ごしらえの屋台がずらりと並び、ニュルンベルク・ソーセージやザウアークラウト、塩漬けニシンといった食べ物を呼び売りしている。人混みを縫ってビールやワインを売り歩く大人や子供もいる。

日がすっかり昇ったころ、見物人は数千人にもふくれあがっているのに、〝射手〟と呼ばれる市の治安官は、十人かそこら。治安を維持できるのかどうか、見るからに不安そうだ。酔っぱらった

若者たちは小競り合いをくり返し、もう待てないとばかりにそこらじゅうで卑猥《ひわい》な歌をがなりたてる。吐瀉物《としゃぶつ》と尿の刺激臭が、ソーセージを焼いたり栗を炒ったりする香ばしい煙と混じり合う。

古くから〝哀れな罪深き者〟と呼び習わされる死刑囚について、噂が群集のあいだをめまぐるしく駆けめぐる。基本的な情報は、たちまち伝わっていった。名前はゲオルク・カール・ランブレヒト。三十歳。以前はフランケンのマインベルハイム村にいた。長年のあいだ粉職人として修業し働いてきたのだが、ごく最近はワイン運搬人という格下の地位に身をやつしていた。

この男が自分の兄弟やその他の無法者たちとともに大量の金貨銀貨を偽造したかどで死刑を宣告される一方、共犯者はみなまんまと逃げおおせてしまったということを、誰もが知っている。見物人たちにとってそれ以上に気になるのは、彼が魔術に通じているという噂のほうだ。不義密通のせいで最初の妻と離婚し、〝鉄食い女〟として悪名高い魔女と一緒に〝各地で邪教に迷った〟のだという。最近も、目撃した数人の話によれば、ランブレヒトが黒い雌鶏を宙に放り投げて、〝ほうら、悪魔よ、ごちそうをやるから、おれにもくれ!〟と叫びざま、大勢いる敵のひとりに死の呪いをかけたとか。彼の亡くなった母親も魔女だったという噂で、父親のほうは泥棒としてずいぶん前に絞首刑に処されていたことから、監獄付き教戒師が〝このリンゴは実っていた木から遠くには落ちなかった〟と評したのも、うなずける。

正午少し前、近くの聖ゼーバルト教会の鐘がおごそかに鳴りはじめると、すぐに中央市場の聖母マリア教会、続いてペグニッツ川向こうの聖ローレンツ教会の鐘の音も重なって響く。待つこと数分、荘重な市庁舎の脇の扉から、哀れな罪深き者が、足かせをかけられ、両手首をがんじょうな縄で縛られた姿で引き出されてくる。刑事裁判所に二人いる教戒師のひとり、ヨハネス・ハーゲンドルンがのちに日記に書いているところによると、このときランブレヒトは教戒師に顔を向け、自分が犯した数々の罪の赦しを請うたという。

また、最後にもう一度、偽造犯への規定の刑罰である生きながらの〈火あぶりの刑〉ではなく、すぐに訪れる尊厳ある死を望んで、剣による〈斬首刑〉に処してもらえるようにと、むなしく訴えた。懇願をしりぞけられたランブレヒトは、隣接する市の広場へと、長年務めあげてきた市の死刑執行人《エクセキューショナー》、フランツ・シュミットに巧みに導かれていく。

そこから先は、市の高官たちの行進がゆっくりと、一マイル（約一・六キロ）離れた処刑場へ向かう。赤と黒で貴族の美装を凝らした〝血の法廷〟の裁判官が、馬上で厳粛な行列を先導し、その足もとに死刑囚、二人の教戒師、そして、その職にある者たちの例にもれずフランツ〝親方〟という敬称のほうが住民たちには通りがいい、処刑人を従える。彼のうしろを歩くのは、黒っぽい服装のニュルンベルク市参事会代表者たち。市の裕福な名門一族の子弟だ。そして、地元の手工業同職組合のかしらたちが続き、正真正銘市の式典であることを表している。

行く先々に並ぶ見物人の前を通り過ぎながら、あられもなく涙を流しているランブレヒトは、知り合いを見つけると祝福の言葉をかけては赦しを請うた。畏怖すべき市壁を南の貴婦人《フラウエントーア》の門から出ると、行進の目的地はすぐそこだ。ぽつんとひとつ盛り上がった台で、処刑のあと朽ち果てるにまかされた死体をついばみにやってくる鳥にちなんで、俗に〝カラス石〟と呼ばれる。哀れな罪深き者は石段を処刑人とともにのぼり、台の上から群集に向かって話しかけようとしながら、いやおうなく隣に立つ絞首台に目をやってしまう。もう一度おおっぴらに懺悔《ざんげ》し、神に赦しを訴えると、がくりと膝をついて主の祈りを唱えた。教戒師が彼の耳もとで慰めの言葉をつぶやく。

　祈りの言葉が結ばれると、フランツ親方がランブレヒトを〝裁きの椅子〟に座らせ、首のまわりに細い絹のひもをゆったり巻きつける。彼が火にかけられる前にこっそり首を絞めようというのであり、処刑人の側で下す、せめてもの慈悲だった。また、死刑囚の胸に鎖をしっかり巻きつけ、火薬が入った小袋を首からぶらさげ、花輪で両腕両脚のあいだの固定位置を覆うようにした。どれも、身体の燃焼を加速させるためだ。教戒師は哀れな罪深き者とともに祈りつづけ、フランツ親方は椅子のまわりに大量の藁束《わらたば》を積み重ねると、小さな木釘で固定した。

　処刑人がランブレヒトの足もとにたいまつを放る直前、その助手が死刑囚の首に巻いたひもをひそかに引き絞り、絞め殺したはずだった。ところが、炎の舌が椅子をなめはじめるやいなや、それが失敗したことがわかる。「神よ、あなたの御手に私の魂をゆだねます」という、死刑囚の悲痛な叫び。火が燃えさかり、「ああ、主よ、私の魂をお連れください」と悲鳴が何度か上がったかと思うと、後は火がぱちぱち燃える音がするばかり。肉の焼けるいやなにおいがたちこめた。死刑囚への同情心でいっぱいになっていたハーゲンドルン師は、最終的に心からの悔恨がはっきり見てとれたとして、その日の日記にこう打ち明けている。〝このように恐ろしく痛ましい死を経て、彼が永遠の命を受け継ぐ子となったことに、私はいささかの疑いももたない〟

　社会から締め出された者がひとりこの世を去り、もうひとりはあとに残って、自分が手にかけた死者の黒こげになった骨や燃えさしを片づける。フランツ・シュミットのような職業的殺人者は昔から恐れられ、蔑まれ、憐れまれさえしてきたが、後世に伝えられるような――あるいは伝える価値のある――誠実な一個人とみなされることは、めったになかった。

たちこめる煙をつんざいて聞こえてきた、あの絶望的に神を求める罪人の最期のあえぎ。その記憶がなまなましく残る処刑台で石段を掃き清めながら、六十三歳のベテラン処刑人の胸に去来するものは何だっただろう？　ランブレヒトの罪に疑問があったはずはない。二回にわたって長時間かけた容疑者の尋問のあいだ、彼自身もその確認に協力したばかりか、証人が何人も宣誓証言している。偽造に使った道具その他、動かしがたい証拠が死刑囚の住居で見つかったということもある。では、火あぶりの前の絞殺をしくじったせいで見苦しい展開になってしまったことを思い返して、悔やんでいるのだろうか？　プロとしてのプライドが傷つき、腕前に対する評判が地に落ちたと？　それとも、誰もがいやでたまらないと思うような仕事に五十年近くついているせいで、すっかり無感覚になってしまっているのだろうか？

そうした疑問の答えを見つけようとしても、普通はどこまでいこうと推論でしかない。満足のゆく解明など望めない、謎解きゲームとなるものだ。ところが、ニュルンベルクのフランツ・シュミット親方の場合、例外的に、まぎれもなく有利な要因があった。仕事仲間の教戒師と同様、フランツ親方も、異例に長かった在職期間中ずっと、みずからのとりおこなった処刑その他の懲罰を記す、私的な日記をつけていたのである。フランツ親方が一五七三年に十九歳で初めて手がけた処刑から、一六一八年に退職するまでを記録した、驚くべき文書だ。前述の処刑――悔悛《かいしゅん》した偽造犯を陰惨なやり方であの世に送ったのが、結局彼の最後の処刑となった。彼自身の算定によると、その手で三百九十四人を死に至らしめ、さらに何百人かに、むち打ちや身体の一部を損なう刑罰をほどこした職歴の、極致だった。

それで、フランツ親方の胸に去来したものは、何だったのか？　驚くことに、彼の日記は近世《アーリー・モダン》ドイツ（およそ一五〇〇年ごろから一八〇〇年ごろまで）の歴史を研究する人々に早くからよく知られていたにもかかわらず、日記を読んでこの疑問に答えを出そうとした者は、もしいたとしてもごくわずかだった。書き手の死後二世紀近くのあいだ、失われたオリジナルの手書きの写しが少なくとも五部、非公式に回覧されていたが、一八〇一年と一九一三年に活字版が刊行された。一九一三年版の英語抄訳版が一九二八年に出版されたのに続いて、先の二つのドイツ語版が純粋に復刻されたが、発行部数はいずれもごく限られたものだった。

私自身がフランツ親方の日記に初めて出会ったのは、今から何年か前、ニュルンベルクの書店の郷土史コーナーでだった。古めかしい謎をいくつも解き明かして封印された地下貯蔵室を開き、長いあいだ人知れず眠っていた手書き原稿を発見した、などというドラマティックな出会いとは程遠いが、それが発見の瞬間《ユリーカ》であったことに、変わりはない。四世紀前の職業処刑人が、これほどしっかりした文章をあやつるとは、ましてやそんなふうに自分自身の考えや行動を記録する気になるとは、驚きだった。まさに掘り出しものだと思った。今まで、この驚くべき情報源を生かしてこの男の人生と生きた世界を再現しようとする者が、よく出なかったものだ。単なる骨董品扱いの稀覯本《きこうぼん》として本棚の奥に葬られていたのは、まさに、語られるべき驚異の物語だったのである。

その薄手の本を買い込んだ私は、読み進めるうちにいくつか重要な発見をした。まず、処刑人のなかでみずから記録を残しているのは、フランツ・シュミットただひとりというわけではないが、記録を続けた期間の長さと、ほとんどの記載事項が詳しいことの両方で、その時代に彼をしのぐ者はいない。

当時、ドイツ人の大多数は読み書きができなかったものの、処刑人のなかには、それができ、単純で紋切り型の処刑リストをつくっていた者がいたし、現存するリストもある。近代の幕が開くころには、処刑人の回顧録がそれだけでひとつの人気ジャンルになっていた。いちばん有名なのは、十七世紀なかばから十九世紀なかばまでパリで称賛された処刑人の名門、サンソン一族の年代記だ。その後、ヨーロッパでは死刑が減退していき、〝最後の処刑人〟の回想録が、これで最後とばかりにどっと出版され、ベストセラーになるものもあった。

それにしても、この興味深い人物が相変わらず不明瞭なことにまごついた私は、もっと注意深く日記を調べて、第二の、さらにやっかいなことを発見した。フランツ親方が自分の出会ったさまざまな犯罪者たちをしっかり描写しているのは確かなのだが、自分自身は、人をじらすかのように一貫しておもてに出てこない。自分が書いている出来事ではたいてい重要な役割を果たしているくせに、影のような、寡黙な観察者に徹しているのだ。

この点、この日記《ジャーナル》自体は、現代的感覚で言う日記《ダイアリー》というよりは、職業生活の記録《クロニクル》に近い。二、三行から数ページまで、長さのまちまちな六百二十一項目は、もちろん年代順《クロノロジカル》に書かれているが、二つのリストにまとめられている。ひとつは一五七三年からフランツ親方の手がけた死刑の詳細、もうひとつは一五七八年から彼がとりおこなった体刑――むち打ち、焼印、指や耳や舌の切り落としだ。それぞれに、犯罪者の名前、職業、出身地のほか、罪状、処罰の形態、執行地が記述されている。フランツ親方はしだいに犯罪者や被害者の背景情報、直近の犯罪や過去に犯した罪について、それまでより詳しく書き添えるようになり、処刑を前にした最後の数時間や、ある瞬間の様子を必要以上に記述することもあった。何十カ所か、長めの記述もあるが、そのなかで彼は問題の異常者についてさらに詳しく記し、特定の重要な場面を生彩ある表現で、ときには会話もまじえて再現してみせている。

フランツの日記《ジャーナル》を〝自我記録《エゴ・ドキュメント》〟、つまり日記《ダイアリー》や私信のような、個人の思考、感情、内心の苦悩の証拠を、研究者たちがそこに求めるような情報源とみなすのは、妥当でないとする歴史家も多いようだ。たしかに、長きにわたる拷問のくり返しによってもたらされる精神的危機の話とか、正義をめぐる長々とした哲学談義が出てくるわけでないし、人生の意味についてちらりとでも考察することもない。それどころか、個人的なことへの言及がまったくと言っていいほど見当たらないことに、驚かされる。

四十五年間にわたってつけた日記で、フランツは〝私は／が〟、〝私の〟という単語を、それぞれほんの十五回、〝私を／に〟は、たった一回しか使っていない。しかもその用例は、仕事上の重要な時点について（たとえば「私の初めての剣による処刑について」）述べるものが大多数で、意見や感情は表現されておらず、残る例ではなんとなく挿入されただけに思える（たとえば「私は三年前に彼女を市外でむち打った」など）。意味がありそうなのは、ともに同業の処刑人だった「私の父および私の義兄」がそれぞれ三回、職業的な文脈で出てくることだ。フランツの妻、七人の子供たち、大勢の仕事仲間たちには、いっさい触れていない。焦点を絞った日記だからといって、しごく当然とも思えないだろう。

犯罪の被害者や犯行者と、血縁やそれ以外の関係があるときも、それらしきことはおくびにも出さない。悪名高い追いはぎだったもうひとりの義兄など、彼が明らかに個人的に知っていた者は多いのだが。あからさまに宗教的な主張もしなければ、だいたいにおいて説教じみた言葉づかいを控えている。そんなあまりにも主観をまじえない文書が、書き手の人生や思考に、意味のある洞察をもたらしてくれるものだろうか？　フランツ親方の日記をもとに伝記を書こうとした者がまだ誰もいない最大の理由は、日記にフランツ親方の存在が足りないという、単純なことだったのかもしれない、私はそう思い至った。

私の計画も、もし二つの重要な突破口がなかったら、最初から行き詰まっていたことだろう。最初の突破口が現れたのは、フランツ親方との初めての出会いから数年後、別の仕事に取り組んでいたときのことだった。ニュルンベルクの市立図書館で、日記そのもののそれまで使われていたどれよりも古くて正確な写本を見つけたのだ。以前出版された二つの活字版の編者たちが底本にしたのは十七世紀末の写しで、どちらもバロック時代の筆耕人が読みやすくするために変更を加えていたが、こちらの伝記描写はシュミットが没した一六三四年に完成した写しをもとにしている。

このあとの版でとりいれられた変更のなかには、それほどたいしたことでないものもある。いくつかの単語のスペル違い、参照のためにつけた番号、何カ所かの日付のわずかな異同、構文の手直し、句読点の挿入といったことだ（一六三四年版には句読点がない。教養の程度が同じくらいのたいていの書き手と同様に、もともとの日記ではシュミットも句読点を使っていないのだろう）。しかし、重要な違いも多い。いくつもの文をまるまる削除して、まったく新たに説教じみた言葉や、ニュルンベルク市の都市年代記や犯罪記録から抜粋したさまざまな詳細まで付け加えている版もあるのだ。そういうパスティーシュ作品とも言えるような後年版のほうが、限定版の本を内輪で回覧していた十八世紀ニュルンベルク中産階級の興味をそそることになった。だがそれと同時に、フランツ親方ならではの発言が、ひいては彼のものの見方が、そこからはごっそり取り去られてしまったのだ。後年版では特に、最後の五年間が一六三四年版と根本的に異なる。いくつかの項をまとめて省略し、ほとんどの犯罪者の名前、および犯罪の詳細も割愛しているのだ。全体として、古いほうのテキストの少なくとも四分の一は、後年版とある程度違っている。《口絵1参照》

　とりわけ興味深い、しかも有用な違いは、日記自体のまさに出発地点ではないだろうか。一八〇一年版と一九一三年版で、フランツは「一五七三年、父に代わってバンベルクで始めた」と記している。本書がもとにしている版では、まだ若い処刑人はこう書いている。「キリスト紀元《アンノ・クリスティ》一五七三年――父ハインリヒ・シュミットに代わってバンベルクで処刑した者たちを、ここに書きとめる」。一見ささいと思えるこの違いが、実は、日記全体に関する最もとらえどころのない疑問に光明をもたらしてくれるのだ。

　フランツは、そもそもなぜ日記を書いたのか？　後年の写しの言葉づかいからは、冒頭の献辞というより、父親からの命令のように思える。父のシュミットが、職人《ジャーニーマン》である息子に対し、将来予想される雇い主のために職務履歴書に相当するようなものを書きはじめろと、指図しているわけである。ところが、古い版の日記には、フランツが処刑人である父親（ここでは名前にも触れている）の代理を務めたのが最初の五年間であって、日記を書いている時点ではないと、はっきり書かれてある。それどころか、この版のあとのほうの言及から、日記を書きはじめたのは一五七三年ではなく一五七八年、シュミットがニュルンベルクに着任した年だと、はっきりする。二十四歳のフランツは、それまでの五年間を振り返り、処刑だけは思い出したが、「バンベルクで体刑をほどこした者はもうわからない」ため、体刑のほうはほぼすべて省略したのだ。

この発見によって、新たな疑問がいくつか出てきた。まっ先に思いつくのは、フランツ・シュミットが一五七三年に父のために書きはじめたのでないのなら、彼は誰のために、またなぜ、書いていたのか？　特に最初の二十年間はほとんどが概略しか書いていないことからして、あとで発表するつもりだったとは、あまり考えられない。やがて手書きの写しが出回ることになるくらいのことは——実際にそうなったわけだが——想像していたかもしれない。しかし、それにしても、初期の日記ではほかにもある似たような市の記録の詳しさに（あるいは面白さにも）とうてい及ばないし、全体を通しても文芸作品を志すというよりは台帳をつけるような書き方だ。書き手自身以外の誰かに日記を読ませるつもりはなかったのかもしれない。だが、だとすると今度は、書きはじめたのがニュルンベルクで専従の処刑人に任命された一五七八年なのはなぜか、また、断固として私的なことに触れようとしなかったのはなぜか、という疑問がわいてくる。

フランツ・シュミットの日記の謎を解く第二の鍵は、今はウィーンのオーストリア国立文書館に保管されている、彼の晩年の感動的な文書にある。誰からも忌み嫌われ、公式にも〝不名誉〟と称される職業の人生を送ったのち、退職した七十歳の処刑人は、遅まきながら一族の名誉回復を皇帝フェルディナント二世に訴えた。請願書はきっちりと規定方式に沿ったもので、専門の公証人が清書しているが、心の奥底からの、当時としては驚くほど個人的な感情が表現されている。高齢になったフランツが真情を吐露するように、理不尽にも自分の家族が忌まわしい職業に落ちていったいきさつを物語り、自分の息子たちにはそれと同じ運命をたどらせまいという決意を述べるのだ。十三ページにわたる文書には、副業として医療顧問や医療家の仕事をつづけていたシュミットが治療した著名な市民も何人か名を連ね（処刑人たちのあいだでは意外にもありふれた仕事だった）、そのうえに四十年あまり彼の雇い主だったニュルンベルク市参事会の熱心な推薦の言葉もあった。彼の長年にわたる市への奉職と人となりは〝称賛に値する〟ものであったと参事会は言明し、皇帝に彼の名誉回復を促したのだった。

日記を書きながらフランツが読み手としてずっと念頭に置いていたのが、その参事会だったということはないだろうか？　名誉回復を追い求める人生行路の指針とする動機があったのでは？　ドイツの処刑人としてそうした戦略を用いたのは、彼が最初だったかもしれないが、彼が最後になったとは、とても思えない。

この動機を土台としてフランツ親方の日記を読み返してみると、当初は没個性的な報告と思えたものの影から、書き手がゆっくりとあゆんでいる思考や感情が見えてきはじめた。構文や言語のパターンが浮かび上がってくる。表現法の不一致や変動がだんだん意味をもつようになる。じわじわ放出している自己同一性《アイデンティティ》が、どんどん明白になっていくのだ。自己表出にはまるっきり関心がない書き手でありながら、ほとんどの項目でも、うっかり自分の思考や情念をあらわにしてしまっている。のちの筆耕人がうっかり消し去ってしまった主観性こそが糸口となって、書き手の反感、恐怖、偏見、理想を明らかにしてくれた。残酷、正義、義務、名誉、個人の責任といった明確な概念が浮かび上がり、日記が書き進められるにつれて、整合性のあるひとつの世界観が輪郭をなしていった。日記そのものが道徳的意義を帯び、日記をつづることそれ自体、書き手がたゆまず一生続けた名誉回復運動のあかしだったのだ。

文書館に大量に保管されていた資料にも補われて、そういう読み方から浮かび上がる複雑な人物像は、大衆小説に登場するような紋切り型の感情をもたない人非人《にんぴにん》とは、ほど遠い。それどころか、私たちが出会うのは家庭を大切にする敬虔で禁欲的な男だ。にもかかわらずフランツは、自分が奉仕するりっぱな社会から締め出され、大半の時間を有罪となった犯罪者や、彼の仕事を補佐する犯罪者まがいの衛兵たちと過ごすことを余儀なくされていたのだ。

長年この職にあって事実上孤立していながら、フランツは逆にすぐれた社会的理解力を見せている。仕事上ではなばなしい成功をおさめたのも、自分に課せられた不名誉を徐々に反転していけたのも、その能力があったからだ。日記の年代範囲が広いおかげで、ろくに教育を受けていない独学者が文学的にも哲学的にも進化していくのが、よくわかる。日記に記される内容が、自分が出会った犯罪の簡潔な要約から、ちょっとした短い物語のようなものになっていき、その過程でだんだんと書き手の内なる好奇心――特に医学的なことがらに対する好奇心――ばかりか、道徳観をも明らかにしていく。あらゆる領域にわたる人間の残酷さにさんざん身をさらし、自身もしょっちゅう恐ろしい暴力をふるっているにもかかわらず、どう見ても心から信心深いらしいこの男は、求める者には最後に赦しと贖罪《しょくざい》がもたらされると信じて、決してぐらつくことがない。とりわけ身につまされるのは、職業生活も私生活も、不当な過去と現在に対する苦い恨みと未来への揺るがぬ希望の両方によって鼓舞されていると、気づく点だ。

こうして掘り起こしたことがすべて結実した本書には、二つの物語が織り込まれている。ひとつは、フランツ・シュミットという人間の物語。まず、一五五四年に死刑執行人《エクセキューショナー》の一家に生まれ、父親のもとで徒弟《アプレンティス》として修業した子供時代から、職人《ジャーニーマン》の処刑人として単独で旅して回るまでをたどる。彼自身の言葉（これは本書では「　」で表記してある）と、史実に基づいて再現した当時の世界を行き来しながら、処刑人という職業に必要な技能、彼の不安定な社会的地位、自分を向上させようという初期の努力を確認していく。彼が成熟していくとともに、私たちは近世ニュルンベルクの法律や社会の構造に出会い、中年になった処刑人が社会的、職業的昇格を執拗に目指す姿と、正義、秩序、責任といった彼の考えを見ていく。

私たちはまた、新たに彼の妻や育っていく家族、さらには雑多な人間の入り交じる犯罪者や法執行者仲間にも、まみえる。最後に、しだいに顕著になっていく二つのアイデンティティ、つまりモラリストであり治療師《ヒーラー》である存在として活躍する、晩年。そこでは、拷問と殺人を職業とする男の精神世界をかいまみることにもなる。彼が最晩年になし遂げたことは、つまらないことや個人的な不幸によってほろ苦いものとなったが、ひたすら名誉回復を求めた信念の強さだけでも、驚嘆と賞賛の的であることには、変わりないのだ。

本書の核にはもうひとつ、人間の本質と、仮にそういうものがあるとしてだが、社会の進歩を映す物語がある。フランツ親方の通常職務だった司法の暴力――つまりは拷問および公開処刑が、彼の時代には受け入れられたのに私たちの時代には反感をもたれるのは、どんな仮定や感覚のせいなのだろう？　どのように、またなぜ、そういう精神構造や社会構造が確立し、どう変化していったのか？　近世のヨーロッパ人たちが人間の暴力や虐待の独占を、あるいは個人的、集団的懲罰を楽しんでいたわけではないのは、確かだ。殺人の発生率だけで判定するなら、フランツ・シュミットの世界は中世の先祖たちの世界より暴力的でないが、現代の米国よりは暴力的なのである（かなり無理な比べ方だが）。

一方、国家の暴力という評価をするなら、死刑執行率が高く、軍による略奪がしょっちゅうだった近代以前の社会も、二十世紀の世界大戦、政治的粛清《パージ》、大量虐殺《ジェノサイド》の前にはかすんでしまう。世界中でいまだに司法の拷問や公開処刑が行われていることひとつをとっても、〝今より原始的な〟過去の社会とたいして変わっていないこと、社会は変化して昔とはすっかり違っているという根拠が薄弱なことが、はっきりする。世界中から死刑が根絶されることになるのか、それとも懲罰へ向かう人間の衝動はあまりに根深く、私たち人間のまさに本質となっているのか？

フランツ親方はどう考えていたのだろう？　私たちが何を見いだすにせよ、この神を敬うニュルンベルクの処刑人はいつまでも、異質であると同時に親近感を覚える人物でありつづけることだろう。自分自身や、ごく近しい人のことさえ理解するのは難しいのだから、時代も国も遠く隔たった職業処刑人のこととなれば、なおさらだろう。

伝記というのはみなそうしたものだが、日記その他の歴史的資料から明らかになったことのほかに、答えはない。ひょっとしたら答えはどこにもないのかもしれず、疑問が必ず数多く残るのである。信頼性のある資料として唯一現存する肖像画のなかで、信念の処刑人フランツ・シュミットは、私たちから顔をそむけている。《口絵2参照》いかにも彼らしいではないか。それでも、フランツ・シュミットとその世界を理解しようとするなかで私たちは、この拷問と処刑のプロに引きつけられた時点で期待した以上の自己認識と感情移入を、経験することになる。ニュルンベルクのフランツ親方の物語は、いろいろな意味で心を奪われる遠い時代の昔話だが、私たちの時代、私たちの世界のための物語でもあるのだ。

《表記について》

●フランツ・シュミットの日記
フランツの日記からの直接の引用は、すべて「　」で囲んであり、著者の翻訳（ドイツ語から英語）によっている。引用元は一六三四年の日記、および一六二四年の名誉回復請願書。

●固有名詞
近世（十五世紀中ごろから十八世紀中ごろまで）においては、まだ綴り方《スペリング》が標準化されていなかった。フランツ親方も当時のほかの筆記者と同様、しばしば、同じ節のなかにおいてひとつの固有名詞を異なるスペルで書いている。原書では、町などの地名と人物のファーストネームのほとんどを、現代的なスペルに直してある。だがファミリーネームは、違いをはっきりさせるため、現在は標準化されたものでも、近世のころの綴りのままに残すことにした。

女性のファミリーネームでは特に、次末音節（語尾から二番目の音節）における母音推移や、必ず「-in」で終わる点などが、近世のもののままになっている。たとえばゲオルク・ヴィトマン（Georg Widmann）の妻はマルガレータ・ヴィトメニン（Margaretha Widmänin）またはヴィトメニン（Widmenin）となり、ハンス・クリーガー（Hans Krieger）の娘はマグダレーナ・クリーゲリン（Magdalena Kriegerin）またはクリーギン（Kriegin）となる、といった具合である。ポピュラーなあだ名や別名に関しては、著者の判断により、当時のロートヴェルシュ（泥棒や浮浪者の隠語）から現代アメリカの俗語でそれに近いものに置き換えたケースもある（人名・地名の日本語カタカナ表記にあたっては、全体的に古いタイプの発音を採用した）。

●貨幣

近世のドイツでは、地域限定のものや帝国のもの、外国のものなど、さまざまな貨幣が流通していた。しかも貨幣の交換比率はつねに変動していた。本書では比較しやすくするため、最大の貨幣単位であるフローリン（またはグルデン）によるだいたいの金額を算出するよう、努めている。当時、通常の家庭における使用人、あるいは市の警備員などの年収は一〇から一五フローリン（グルデン）であり、学校教師は五〇フローリン、市の法律専門家は三〇〇から四〇〇フローリンであった。また、パン一斤は四プフェニヒ（〇・〇三フローリン）、約一リットルのワインが三〇プフェニヒ（〇・二五フローリン）、貧民街のアパートの年間家賃が約六フローリンであった。それぞれの通貨の換算率は、以下のとおり。

一グルデン（フローリン）＝〇・八五ターラー＝四（旧）プフント＝一五バッツェン＝二〇シリング＝六〇クロイツァー＝二二〇プフェニヒ＝二四〇ヘラー

●日付

グレゴリオ暦がドイツのカトリック地域に導入されたのは一五八二年十二月二十一日だったが、ほとんどのプロテスタントの領邦では一七〇〇年三月一日まで採用されなかった。したがってその間、ニュルンベルクのようなプロテスタント地域とバンベルク司教領のようなカトリック地域のあいだには、十日の（のちには十一日の）食い違いが生じた。つまり、ニュルンベルクにおける一六三四年六月十三日は、バンベルクにおける一六三四年六月二十三日だ。そこで当時の人たちは、一六三四年六月十三／二十三日などと書くことがあった。本書ではすべてニュルンベルクでの日付を採用しており、それはそのころまでのほとんどの場所と同様、一年は一月一日に始まる。

第一章　徒弟時代《アプレンティス》

息子がまだほんの幼児のあいだに最高の教育を受けられるよう配慮しない父親は、そもそも人間ではなく、人間性のなんたるかを理解していない。

――デジデリウス・エラスムス『幼児教育論』、一五二九年

人間の真価は心と意志にある。そこにこそ真の名誉が存する。

――ミシェル・ド・モンテーニュ「食人種について」、一五八〇年
（原二郎訳『エセー（一）』、岩波文庫、一九六五年より）

バンベルクのハインリヒ・シュミット親方《マイスター》の隣人たちは、親方の家の裏庭で親子が毎週やっていることに慣れてしまい、興味も抱かなくなっていた。ほとんどの人は司教の新しい死刑執行人《エクセキューショナー》のシュミットと円満に暮らしていたが、彼自身や家族の誰かを自宅へ招くことには、やはり強い警戒心を抱いていた。一五七三年五月のこの日、父が目をかけて大切に育ててきた息子のフランツは礼儀正しく――首吊り役人《ハングマン》の後裔《こうえい》にこんな表現ができるなら――育ちのよい十九歳の青年に見えた。当

時、十代の青年の多くがしたように、彼も父の職を継ぐつもりで、十一、二歳という若さでその道に入った。フランツは幼年期から思春期まで生まれ故郷のホーフで過ごした。現在のチェコ国境から十マイル、今日のバイエルン州北東にある小さな地方都市である。八カ月前、一家がバンベルクへ移り住むと、彼はハインリヒについて市内や近郊の村でいくつかの処刑に立ち会い、父の技量を学びながら簡単な手伝いをしていた。体が大きくなり精神的にも成熟すると、信頼感と腕前は急速に進歩した。彼も最終的には父のように、〝特殊尋問〟(つまりは拷問)を行い、また死刑が確定した者を法が定める方法で手際よく殺す技能を身につけた親方になるつもりだった。そこで使われる手法とは、一般的な〈綱による絞首刑〉から最も稀《まれ》な〈火あぶりの刑〉や〈溺死刑〉、忌まわしくめったに行われない〈内臓抉《えぐ》りと四つ裂きの刑〉まであった。

この日、ハインリヒ親方は息子に対し、あらゆる処刑法のなかで最も困難かつ名誉ある「剣による死」、〈斬首刑〉の腕前を試していた。一年前、父は大切にしてきた〝裁きの剣〟を振るう手腕と器量が、ようやく息子に備わってきたと考えるようになった。彫刻がほどこされた豪華で品のある重さ七ポンドのその武器は、ふだんは炉棚の上の家内で最も高貴な場所に吊るされている。親子は数カ月前からカボチャとヒョウタンで練習を始め、やがて筋張ったルバーブの茎を用いるようになった。人間の首の落ちにくさを模擬体験するためだった。初めのうちは予想にたがわずフランツはぎこちなく、自分自身と「哀れな罪深き者」をしっかり押さえつけている父を危険にさらすことも何度かあった。何週間か経つうちに、彼の身のこなしは徐々に滑らかになり、狙いはより正確になった。その時点でハインリヒ親方は息子が次のレベルに移る準備が整ったと判断し、ヤギやブタなど〝痛みを感じない〟家畜を使う訓練に移った。

その日は親方の指図で、地元の〝犬殺し〟あるいは廃馬処理業者が数匹の動物を集め、ガタガタの木の檻に入れて市の中心にある彼の家へ届けた。シュミットは彼らにささやかな心づけを払って、動物を裏庭の柵のなかに放させた。そこに息子が待っていた。見物人はたったひとりだったが、フランツが不安なのは見てわかった。つまるところ、カボチャは動かないしブタでさえほとんど抵抗しなかった。時代錯誤じみた感情移入のようだが、ひょっとしたらこのとき彼は、人に慣れた〝罪のない〟家畜を殺すことに胸の疼《うず》きを感じていたのかもしれない。何はさておき、今まで人に飼われていた眼前の動物たちの首を首尾よく落とすことが、自分の徒弟期間の仕上げになるとフランツは知っていた。それぞれをしっかりした一撃で仕留めることが、父の承認を得て職人《ジャーニーマン》の死刑執行人として遍歴修業に出ることを許され、広い世界へ出て行く準備が整ったことの目に見える合図になるのだった。ここでもハインリヒ親方は助手の役目をして、フランツが剣の柄《つか》をしっかり握るあいだ、吠え立てる最初の犬をしっかり押さえていた。

危険な世界

恐れと不安が人間生活を織り上げる。その意味でこの二つの要素は時代を超えて人々をつないでいる。とはいえ、ハインリヒ・シュミットと息子フランツが生きた世界の大きな特徴は、現代の文明社会が耐えられるとは思えないほどの危険に、個人が無防備にさらされていたことにある。牙をむく自然や超自然の力、たくさんの命を奪う不可解な疫病、乱暴で邪悪な人間たち、偶然の火事や放火――このすべてが近世の人々の発想と日々の暮らしにつねにつきまとっていた。その結果としての社会を覆う不安は、その時代にはよくあった残忍な司法制度をそれだけでは説明しきれない。だがそれはシュミット一家のような司法制度の執行者が、同時代の人々から感謝と同時に嫌悪の目で見られた背景を理解する手がかりを示している。

人の命が当てにならないのは、生まれたときからわかっていた。胎児の三分の一にのぼるとされた流産と死産の危険を生き延びても、フランツ・シュミットが十二歳の誕生日を迎えられる確率は五分五分だった（出産も母親にとっては命がけの行為であって、二十人にひとりの母親が分娩から七週間以内に死亡していた――現代の発展途上国の最悪の死亡率と比べても著しく高い）。子供は二歳までが最も命の危険にさらされていた。天然痘、チフス、赤痢などがしばしば大流行し、幼い子供が特に犠牲になりやすい。たいていの両親は少なくとも子供をひとり病気で亡くしており、子供たちも、きょうだいや片親、あるいは両親と死に別れている者がほとんどだった。

ヨーロッパの都市や田舎で蔓延した無数の伝染病のひとつに感染することが、若死の最もありふれた原因であった。五十歳まで生きた人々は命に係わる伝染病の大流行を、少なくとも五回はかいくぐっていた。ニュルンベルクやアウクスブルクのような大都市では、特に深刻な伝染病が蔓延した一、二年のあいだに、全人口の三分の一から半分までもが失われた。この時点で必ずしも一番致命的とは言えぬまでも、最も怖れられた疫病はペストであった。ペストの大流行はフランツ・シュミットの存命中、特に中央ヨーロッパでしばしば起こった――十四世紀中ごろに初めて黒死病が現れて以来、ヨーロッパ史上のほかのどんな時代や地域より頻繁に発生した。どんなタイミングで流行が始まるか、どの程度の威力なのかは、ぞっとするほど予知不能だった。個人のトラウマとして残った記憶や経験があらゆる伝染病についての共通の文化的不安を生み出し、さらには人の命のはかなさと、個人の無防備さを強く印象づけた。

洪水、不作、飢饉《ききん》といった予測がほとんど不能なものにも頻繁に襲われた。シュミット一家は小氷期（一四〇〇～一七〇〇年ごろ）として知られている、最悪の時期を生きる不幸に遭遇した。地球全体で年間の気温が下がり、いつもより長く厳しい冬が続き、夏も寒く雨が多かった。それは北ヨーロッパで特に顕著であった。フランツ・シュミットが存命中、故郷のフランケン地方では以前より雪や雨が多い年が続き、そのため畑は洪水に見舞われ、あちこちで作物が被害を受けた。数年経ってもブドウが熟すための温暖な月が足りず、ワインの味も落ちた。収穫はほとんどなく飢饉が起こり、人間も家畜も疫病の餌食となったり、餓死に追い込まれた。野生動物の数さえ劇的に減少し、飢えたオオカミの群れが人間を狙うようになった。あらゆる食料の欠乏ですさまじいインフレとなり、飢餓に見舞われ、かつては法を守っていた多くの市民たちが自分と家族を養うため、密猟や盗みをするようになった。

どうすることもできない自然の猛威に何度も痛めつけられたうえ、フランツ・シュミットとその時代の人々は、ほかの人間の暴力、とりわけ至るところにいるらしい盗賊や兵士たち、国土を自由に動きまわるさまざまな無法者たちと戦っていかねばならなかった。司教領バンベルクや帝国自由都市ニュルンベルクも、そのひとつである。ドイツの領邦国家はたいてい、原始林と広々とした牧草地、点在する小さな村落、人口千から二千人のいくつかの町と比較的大きな中心都市から成っていた。護ってくれる市壁も、身を寄せ合う隣人もなく孤立した百姓家や粉挽き場は、たいした武器も持たない腕力のある男たちのなすがままに痛めつけられていた。人馬のよく通る街道や農村地帯の細い道もまた、役に立つどころではない。領邦間の境界線となっている市のすぐ外の道路や森は特に危険だった。旅人はそこで、クンツ・ショットのような悪辣《あくらつ》な無法者に率いられた強盗団の餌食にされかねなかった。この男は数え切れない人間を襲い、金品を奪ったばかりか、みずから敵と名指ししたニュルンベルク市民の手を蒐集《しゅうしゅう》していると豪語していたのだ。《口絵3参照》

当時のドイツ最大の国家、神聖ローマ帝国の実態は――ヴォルテールが見事に皮肉っているように――神聖でもなければ、ローマ的でもなく、そもそも帝国でもなかった。それどころか法と秩序を守る責務は帝国を構成する三百以上もの領邦国家が分担していた。その規模は下級貴族の館とそのまわりの村からなる小さなものから、ザクセン選帝侯領やバイエルン公領のような広大な領邦公国まで多岐にわたっていた。ニュルンベルクやアウクスブルクなど七十を超える帝国自由都市が準独立国として機能し、一方で帝国諸侯たるバンベルク司教を含む司教や大修道院長たちが、聖職者の権限を持ちつつ長く世俗の支配権も享受していた。皇帝と年に一回開かれる国会に当たる帝国議会《ライヒスターク》が共通の忠誠の核となり、ドイツ全土に象徴的な権威を維持していた。しかし領邦国家のあいだでくり返し起こる私闘《フェーデ》や戦争を未然に防いだり、問題を解決するにはまったく無力だった。

フランツ・シュミットが生まれるちょうど二世代前、改革を進める皇帝マクシミリアン一世が、帝国内に混沌とした武力抗争がはびこっていることをいくぶんなりとも認めて、一四九五年、〈永久ラント平和令〉を発布した。

身分、財産、地位の如何によらず、氏族間の遺恨を晴らす私闘に走り、戦争を始め、略奪、誘拐、包囲戦をしかけてはならない……また相手の意思に反して、いかなる城下町、市場、砦、村、小村、百姓屋にも侵入してはならず、住人に武力を用いてはならぬ。また不法な占領、放火による脅し、その他いかなる方法でも被害を与えてはならない。

当時、貴族や側近たちが私闘に明け暮れ、小競り合いが頻発して社会不安の最大の原因になっていた――その争いに巻き込まれ、田舎に住む多くの人々が家を焼かれ財産を失った。さらに悪いことに、こうした貴族たちのなかには、追いはぎ貴族として略奪や誘拐、強盗《ブラケライ》といった犯罪行為を行う者もおり、田舎暮らしの人々や旅人をさらなる恐怖に陥れていた。

貴族間の経済統合が広がり、強力な領邦君主が出現したおかげで、フランツ・シュミットの時代までに、貴族間の絶え間ない私闘は概ね終焉していた。だが統合によって、ヴュルテンベルク公領やブランデンブルク選帝侯領（のちのプロイセン王国）のような大国が生まれると、こうした有力君主たちは豊かな富をふんだんに使って兵を雇い、大軍を集め、さらなる領土拡大に着手した。戦争へ傾斜するこの時代は、平民が就ける文民職が減少の一途をたどった時期でもあり、インフレと高い失業率が異常に長引くこの時代を、歴史家たちは長い十六世紀（一四八〇～一六二〇年ごろ）と呼んだ。考え合わせると、悪化を続ける雇用環境はもとより、支配者たちのいや増す領土拡大への野心に煽られて、兵隊への支払い額は十六世紀から十七世紀のあいだに十二倍に跳ね上がった。こうした政治経済の要因が個人の安全と財産保全のために新たな脅威の種を撒き散らした。世界中で忌み嫌われるランツクネヒト（十六世紀ヨーロッパの槍や矛を持った雇いの歩兵）、傭兵《ようへい》の脅威である。《口絵4参照》

同時代の人々は、ランツクネヒトについて〝名誉も正義も［鍛錬も］無視する新種の卑劣な人間の集団で、やることといえば女郎買い、姦通、レイプ、大食らい、泥酔……そして、盗み、強盗、殺人。完全に悪魔に支配され、その邪悪な意志に振り回されている〟と書き残している。こうした雇い兵たちを大いに頼りにしていた皇帝カール五世でさえ、流れ者のランツクネヒト集団の〝冷酷な暴虐行為〟を認めており、彼らはトルコ人よりも冒瀆的《ぼうとくてき》で残虐だと考えていた。雇われているあいだ、傭兵たちはほとんどの時間を宿営地でぶらぶらしたり、当面の敵の後背地で散発的に略奪したりしていた。数え切れない小競り合いや、限定された地域での乱暴狼藉、そのありさまは、十七世紀に書かれたグリンメルスハウゼンの小説『阿呆物語』のエピソードに活写されている。

何頭もの家畜を刺し殺し、それを煮たり焼いたりする兵隊があるかと思うと、一階から二階を風のように駆けめぐるものもあった。一部の兵隊は布地や衣類やさまざまな家具を包みこんで大きな包みをつくった。失敬して行くほどのものではないと考えたものは、たたき壊した。一部の兵隊は、羊や豚を刺し殺すだけでは物足らなかったかのように、サーベルを乾草や藁へ突き刺した。一部の兵隊は敷布団から羽根をふるい出し、そのあとに燻製《くんせい》の豚肉をつめこんだり、または器物をつめこんだりした。また、ストーブと窓をたたき壊し、銅の器物や大皿を打ち砕く者もあった。鍋と皿は一つのこらず割れてしまった。私たちの下婢は厩でさんざんな目にあい、厩から出る気力もないほどであった。下男は手足を縛られて地面にころがされ、口へ木片を立てて、口をふさがらなくされ、臭い水肥を口へ注ぎこまれた。それから兵隊どもは憐れな百姓たちを魔女でも焼き殺すかのように責めたてた。（望月市恵訳『阿呆物語（上）』、岩波文庫、一九五三年より抄録）

平時であっても状況はそれほど良くはなかった。失職したり、単に給料が支払われないと（しばしば起こることだった）、ほとんどが若い男ばかりのこうした集団から、食料や酒、女を探して（優先順位はかならずしもこの順ではなかった）、農村地帯をうろつくものが出た。借金苦で妻を棄て出奔した男、所払いになった犯罪者、その他の無宿者ばかりか、主人や親方から逃げ出した召使いや徒弟たちもしばしば仲間に加えて、こうした〝手に負えないやつら〟はたいてい、路上での物乞いと泥棒で食いつないでいた。なかにはもっと強気に出て、追いはぎ騎士や本職の盗賊と同じ強盗《プラケライ》で百姓や村人、旅人までを恐怖に陥れた。強請《ゆす》りや強盗が本職であろうと、臨時の手段であろうと、被害者にはむろん同じことだった。大人になったフランツ・シュミットがむちで打って市から追放した本職の泥棒二人の事件に見られるように、彼らは一味とともに傭兵を名乗って強請りをはたらき、「三つの水車小屋で、人々から無理やりもらい物をした。それのみか斧や小銃で「彼らを」痛めつけた」。《口絵5参照》

強盗団や流れ者が関わった犯罪のなかで、田舎の住人を心底恐怖に陥れたものがある。放火である。消防隊や火災保険が登場するずっと前の時代には、この言葉はまさに扇情的であった。注意深く置いた一本のたいまつが、その農家ばかりか村全体を焼き尽くし、一時間もしないうちに裕福な住人が住む家すら無くしてしまうのだった。それればかりか、他人の家や納屋を焼き尽くすと脅すだけで――しばしば強請りに使われた――実際に火をつけたのと同等とみなされ、実行犯と同じ刑罰に処せられた。生きたまま火あぶりにされたのである。火つけ人殺しで知られた悪党のなかには、この恐るべき犯罪に怯《おび》える百姓や村人から脅し取った金で裕福に暮らす者もいた。本職の放火犯への恐怖はドイツの農村部に広く浸透していた。だが、故意に家屋が焼き討ちされるのは、たいていがその土地に根づいた私的な怨恨の副産物であり、復讐の企てだったので、壁に警告の赤い雌鶏の絵を描くとか、玄関の扉に恐ろしげな〝焼き討ち状〟を釘で打ち付けるなど、事前の警告があることもめずらしくなかった。多くの市では中世以来、防火対策がほとんど進んでおらず、田舎の住居や納屋などはまったく無防備だった。裕福な商人だけが保険をかけることができたが、それとて補償されるのは、ふつう輸送中の商品に限られていた。自然災害であろうと人為的な出火であろうと、家屋や納屋の火事は事実上、一家全体の財政破綻をもたらした。

こうした危険に取り囲まれているうえに、フランツ・シュミットの時代の人々はもうひとつ、目に見えないおぼろげなものを怖れていた。幽霊、妖精、狼男、悪魔など、ずらりと並んだおどろおどろしいものたちが、牧草地や森、道路や家の炉床などに住んでいると伝統的に信じられていたのだ。こうした古くからの迷信を一掃しようとあらゆる宗派が改革を試みたが、ことごとく失敗に終わった。一方で人々は、その時代に本物の悪魔の企みが進行しており、今までよりはるかに深刻な超自然の脅威が迫っていると信じて口々にふれまわり、ヨーロッパ中を包みこむ不安が広がっていた。フランツ・シュミットが生きた時代を通じて、魔術という妖怪が不気味にうろつきまわり、その結果しばしば現実社会に悲劇を引き起こしていた。今日、ヨーロッパの魔女狩りとして知られる一五五〇年から一六五〇年のあいだに、少なくとも六万人もの人々が魔女として処刑された。

この憂き世で、人はどこに保護や慰めを求めたか？　冷酷な世間からの典型的な逃げ場である家族や友人は、ひとりの人間が不幸から立ち上がる助けにはなるかもしれないが、危険の予防策にはほとんどならない。通俗的な治療師（呪術師《カニング》）や理髪師兼外科医《バーバー・サージョン》とか、薬種屋《アポセカリー》、産婆などは痛みや傷を一時的に軽減してくれるかもしれないが、重病やほとんどの難しい出産には無力であった。現代のような医療の専門家としての医療家はめったにおらず、費用は高くつき、当時の医学の知識は限られていた。占星術師や占い師はいくぶんかの目安を与え、悩める人々には運命すら教えてくれる。しかし、やはりこの世の危険そのものから身を護る手段にはなりえなかった。

宗教は時代の主要な知性の源として機能し続け、不幸の意味を解き明かし、時には想定される予防措置を講じたりもした。一五二〇年代からのマルティン・ルターやほかのプロテスタントの教義は、〝迷信的な〟魔よけの儀式を退ける一方で、道徳の領域では何事も偶然には起こらないとする、すべてに通じる信念を強く打ち出した。神の憤怒の原因は必ずしも自明のことではなかったのだが、自然災害や疫病の蔓延はつねに神の不興や怒りのしるしと解釈された。神学者や年代記作家のなかには、特定の処罰されない残虐行為――近親相姦や嬰児《えいじ》殺し――を、世界の終末を早める触媒とみなすものもいた。別の時代なら、共通の苦難はもっと大まかに、悔悛《かいしゅん》に向かえという神のおぼしめしと解釈されていただろう。ルターやジャン・カルヴァン、そのほか多くの初期のプロテスタントたちは黙示録的な期待を維持しており、自分たちは最後の日々を生きており、世界の苦難はもうすぐ終わると考えていたのだ。そしてもちろん、悪魔とその手先は災禍を説明する鍵であり続け、雹《ひょう》を伴う嵐を起こすのは魔女だとか、悪魔が犯罪者に超能力を与えるとかいうことが堂々と主張された。

ありとあらゆる〝死の使い〟から身を護るため、最も多く使われた手段は、ひたすら祈ることだった。何世紀にもわたってキリスト教徒は一団となって唱えた。「神よ、われらを護りたまえ。ペスト、飢饉、そして戦争から！」キリスト以外との一切の霊的な仲介を公式に否定するプロテスタントのあいだにも、ある具体的な脅威から護ってほしいと、キリストや聖母マリアやその他の聖人に祈ることは十六世紀末まで広く行われていた。多くの信者にとっては、神秘的な力を持つとされる魔よけ――宝石、水晶、木彫りの御守りなど――が自然災害や薄気味悪い超自然現象に対抗する補助手段になっていた。ちょうどカトリックのあいだで、正餐を行うときに使う半宗教的なものが信者にとって大きな意味があるのと同じだった。つまり、彼らが大切にしている、聖水や、ホスチア（ミサで用いられる、キリストの肉に変わったとされるパン）、聖人の像を描いたメダイユ、聖なる蠟燭や鐘、そして聖遺物、つまり聖人や聖家族の誰かの体の一部とされている骨の断片などだ。はっきり言えば、魔法の呪文や粉薬や飲み薬――正式には禁止されているものもあった――のなかには病気回復や敵からの保護などの効能を謳《うた》うものもあった。慰めや安心が最終目的であれば、こうした手段の効果も安易に無視はできない。受難や美徳が報いられ、悪が罰せられるという、死後の生の信仰がさらに慰めとなったかもしれない。だが、一個人がいかに揺るがぬ信仰を貫いたとしても、大惨事そのものを防いだりそれを避けることはできないのだった。

あらゆる方向から恐ろしいものに攻撃され、フランツ・シュミットとその時代の人々は、ある程度の治安と秩序が保たれることを切望していた。世俗の権力者はみな——皇帝から領邦君主、都市国家を統べる有力者まで——その願望を共有しており、そのために何かをする決意でいた。彼らの父親的干渉主義《パターナリズム》の世界観は愛他的とはほど遠かったが——それはみずからの権威の拡大を自明のこととしていた——公共の安全と福利への彼らの関心はおよそのところ本物であった。地震、洪水、飢饉、疫病の被害を軽減する努力は、犠牲になるかもしれない人々にとっては、いくらかの助けにはなっただろう。しかし、公共衛生上の最も意欲的な進歩でさえ、近代以前ではたいした効果は上げられなかった。たとえば、疫病の蔓延時に多くの政府が病人を隔離したことで、伝染の拡大をいくぶん遅らせることができ、ゴミや排泄物の廃棄規制も効果があった。しかし、疫病が猛威をふるっているあいだ、そうする余力のある人間は都市部から逃げ出すことが最も効果があったのだ。

　言い換えれば、法の執行は、暴力を抑えて全住民の安全を確保する手段を講じ、統治能力を実証する絶好の機会となった。それはまた、多くの住民の支持をより確かなものにし、世俗の指導者の権力を補強した。したがって、フランツ・シュミットと同時代の人々は彼らを取り巻く恐ろしい危険に対し、矛盾した態度をとることになった。容易に想像できるように、防ぎようのない季節的な自然災害や病気を甘んじて受け入れる人々は、自分と同じ人間の暴力をも天災に似た運命とみなしがちだった。同時に、こうした猛威を抑えるため——相手が人間なら、少なくとも重い対価を払わせて——高く掲げられた政治指導者の目標が人々の期待と希望を膨らませたのは明らかだ。不当な扱いを受けた個人に、私的な報復を避けて、法廷や役人たちに処分を任すよう司法当局が動きはじめたとき、担当者に殺到した嘆願書や訴状を処理する準備はほとんどできていなかった。公の仲裁を求める要求は、道路の修理やゴミ収集の苦情から、高圧的な物乞いや手に負えない浮浪児などの公共の迷惑行為、隣近所での規則違反や犯罪行為の通報まで実にさまざまだった。覇気ある指導者が推進した強力な統治は高くついた。統治者は臣民の声に耳を傾けねばならず、公式な約束への信任は裏切られないことを目に見える形で証明する必要があったからである。

こうした意味で、統治者側にとって、熟練の死刑執行人は無法な攻撃にさらされる臣民の恐怖を宥《なだ》めるためになくてはならない媒体であり、大多数の危険な犯罪者は決して捕まらず罰せられることもないとみなが思っている社会に、一定の正義という概念を持ちこむものだった。死刑執行人が共同体に代わって直ちに職務を果たす、儀式化された暴力とは、共同体に代わり（一）被害者の仇を討ち、（二）危険な犯罪者の脅威に終止符を打ち、（三）ぞっとさせる見せしめを行い、（四）怒った近親者や私刑を望む暴徒による暴力の拡大を未然に防ぐことであった。死刑執行人が慎重に調整し、見る人間にはっきりわかる形で、ときには市当局の情け容赦のない決定を断行しなければ、〝裁きの剣〟という言葉も空虚なメタファーとなり、治安の守護者を自称する彼らの立場も無意味なものになるのを世俗の支配者たちは承知していた。死刑執行人は彼らの代理人として、物理的に他人に暴行を加えたり殺したりしながら、主人に求められる表面的な正義を粛々と執行するというあぶなっかしい仕事をこなしていた。フランツ・シュミットのような志の高い未来の親方は技術的な能力だけでなく、最も感情が昂《たか》ぶる状況でも激情に駆られることなく、冷静でいられる人間であることを、将来の有望な雇い主に信じこませることがやがて必要になる。ふつうの若者なら怖気づきそうな目標だった。だが、ハインリヒ親方と彼の徒弟である息子は、並外れた不屈の決意を持ってよろこんでそれを受け入れた。

父の恥辱

一五七三年春、ハインリヒ・シュミット一家がいくぶん社会に受け入れられていたことは、そのころの社会の進歩の現われであったが、それがいつまでも続く保証はなかった。中世以来、死刑執行を職業とする者は、金で雇われた冷酷な人殺しとして至るところで悪しざまに言われ、それゆえ、ことある毎にまっとうな社会から締め出されてきた。たいていは市壁の外に住まわされ、市内であっても汚れた不潔な地区で、家畜解体場とか（ハンセン病者の）隔離病院の近くというのが常だった。彼らの法的権利の剝奪は実に徹底していた。死刑執行人やその家族たちは市民権を持てず、同職組合にも入れず、事務所を持つことも、法的後見人や裁判の証人になることも、法的に有効な遺書を書くこともできなかった。十五世紀末までは賤民《せんみん》ゆえに、ぶざまな処刑をしてしまったときに、群集から暴行を受けても法的保護を受けられず、実際に怒った見物人に石を投げつけられて死ぬ者もいた。ほとんどの町では首吊り役人《ハングマン》――彼らは普通こう呼ばれていた――は教会に入ることを禁じられていた。死刑執行人が自分の子供に洗礼を受けさせたいと願ったり、臨終が迫る身内に最後の聖餐を願っても、慈悲など少しも持ち合わせていない地元の聖職者が、〝不浄な〟居住区に足を踏み入れてもいいと思うかどうかにかかっていた。彼らは公衆浴場や居酒屋、その他の公共の建物への出入りも禁じられており、死刑執行人が正業に就いている人の家に入ることも、まず聞いたことがなかった。フランツ・シュミットの時代、人々は死刑執行人の手に触れただけで社会的に汚れると怖れ、その風潮は広く行き渡っていた。だから社会的地位のある人間が、気づかぬうちに彼らと触れ合っただけでその暮らしが危うくなった。民間伝承には、この古くからの禁忌を破った人々に降りかかった災難や、自分と結婚すれば命を助けると死刑執行人に言われて、死を選んだ美しい死刑囚の乙女の物語がたくさん残っている。

この根深い不安の根源は、処刑人の職務の忌み嫌われる性質を考えれば明らかであろう。因襲的な社会では今日でさえ、死体に直接触れることは身が穢れるとされる。近世のドイツでは、〝忌まわしい職業〟に、死刑執行人ばかりか墓掘人や皮なめし職人、肉屋などが含まれていた。たいていの人々はまた、首吊り役人を金で雇われた道徳感のない人間とみなし、無宿者、売春婦、泥棒とひとまとめにして〝まっとうな〟社会から排斥した。ロマやユダヤ人も同様に排斥された。当時の人々はもちろん、近代の学者のなかにも、こうしたいかがわしい仕事に引き寄せられる人間は、もともと罪深い人間に違いないという通俗的な考えを持つ人たちがいた――そのような相関関係を示す確定的な証拠はいまだないのだが。加えて、庶出の（unehelich）と不名誉な（unehehrlich）という単語の発音上の違いが無視されたことで混同が生じ、社会の片隅に追いやられる人間は私生児として生まれていたという偏見が広まった。そのため、公式文書にさえ〝娼婦の息子の首吊り役人〟などと、いい加減な言及がされることがあった。

首吊り役人とその他の破廉恥な連中が、職業的にも社会的にもつるみやすかったことも驚くには当たらない。やがて死刑執行人の著名な家系が帝国中のあちこちに生まれ、排斥と戦略的通婚を重ねていった。こうした一族のなかには、不吉な苗字――ライヒナム（死体）のような――を持つ一族もあったが、たいていは南ドイツ地方のブラント家、ファーナー家、フックス家、シュヴァルツ家のように、主として仲間内で名声を獲得していった。いく世代もの時を経るうちに、結びつきを強めた一族は同一の入会儀式や、金細工師やパン職人のような〝名誉ある〟同職組合が持つ、その団体の独自性を示す慣例を作り出した。彼らをはねつけた名誉ある職工《クラフツマン》のように、死刑執行人もまた職業上のネットワークを巡らし、新規開業した者の訓練を監督し、息子たちのために業界内で実入りのよい就職口を確保しようとした。

しかしながら、ハインリヒ・シュミットが息子に託した目いっぱいの望みは余りに大きく、この時点ではまだ父子ともに家庭の外ではけっして口にできないものだった。二人と子孫のすべてを死刑執行人という卑しい身分に追いやった一族の呪いを解くことを望んだのである――社会的身分の回復という大胆不敵な夢は、当時の厳格な排他的階級社会では、事実上考慮にも値しないことだった。家族が恥辱のなかに転落した隠された理由――物語は父から息子へ語り継がれた――は老齢に達したフランツ親方によって、ようやく明るみに出るのだった。だが、若いフランツが不運な無宿者の震える体に剣を振りかざした日、その秘められた恥辱が彼の心臓をひりひりと焼いた。

一五五三年の秋まで、フランツの父ハインリヒ・シュミットは中流のフランケン貴族の領地、ブランデンブルク＝クルムバハ辺境伯領、ホーフの町で〝木こり〟、〝鳥撃ち〟として、恥じるところなく穏やかに暮らしていた。シュミットとその家族は一般に好戦伯として知られる、若い君主アルブレヒト二世アルキビアデス（一五二二〜一五五七年）の拡張主義の野望が引き起こした動乱の数年を無事に過ごし、生業《なりわい》は順調でさえあった。戦争をくり返した古代アテネの政治家に因んだ副え名のとおり、アルブレヒト・アルキビアデスは一五四〇年代から五〇年代の宗教対立の時代に忠誠を誓う相手を頻繁に乗り換え、相手の領邦へ粗暴な侵攻をくり返し、ついにカトリック、プロテスタントのどちらの国々とも疎遠になった。最後にはこの好戦伯の侵略行為と二枚舌が皮肉にも効を奏したというべきか、彼に対抗してプロテスタントの国、ニュルンベルク、ボヘミア、ブラウンシュヴァイクの軍とバンベルクやヴュルツブルクといったカトリックの司教領の軍が手を結んだ。のちに第二次辺境伯戦争として知られる戦いでのことである。意図せざるアルブレヒトの超教派的態度が敵の連合軍に自領への侵入を許し、数々の要塞が占領された。そのなかにホーフの町も含まれていた。《口絵6参照》

アルブレヒトの堅固な要塞都市のひとつホーフは、高さ十二フィート（一フィートは約三十センチ）厚さ三フィートの石壁で市の周りを囲まれていた。一五五三年八月一日、包囲戦が始まったとき、当の辺境伯は町にいなかったが、六百人余りの在郷軍が兵員一万三千を超える包囲軍に抵抗し、援軍が向かっていると知らせるアルブレヒトからの書状が届くまで三週間以上持ち堪えた。しかし、約束された救援は来なかった。さらに四週間にわたって、連日の砲撃と分遣隊の襲撃を受け、ついに集団飢餓に陥った都市は力尽き降服した。それに続く占領は穏やかなものだった。ところが十月十二日、ようやく辺境伯が六十騎の随行騎士を従えて入城すると、征服者側はホーフの怒れる市民に形だけでも彼らの主君を温かく迎え入れるよう強いねばならなかった。アルブレヒトはホーフへの帰還から数週間のうちに、恨みを抱く臣民をさらに離反させたばかりか、まだ市壁の外に宿営していた占領軍との戦闘に再び火をつけた。この無謀な行動が征服者にホーフへのはるかに厳しい占領政策を採らせ、辺境伯自身は町から逃亡せざるをえない悲惨な結果に終わった。アルブレヒトは帝国法益剥奪（帝国アハト刑）を宣告され、四年間フランスで亡命生活を送ったあと、一五五七年四十五歳で死んだ。そのときまでに、アルブレヒトの領邦の大部分は破壊し尽くされ、彼の名はかつての臣民のあいだで辛辣に罵られることとなった。

ハインリヒ・シュミットとその息子は恥さらしな辺境伯に対して、ホーフのほかの住人の誰よりも深い、執拗な遺恨を抱いていた。発端は一五五三年十月十六日の月曜日、アルブレヒト・アルキビアデスが従者とともに破壊されたホーフへ戻って三日後のことだった。同じ規模のドイツの都市と同様に、ホーフに専任の死刑執行人を置く余力はなかった。しかし、誰からも嫌悪されていたアルブレヒトが、地元の鉄砲鍛冶三人を彼の命を狙ったという嫌疑で逮捕させた。そのとき、彼らの処刑には旅回りの処刑人を呼び寄せればよかったものを――それが通常の処置だった――勝手気まな辺境伯は古い習慣を引っぱり出し、たまたまそこに居合わせただけの人間にその場で直ちに処罰させると命じたのだ。このときの恐るべき選別で名指しされたのがハインリヒ・シュミットであった。ホーフの立派な市民として暮らしてきたシュミットは、そんなことをすれば、自分はもちろん子々孫々までも恥辱にまみれさせることになる、と支配者に猛然と抗議した――しかし、無益であった。「もし［父が］応じなかったら、［辺境伯は］代わりに父を絞首刑にし、父の隣に立っていた二人の男も同じようにすると脅した」と七十歳になったフランツは述べている。

なぜ罪のない木こりが、この恐ろしい使命のために選ばれたのか？　そこにはフランツが晩年まで明かそうとしなかったもうひとつのいきさつがあった――ある男と犬をめぐる、奇怪で俄《にわ》かには信じがたい揉め事である。アルブレヒト・アルキビアデスとの致命的な対決の数年前のこと、フランツの祖父で仕立て屋だったペーター・シュミットは中部ドイツ、チューリンゲン地方出身の機織り職人の訪問を受け、彼の娘と結婚したいという申し出を受けた。若い二人はやがて結婚し、ホーフに近い小さな農場に落ち着いた。ある日、その職人が（名前はギュンター・ベルクナーであったと、八十年後にフランツは思い起こしている）田舎道を歩いていると、大きな犬に襲われた。怒ったベルクナーは犬をつかみ上げて、飼い主の鹿撃ち猟師に叩きつけた。「彼や私たちにとって不幸だったことに（とフランツはのちに回想している）、彼はその男を殺してしまったのだ」。罪には問われなかったが、職人はそれ以来名誉なき人間と思われ、どこの同職組合からも締め出された。「誰ひとり彼に近づこうとしなくなって、彼は塞ぎこみ、自暴自棄から死刑執行人になったのだった」。汚名はこの男の義父であるペーター・シュミットには、どうやら及ばなかったようで、ペーターは仕立て職人としてホーフで仕事を続けた。それから数年経っていたが、身辺に不安を感じる辺境伯が自分を暗殺しようとした男たちをすぐに始末させる人間を探したとき、ハインリヒ・シュミットの義兄弟ベルクナー（恐らく本人は近くにいなかったのだろう）が賤《いや》しい仕事をしていたのを思い出し、それが新たな死刑執行人の人選を決定づけたのだった。

アルブレヒトの命令に屈した瞬間から、シュミットが予言したように、彼と家族は隣人やかつての友人にそっぽを向かれ、立派な市民社会から無情にもきっぱりと排斥された。同時に、忌むべき仕事と呪われた暴君との関連が汚名を上塗りした。名誉を失ったハインリヒ・シュミットは遠い町で家族とともに再出発し、恥辱から免れようとすることもできたかもしれない。しかし彼は先祖から住む故郷に残ることを選び、そのとき自分に開かれていた唯一の職業で生計を立てようとしたのだった。こうして死刑執行人の新たな一族が誕生した——ハインリヒがのちに息子フランツに打ち明けた計画が功を奏せば、その家系は短命に終わることになるのだが。

フランツ・シュミットがこの世に生を受けたのは、父の劇的な転落の数カ月前で、一五五三年末から五四年中ごろあたりだった。彼が幼少期から思春期を送ったころのホーフは人口せいぜい千人ほどで、辺境の地にあるため、狭量で柔軟性に欠ける閉鎖的な社会だった。のちにバイエルンのシベリアとして知られるようになるザーレ川沿いの町を中心にしたその地域は、古来の深い森に抱かれ、標高千メートル級の高山が暗い影を落としていた。長く厳しい冬と、石灰と鉄をたっぷり含んだ土壌はもともと農耕には不向きだった。町では織物関係の商取引が経済活動の中心となり、農村地帯では牛や羊を放牧していた。ここ何百年かは、鉱山の採掘が新たな富の源泉となり、フランツ・シュミットの時代には金、銀、鉄、銅、錫、花崗岩、水晶などを産出するようになっていた。《口絵7参照》

ホーフはまた文化的な意味でも辺境の町だった。チューリンゲンやザクセンの住民から見れば、そこは南の端であり、フランケンの人々にとっては自分たちの領邦の北端であった。ボヘミア国境の西側で、スラブ民族とゲルマン民族の影響が独特に交じり合う町だった。現に一四三〇年には、殉教の宗教改革者、ヤン・フスを信奉する急進的なフス派が侵入し、町は略奪の憂き目に逢っていた。地域的一体感がホーフと最も緊密だったのはフォークトラントであった。そもそも帝国の守護《フォークト》たちにちなんで名づけられたその領邦は、十六世紀には政治的な国家というより、その地方の方言やソーセージ、ほかに例を見ない強いビールを特徴とする曖昧な文化的まとまりであった。ずっと時代が下った十九世紀の民族主義者にとっては、洗練されていながら同時に荒涼とした美しさを備える、風光明媚で素朴なフォークトラントは、古ゲルマンの自然が残る母なる土地となった。共同体から排斥されたシュミット一家にとっては、ホーフが地理的に孤立しているというだけで、国内流刑の感覚と精神的な落胆がいや増した。

ハインリヒ・シュミットが恥辱を受けたのちもそこに留まった理由は明らかではない。少なくともアルブレヒト・アルキビアデスの破滅的な統治がもたらした政治的余波は、彼が強要された職務に有利にはたらいた。一五五七年アルブレヒトが死ぬと、隣接するブランデンブルク＝アンスバハ辺境伯で従兄弟のゲオルク・フリードリヒがブランデンブルク＝クルムバハの支配権を引き継いだ。ホーフの新しい君主は、性急で無分別だった従兄弟とは正反対に、安定感があり慎重であった。その秋、市内のあらゆる樹木が奇跡的に再び花を咲かせたと、地元の年代記作家エノッホ・ヴィトマンは述べ、アルブレヒトの破滅を招く軍事行動の先触れとなった地震と同じくらい、それは説得力のある予兆だとしている。バイロイト近郊に居を定め、辺境伯ゲオルク・フリードリヒは直ちにホーフとほかの破壊された町々の再建を始め、同時に近隣諸国との関係改善に取り組んだ。また、財政と法制の徹底した改革を推し進め、一連の新しい治安法令と刑法の制定に着手した。その結果は急激な犯罪訴追件数の増加と訴追内容の激烈さという形で、すぐさま現れた。一五六〇年五月までの十二カ月で、辺境伯の新しい死刑執行人ハインリヒ・シュミットはホーフ地区だけで前代未聞の八件の死刑執行を命じられた。

辺境伯のためのハインリヒ・シュミットの仕事は安定し、当てにできる収入をもたらした。彼はまた死刑執行人の伝統的な副業である傷の治療だけでなく、自由契約による処刑でも余剰収入を得ることができた。それでも、ホーフにいる限り、一族に対する世間の蔑視《べっし》と排斥を覆せる可能性はほぼ皆無だった。どこかほかの土地で死刑執行人の職を得ようとして、少なくとも二回申請していたが、フランツが十八歳になった一五七二年になってようやく、バンベルクの司教の死刑執行人の職を得た。キャリアのうえで画期的な一歩であった。家族の辛い思い出と恥辱の記憶にまだ縛られていたとしても、シュミット一家はかつての友人や隣人から約二十年のあいだ疎外され続けたのち、ようやく偏狭なホーフの町から解放された。

バンベルクの司教区（のちには大司教管区）は帝国内で最も古く、最も権威のある司教区であった。世俗と宗教界での権力をともに享受する司教座は一五七二年には四百年続いていたのである。それに先立つ約四十年のプロテスタントによる宗教改革で失ったものも少なくなかったが、依然として四千平方マイルにわたる領土と約十五万人の臣民を支配していた。司教の統治は比較的洗練されており、特に一五〇七年に発布され、刑法の分野に大きな影響を与えた法体系『バンベルク刑事裁判令』によって広く尊敬を集めていた。ハインリヒ・シュミットの新たな主君である、ファイト二世・フォン・ヴュルツブルク司教は、臣民には重税を課した君主として知られていた。それはともかく、新任の死刑執行人やほかの裁判関係の役人を監督するのは宮廷政府の高官の仕事であった。

一五七二年八月、ハインリヒ・シュミットが任務に就くため司教座聖堂《カテドラル》のある都市に出頭したとき、彼は職務上の昇進のみならず個人としての大きな成功を世に示した。

シュミット一家は平均年収五十フローリンという堅実な収入——主任司祭や学校教師より高額である——に加え、ハインリヒ親方が市の雇員として受け取る手当もあり、新しい居住地では物質的に恵まれた生活を送った。今日小ベネツィアとして知られる市の北東部に住み、川の岬部分にある広々とした家は司教に仕えているあいだ無料だった。一五七二年の晩夏に家族が到着したあと、市はハインリヒの設計案に基づき、家屋をすっかり改造、増築した。当然のこととして、その家には死刑執行人の助手（バンベルクでは刑の宣告人、パインラインと呼ばれている）のハンス・ラインシュミットも同居していたと思われるが、たったひとりで家に残っている子供のフランツにも、ある程度は自分ひとりの時間が持てた。

何が起こるかわからない仕事ではあったが、一家の社会的地位はホーフの狭い共同体にいたときほど耐え難いものではなくなった。バンベルクは人口約一万人、多様な人々が行き来する国際的な都市で、今日でも名高い十三世紀の壮麗な大聖堂と独特のスモークビールを豊富に生産することで知られている。土地の人々はその頂に特徴的な教会が建つ、荘重な七つの丘が自慢で、永遠の都ローマの七つの丘になぞらえていた。少なくとも論理的には、シュミット一家は田舎町のホーフより新しい故郷のほうが、路上や市場で他人に紛れ込みやすかったし、おそらくある程度は隣人たちも彼らを受け入れやすかったのだろう。これくらいの規模の都市では、一部の教会では死刑執行人が聖堂内信者席に着くことを許しはじめ、居酒屋では彼ら専用の椅子を置くところも出てきた——ときには処刑に使うような三本足の椅子もあった。シュミット一家がプロテスタントであったことは、圧倒的にカトリック信徒が多いこの都市では多少の障害となったが、司教として公式にカトリックの対抗宗教改革を行っていたにもかかわらず、カトリック信徒であるハインリヒの上司たちは表向きほとんどそのことを気にかけなかったようだ。

この時代に死刑執行人の身分が相対的に高くなった（あるいは、それほど賤《いや》しめられなくなった）ことを示す最も確かな兆候は、〝伝統的価値〟と〝自然な〟社会秩序を復活させようとする反動的な法律が頻繁に施行されたことにみえる。いわゆる前世紀の奢侈《しゃし》禁止令のように、一五三〇年と一五四八年の帝国治安条例《ポリツァイ》で死刑執行人は（ユダヤ人と売春婦も同様）〝直ちにそれと認識できる特有の衣服〟を着ることを求められた。同時に多くの地方条例が、同じように伝統的な境界を曖昧にすることを非難し、すべての〝名誉なき〟人々の容認へ向かおうとする、誰にも見える流れを押し戻そうと試み、違反する者には重税を課したり体刑に処した。

大衆の偏見が消えるのはいつも時間がかかるもので、特に自分の経済状況の悪化と不安定な社会的身分を心配している人々にとってはそうである。十六世紀後半には拡大を続ける世界規模の市場が生まれ、伝統的な職工《クラフツマン》やその製品にとっては、とりわけ苦難が予想された。しかし、たいていの〝貧しく真面目な〟手工業者《アーティザン》たちは、その怒りを巨万の富を手にした銀行家や大商人など新しい集団に向けずに、金回りはよさそうだが法的身分は自分たち以下と考えられていた、ハインリヒ・シュミットのような刑吏やその他の人々（特にユダヤ人）に向けた。ドイツの職工たちはみずから定義した〝鳩のように汚れのない〟名誉を守ることに固執して、一五四八年に皇帝が許可した、死刑執行人の息子に同職組合への加入を認めた法令をいたるところで無視し、彼らの入会を禁じ、彼らとのいかなる社会的接触をも禁止し続けた。この徹底した禁止——肉屋、靴職人、皮なめし職人、死体運搬人、その他数々の〝不名誉な〟職に就く者にも適用された——に背く手工業者は誰であろうと社会から排斥され、同職組合での権利を失うか格下げされる危険があった。伝えられるところでは、あるバーゼルの手工業者が地元の死刑執行人と親しくして穢れたことを理由に自殺したり、それほどではなくとも、穢れたという強迫観念から町を出て、別の土地で新生活を始めざるをえなくなる人々もいた。主に出生に基づくこの厳格な社会的身分の通念は、ヨーロッパ人やゲルマン人の人々の思考と行動に計り知れない影響を長く与え続けることになった——それどころか、それは現代までも続いている。

シュミット一家にとって幸いだったことに、弱い立場の人間を選び出し彼らの社会的進出を阻もうとする、こうした高圧的な法的企みは日々の暮らしには影響せず、不安に駆られた手工業者たちをとりあえず宥《なだ》める以上の効果はほとんどなかった。ハインリヒ・シュミットやのちのフランツの例を見ると、近代の常識とは反対に、職務中も非番のときも制服は一切強要されなかった。また、お決まりの黒いマスクを着けたという証拠もまったくない——おそらく十九世紀の空想家たちの作り話であろう。いくつかの都市では、死刑執行人に赤、黄、緑のケープを纏《まと》わせたり、縞模様のシャツを着せるとか、時には目立つ帽子を被るよう要求するところもあった。しかし十六世紀中期以降の挿絵では、きまって彼らは身なりがよく、なかにはめかしこんでいる者もある。要するに、中流クラスの市民と同じような身だしなみだった——そして、そこにこそ職工たちの身分の不安とい

う問題があったのだ。《口絵8参照》

こうした法令の無力さは、バンベルクで少しは上向いたシュミット家の社会的地位の不安定さを緩和することはなかった。社会的地位と評価の上に築かれる個人の名誉が、やはり何より重要で――しかも壊れやすいものだった。ハインリヒ・シュミットの時代、人を〝名指す〟罵り言葉は――男には〝悪党〟や〝盗人《ぬすっと》〟、女には〝売女《ばいた》〟や〝魔女〟など――あらゆる身分の個人のあいだで、しばしば、暴行傷害や殺人に発展した。「娼婦の息子の首吊り役人」というのは有名な罵り言葉となっており（シェイクスピアの戯曲にも登場している）、「そりゃ絞首台の道具だ」というのは賛成できない活動を止めさせる最も簡潔な言葉だった。同じようにシュミット一家も、祝日のたびに、あるいは公的なパレードや文化的な催しがあるごとに、それらが社会の階層序列の上に成り立っていることを――そして彼らはそこから排除されていることを――鮮烈に思い知らされた。人種差別か、あるいは人種隔離社会にいるかのように、法と慣習は依然として死刑執行人とその家族が公的事業の開催地へ立ち入ることを明確に禁止し、彼らには教育、就職、住宅取得を厳しく制限しており、それは今後何世代にもわたって続いてゆく社会的地位だった。

ハインリヒ・シュミットの職業に深く結びつけられた汚名についての、最も侮れない特徴は、それがどんな結果をもたらすかは予測不能だということだろう。それは家族の誰かとバンベルクの隣人たちとの交際に、いつ壊れるかわからない、曖昧な雰囲気をかもし出していた。ほかの柔軟性のある社会通念――世に名高いアメリカの〝中流階級〟が思い描くそれ――のように、死刑執行人の排斥の定義にもさまざまな解釈が可能で、個人や共同体の違いによって変わり、なかには執念深い解釈もありうるのかもしれない。リューベックの商人がアウクスブルクを訪れたなら、町のど真ん中に〝首吊り役人〟が住んでいるだけでなく、名誉ある人々が彼と定期的に飲み食いし、彼の家に出入りしてさえいることに衝撃を受けるかもしれない。また別の町では対照的に、産婆が彼らの家に入ることを拒否したために死刑執行人の妻が出産時に死んだとしても、ほとんどの人が同情する気持ちはあっても、そんなことには驚かないかもしれない。また、広く人々に尊敬され、〝村にたくさんの友人〟がいると評判だった死刑執行人が死んでも、その棺の担ぎ手になると申し出る者はひとりもいないかもしれない。

ハインリヒ・シュミットは、給料のよい政府役人という自分の地位も、中産階級並みの生活水準も、誠実だという評判も、彼やその家族がずっと受け入れられ続ける安定した未来を保証するものではないことをよく知っていた。社会的に辱めを受けるということは、それが小さなものでも大きなものでも、日常的な経験となり、彼にかけられた汚名をつねに思い出させた。彼と同時代を生きた人々はハインリヒの窮境《きゅうきょう》は訂正不能の動かせない事実だと考えていた。しかし、ハインリヒ親方と彼に劣らず意志強固な息子にとっては、二人に押しつけられた不名誉な仕事が、これから取り組む家族の救済手段を提供することになるのだった。

息子のチャンス

個人が成功するにはタイミングと運が大切である。フランツ・シュミットは、今日の歴史家が〝死刑執行人の黄金時代〟と呼ぶ時代に円熟期を迎える幸運に恵まれた。この発展それ自体は、少なくとも二世紀にわたって進んできた、ドイツ刑法の緩慢ではあるが奥深い変革の頂点をなすものだった。ローマ帝国時代以来ゲルマン民族たちは、たいていの犯罪を私的な対立として処理し、金銭的な賠償（贖罪金）や、手脚の切断や放逐《ほうちく》といった慣習法によって処罰してきた。国家の官僚は中世末期までは数えるほどもおらず、その仕事は仲裁者として秩序ある訴訟手続きを保証することにあった。だが、双方の取引や、裁判、判決は争いを起こした現地の長老や参審人に任せていた。ここで主として目指したことは穏便な解決であり——流血の私闘を避けて進行中の暴力沙汰を止めるなど——悪い者をすべて罰することは、馴染まないと同時に実用的でもない目標だった。殺人事件では通常、被害者の血縁者の男が犯人を処刑することが許されていた。それ以外で国が処刑を認めた場合は、自由契約の処刑人や裁判所の役人（下級執行官）がそれを実行した。その際には、一件ごとに処刑人に報酬を支払っていた。

中世末期の刑事裁判で、政府が積極的で干渉主義とも思える役割をはたすことになった原因は、絡み合いながらその違いを際立たせる二つの動きのなかにあった。ひとつは統治権そのものについての、より明確で野心的な定義づけであり、アウクスブルクやニュルンベルクのような繁栄している帝国自由都市で表面化した。自分たちの法域（独立した法制度を持つ区域）を安全で、通商や生産に有利で魅力的な地域にするのに熱心で、自治都市の同職組合や有力貴族たちが、それまでは私的な領分とされていた多様な活動を管理する法令を出しはじめた。新しい法令には、奇妙で現代人の目には古風と思えるものもあり、特に奢侈《しゃし》条例の多くは、多種多様な服装や踊りを規制することで治安の維持を狙うものだった。たとえば、身分の高い男性だけが剣や毛皮を身につけられ、その妻や娘たちだけが宝石や、色鮮やかな織物で着飾る権利を持っていた。もっと重要なのは、十六世紀の初めまでに、二千を超す都市やドイツ内のその他の法域が死刑判決も出せる上級裁判の独占権を追い求め、承認されていたことだ。ほとんどの地方裁判所は、軽い罪に対しては私的な調停に依存し続けながら、自分で処刑できる特権は抜かりなく守った。私刑による制裁は――石叩き、棒打ち、縛り首の何であれ――原因となった罪に劣らず処罰の対象になった。私刑のような自然発生的な暴動は、政府当局者たちが追い求める権威を深く傷つけたからだ。

もちろん新しい法令を国家の大権の下に高々と公布することと、その法を遺漏なく執行することとは別問題であり、高度に分権化した帝国では尚更であった。こういう時期に、新しい世代の改革派の法律家たちが登場し、刑法の変革と実践にとって第二の重要な役割を担うことになった。学術的な経験を積んだこの法律家たちは、増え続ける新しい法律の数と手続きの複雑さが、古い役人たちを時代遅れにしたことを見抜いていた。そして、彼らに代わって新しい専門知識を吸収して、あらゆるレベルで中核となる官吏たちが求められていることを、職務熱心な同僚の行政官たちに確信させたのだ。

似たような流れで、アウクスブルクとニュルンベルクの門閥《もんばつ》出身の行政官が、犯罪者をより効率的に訴追するために、二つの都市では尋問（拷問を含む）と処刑法の訓練を受けた専門家を常任雇用する必要があると初めて結論づけた。首吊り役人を常勤の市の職員という役職へと格上げしたことが、その仕事の合法化を後押しし、理屈の上では書記や市の検査官との連想を強め、傭兵とその

〝血にまみれた邪悪で不穏な欲望〟という連想を遠ざけた。市の死刑執行人との長期雇用契約は、地方当局にとっては、彼らの法支配の忠実な道具を安全に制御できる利点があった。十六世紀の初めまでには、死刑執行人の終身雇用は帝国全体の避けがたい潮流になっていた。

臨時雇いの首吊り役人から常勤の職業的死刑執行人への完全移行には、ドイツの刑事裁判の発展と同じく数世代を要し、フランツ・シュミットが生まれた一五五四年にはまだ完了していなかった。地域によっては十八世紀に至るまで、当局側が一回の処刑ごとに報酬を払っていたところもあった。小さな法域では単に常勤の死刑執行人の雇用支出を公式に認められないところも多く、しかたなく中世の伝統に従って、裁きによる人殺しというおぞましい務めを共同体の若い男ひとりに担わせるところもあった――シュミット一家には馴染みのある筋書きであった。もっと孤立した地方では、さらに古い習慣に従って、最終的な制裁の権利を犠牲者一族の男の血縁者に与えているところも少し残っていた。全ドイツで固定給制の死刑執行人を雇っていた大半の地区でも、犯罪の訴追と処罰の仕事は十六世紀まで、職業一覧のなかでも、市の売春宿の監督から生ゴミの廃棄、自殺者の死体の焼却まで、いくつもの嫌悪される仕事と同じ箇所に記載されていた。

とはいえ十六世紀半ばは職業的死刑執行人にとって可能性の広がる新時代の幕開けとなった。さらに幸運なことに、フランツの未来の雇用者、バンベルク司教領と帝国自由都市ニュルンベルクはまさにこのドイツ刑法改革の先頭に立っていた。フランケンでは市民法（ローマ法）に熟達した法学者がきわめて大きな影響力を発揮し、画期的な二つの刑法を生み出した。ひとつは一五〇七年の『バンベルク刑事裁判令』で、正式名称は〈Bambergische Halsgerichtsordnung〉。文字通り訳せば、

「首―裁判所―命令」となるが、それはこの法令が死刑に焦点を当てたものだからだ。もうひとつは、それを継承した一五三二年の『帝国刑事法典』（別名『カール五世刑事裁判令』）で、一般的にはそのラテン語名称〝Constitutio Criminalis Carolina〟から『カロリナ刑法典』と呼ばれている。フランケンの貴族J・F・フォン・シュヴァルツェンベルクが編纂した先の法令、『バンベルク刑事裁判令』は素人の裁判官のための手引書として編まれている。シュヴァルツェンベルク本人もそうだが、彼らは法律家としての訓練を受けておらず、そのため装飾的表現を廃した率直なドイツ語で書かれ、説明用に多くの木版画が添えられている。この刑事裁判令は公式な認可は受けていないが、広く知られるようになり、出版された最初の十年で数回の版を重ねることになる。

充分な要件を備え、帝国が保証した『バンベルク刑事裁判令』の後裔たる『カロリナ刑法典』の率直さは、その母体となったものに依るところが多いが、その政治的目標はさらに大胆であった。十六世紀初頭までに領邦国家の支配者たちと皇帝自身はそれぞれの国を統治するに当たって、標準化された司法手続きの重要性を理解するようになっていた。だが、彼らが法典化を試みた際にローマ法を用いたことに対し、様々な方面からの少なからぬ反対に直面した。『カロリナ刑法典』は、ローマ法の本質と一貫性に心惹かれた革新的な法律家と、〝外国の法と慣習〟に疑いを持ち、みずからの大権を失うまいと警戒する保守的な世俗権力者のあいだで、実用的な妥協点を見いだした。『カロリナ刑法典』の起草者は〝われわれは、選帝侯、諸侯、諸身分という、昔からの合法的で正当な慣習を決して損ねるものではない〟としながら、熟達した法律の専門家の参加を可能な限り求め、帝国のそれぞれ異なった法域に、公平で首尾一貫した基準と訴訟手続きを確立しようとした。

新しい法典はさまざまな犯罪をただ禁止するのではなく、違反の規模と性質を細部に至るまで綿密に規定し、逮捕と有効な証拠の基準を定めて裁判手続きの方式化を示した。目指すところは運用上の透明性と規則性であった。魔術と嬰児殺し（新しく死刑に格上げされた）の注目すべき扱いを除いて、『カロリナ刑法典』は重罪に関する慣習法上の定義を変えることはなかった。ほとんどすべての中世の処刑形態――〈生き埋め〉、〈火あぶりの刑〉、〈溺死刑〉、〈四つ裂きの刑〉を含む――が事実上変わることなく残った。

若いフランツ・シュミットにとって最も重要だったのは、『バンベルク刑事裁判令』が示した個々の廷吏《ていり》の行動の詳細なガイドラインを『カロリナ刑法典』が承認したことだった。その廷吏のなかには、かつて首吊り役人と呼ばれた者も含まれ、ここでは一貫して死刑執行人、ナーハリヒター（逐語的に英語に置き換えると、〝裁判官のあと〟）、あるいは〝剣を持つ裁判官〟（シャルフリヒター）と称されていた。その刑法は〝評価できる人間〟には固定給払いを強く推奨し、処刑方式の違いについては報酬スライド制（最高額は溺死刑と四つ裂きの刑）で埋め合わせすることも補足された。また『カロリナ刑法典』は、職業的死刑執行人がその任務のために大衆の報復や法的懲罰を受けないことを正式に保証し、裁判所が判決を出すごとにこの免責事項を公に再確認することを求めていた。残酷だったり買収されたり職業意識のない死刑執行人は直ちに解雇され、応分に処罰されることとなった。最後に、気まぐれや正当化できない肉体の圧迫を防ぐために、拷問を始めるに足る要件（つまり、二人の公正な証人の証言が必要）とは何かについて、新しい帝国法令はおびただしい数の指令を出していた。そこには、どのような犯罪がこの〝特殊尋問〟に向いており（最も重要なのは魔術と街道強盗《ハイウェイマン》）、この威嚇をどう適用すべきかが示されていた（女に対しては親指をネジで締めつけることから、過酷さの程度がどんどん上がる拷問道具の一覧表が作られていた）。『カロリナ刑法典』が死刑執行人に求めた職業人としての高い基準は、まず俸給の高さに反映された。しかし法体系が社会全般に与えた衝撃は、法の立案者の想像をはるかに超えてフランツ・シュミットの立場を強固にした。『カロリナ刑法典』の公布から一世代のうちに、犯罪者の逮捕、尋問、処罰のすべてが帝国中で激増した。処刑率もまた急上昇し、先の五十年に比べて百パーセント超となるところもあり――恐慌をきたした魔女裁判も統計に含めれば、増加率はさらに高くなる――訓練を受けた死刑執行人への膨大な需要が生まれていた。それどころかフランツ親方が生きていた時期に、ニュルンベルクの平均処刑率は年九回（人口四万人の都市で）で、帝国のどの市より人口一人当たりの処刑率が高かった。しかし、比較的大きな法域ではどこも同じくらい活発に処刑は行われていた。ハインリヒ・シュミット自身については、より人口密度の高い、バンベルク司教領に奉職中、年平均処刑率は約十回だった。それよりずっと大きな、近隣のブランデンブルク＝アンスバハ辺境伯領では同時期の年間処刑総数は約二倍であった。

犯罪と処罰のこの表面的な急増をどう説明すればよいか？　失業率の高まりとインフレの進行は――それは盗みと暴力を増加させる――フランツ・シュミットの時代に見られた犯罪の急増に当然一役買っていた。しかし、犯罪訴追の増加に最も影響を与えた原因は、逆説的ながら『カロリナ刑法典』そのものだった。新しい帝国法典は画期的な成果であり、前進であった。だが良きものを目指した多くの改革と同様に、『カロリナ刑法典』も想定外の事態を招き、思いがけない形で状況を悪化させた。ひとつには、新しい法令がうかつにも、地方当局に大掛かりな大衆操作への道を開いたこと。魔女狩りが起きた場合は最悪で、集団でもひとりの個人でも、魔女と疑う女性を裁判にかけることができ、有罪と決まればまず死刑は免れなかった。二つ目は、個人の裁量による専断を排除し、犯罪の訴追手続きにおける〝不必要な〟残虐さを排除しようとする試みが、いわゆる尋問の最終手段である拷問の実行という、まったく正反対の結果を生んだことだ。たとえばニュルンベルクのように、拷問を行うには『カロリナ刑法典』の前提条件を忠実に守る法域もあった。だがほかの地方当局は、特殊尋問の適切な用い方について、帝国法令に盛り込まれた多角的な指針と制限を逆説的に捉え、尋問中に身体へ強制力を行使する学問的な裏づけと解釈したのだ。

同時に、再犯の防止を狙った『カロリナ刑法典』の別の条項は意図に反して、多くの再犯者に死刑を強いることになった――以前なら死刑になることはなかった盗みのような軽罪に、重い刑が科されたことが多かったのだ。なぜ、そんなことが起きたのか？　処罰を受けてもまた犯罪に戻る罪人を思いとどまらせるために、『カロリナ刑法典』では前科が増えるのに比例して処罰を段階的に厳しくした。初犯なら公開むち打ち刑、二度目の犯行なら追放、追放された犯罪者が戻って来て三度目の有罪判決を受けたら死刑、とされていた。このあまりにも限られた処罰の選択肢が地方政府に悲劇的な結果を導く行動をとらせたのだ。たとえば、財産を奪う罪で死刑になるのは、かつてならドイツ全土の処刑数の三分の一以下だったのに、フランツ・シュミット存命中には、それが死刑の七割にのぼっていた。

見たところ不可解なこの苛烈さは、新たな残虐性の産物というより、現行の処罰が効果を発揮していない苛立ちによるものだった。フランツ親方が在職中に絞首刑にした泥棒のほとんどは長い犯歴があり、何度も服役し、さまざまな体刑や追放も経験していた。ときには、痛みと恥辱を伴うむち打ちの刑のあとに、領邦追放——初犯と二度目の犯行に対する典型的な刑である——になることもあり、予想通りの効果を上げることもあった。成人したフランツ親方が「市場のあちこちで盗みをした」十代の兄弟二人を公開むち打ち刑に処したあと、この兄弟はニュルンベルクの犯罪記録からその名が消えた。しかし、人前で辱められ追放された犯罪者たちは——その時点で親族とも絶縁され、それまで受け入れられていた社会のネットワークからも永久に切り離され——単純に自分が知る唯一の生き方に戻り、ほかの土地でまた盗みを始めるのだった。近場であることが多く、同じ都市の場合すらあった。

非暴力犯罪に対する近隣地方への追放は明らかな効果がないため、ヨーロッパの国々では窃盗犯やその他好ましくない犯罪者に対するより恒久的な策として、国外追放を用いるようになった。だが、法に背いた者を海の向こうへ送ることは、ニュルンベルクやバンベルク司教領のような内陸にあるドイツの国にとって、都合の良い選択肢ではなかった。彼らには艦隊も海外植民地もなかったからである。バイエルン公がニュルンベルク市に対し、有罪となった泥棒たちをジェノヴァのガレー船の漕ぎ手として短期間賃貸ししてみては、と説得したこともあった。だが五年後には、そうした倹約家の指導者たちは、そんな思い切った策も当てにならないと結論した。ハンガリー方面軍に兵籍編入させるという解決策もしばしば提案されたが、どうやら大した規模にはならず、短命に終わったらしい。《口絵9参照》

この問題に対する今日的な解決は国内流刑、あるいは長期にわたる幽閉だが、それに至るには大々的な発想の切り替えが必要で、受け入れられるまでにはさらに時間がかかった。ほとんどの政府当局者は長期の収監は——精神異常の危険人物を除いて——費用がかかりすぎるし、残酷すぎると考えていた。一般に現代の監獄に先立つ施設と考えられている労役所《ワークハウス》は、財政的に自活できる施設だと大げさに喧伝《けんでん》されたことが主な要因となり、十七世紀には多くの支持を得ていた。しかし、フランツ・シュミットのニュルンベルクの上司たちは、そういう施設は結局金の無駄づかいになると早々と的確な決定を下し、次の一世紀もその新しい流行に抵抗し続けた。その代わりに、〈チェーン・ギャング〉と呼ばれる、乞食や窃盗犯の若者など体力のある男たちをひとつの鎖につないで働かせる刑罰を採用した。当時、この刑罰は主としてフランスでのみ行われていた。シュプリングブーベンとかシェルブーベン（どちらも〝ならず者〟のことで、前者は足に鉄鎖をつけ、後者は鈴のついた帽子を被っている）と呼ばれた囚人たちが行う作業は、数週間続く道路の清掃や補修で、人間や動物の排泄物や生ゴミの回収と廃棄も含まれていた。追放刑もそうだが、〈チェーン・ギャング〉もすべての若い盗人たちを更生させることはできず、フランツ親方がのちに書いているように、彼らの多くが結局は処刑台でフランツによって人生を終えることになった。再犯を重ねる泥棒や、ほかの〝改心できない〟非暴力常習犯への刑罰の選択肢としてふさわしくないとわかりながら、政府当局者たちは十六世紀の後半には〝最終的解決〟としての絞首刑へとますます傾いていった。

こうした事情で練達の死刑執行人への需要が高まり俸給が上がったことは、フランツ・シュミットのような経歴と強い願望を持った新進の職業人にとっては、明らかに朗報であった。『カロリナ刑法典』が、彼の同業者を必要不可欠な司法の吏員へと引き上げたことが彼の立場をさらに強めた。プロテスタントであるフランツは宗教改革の父その人の是認の言葉に大いに感謝しただろう。「犯罪者がいなければ、「死刑執行人もいなくなる」とマルティン・ルターは説教し、さらに続けた。「剣を執り、人を絞め殺す手は、もはや人の手でなく神の手であり、そして人を絞首刑にし、車裂きにし、斬首し、絞め殺し、捕らえるのは、人でなく神である」。罵倒されてきた首吊り役人のための暗示が確かに伝わるようにルターはこう締めくくった。

このようにハンス親方［死刑執行人の典型として用いた仮名］はきわめて実務的で、慈悲深い人間である。ならず者がもう悪事をはたらけぬようにとどめを刺し、ほかの人間が［同じことを］しないよう警告しているからである。ある者は彼に首を刎《は》ねられる。そうすることで、彼はその男に続こうとする者に、剣を恐れ、治安を乱してはならないと諭している。それは大いなる慈悲である。

ジャン・カルヴァンが死刑執行人を〝神の道具〟とみなして満足しているのに対し、情熱家ルターはその職業を推奨する有名な言葉を残すところまで突き進んだ。〝もしあなたが、処刑人や治安官や裁判官、君主や諸侯が足りないことを知り、あなたにその資格があるのがわかったら、必要不可欠な政府の権威が蔑まれたり、弱体化することがないよう、願い出てその地位を求めるべきである〟。

シュミット親子の職業が宗教家によって格上げされたことは、死刑執行人にとって歓迎すべき前進であり、やがてゆっくりと、学者の世界から外へと広がることになる。ルターの熱い口調は、一五六五年のある名高い法律家の弁護のなかにも響いている。〝死刑執行人の名はいまだ多くの人々に忌み嫌われている。［そして］それは非人間的で血なまぐさい、残酷な任務だと思われているが、彼が命令に従って行動し、利己的な意志でなく、神の僕として道義によって行うならば、彼は神の前にも世間の前にも罪は犯していない〟。法廷にいる裁判長、参審人、証人と同様に、死刑執行人もその振る舞いが〝強欲、嫉妬、憎悪、復讐、あるいは肉欲によるもの〟でなければ、彼自身なんのやましいところもない。言い換えれば、諸侯と同じく、彼は法と秩序にとって必要不可欠な存在なのである。また別の法学者は、死刑執行人の任務に向けられた反感を排泄と結びついた恥辱を引き合いに出して、どちらも不快な気持ちを抱かせるが、神の設計に必要不可欠なものであると述べている。誰もが同意することだが、大衆のあいだに根強く残る蔑視の根源は職務それ自体にはなく、〝罪深く軽薄な人々、［具体的には］妖術師、強盗、人殺し、泥棒、姦夫、売春を取り持つ者、神を冒瀆する者、賭博師、その他暴力や醜聞、厄介ごとを抱えた者たち〟を引きよせるその職務の傾向にあった。そんなとき、法廷がうまく機能するために求めたものとは、〝敬虔で、宗教上の罪を犯しておらず、思いやりがあって慈悲深い、恐れを知らぬ男で、処刑のような仕事の経験を積んでいて、哀れな罪深き者への潜在的憎悪や軽蔑からではなく、神と法への愛のために職責をはたす人間〟であった。

こうしてフランツ・シュミットは先達たちより格段に高い俸給で、社会的にも受容されやすい時代に死刑執行人の職についた。しかし同時に、より高い個人としての道徳規範と期待も背負っていた。一、二世代前なら、世俗の権力者たちは、補充する多くの新人処刑人たちに芳しくない経歴があっても止むを得ず許容していた。しかも、今なお死刑執行人のなかには、絞首台や積まれた薪の、反対側に立たされて人生を終えるものもいた。しかし、フランツの時代には、〝規律正しく法を遵守する〟という職業人としての定評が彼らの公的なプロフィールとして定着し、逸脱行為があればたちまち解雇か処罰につながった。それと引き換えに、以前は皮肉とも感じられた親方の称号が、今では新たな威厳を帯びることになった。死刑執行人のなかにはほかの技術を要する職業に就くことを許可されたり、独自の紋章を認められる者さえ出た。

何世紀にもわたって積み重ねられた迷信や反感、恐怖は、もちろん簡単に消えはしなかった。フランツの前には比較的大きな出世の機会が広がっているとはいえ、依然として重い社会的犠牲に照らして計らねばならない。執政官や聖職者が何を言おうが、フランツと同時代を生きたほとんどの人々は、死刑執行人を不吉な人間とまではいかずとも、やはり疑惑の目で見ていた。階級とその特権を儀式的に見せびらかすことに固執している社会では、敬虔で誠実な処刑人の登場は歓迎すべき発展であった。だが、そんな彼らが少し触っただけでも相手を汚すという感覚は残っていた。ハインリヒ・シュミットの息子の前には、彼が生きているあいだ、多くの家庭がドアを閉ざし続けるだろう。しかし新しいタイプの死刑執行人への需要の増大が、若いフランツにひとつの機会を与え、彼はよろこんでそれをつかむことになる。父の手をすり抜けた名誉ある人間として死ぬという夢を実現するために。

死刑執行人の技法

　フランツ・シュミットの幼年時代やホーフでの青年時代の記録は残っていない。だが、父親が忌まわしい職業に就いていたとはいえ、彼の数々の体験は十六世紀ドイツの中流階級の少年のそれに驚くほど似通っていたことだろう。六、七歳のころはほかの子供たちと同じように、大人の女たちのなかでほとんどの時間を過ごしたはずだ。フランツの母は彼が六歳の誕生日を迎える前に死んでいた。おそらく息子の誕生のときか、その後間もなくのことだろう──当時はきわめてよくあることで──その時点で、おばか祖母が母親代わりになったと思われる。一五六〇年、彼に継母ができた。それもまた当時としては当たり前のことで、寡夫となった父はアンナ・ブレッヒシュミットと再婚した。彼女もまた、バイロイト近郊の死刑執行人の娘であろうと思われる。グリム兄弟は悪者にしているが、近世の継母の多くはもっと前向きで、継子たちに愛情を傾けて育てさえした。若いフランツの場合もそうであったと望むばかりである。

　ホーフでの一家の孤立が、フランツがのちに示唆しているように厳しいものであったなら、彼の少年時代は孤独なものだったに違いない。当時よちよち歩きの幼児や年端の行かない子供たちは、ほとんど大人にかまわれず──少なくとも現代の西欧の標準に比べれば──思うままに井戸のなかを探ったり、火遊びをしたりしていた。そのほかにも危険な場所はたくさんあり、多くの子供たちが命を落とすことも珍しくなかった。こうした放任のおかげでフランツにも、両親の偏見など気にしない大胆な遊び友達ができたかもしれない。わかっているところでは、彼には少なくともクニグンダという姉がおり、彼女は成人に達している。だが、子供の二人にひとりは十二歳になるまでに死ぬという時代である。彼にも幼くして死んだきょうだいがいたと考えるのが自然である。

ハインリヒ・シュミットが再婚したころ、フランツはいろいろな家事仕事を覚え、読み書きと算術の基礎を習いはじめたらしい。地方によっては、死刑執行人の子供たちが地元のラテン語やドイツ語による古典文法学校へ通うことが許されたが、つねに有料であった。フランツのニュルンベルクの血縁者リーンハルト・リッパートは、息子の同級生の両親が、学校で自分たちの子供を彼の息子の隣に座らせることを拒否したと苦々しく語っている。それでも、市の役人は仲裁を拒み、そのため少年は家庭で勉強することになったようだ。ホーフにはドイツ語による教区立学校とラテン語学校（ルターの同僚フィリップ・メランヒトンの教え子が創設）があったが、入学記録が残っていないので、フランツが読み書きを学校で学んだか、個人教師か、あるいは両親のどちらかから習ったのかは定かではない。彼の優雅なサインと、大人になった彼の筆跡から、ドイツ語とラテン語も初歩的訓練をいくらか受けたと思われる。《口絵10参照》しかし、彼の文章には句読点がまったくなく、文学的でも公証文書形式でもない独特の構文と綴りを用いている。当時、〝半独学の〟手工業者《アーティザン》の多くに見られたように、フランツ・シュミットは自分が喋る言葉をそのまま、技巧を用いず文字にした。彼はときに明快な説明を犠牲にしてでも、事実と便宜を重んずる実務的な日記作成者であった。

フランツはおそらく家庭で宗教教育を受けたと思われる。地元の牧師なら——もしシュミットの家に入ることに同意したならだが――厳格な教理問答書《カテキズム》によって少年を指導したかもしれない。少年が最初に宗教を意識するようになった教義は福音派、つまりルター派のそれであった。一五二〇年代の宗教改革初期の激しい対立の時代に、ホーフの町はカトリック教会と手を切り、新しいルター派の教義と結びついた。それからひと世代が過ぎてフランツが生まれるころには、ホーフはルター主義の砦となり、ほとんどすべての市民がプロテスタントの教義を信奉していた。大人になったフランツ親方は強い宗教上の確信を持っており、その信仰の堅さは両親か、その他の近しい親族の誰かを手本として身につけたものらしい。その時代、子供たちはたいてい家庭で宗教を教えられた。それどころか教会の指導者たちは、すべてのハウスファーター（文字通り〝家長〟）は子供たちを正しい教えに導くよう手を尽くす、神から与えられた義務があると説いていた。ほとんどの家庭と同じように、若いフランツと姉のクニグンダはこうして早い時期に、キリスト教の中心教義としてルター派の見解を勉強するようになり、原罪と神の赦しを学び、生きてゆくうえでの信仰の重要性と、敬虔に生き抜くために必要不可欠なことを身につけた。

死刑執行人の同業者仲間でのフランツの見習い期間は、十二歳ころに始まったと思われる。それまでの息子の人生にとってハインリヒ・シュミットの存在がどんなものであったとしても、今や彼は少年にとって最も重要な人であり、職業上の模範となる人になったのだ。名誉ある職業の世界では――仕立て屋や大工――定評のある親方と二年から四年の正式な徒弟奉公の契約を結ぶことになっていた。親方は少年の家族から毎年、相当な額の謝礼金を受け取った。死刑執行人の息子のなかには、親類や他人の死刑執行人の親方のもとへ修業に出る者もいた。しかし、そうした親方は少なく、ほとんどの場合、息子は家庭に留まり、〝若いころから〟父親の指導のもとで技量を習得した。フランツのような死刑執行人の息子はもちろん、それとは別の名誉ある同職組合で修業することを禁じられ、大学教育を受けることも聖職に就く道も閉ざされていた――これらの厳格な禁則は、その後二世紀にわたって広く通用していた。こうした現実はあろうとも、彼が自分や子供たちに別の人生を思い描くことを断念することなど、到底できなかった。

十代の若者フランツが父から何を学んだか？ とりわけ、一人前の男であるとはどういうことか、についての根本的な考え方をたたき込まれた。近世の男らしさの概念は、個人と集団の名誉をとりわけ大切にしていた。ハインリヒが早くからフランツの心に刻みつけたように、憎むべき辺境伯は彼ら一族が大切に守ってきたすべてのものを奪い去った。立派な仕事、市民としての権利、友人たちとの親交、そして一族の家名を。ずっとのちに、七十歳になったフランツ親方が回顧し書き残した詳細――亡くなった祖父やおじの名前（ほとんどの人が自分の祖父母の名前を知らなかった時代だ）、鹿撃ち猟師とその飼い犬との運命の出会い、辺境伯が自分の父に言った正確な言葉、辺境伯を殺したいと考えていた人がどれくらいいたかなど――は家族内で何度も語られ、記憶されてきた折り紙つきの一族の秘話であった。近世にはたいていの人々が他人の名誉を傷つけることに熱心だったし、シュミット一族は――無理からぬことだが――病的なほどどこの問題につきまとわれていた。とりわけ、一家の恥辱を毎日思い出す行為のために。個人の名誉についてのフランツの考え方は、その生涯を通じて徐々に進化していった。だが父と同様に、一家が強いられた苦境は根本的に不当なのだという、煮えたぎる憤怒を執拗にもち続けた。そんなハインリヒとフランツが、憎むべきアルプレヒト・アルキビアデスの最大の敵であったバンベルクとニュルンベルクの二つの市に奉職することになったのは、単なる偶然だったのだろうか？

そのほかハインリヒ・シュミットが息子に伝えたと確信できる唯一のことは、現場で仕込まれる胆力――技量であった。〝死刑執行人の技量〟とは実のところ、それぞれ関連性のない、別個の能力から成っていた。なかでも必要不可欠なのは技術面での適性だった。いかに効果的に拷問を加えるか、体刑のなかには眼球を抉《えぐ》ったり指を切断することから、樺《かば》の枝によるむち打ちまで数種類の方法があった。しかし、フランツが最初にしたことは、どんな徒弟にも命じられる裏方仕事だった。父が使う剣や拷問道具を洗い、手入れし、公開処刑に使う備品（手鎖や足かせ、綱、角材など）を集めて準備を整えること、父や父の助手の食べ物や飲み物の準備、ときには首を刎ねられた重罪人の死体（と首）を棄てるのに手を貸すこともあった。

フランツが青年になり力も強くなると、尋問や処刑の際に囚人たちを拘束する手助けをするようになった。やがて処刑地へ出張する父に同行してフランケン地方の農村地帯を旅するようになった。経験豊かな親方ハインリヒがすることを観察し、その指示に耳を傾けて、フランツは絞首刑では二本の梯子をどこに置くべきか、抵抗する囚人たちをどうやって綱や鎖で拘束するかを覚えた。川で溺れさせるのに使う臨時の木製の台を作るのを手伝い、避けがたい厄介事やしばしば長引く苦しい試練をいかに迅速に終えるかを観察した。きわめて重大なこととして、ハインリヒ・シュミットは〝苦痛を伴う尋問〟の際に、自分の裁量で選べるさまざまな拷問道具をどう使うか、また拷問を受けている囚人がどこまで耐えられるかを判断し、誤って死なせぬようにする方法を息子に教えた。

典型的な死刑執行人の専門技術のなかには、現代人を驚かせるものがある。大衆への医療行為を副業とする者が多かったことである。なかには患者を集めるために、仕事柄の魔術的なオーラを利用する者もいた。だがそれは、彼らが人体解剖に――そして特にさまざまな傷に――精通しているということで、そのことが処刑人医療家の評判の裏づけとなっていた。こうしてハインリヒ親方も、どんな薬草や軟膏が拷問を受けた囚人の傷の治療に効果があるか、骨折した囚人の骨を公開処刑までに直すにはどうするかなど、自分の知識（ほかの処刑人から学んだらしい）をフランツに伝えた。こうした技能を修得して成人したフランツ・シュミットは医療家や医療コンサルタントとして、生涯にわたってかなりの額の追加収入を得ていた――そして退職後、ついに自力で医療家として開業することになる。

とりわけ期待が高まったこの時代に、羽振りのよい死刑執行人となるには、つまるところ人間関係を上手く築く能力と一定の心理洞察力も必要だった。この種の能力は当然、ほかのことより教えるのが難しい。だがハインリヒ・シュミットは、拷問室や絞首台で動揺する哀れな罪深き者だけでなく、身分意識の強い門閥家系の上司と少しも当てにならない下層階級に属する部下の双方をどう扱うか、少なくともその見本だけは示しておいた。ハインリヒのバンベルクの御領主に対しては、従順、誠実、慎重が鍵であった――そのすべてが彼の就任宣誓のなかに明らかにされている。

私は仁慈あふれるバンベルク公と閣下の司教区をあらゆる危害から守り、信仰を貫き、職務を誠実にはたし、公正に尋問を行い、閣下の世俗の権能が命じられるたび公正に処罰いたします。

また、すべてこの法令に従い、適正以上の報酬は受け取らず、また、犯罪の尋問中に知る何事も、また秘密にせよと命じられたことも、同じように何人にも漏らさず、わが仁慈あふれる侍従長、式部長官、あるいは宮廷執事の明確な許可なしに当地を離れることはありません。すべての業務と指令について従順に従い、すべてにわたって忠実に遺漏なく実行いたします。神と聖人のご加護がありますように！

フランツは父に課された各々の処刑に立ち会って、犯罪処罰を実際に行う職務の重大さとともに、死刑囚との関わり方の微妙さと、相反する利害や目的のバランスをとる難しさを実感した。こうした個々の分野でハインリヒがよい見本となったか否かは知る由もない。それどころか、技術を磨くことは昇進の決定的な要素とはなりえないことを若いフランツは素早く見抜いた。雇い主には信用を、尋問中の容疑者には恐れを、そして隣人には尊敬の念を浸透させる能力のほうがむしろ大切なのだと気づいた。言い換えれば、結果がすでに決まっている彼の職務の特徴は、処刑台での最後の劇的な（そして、重要な）数分に限られるものではない。死刑執行人という職責はすべての要素を包み込んで生涯続く役割であり、揺るがぬ自己認識と警戒が必要だった。

人間関係を円滑にする試みは死刑執行人の同僚のあいだでも効果を発揮していた。すべての専門職に見られるように、ハインリヒ親方やほかの都市で奉職する同業者たちは内輪で隠語を使った。当時、巷《ちまた》で流行っていた俗語をもとにしたものが多く、ロートヴェルシュとかガウナーシュプラーへと呼ばれた、仲間内の隠語である。そうした隠語では、絞首刑は〝絞め上げ〟、斬首は〝切り落とし〟だった。特に腕のよい者は〝きれいな結び目を作る〟とか、〝車輪遊びがうまい〟とか、〝申し分なく切り分ける〟という表現で賞賛されたようだ。彼らはヘマな斬首を〝プッツェン〟（拭き掃除）などと呼ぶ一方、自分たちの職業に対して〝パンチ〟（人形劇『パンチ・アンド・ジュディ』の滑稽でグロテスクな主人公で、自分の死刑執行人を逆に絞首刑にする）や〝殺し屋〟、〝壊し屋〟、〝切り落とし屋〟、〝自由人〟、〝とどめの一発〟といったニックネームをつけていた。面白がっているとは言えないが、少なくとも彼らの自称のほうが、一般的な呼称である〝短縮屋〟、〝小鬼〟、〝血だらけ判事〟、〝泥棒首吊り人〟、ハンス（愚か者）、〝首なし死体〟、〝肉切り包丁〟、〝小槌〟、金槌親方（悪魔のあだ名のひとつ）、〝締め上げ屋〟、〝ちょん切り屋〟、〝紐かけ屋〟、〝聖天使〟、痛めつけ親方、こらしめ親方、〝肉屋〟などに比べて、謙遜しすぎでもないし、むしろ生きがよかった。

　ほかの同職組合や兄弟団と同じように、近世の死刑執行人は互いに〝従兄弟〟と呼び合い、社交的な集会を開き、結婚式や祝賀会に内輪で集まったり、時には大人数での集会を開くこともあった。最も有名なドイツの死刑執行人の会議として知られるコーレンベルク法廷は、十四世紀にバーゼルで始まり、十七世紀初めまでそこで不定期に開催されていた。会議は典型的な中世末期の〝同等なもの同士の裁判〟として最後まで進められ、争いの解決とコミカルな儀式を組み合わせ、大いに食べ、飲み、たわいない話を語り合った。この訴訟では、参加者は死刑執行人だけでなく、同職組合も独自の司法制度も持たない、その他の名誉を持たない〝移動生活者〟も加わっていた。十六世紀になると、大会の主導権は死刑執行人と死体運搬人に握られるようになっていたが、社会の周縁部に追いやられたその他の人々も参加し続けていた。一五五九年の報告では、裁判はコーレンベルクの死刑執行人の家に近い広場の、〝大きな菩提樹の木［裁きの木］と、もう一本あった背の高いウルシの木の下で〟開かれた。会議で選ばれた裁判官は、〝夏でも冬でも、水を張った樽に裸の足をつっこんで〟席に着き、仲間の死刑執行人たちのあいだの名誉毀損や、その他の訴訟を審理した。七人の陪審人にそれぞれの意見を求めて、裁判官が判決を宣言すると、彼は水桶をひっくり返す。それを合図にその日の祝祭が始まった。妻の情夫だという死刑執行人により訴えられ、法廷に引っぱり出されたある不機嫌な夫は、この集まりを〝まったく性にあわない儀式だ〟と見下げはてたように切って捨てたが、この悪戯をたくらんだ人間（どうやら、彼の妻も含まれていたようだ）以外の、集まったすべての人々は、そんなことにはお構いなしだった。

フランツ・シュミットの日記は、コーレンベルク法廷に——あるいは、その他のこうした催しに——参加したかどうかには言及していない。ハインリヒはバーゼルかどこかの会議に一度は息子を連れて行ったかもしれない。それよりも、こんなばか騒ぎで娼婦や乞食とごちゃ混ぜになることは見苦しく、自分たちの職業が恥ずべき連想を引きずっていることを暗示するとして、望ましくないと考えたのではないだろうか。この裁判のどんちゃん騒ぎと型破りな性格は、より洗練された司法機構が導入され、死刑執行人の職が専門職化する前の時代に属するものだった。フランツはすでに父を通じて、職業として認められた多くの仲間を知っており、手紙のやり取りをする相手もいたはずだ。彼らの一体感を祝い、職務の奥義を語り合うことは、それまで懸命に一線を画そうと努めてきた、皮はぎ人や皮なめし人ほか、名誉なき人々を明確に切り離したうえで、彼の世代の死刑執行人たちが彼らだけで行いたいことであった。

フランツ・シュミットの見習い修業は完成の時を目前にして、いよいよ裁きの剣の訓練に至る。ヨーロッパ大陸で一般に傭兵や木こりを連想させる斧とは違い、剣は近代以前のヨーロッパで名誉と正義を体現していた。皇帝や諸侯やその他の支配者たちは、神から与えられた法的権威を剣に置き換えて物語り、武器そのものが戴冠式やその他公式な式典で際立った役割をはたした。剣を携行できるのは、長く貴族だけに許される特権として用心深く護られ、彼らの身分の高さを一目でわからせた。その結果、剣による斬首はローマ帝国の時代から市民身分と貴族の特権であり、処刑が一瞬で終わるというだけでなく、剣が名誉と結びついていることからも、市民や貴族から好まれた処刑手段であった。

　死刑執行人の武器はそれ自体が特定の象徴的、金銭的価値のあるものになった。それは大きくて――平均で長さ四十インチ（一インチは約二・五センチ）、重さ七ポンド以上――しばしば荘厳な装飾が施された。中世の死刑執行人が使っていた典型的な戦闘用の剣は、十六世紀半ばまでに専ら斬首用に改造され、先は尖っておらずむしろ平らで、剣にかかる荷重配分により注意を払った特殊な形にほとんどが置き換えられていた。こうした剣は今もたくさん残っており、これを生み出した素晴らしい名工の高い技術と熟慮を如実に物語っている。それぞれの剣には決まって独特の銘が刻まれており、〝法によって国は栄え、法なくして国は滅びる〟とか、〝邪悪な行為から汝自身を護れ、さもなくば汝の道は処刑台に通ず〟とか、もっと端的に、〝諸侯は訴追し、私が処刑する〟などの銘もあった。さまざまな図柄を彫り込んだ剣もあった。正義のはかりから、キリスト像、聖母子像を彫刻したもの、また絞首台、刑車、斬り落とされた首などを彫った剣もあった。処刑人の家系のなかには、家名とその剣の所有者となった日付を彫り込む者もあり、処刑した人間の数を自分の剣に刻み目を入れて残す一族さえあった。

ハインリヒ親方の裁きの剣は、こうして彼の優れた技量の印であることを超えて、排斥された彼の一族の、わずかに残る名誉につながる環となった。修業中の息子にとってそれはまた、新たな専門職、敬意さえ払われる死刑執行人の象徴となり、いまだに多くの人々の頭の中に生きていた金で雇われた殺戮者のイメージとはっきり対立するものだった。成人したフランツは、自分が詳細をデザインした剣をたくみに使った。だが処刑の儀式のあいだ中、その剣は誇らしげに木と革の鞘に収められ、引き抜かれるのは公開処刑の最後の山場だけであった。「剣を使った最初の処刑、剣を使ったニュルンベルクでの最初の処刑」そして、「初めて〔犠牲者が〕立ったままの姿勢で、剣によって打ち首の刑に処された」ことは、のちに正確な日付とともに注意深く彼の日記に記録される。

一五七三年春の段階で、フランツ・シュミットが死刑執行人の親方になるまでには、まだ二つの関門が残っていた。すべての職工《クラフツマン》たちがそうであったように、彼も徒弟の過程を終えたあと、職人《ジャーニーマン》としてさらに数年の修業が必要だった。田舎を旅してまわり、手数料をもらって働きながら、貴重な経験を積むのだ。だが、彼が遍歴修業の旅を始める前に、親方試験《マイスター》にパスしなければならなかった。十八世紀までプロイセンでは昇進を望む死刑執行人に筆記と実技の広範囲にわたる試験を課しており、申請人が囚人の骨を折ることなく拷問できるか、火刑では死体をすっかり灰にすることができるか、すべての尋問や処刑に使う道具の扱いに習熟しているかを判定した。十六世紀のバンベルクでの手続きはそれよりはずっと簡便で、それほど堅苦しいものではなかった。だが、徒弟が将来の高い地位を確保したければ、自分と同職の師匠から典礼に則った承認を得ることが必須であった。

フランツ自身の決算の日は一五七三年六月五日にやって来た。十九歳であった。五年後、彼が日記を書き始めたとき、この時期で彼がはっきり覚えている唯一の正確な日付がこの日で、彼の人生においてそれがきわめて重要な日であったことを示している。父に伴われ、フランツはバンベルクの北西四十マイルにあるシュタイナハ村へ二日間の旅をした。死刑囚はツァイエルン出身のリーンハルト・ルスで、フランツの日記の記載にはただ「泥棒」とだけある。父と息子の人生にとってそのことが持つ重大さを考えれば、それがなければありきたりの絞首刑を、ハインリヒの同僚や仲間の誰かが見に来た可能性はある。その処刑形式は職業的死刑執行人にとって声望を高めるものではなかったが、仕損じることもまずなさそうなものだった。リーンハルト・ルスを絞首台に導き、手首と足首を規定どおりに縛り、待ち受ける輪縄のほうへ梯子を上らせたとき、若いフランツの頭に何が去来していただろうか？　死刑囚に最後に言い遺す言葉を尋ねたとき、彼の声は震えただろうか？　集まった大勢の村人たちは処刑人が若者であることに気づいたか、その技量に疑いを抱いただろうか？　それは推測するほかないが、現在の人間にわかることがひとつある。フランツはどうやら何ら過失もなく、自分の職務を果たしたようだということである。死刑囚が事切れ、体が絞首台からぶら下がると、ハインリヒ親方かほかの親方がフランツのところへ歩み寄る。親方は儀式ばった沈着さで、〝古来の習慣に従って〟顔面を三度平手打ちし、処刑を見に集った群集に向かって、若者は〝いかなる誤りも犯さず、機敏に処刑を終え〟、こののち彼は親方と認められることになる、と高らかに宣言する。後日フランツは将来の雇主に提示するための、正式な認定証書（マイスターブリーフ）を受け取る。そこには、新しい親方はその任務を〝立派に非の打ち所なく〟達成し、親方として雇用され――俸給を受ける――資格があることが明記されている。ほかの同業組合の場合と同じで、死刑執行人の資格試験が成功裏に終わった後は、家族や友人たちが集まる祝賀会となることがしばしばで、仲間は息子の達成を喜ぶ父親の歓待をよろこんで受けるのがつねだった。フランツのためにそんな祝賀会が計画されたとしたら、おそらくこのあとバンベルクに戻って開かれたことだろう。

この日から半世紀ののち、老齢の元死刑執行人が過去を振り返る言葉には、なおも物憂い苦痛が滲《にじ》んでいる。「純朴に暮らしていた父が死刑執行人の職務を押しつけられた大きな不運を、むしろ私は心のどこかで歓迎していたのかもしれず、その仕事から逃れることはできなかった」。しかし彼の記述には、国の「平和と安寧と統一」を維持するために生涯を捧げたことへの、確固とした達成感があるのも間違いない。十九歳という年齢で、「私が手をくだした最初の処刑」からまだ日も浅いころ、未来のフランツ親方は運命がもたらした職務について、その後長く苦しめられる嫌悪と自負が入り交じった複雑な感情を初めて経験した。あの門出の日に続く年月、より高い地位へと彼を駆り立てたのは相反する二つの感情だった。だが、それはまた、若い死刑執行人を自分自身と闘わせ、本来の自分が求めるものと彼が追い求める職業人としての栄達をいつも混沌とさせるのだった。

第二章　キャリアの始まり――遍歴修業時代

人間の判断力は、世間と交わることから驚くべき明察を得ることができます。
――ミシェル・ド・モンテーニュ「子供の教育について」、一五八〇年
（原二郎訳『エセー（一）』、岩波文庫、一九六五年より）

子としての情をつくすには心を鬼にせねばならぬときがある、
いやなぐあいにはじまったが、あとにはもっといやなことがある。
――ウィリアム・シェイクスピア『ハムレット』、第三幕第四場、一六〇〇年
（小田島雄志訳『ハムレット』、白水社、一九八三年より）

死刑執行人の兄弟団に正式に入会をはたした十九歳のフランツ・シュミットは、将来の安定した地位へ続く職歴の一歩を踏み出した。一五七三年六月、シュタイナハで初めての職務をはたしてから間もなく、遍歴修業の若者はバンベルクとホーフの中間にあるクローナハの町へ派遣され、初めての〈車裂きの刑〉を執行した。職人《ジャーニーマン》としての遍歴修業時代の習慣ではあるが、彼の処刑記録は

短くあっさりしていた。この件でわかるのは、バルテル・ドヘンテなる泥棒は一味とともに少なくとも三件の殺人を犯しており、この男の苦痛に満ちた刑が執行される前に、一味のひとりはすでに絞首刑になっていたことだけである——残りの処刑が二つに分かれたため、片方は新人の死刑執行人に振り分けられたのだった。若いシュミットはこの新奇な職業上の経験を後世に伝えようとはしていない——少なくとも書き残す形では。

フランツは父の助けを借りて、最初の十二カ月になんと七件の任務をはたした。ほとんどは、泥棒を「縄で」処刑しているが、フランツはそのすべてを短く、感情を交えず記録している。陰惨ではあるが、絞首刑の手順は比較的簡単だった。若い処刑人は哀れな罪深き者とともに、それぞれの梯子を上り、そのあとで犯罪人を突き落とすだけである。踏み台式腰掛や椅子を使うところもあったが、落とし戸つきの処刑台は十八世紀になるまで、ヨーロッパのどの地域でも登場していなかった。そういうわけで鋭く首を絞める手段がなく、窒息させるのに時間がかかり、身もだえする犯罪人の足を処刑人やその助手が引っ張って早く終わらせることもあった。その際、処刑人は一般に犬の革で作った特殊な手袋をはめた。生き延びようとする必死のもがきが終わると、フランツは梯子をはずし、死体を処刑台にぶら下げたまま、やがて腐敗して絞首台の下の骨の穴に落ちるに任せた。

最初の一年にフランツに課せられた職務のうち、三回は〈車裂きの刑〉だった。処刑人に強靭な体力と精神力を要求する、長時間にわたる処刑手続きで、若い死刑執行人が職業人として実行を求められる、見るからに暴力的でグロテスクな行為だった。札つきの悪党や殺人犯を処刑する典型的なやり方で、その本質は人前で公然と行われる拷問であり、さらに恥ずべき——きわめて稀な——

〈溺死刑〉や〈四つ裂きの刑〉と同類だった。これよりずっとありふれた監獄の一室で尋問のため行う拷問が、表向きは有罪判決や弁明の正当性につながる情報を引き出すためなのに対し、車輪を用いた公開での人体の破壊は、共同体に溜まった憤怒の儀式化されたはけ口となり、見物人の恐怖を煽って恐ろしい警告を発するものでしかなかった。

フランツが最初の年に車裂きで処刑した三人はみな、何件もの殺人を犯していた。だが、若い死刑執行人の七人目の犠牲者、ファイルスドルフ出身のクラウス・レンクハルトだけには、日記に一、二行以上を割いていた。一五七四年後半のいつごろか、ハインリヒ親方は故郷ホーフから約四十マイル北東のグライツ村へ息子を派遣した。バンベルクから四日の旅を終えたとき、フランツは三人を殺害したうえ数え切れない盗みをはたらいたレンクハルト本人と顔を合わせた。最初の対面はおそらく短いものだったろう。だが、死刑囚最後の一時間は遍歴修業中の死刑執行人と彼が手に掛ける犠牲者の一対一の関係が続くことになるのだった。

現地の裁判所で死刑が宣告されると、フランツは待たせてあった荷馬車に手かせ足かせをつけられたレンクハルトを乗せた。荷馬車がゆっくり刑場へ進むあいだ、フランツは灼熱の火ばさみで、裁判所が命じた数だけ〈肉つまみ〉を行って、死刑囚の腕や胴体の肉を焼き切った。フランツはこの様子をほとんど日記には書いていないが、四回以上はありえなかっただろう。それが生死を分ける限界だと一般に考えられていたからだ。処刑台へ着くと、フランツは衰弱し血にまみれたレンクハルトを下着一枚にさせて仰向けに寝かせ、手足を杭に固定して、骨を砕きやすいように各関節の下へ細長い板を入念に差しこんだ。重い車輪か特別に作られた鉄の棒が打ち下ろされるのだが、その回数も処刑手続きの一貫として裁判であらかじめ決められていた。裁判官や参審人に慈悲の心があるときは、フランツは〝上から下へ〟手順を踏み、最初に〝慈悲の一撃〟(つまりとどめの一発)をレンクハルトの首か心臓に加え、そのあとで骨をばらばらに砕く。裁判官たちが特に凶悪と判断すれば、手続きは〝下から上へ〟進み、フランツは囚人が息絶えるまで車輪を三十回以上も打ち下ろすことになり、苦悶は最大限引き延ばされる。ここでもフランツはこの件で慈悲の一撃があったかどうかに触れていない。だが、伝えられる処刑の残虐さからして、それがあったとは考えにくい。最後に若い死刑執行人は叩き潰されたレンクハルトの死体を、車輪のうえに載せ、それを杭のうえに持ち上げた。腐肉を食らう鳥どものごちそうになるように、またすべての新参者に対して、支配者の法を貫く断固たる姿勢を目に鮮やかな訓戒として示すことを意図したものだった。《口絵11参照》

こうした身の毛のよだつ流血の儀式での自分の役割をフランツはどう感じていたのだろうか? ごく簡潔な記載を除くと、彼の日記に洞察らしいことはほとんど見当たらない。遍歴修業時代の彼の体験はその結果である記録と同じように、一時的なものだったのか? なんと言っても、このようなグロテスクな見世物を目撃することと、己の手で実行することはまったく別ものだった。専門技術や経験においてしかるべき水準に達するのと同じくらい重要だったのが、レンクハルトのような死刑囚に地上での生を終わらせる前に、その目を直視できる精神の豪胆さを培うことだった。修業中の若き死刑執行人の野望が世評の芳しくない仕事への生来の嫌悪感を覆したか、あるいはその仕事を心地よくする別の方策を見つけたのか? とりわけ、ほぼ毎日自分が行使する暴力に己が染まってしまうことをどのようにして防いだのだろう?

フランツが日記に書いたレンクハルトに関する短い記述にその答えの一端が読み取れる。後年の日記によく見かけるように、処刑の進め方そのものを記載するだけでなく、修業中の彼を骨の髄まで震え上がらせたに違いない、暴虐な罪状に最大の注意を払い、レンクハルトがどんな犯罪行為をしたのかを中心に記録している。フランツは強盗の別件殺人に短く触れた後、レンクハルトと一味がある夜、フォックス水車小屋と呼ばれる人里離れた田舎家を襲ったありさまを詳細に書いている。水車小屋に侵入するや、レンクハルトは「粉ひきを撃ち殺し、［それから］その妻と下女に言うことを聞かせ、二人を強姦した。それから二人に油で卵を焼かせ、それを粉ひきの死体の上に置かせ、［そして］妻に自分といっしょに食べろと強要した。彼らはまた、死体を足で蹴りながら『おい、粉ひき、おやつはお気に召したかい？』と言った」。人間の品位をことごとく踏みにじる強盗の衝撃的な暴行が、フランツに〈車裂きの刑〉を執行するあらゆる正当性を与えたのだった。彼が手を下した処罰がまさに必要であった凶悪犯罪を思い出して記録することが、その後長く職責を果たすフランツの心をつねに安定させてくれる、効果的な戦略となると知ったのである。

地方をまわる遍歴修業

フランツは十九歳から二十四歳まで臨時の職務でフランケンの農村部を巡るあいだ、バンベルクの両親の家を根拠地としていた。そういう意味では、彼の生活は同年代の多くの修業中の死刑執行人とほとんど違いはなかった。彼らはみな高い評価を得て親方として恒久的な地位に就くことを目指していた。この時期、ハインリヒ親方の世評と業務上の顔の広さが大いに役立ち、尋問や処罰のために臨時雇いの死刑執行人が必要となった村々での仕事を得ることができた。こうした小さな共同体ではフランツが恒久的な地位を得る見込みはなかったが、そんな仕事も合計すると生活費くらいは賄え、同時にかけがえのない経験を積むことができた。

この数年の日記には、十三の町での二十九の処刑記録が残されている。一番多い場所はホルフェルトとフォルヒハイムで、どちらも彼の新しい故郷から二日もかからない旅程で行けるところだった。《巻頭の地図参照》また、父の名代としてバンベルクで一五七四年に一度、一五七七年に二度処刑を行っている。後年の日記には時おり、自分が処刑した人々の犯罪の動機などを推測する、長い思索的な文章を残している。しかし、初期のころにはレンクハルトの処刑だけがそっけない一、二行の記述を超えている。このころはむしろ、修業中の若い処刑人の昇進願望が思考や記述のうえで幅を利かせ、処刑件数や自分が習得した処刑のレパートリーの広さを記録することに重点を置いている。わずかながらも内省の気配が見えるようになるのは、彼が地歩を固め安定を勝ち取るときまで待たねばならない。

大望を抱く多くの若者と同様に、専門技術の熟達だけでは切望する安定した地位は得られないことを――たぶん、父の忠告のおかげで――フランツははっきり知っていたようだ。年々実入りがよくなり、したがって競争も激しくなる職業的死刑執行人の世界で、いっぱしの男は社会にネットワークをめぐらし、立派な世評を築いていかねばならなかった。ハインリヒ・シュミットは息子がその世界へ入る手助けはできても、最終的に成功するか否かはフランツ本人が専門技術と個人としての高潔さで、有力な司法当局者を動かす力があるかどうかに懸かっていた。その目標に向かって、誠実で頼もしく、自由裁量もあり、信心深くもあるという評判を積み上げる作業が、処刑台での経験を積むことと手を取り合って進んだ。後年フランツは名誉ある社会へどんどん近づくことで名声を高めることになった。だが、出世街道の第一歩を踏み出した当初、彼がすぐにも必要としたのは――可能な限り――不名誉な人々の社会とのつながりを断ち切ることだった。理想の自分を作りあげようと背伸びする行為は、彼の修業時代を孤独で多難なものにした――しかしそれがまた、彼の多くの生活習慣や性格上の特徴を揺るぎないものにする道を開き、それによってのちのフランツ親方が人に知られ崇敬されることになったのだった。

渡り鳥《ワンダーフォーゲル》のような修業中に、フランツはほぼあらゆる社会階層の人々と出会った。現代人は近代以前のヨーロッパをほとんど変化のない社会だと思いがちだが、実はかなりの地理的な流動性があったのである。若き処刑人は旅行者を見れば、彼らの晴れ着や移動手段から直ちにどこの出身かをほぼ見分けられた。毛皮で飾り立てた貴族と絹の旅行用マントを来た名士たちは――彼らの目論見どおり――最も人目につき、馬や自家用馬車で旅をし、たいてい武装した従僕を少なくとも二、三人連れていた。商人、銀行家、医療家、法律家もまた決まって馬で旅行し、こぎれいなウールのケープを羽織っていた。フランツ自身は父が乗っていた馬を使ったかもしれないが、たいていの実直な中流家庭の人々と同じように、徒歩で旅をしたとするのが妥当だろう。フランケンの農村地帯の泥道やぬかるみを歩きながら、早馬を駆る急使に追い越されたり、商品やワインや食料をたっぷり積んでのろのろ進む荷馬車が通り過ぎてゆくこともあった。宗教上の聖地へ向かう巡礼たちは、悔悛のしるしの白い布か粗布の着物に身を包み足取りも遅いが、結婚祝いに向かう家族連れや市場へ行く途中の農夫たちは、にぎやかにお喋りしながら、急ぎ足で行く。質素な帽子に旅行用マント姿で、杖を持っていたりもする若い遍歴職人の姿は何よりありふれたものだった。

フランツは重々承知していたが、田舎を旅することは危険がいっぱいだった。追いはぎや無法者と出会って、彼がどんな目にあったかは知る由もない。しかし、若い死刑執行人がつねに直面しながら何とか回避しようと闘っていた、それより油断ならない脅威は明白である――街道に溢れていた不名誉な〝移動生活者〟と関わることだった。なかでも、最も軽んじられ無視されていたのは、数え切れない流れ農夫と旅回りの商人たちで、行商人、鷹匠、鋳掛け屋、白目細工師、包丁砥ぎ師、屑拾いなど実にいろいろな人たちがいた。死刑執行人そのものも肉屋や皮なめし屋のように、依然こうした一団に属するものと広く考えられていた。あらゆる種類の芸人たち――曲芸師、笛吹き、操り人形使い、役者、熊使いも同じ扱いだった。フランツが旅の途中でこうした人たちの誰かと人前で口をきいたりしようものなら、自分が逃れようとしている社会的恥辱をわが身に被る危険があったのだ。

犯罪者が多い下層社会、いわゆる盗人社会を個人的に熟知していることが、フランツをさらに居心地の悪いところへ押しやった。父が手に掛けた犯罪者も無論そうだったが、父の助手たちの多くも芳しくない生い立ちだったのだ。すべての死刑執行人と同様に、ハインリヒもフランツもイディッシュ語（主にドイツ以東に住むユダヤ人が用い、ヘブライ語とその地の方言が混和した言語）とロマの言語にドイツ語方言の要素が結びついて出来た、流れ者や犯罪者連中が使う生きのいい隠語、ロートヴェルシュを流暢に喋ることができた。たとえばこんな具合である。「裏社会の住人で〝サルを買った〟（酔っ払っている）やつは、〝恋人〟（治安官）とばったり出会うのを警戒しているのかもしれん。特にそいつが最近〝塀を巡らしたり〟（物乞いをして物を手に入れたり）、〝買い叩いたり〟（詐欺をはたらいたり）、あるいは〝ものを燃やしたり〟（強請りをしたり）したばかりだったらな」。フランツはまた、流れ者たちが施療院や宿屋で仲間のために刻み目やチョークで落書きするしるしの意味も知っていた。社会的な文脈では一線を画すとしても、若いフランツが裏社会の非情なやくざ連中と個人的に広く接触していることは、ほとんどの点で、彼が〝機知に欠ける〟一般大衆の世界より〝目先の利く〟裏社会に属していることを意味した。彼がどちらの社会の住人とも交流があることで、怪しい人物を見分け、彼らを避けるのに役立ったことは確かだが、父の助手をしていた経験から、公正と不正を分ける一線は不確かで必ずしも明白ではないことも学んでいた。

そうしたつながりで、廉直《れんちょく》な人間だという世評を得ようと努める若者にとって最大の試練がほかの若者からもたらされた。フランツはいたるところで、未婚の男を支配する文化の問題に直面した。彼のように真面目な職務修業中の人間であろうと、怪しげな企みに関わっている男であろうと、世間はおおむね酒と女と娯楽の上に成り立っていたのだ。近世のドイツでは、酒は特に男の友情の鍵とされ、若い男たちの通過儀礼のなかで特別な重要性を持っていた。淫らな歌や詩とともにビールやワインをがぶ飲みすることが、一緒に飲む仲間との束の間の連帯感を生み出したり、地元の青年団や軍隊や同職組合などへ正式に入会する儀式の一部にもなっており、兄弟団に入るための儀式でもあった。〈青い鍵〉や〈黄金の斧〉など今では古めかしい名前の居酒屋は、村や町に到着した男の旅人がふつう最初に足を止める場所だった。そこに居合わせた客全員に一杯おごることが、表面的であれ新参者が敬意を払われ、新しい友人を作る有効な手段となっていた。

今と変わらず、この時代の若い男の友情はあらゆる競争の上に成り立っていた。カード遊びやギャンブルは当然のことだった。レスリングやアーチェリーの試合は武芸の腕を競い合ううえに、賭けの楽しみもあった。ドイツの男たちは語り草になるほど延々と飲み比べに耽《ふけ》り、ワインやビールでの〝決闘〟までして、時には深刻な内臓疾患を招き、稀に死に至ることもあった。酔っ払い同士の酒場での友情が自慢話となることも多く——さらに誇張され——性的な武勇伝も生まれた。当然アルコールとテストステロンという危険な組み合わせが暴力に火をつけることは避けがたく、殴り合いやナイフによる当人同士の喧嘩にとどまらず、他人への暴力、わけても女性にたいする性的暴行を誘発した。《口絵12参照》

このめちゃくちゃな世界に足を踏み入れることは、志の高い若い死刑執行人の選ぶべき道ではなかった。名誉なき人々との一切の交際と同様、こうした仲間を避けるには、執拗で総力を挙げた努力が必要だった。そのあとに残る孤立状態は、名誉ある社会にもまだ受け入れられていないフランツには、感情的に辛いものがあったに違いない。まっとうな市民である宿屋の主人たちは、フランツの任務が司教の命によるものであろうが、また彼がいかに盛装し礼儀正しく見えようと、彼のような素性の者に宿を貸すことをまだ警戒していた。旅の途中では、シュミットが自分の職業を隠そうとし、嘘をつこうと思えばできたし、またどこかほかの、見知らぬ親切な人の家か納屋にでも泊めてもらうこともできた。しかし、彼が処刑地である村へ着いたとたん、自分が何ものなのかを誰からも隠すことはできなくなり、あらゆる社交の場から事実上締め出されたのである。フランツと快く食卓を（そして自分の飲み代のツケも）ともにする若者といえば、まさに彼が避けようとしている人間たち――物乞いや傭兵、そしておそらくは犯罪者たちだった。女性との付き合いの選択肢も限られていた。名誉ある手工業者の娘たちは彼と関わりたがらなかったし、売春婦や身持ちの悪い女たちを相手にすることは、自分が築きあげたい立派な評判を汚すことになった。

かくしてフランツは大きな社会的犠牲を払う前に、この時代の男にとっては驚くべき決断をした。ワインもビールも、アルコールは一切口にしないことにしたのだ。それはその後一生、彼が守り続けた誓いであり、ついにはそのことで広く知られるようになり、尊敬を集めることになったのだ。この決意を固めたことには、フランツの信仰が影響していた。しかし、アルコールをまったく飲まないことは、男女を問わず最も敬虔な人間といえども、十六世紀ではめったにないことだった。彼の身近な誰かの――ひょっとしたら父親かもしれない――迷惑な行為や酔ったあげくの暴力に苦労したのでは、と現代人なら推測しがちである。だが、宗教上、あるいは情緒面でどんな理由があったにせよ、酒を飲まないというシュミットの誓いは慎重に計算されたキャリア追求のための決断でもあった。近世のヨーロッパでは、死刑執行人は大酒を飲むものとして知られ――その固定観念の裏に大きな事実が隠されていた。自分たちと同じ生身の人間を殺し、拷問することをくり返し強いられるフランツの同僚たちの多くが、処刑前にジョッキ一、二杯のビールで己を鼓舞し、処刑後にはその事実を忘れるために大量のワインを飲むのはもっともなことだった。同僚の死刑執行人の伝説的なアルコール嗜好に公然と異議を唱えることによって、フランツは自分が選んだ生き方の謹厳さを字面と比喩の両面で強調する驚くべき手段を見いだしたのだった。自分が現に仲間内で孤立している負の事実を逆手にとって、将来の雇用主の目に自分をはっきり印象づける美徳にしたのである。やがてそれは社会全体に広がっていったのだろう。居酒屋の片隅に連れもなく――酒もなく――ひとり座る物静かな修業中の若者は寂しかったかもしれない。だが彼は自分がしていることを的確に認識していた。

真実の追求に用いる暴力

フランツが安定した地位を得るにはもちろん、法を執行するうえで欠くことのできない二つの局面、尋問と処罰に手腕を発揮する必要があった。どちらの行為も、現代のほとんどの国の司法当局の許容範囲をはるかに超える凄まじい暴力を含んでいた（少なくとも記録の上では）。この違いは、現代社会が人間の苦痛に配慮し、人間の尊厳を重んじていることから生じると信じれば心強い――しかしこの点に関しては、日々の新聞の見出しが、現代のほうが上回っているという独善的な思い上がりをことごとくはねつけている。刑事事件の裁判において、今日でも熱い論争が交わされる、この同情と懲罰の不安定で微妙な匙加減《さじかげん》が、フランツ・シュミットを犯罪の処罰へと向かわせた。それではなぜ、近世の犯罪処罰があれほど目に見えて野蛮だったのか？　フランツ・シュミットのように従順な国家暴力の道具になぜそれほど需要があったのか？

当時の司法当局者たちは、特にニュルンベルクのような〝進歩的な〟都市では、効率的な新しい刑事訴追制度の実践を目指す動きと、その目的におよそ不適当な伝統的訴追手段に依存し続けることとのギャップを埋めようと苦闘しながら果たせずにいた。『バンベルク刑事裁判令』と『カロリナ刑法典』という帝国法の集大成があったにもかかわらず、地方当局の犯罪訴追手続き、役人、全体的なものの見方はほとんどが何世紀も前の私的弾劾《だんがい》の枠を超えられずにいたのだ。この時代の悪名高い魔女狩りが示すように、そのころ活気づいた刑事裁判は哀しいかな、大衆の先入観や個人的な対抗意識に影響されやすかった。世俗の支配者たちは、そもそも犯罪を防止したり、犯人逮捕には徹底して無力であるということをひた隠しにしていた。フランツの日記にはいとも簡単に当局の目をくぐり抜け、時には「法域の違う外国で公然と」暮らしていた名うての無法者が、ついに犠牲者や犠牲者の家族、あるいは民警団《パーシ・コミタートゥス》の手で法廷に引き出された顚末《てんまつ》がいくつか記録されている。

　冷静で信頼の置ける死刑執行人は犯人と疑われる人間が正式に拘禁《こうきん》されると、わずかなチャンスを最大限に利用して中心的役割をはたすのがつねだった。彼は証人と容疑者から情報を得ることによって訴訟手続きを開始し、かつ儀式化された公開見世物たる処罰を指揮して手続きを完了させる人間であった。もし十二歳以上の、少なくとも二人の公明正大な証人が証言すれば、容疑者はふつう自白し、拷問室でのフランツの手腕は振るわずにすんだ。物的証拠——盗まれた物や血のついた殺人の凶器——もまた、訴追手続きを大いに軽減した。残念ながら、裁判所が証人も物的証拠も発見できなかったり、十九世紀以前の法医学の程度が低かったせいで、取り調べが行き詰まることもしばしばだった。説得力のある証拠が見つからないと、ふつう有罪の確定はもっぱら容疑者の自白を引き出すことにかかっていた。ここで職業的死刑執行人が呼び出された。バンベルクでフランツは父親の助手として仕事をしたが、彼が任地につくと、そこでは彼が自分の判断ですべてを仕切った。

今日の警察等の尋問官と同様に、フランツ・シュミットと彼の上司たちは脅しや、その他の感情に訴えて追い詰めることが効果を上げることを知っていた。暴力を使わず心理的に緊張を加えて殺人の自白を取る方法で、俗に棺桶裁判と呼ばれるものがある。『ニーベルンゲンの歌』をはじめ中世のサーガで親しみのある古ゲルマン的習慣が、職業尋問官の手の内に強力な武器を残したのだ。部屋いっぱいに立会人を集め、死刑執行人とその助手は告訴された人間を――容疑者の一団の場合もあった――担架に載せられた犠牲者の屍のそばへ押しやり、それに触れるよう強要した。もし死体から出血したり、そのほか有罪の兆候（目の前で動くなど）が出たら、殺害者は屈服して自白したものとみなされた。《口絵13参照》

法律家たちは、こんな出来事で十分とも、必ずしも信じるに足る証拠ともみなしてはいなかったが、トラウマが罪の意識を暴きだすのに効を奏すことが多かった。フランツはその職歴のなかで一度だけ、棺桶裁判を使ったことを書き残している。それは彼が修業時代を終えたずっと後のことだった。ドロテーア・ホフメニンは、生まれたばかりのわが娘を絞め殺したとする訴えを頑として否定した。しかし「死んだ赤児が彼女の前にさしだされ、その手が彼女の肌に触れると――彼女はびくびくしていたのだが――赤児の体の同じ場所に赤い斑点ができた」。若い女は動じず、自白を拒否したので、死刑を免れ「むち打ち刑に処せられた」。こうした神明裁判がまだ行われているという憂慮すべき事態は、経験豊かな死刑執行人がそれを利用するかもしれない弱みにもなった。何年も後に、フランツはこんなことも書いている。ある殺人容疑の女が共犯の男と二人で、門閥《もんばつ》階級の婚期を過ぎた独身女性を就寝中に襲って殺害したのだが、共犯の男がまた被害者に近づけば屍が〝血の汗〟をかくと怖れ、男が被害者の家へ入らないよう止めたため、自白したと同様だとみなされたのだった。

もし最初の尋問がうまくいかず、顧問の法学者が拷問を開始するに十分な〝兆候〟を認めたら、フランツの上司は彼に容疑者を〝きつく縛って威嚇《いかく》する〟よう命じた。拷問は徐々に厳しくなる五段階に分かれていた。修業中のシュミットはその時代に行った拷問について、何も書き残していない。だが、のちに彼がニュルンベルクで行ったとはっきり書いている手順とそれほど変わりはないと思われる。まず、彼と彼の助手が被告を監房から出し、拷問道具がこれみよがしに配置されている閉鎖された部屋へ連れて来る。ニュルンベルクでは〝穴牢獄《ザ・ホール》〟すなわち特別に設計された拷問用の地下牢で行われた。それは丸天井があるところから、俗に〝礼拝堂〟と称された（反語的に死をほのめかしもしたのだろう）。狭くて窓のない部屋は、六フィート×十五フィートくらいの広さで、市庁舎の会議室の真下にあった。上の部屋では二人の門閥出身の裁判官が階下で行われている陰惨な事態から身を隠し、事件メモを参考にしながら、拷問部屋に通じている特別仕様の排気管を通して容疑者に質問した。

ここでさえ、処刑人は純粋に肉体を痛めつけるより、感情的な脆《もろ》さや心理的抑圧に頼ることが多かった。〝礼拝堂〟でフランツ親方と助手は容疑者を――ときには拷問台も使うが、通常は床に固定された椅子に――きつく縛り、並べてある拷問道具の機能を念入りに話して聞かせた。老練の裁判官が若いフランツのような新米の処刑人に対し、ここでは優しくしたり謙虚な態度をとらないようにするばかりか、〝噂や憶測もたっぷり利用するよう忠告し……さらに「不思議なこと」を若者の耳に囁《ささや》いた。彼は偉業を成し遂げた偉大な男……立派に技を習得し実践した男だ。だから彼の計略や力の行使をかいくぐり真実を隠しおおせる人間などいない……彼はすでに手に負えない悪党を相手に証明済みなのだから〟と煽ったのだ。たぶんフランツは父から〝よき死刑執行人と悪しき死刑執行人〟の顔を使い分けることを習得していた。二つの人格がかわるがわる顔を見せ、怯えきった容疑者を脅し、かつ慰めた。この状況下でほとんどの容疑者は苦痛とそれに続く拷問の社会的恥辱から逃れようとして、なんらかの自白をするのだった。

それでも自白を拒み続ける少数の人間というのは、決まって極悪非道の強盗で、死刑執行人と助手は上司が許可した肉体を傷つけるあらゆる拷問法を使いはじめる。バンベルクやニュルンベルクで許可されていた拷問法は、〈親指締め〉（通常は女の容疑者に用いられた）、〈スパニッシュ・ブーツ〉（脚締め）、〈火責め〉（蠟燭などに火をつけて容疑者の腋《わき》の下に垂らす）、〈水責め〉、〈梯子《はしご》刑〉（別名〝ラック〟、容疑者は梯子に革紐で縛りつけられ、引っぱられるか、釘の突き出た円筒の上を前後に転がされる）、〈花冠〉（別名〝王冠〟で、金属と革バンドを額に巻いて、ゆっくり締め上げる）等々である。バンベルクやニュルンベルクで最もよく使われた拷問具は〝石〟で、一般には〈吊るし刑〉として知られている。容疑者は後ろ手に縛られ、綱を滑車に掛けてゆっくり引き上げられる。足には重さがまちまちの石が巻かれているので同時に下へ引っぱられるのだ。人間の発想力とサディズムが無数の苦痛を強いる様式、たとえば〈ポメラニアン・キャップ〉（鉄のとげのついたロープで頭を締めつける）や

〈ポリッシュ・ラム〉、〈イングリッシュ・シャツ〉など――を生み出すのは避けがたいことで、虫や糞便を食べさせるとか、爪の下に木片を差し込むなど、無骨ではあるが効果的に人格を踏みにじる実にさまざまなやり方が考え出されている。フランツ・シュミットはそのすべてではなくとも、ほとんどを知っていたのは疑いない。しかしそれを使ったか？　彼や彼の父は――特に手に余る容疑者に対する欲求不満からなど――最後の手段としてこうした非公認の手段に訴えただろうか？　彼の日記も正式な記録もこの点については何も語っていない。《口絵14参照》

稀なケースではあるが、最近分娩した母親への脅迫は十五分のみとする、とフランツが医療的配慮を指示したこともあった。一般的に、容疑者の〝拷問に耐える力〟を判断する全責任は死刑執行人にあった。二世紀後に拷問そのものが廃止される寸前まで、医師は拷問に付き添っていなかった。容疑者が重傷を負ったり死に至ることはなくとも、フランツが解剖学の専門教育を受けていないために、容疑者に相当な苦痛を与えたに違いない。彼が親方になれば、あとで覆されることが多いとはいえ、みずからの判断で拷問を中止したり、延期、緩和ができるようになるのである。フランツは後年、〝すでに頭だけでなく両手足に重傷を負っていた〟ある窃盗容疑の傭兵が、吊るし刑では命がもつまいと判断した。しかし、この容疑者から親指締めで引き出した証言には上司が満足せず、容疑者は結局さらに厳しい拷問を受け、二回の火責めと四回の花冠の責め苦を味わわされた。この容疑者の義理の兄弟はもっと頑強に自白を拒んだので、左の腋の下に何度も蠟燭の熱い蠟を垂らされたうえ、梯子で六回責められた。予想通り、二人はついに自白し、「お慈悲による〈斬首の刑〉にされた」のだった。

拷問の前も後も、容疑者を比較的健康な状態におく責任は主として死刑執行人が負っていた。フランツは投獄による残酷な影響が、特に女性に著しいことをよく承知していた。取り調べと判決前の短期間の拘留を前提として作られた狭い房で、容疑者が何週間も〝監禁の汚らしさ〟に耐えることを強いられたとき、彼は遺憾の気持ちを日記に書きつけている。フランツは個人的に罪人の骨折や開いた傷口の手当てをし、分娩したばかりの嬰児殺しの女や、その他病弱な女たちに看護人を呼んだりもした。収監中の容疑者の福利に関する彼の温情は、現代人の感覚では矛盾であり残酷とすら思える。拷問や処刑が効果的に行えるように、男も女も故意に時間をかけて傷を癒されるとしたら尚更である。この皮肉な現状はフランツや彼の同僚には影響を及ぼさなかった。監獄付きのある教戒師の回顧のなかに、死刑執行人に呼ばれた理髪師兼外科医《バーバー・サージョン》が〝［罪人の］処置をしながら、フランツ親方がまた破壊することになるのに、時間をかけてその傷を直すなんて気がめいると漏らした〟とある。

　罪が確定した犯罪人を申し分ない状態で公開処刑に引き渡すことは、フランツが何年も経験を積んだ後でも決して簡単なことではなかった。一五八六年に継子殺しのかどで逮捕拷問された農夫は罪を告白するや、〝神が直ちに目に見える［有罪の］しるしを与え〟、容疑者はその場に倒れて息絶えた。おそらく心臓発作と思われる。拷問は容疑者に心理学的な痛手も与え、円滑で効果的な公開処刑を危険にさらすだけではすまない大きな脅威にもなった。〝頑強な泥棒〟が一度に三回の火責めに遭っても——神の前に自分は無実だと言い続けたあと——監房で〝きわめて奇妙で御しがたい〟行動をとりはじめた。いつまでもめそめそ泣いているかと思えば、荒々しく声を上げて笑い出し、看守に嚙みつこうとさえした。それまでは〝まじめに祈りを捧げていた〟のに、今ではそれも拒否し、誰とも口をきかず、部屋の隅にうずくまり、わが身に歌いかけていた。〝クソ、行くぞ、とんま。愛しの悪魔がやって来る！〟

若い男の泥棒や強盗は、巷の悪知恵や虚勢心をたっぷり蓄えて収監されるので、予想通り大変な強情さと回復力を示した。日記にも尋問記録にも、死刑執行人による証言は一切なく、特に長びいた拷問でフランツが苛立ちを深めたとか、その苛立ちを頑固な容疑者や無慈悲な門閥出身の上司たちに向けて発散したかどうかは定かではない。凶暴な十六歳の男ヘンザ・クロイツマイアーは放火と殺人未遂で訴えられ、一日分の拷問――吊るし刑、花冠、火責め――を何度もくり返し加えられたが、結局彼が認めたことは、自分に敵意を抱くたくさんの村人たちに〝怒りに駆られて神聖なものを汚す言葉を発した〟ことぐらいだった。驚くばかりの再犯を重ねた十六歳の泥棒イェルク・マイアーは、六週間におよぶ類似するいくつかの責め苦を寄せつけなかったが、ついに絶望に屈服し、文字通り尋問参審人の慈悲にすがった。年長で場数を踏んできた犯罪者たちは抵抗が無益なことを知っており、早めに自白した。古参の追いはぎに長時間の拷問をしても成果がなかったとわかると、フランツの上司の参事会員は穏やかに、〝われわれは、われわれが［おまえに］望むことを再び実行し、もし［おまえが］殺人を犯したと自白できなければ、［おまえを］ばらばらに引き裂くつもりだ〟と告げた。すると容疑者は己の絶望的な状況を悟り、包み隠さず自白した。

フランツ自身は、職業的な拷問官という役割をどう感じていたのだろう？　下っ端の人間として、新米の処刑人は最も残酷な部分――吊るし刑の縄を引くとか、締め上げのねじを巻くとか、悲鳴を上げる容疑者に熱い蠟を垂らすとか――を受け持たされた。親方はたいてい手続きを指示するだけで、実際の汚れ仕事はより評判の悪い助手に任された。フランツが親方になったとき、こうした汚れ仕事をさっさと断ったかどうかは不明である――ほぼ半世紀近く書き綴られた彼の日記には、拷問執行で自分がはたした役割を明確に書いているものはほとんどないためである。非公開で行われる尋問手続きは、頻繁に行われたというだけでなく、互いに連動する二つの公開処刑（死刑と体刑）よりフランツは長いあいだ関わっていたのだが、死刑と体刑の全記録はあっても拷問のリストはないのである。尋問の公的記録が残っていなかったら、毎月あるいは毎週行われたこの尋問手続きに、彼も関わっていた事実はまったく人目に触れることがなかっただろう。

フランツは世評の芳しくない拷問室での仕事を恥じたのか、あるいはただなんとなく、そのことでは人の注意を引きたくなかったのか？　その後何十年も、彼が退職するまで執行し続けた公開でのむち打ち刑、絞首刑、車裂きの刑と同じように、その仕事も本来は不名誉な行為ではなかった。綿密に考え抜かれたその暴力に正当性がないなどと彼は考えもしなかった。ごく稀にではあるが、拷問について彼が書き残したなかに、名うての強盗や泥棒は特にそうだが、概して尋問されるはめになった人間にはそれなりに責められるべきことがあるという確信が読み取れる。フランツが仕事に関して遺憾の気持ちを表している唯一の記録は、多くの人を殺したバスティアン・グリューベルが仲間を「憎しみから」虚偽の罪で密告したケースだった。「そのおかげでその男は身柄を当地へ連行され、彼の面前で拷問され、調べられた。この男が殺人を犯したと言うのは嘘で、［彼が］そんなことをしたのは、この百姓を不当に訴えて殺人の証拠が見つからなければ、自分は自由の身になれると考えたからだった」。フランツの憤りの口調には、すべての犠牲者に対するいつもの同情とともに、不当な拷問は例外的な措置であるとして、気持ちを落ち着かせているふしが言外に読みとれる。また拷問の問題は、野蛮に住居に押し入る強盗団の残虐行為を記録する後年のフランツ・シュミットの記述のなかで、より頻繁に言及されている――処刑人の側の口実として興味深い。

フランツは〝苦痛が真実を明らかにする〟という当時の法の原則を本当に信じていたのか？　難しい問いである。肉体を痛めつける前に、彼はたいていいつも、自白を早めるために心理的抑圧や非暴力の手段を講じていた。ここからは、彼が拷問を必要悪と考えることはあっても、真実を発見するための必要不可欠な過程であるとは考えていなかったことがうかがえる。容疑者の苦痛への同情をくり返し表明することからも、彼がサディストでなかったことは明らかである。

肉体的苦痛を加える効果をフランツがどこまで信頼していたかを査定することは、もっと困難だ。彼は何かの折りに、子供殺しの容疑者が拷問を受けて「真実を明かした」と書いたことがあるが、それは一度きりで、ほかにそうした記載は見られない。彼の日記を通して、拷問によって明らかになった詳細は、容疑者が覚えているのはまず不可能な事実であっても信じられやすいことが示されている。彼は反論したかもしれないが、それでも有罪という根本問題には影響しなかった。

フランツは、拷問で得られた自白が無実の人間の処刑につながることを危惧していただろうか？　確かなことは知る由もない。社会階層上の自分の位置と出世の重要性をつねに気にかけている、職務熱心な若い修業中の死刑執行人は、拷問を命じる責任は上司にあるとしてみずからを慰めることができた。彼は上司とは宣誓証言（と自己利益）で固く結ばれ、つねに服従し、満足させると誓っていた。もっと経験を積んで、財政的にも余裕のある刑吏なら、良心の疼《うず》きを鎮めるための合理的な理屈をたっぷり並べられるかもしれない。もし訴追されている人間がその罪では有罪でないとしても、ほかの罪でおそらく有罪だろうとか、無実かもしれない容疑者を弁護して、仕事と家族の安定を危険にさらす価値はないとか、彼の任務は命令の実行であって、罪のありなしを決めることではない、等々。しかし、後年になってシュミットは自分の立場に十分な自信を持ち──彼の経験と技術によって尊敬されるようになり──いくつかの件では、上司を説得して拷問を回避できたこともあった。

何よりもフランツは自分のことを、自白に執着して拷問する冷酷な容疑者の敵とは考えていなかった。有罪性に疑問を感じたときには、拷問を止めたり避けたりできる、彼に正式に与えられた特権は、彼に大きな自由裁量権能を与え、ときには容疑者が完全に無罪放免となることもあった。少なくとも魔女の疑いをかけられた二つの事件では、老女たちが中程度の肉体的重圧にも耐えられないことを根拠に、釈放を進言して勝ち取っていた。またフランツは、市参事会の前に引き出された容疑者のなかで、拷問を受けていたものが比較的少なく、しかも拷問されたのはきまって凶悪犯罪で訴追された者で、そのなかでも複数の方法で拷問された者はごく少数だったという事実を知って、楽になれたかもしれない。さらに彼は、こうした拷問を受けた者の大多数は最後には死刑を免れ、おそらく三分の一くらいはそれ以上の処罰を免れ釈放されることになるのを知っていた。犯罪者を穏和に取り扱うことと、法を適正に運用することが見た目は同じであるということは、ふだんは他人の気持ちがよくわかり知性的で信心深い一個人が、拷問という言語道断な個人的暴力を日常的にくり返す職務と、どのように折り合いをつけていけるのかを理解する助けになる。

正義を追求するための暴力

フランツが裁きの暴力という公開見世物で成功を収めることは、職業上の名声を得る必須条件であった。近代以前の犯罪処罰の多くは、現代人の目には野蛮と古い趣が交互に登場するように思える。ヤーコプ・グリム（ドイツの言語学者、民俗学者。弟と『グリム童話』を編集）が〝法における詩歌〟と呼んだ、犯罪と処罰の釣りあわせ方には、子供じみた忠実さがあるようだ。本質的な要素のいくつかは――特に集団で行う公開での懲罰――そのルーツを遠くゲルマン人の時代に遡る。一方で、復讐法《レクス・タリオーニス》、あるいはモーセの律法（「目には目を」）で名高いもうひとつの古くからの影響が、過去二世代にわたる福音主義の宗教改革のおかげで、新たな命を吹き込まれていた。違反行為を処罰せずに放置すれば、共同体全体に洪水、飢饉、悪疫といった形で、神の憤怒が降りかかると信じられていた（ラントシュトラーフェ）ので、宗教的に高揚した時代の雰囲気が法的措置を急がせたのだ。フランツ・シュミットの存命中（そして優に十八世紀に至るまで）、有効な刑事法の施行を求める父なる神の熱い関心が、しばしば新たな法と秩序を生み出す運動を加速する触媒のはたらきをして、法的決定に影響を及ぼしさえした。

体刑を効果的に用いるフランツの能力は、一連の職能のなかで最も傑出していた。ここですぐ思いつくのが中世の人々が好んだ、多彩で〝適切な〟人前での辱めである。言い争う主婦たちを〝ハウス・ドラゴン・マスク〟または〝ヴァイオリン〟と呼ぶもの（木材を薄く伸ばして首輪や手錠代わりにしたもの）で飾りたてたり、姦淫《かんいん》を犯した若い女には〝恥辱の石〟（少なくとも三十ポンドの重さのあるもの）を運ばせた。そして無論さらし台では、千差万別の悪人どもが人々に罵倒され、唾を吐きかけられ、ときには物を投げつけられても、じっと耐えていた。これに対して、共同体の有力者たちはふつう個人的に交渉して金銭のやり取りで決着していた。

これよりもっと暴力的な体刑が――偽証すると誓いの指（人差し指と中指）を切り落とし、神を冒瀆する言葉を吐くと舌を切るなど――十六世紀までは比較的当たり前のように行われていた。しかしフランツの時代になると、ドイツのほとんどの司法当局はそうした伝統は効果がなく破壊的な影響が潜んでいるとみなすようになっていた。ばかばかしくもあり、必要以上に残虐な印象を与えるからである。あるニュルンベルクの法律顧問は、野蛮な目のくりぬき（殺人未遂に適用された）は、〝斬首より無慈悲な刑罰〟と考え、帝国のほとんどの地域で、一六〇〇年までには廃止された。睾丸を抜いたり片腕を切断する、同じように身の毛のよだつような肉体を一部切断する刑も、このころまでにはほぼ聞かれなくなった。《口絵15参照》

こうした潮流にもかかわらず、フランツ・シュミットは身体を毀損する体刑の執行を免れなかった。バンベルクとニュルンベルクではほかの法域がそうした古くからの習慣を捨てた後も長く、偽証した者や常習犯には指を切断する体刑が維持され、切り取った指は川に投げ捨てられていた。長い職歴のなかで、フランツはニュルンベルクの肉橋《フライシュ・ブリュッケ》に立って、九人の犯罪者の指を切り落としたものだった。その顔ぶれは売春婦と売春宿の女将、いかさま賭博師、密猟者、偽証した者などであった。また、四人の売春業者と詐欺師の頬に大きなN（ニュルンベルクの頭文字）の焼印を入れ、四人の「泥棒娼婦」の耳を削ぎ、神を冒瀆したガラス職人の舌先を切り取った。

十六世紀初期に始まった法の定める身体毀損の減少の時期と十七世紀の労役所《ワークハウス》と監獄が増加した時期のあいだに——言い換えればフランツ親方が生きた時代に——ドイツ全土で最も一般的だった体刑は追放だった。木の枝を使ったむち打ち刑に続いて追放されることが多かった。窃盗や性犯罪などの軽罪に科す刑罰の不足を考慮すれば、バンベルクやのちのニュルンベルクでのフランツの上司たちは必要に応じて、単純にこの中世の慣習を取り入れたのだった。追放の期間は（一年から十年の代わりに）一生涯に延長され、今や（都市からの追放だけでなく）それぞれの法域の〝あらゆる町や野原〟が対象となり、痛ましい公開むち打ちや、稀にはさらし台によって見せしめの度合いを強めていった。その結果、ドイツの大きな町ではむちで打たれて町を追われることが常態化し、毎週の行事のようになった。一五七二年秋から七八年春のあいだに、フランツは父が一年間で十二人から十五人をむちで罰するのを見学し、また手助けもした。その後ニュルンベルクでキャリアを積むなかで、彼は少なくとも三百六十七人をむちで罰した。年平均約九人となり、一五七九年から八八年の彼の処刑数がピークだったときの二倍であった。彼の日記に付けられた注釈によると、フランツが自分の登録処刑数に含めなかったケースがまだあることがわかり、さらに多くのむち打ち刑が彼の助手によっても執行されていた。ニュルンベルクではあらゆる種類の体刑が余りにも多かったので、一回の処刑で市の六台のさらし台が全て塞がり、フランツ親方はいかさま賭博師を「石橋にあるカルヴァン派の説教壇」（現在のマクス橋）に縄で縛って男の宣誓の指二本を切り落とし、もう一度むち打ちの後、市から追放した。

好ましくない人間を市の境界から放逐する儀式には、十六世紀の市参事会員が好んだ本質的な要素がすべて含まれている。典礼を司る役人の朗々たる判決宣言、教会が打ち鳴らす〝哀れな罪深き者の鐘〟、罪人の上半身を裸にする処刑人による辱め（女には場合によって、慎みから着衣が許された）、さらし台での犯人への厳しいむち打ち、また犯罪人が改心する機会などと言われていたが、少なくとも彼らの法域内ではさらなる犯罪を防ぐために、市壁の門まで行進するあいだ説教を続けることである。公開処刑にはつねに群集が暴動を起こしかねない危険があった。ニュルンベルクで〝たいへん若い三人の女〟を同時にむち打ち刑に処したとき、〝ものすごい数の野次馬が［行列の後を］追いかけ、市壁にある〝貴婦人の門《フラウエントーア》〟の下で将棋倒しになった〟。そんな危険があるにもかかわらず、父親的干渉主義の傾向のある支配者たちは、懲罰と抑止力が見かけのうえで心地よくブレンドされている、こうした追放の儀式を止めることはできないと承知していた――とりわけ、実行可能な代替案がない限り。《口絵16参照》

むち打ちの行為そのものは、親方の助手か若いフランツのような修業中の処刑人に任される典型的な下っ端仕事だった。バンベルクでハインリヒ・シュミットはそんな仕事を自分で遂行する道を選んでいた。推測される一番の理由は、彼の仕事がまだ手数料ベースのものだったからだろう。父のやり方を重んじたのか彼自身の職業倫理からか、気の進まない仕事は部下に任せられただろうに、フランツは年俸ベースで働きはじめてからも長いあいだ、自分が執行するむち打ち刑は自分が直接行った（そして、きちんと記録した）。また、むちにする枝には樺《かば》を選んだ。ほかの道具より痛みが激しく、傷はいつまでも癒えず、稀に死に至ることもあるという定評があった。とはいえ彼自身は、苦痛や辱めという型どおりの習慣がしばしば効果を上げないことを認めており、日記にも、自分が相手にした多くの犯罪人が以前「むちで打たれて町を追われていた」と記載している。ニュルンベルクの同僚の法律家がアウクスブルクにいる法律家に同じような趣旨の忠告をしており、丈夫な物乞いや浮浪者のような、あまり冷酷ではない罪人には処罰を控えめにするべきで、さもないと彼らを本格的な犯罪者にしかねないと忠告していた。

近世の死刑執行人がそれによって知られ、そこでフランツの熟練が最大限に求められる、当局から正式に承認された暴力とは、もちろん公開処刑そのものにあった。二十世紀初頭のあるドイツの歴史家は、この時期の刑事裁判は〝想像しうる最も残酷で、最も愚かな刑罰〟と考えられるとした。だがそれどころか、実は膨大な考察の結果――具体的には、残酷さや儀式化された暴力の適切なレベルについての――刑罰のあらゆる形式と訴訟手続きが生み出されたのである。伝統的な体刑の緩和に見られるように、十六世紀末の世俗の権力者もまた公開処刑のなかに、過酷さと慈悲の前代未聞の微妙なバランスを求めていた。それがひたすら目指すところは法の支配と彼らの権力の強化であった。わずかでも暴民政治や自警主義が臭う訴追手続きは――ユダヤ人や魔女の集団処刑のような――ニュルンベルクのような〝先進的な〟法域では、もはや容認されなかった。参事会員の権威を虚仮《こけ》にする中世の伝統もまた排除される必要があった。これらの中には、犯罪者の死体に対する公判や、人を襲う〝忌まわしい〟動物の裁判もあった（啓蒙化の遅れた地区では、なんと十八世紀まで続いていた）。技術面に熟達し信頼できる死刑執行人はまさに裁きの剣の動く化身であり――

機敏で、動じず、致命傷を与えるが、専断的で根拠のない虐待とは無縁のものであった。

志の高いフランツ・シュミットが乗り越えねばならない新たな基準は、彼が習得した処刑法のほぼすべての形式を変容しなければならないことを意味した。女性に対する刑事罰は〝穏やかで同時に陰惨な〟ゲルマンの慣習を新しく取り入れた、とりわけ鮮烈な例であった。中世からフランツ・シュミットの時代まで、女の犯罪人の刑罰は公の場での辱めと肉体的苦痛が混ぜ合わされたものになるか、罰金が科されるかであった。さまざまな違反に対して一時的な追放もよく適用されるようになった。対照的に、女が死刑になる稀なケースでは、その処刑は実に凄まじいものになる可能性があった。女性を絞首刑にするのは卑猥だと考えられ（見物人は囚人のスカートのなかを覗けた）、また斬首は名誉ある男性に用いられるのが決まりだった。十六世紀以前に、最もよく適用されたのは、絞首台の下での生き埋めだった。フランツ・シュミットが生まれるずっと前、ニュルンベルクの指導者たちは、この刑罰はあきれるほど時代遅れで〝残酷だ〟として、〝神聖ローマ帝国の域内では、このような死刑が「いまだに」執行されている地域はほとんどない〟と宣言した。生き埋めはたとえ杭で心臓を貫いて手順を早めたとしても、厄介なものであることも彼らの決定に影響を与えていた。ある若い女の死刑囚が「激しく抵抗してもがいたため、彼女の腕や手足の皮膚が広い範囲でずるりとむけた」ことがあった。その結果、ニュルンベルクの死刑執行人はその女に詫び、さらに市参事会員にこの処刑法の廃止を願い出た。そして一五一五年、正式に廃止が決定したのである。驚くべきことに、一五三二年の『カロリナ刑法典』では嬰児殺害に対する生き埋めの刑罰は――〝よって、こうした耐え難い行為を防ぐために〟――残されたが、この条項が執行されること

はほとんどなかった。《口絵17参照》

代わりにドイツのほとんどの司法当局が女の死刑囚のために考え出した処刑形式は、現代人の目には大きな進歩とは思えなかった。麻袋に入れて水に沈めるやり方も、タキトゥス（五六〜一一七年）が早くも言及している古ゲルマンの刑罰のひとつであった。十六世紀の多くの司法当局者は水中での目に見えない死闘が、生き埋めのはっきり見える仕置きに代わる魅力的な方法であることを知る。それは彼らが避けたいと願うほどの同情を呼ぶこともしばしばだった。しかし、フランツ・シュミットのような職業的死刑執行人には、人を溺れさせる見世物は思いどおりに運ばないばかりか、場合によっては処刑が長引くこともわかっていた。一五〇〇年には、死刑囚の女が水面下で生きながらえ、自力で袋から抜け出して、水中へ落とされた台のところまで泳いで戻った。彼女の活気あふれる説明――〝私は前もってワインを四［リットル］飲んだ［から］……水が体に入ってこなかった〟――は立ち会った参事会員を感動させることが出来ず、直ちに生き埋めにするよう命じられた。フランツがニュルンベルクに着任する少し前には、彼の前任者の助手が、袋から抜け出して水面へ出ようともがく哀れな罪深き者を長い棒で水中へ押し戻していた。〝だが、その棒が折れて、大きな喚き声とともに片腕が［水から］つき出した。こうして彼女は水面下で四十五分も生きながらえた〟

フランツ自身は、一五七八年に初めて執行したレーアベルク出身の若い女に対する溺死刑が順調に進んだかどうかには触れていない。それから二年後、彼と監獄付きの教戒師がニュルンベルクでのこの処刑方式の廃止にこぎつけたとき、フランツはいつになく愛想がよく得意げでさえあった。

――このひとつの画期的な法的決定が先例となり、それはやがて帝国中に広がっていった。シュミットの上司に対する最初の訴えは実務的で的を射ていた。ペグニッツ川はどの地点も十分な水深がなく、何よりこの時期は（一月半ば）〝完璧に凍結している〟と言ったのだ。多くの市参事会員は変更に反対し、女というものは〝従順さのゆえに底に沈む〟のが習いだと反論し、若い死刑執行人はその過程を早めるために努力すべきだと主張した。のちにフランツが嬰児殺害の三人の女の死刑囚に、女に対しては前代未聞であった斬首刑を提案したときには、それでは寛大すぎ、この〝衝撃的であまりにも頻繁に起こる犯罪〟を抑制するには不十分だと非難した。とりわけ、一括処刑を今か今かと期待して集まる大群集を考慮すればなおさらであるとした。幸いにも、フランツは聖職者と連携して、水は実際のところ〝悪霊〟に力を与えるので、うっかり苦難を長引かせることになると説得を続けた。そこで法律家の後押しがとどめの一撃となった。彼は溺死が罪人が受けるにふさわしい〝辛い死〟だと認めたうえで、斬首刑にはもっと衝撃的な抑止効果があると述べ、〝溺死では［死刑囚が］最後にどんな末期を迎えるか見届けることはできない〟が、公開の斬首なら見物に集まったすべての人々の目に焼きつく、効果的な〝実例〟を示せると反論したのだ。参事会員がついに態度を和らげ、斬首のあと死刑執行人は「三人の首を絞首台に釘で打ちつける」、という特筆すべき条件を付して斬首刑を許可したとき、「私が崇敬の念を捧げてきたその橋は、すでに三人全員を水に沈める準備を完了していた」とフランツは日記に書き残している。《口絵18参照》

この処刑問題の妥協による解決が、大衆への「衝撃的な」見せしめと、支配者の権威を整然と見せつけるという二つの重い要求をバランスよく配分することを教え、その後フランツがキャリアを積む上での指針となった。処刑された罪人の首や四肢を処刑台に釘で打ちつけることは、報復と辱めを求める先祖がえりの流血好みを満足させたが、一方で、多くの伝統的な処刑法の全過程に大きな合法性と聖なるオーラすら与えていた公開拷問の側面を排除してしまった。のちにフランツ親方が処刑したなかで、火刑判決を受けた哀れな罪深き者は二人を除く全員が、斬首のあとで焼かれるか、焼かれることを免れていた（もちろん魔女の火あぶりはドイツの至るところで爆発的に発生し、事前に絞殺されることはめったになかった）。その後フランツが〈溺死刑〉にした女はただひとりで——とりわけ冷酷で、悪名高い強盗団の一員だった——バンベルクやニュルンベルクでその後、〈生き埋めの刑〉や〈串刺しの刑〉に処された者はいなかった（スイスやボヘミアの田舎では、どちらの処刑法も少なくとも次の世紀までは存続していた）。その代わり、女の殺人犯の首はしばしば絞首台や近くの杭にさらされた。〈内臓抉《えぐ》りと四つ裂きの刑〉の判決を受けながら、「お慈悲による〈斬首の刑〉にされた」ある反逆者の四肢と同じ扱いだった。

拷問が見せ場となっている伝統的な公開処刑の様式が、ただひとつ残っていた。〈車裂きの刑〉である。嬰児殺しの場合もそうだが、強盗団や傭兵の残虐な犯罪は底知れぬ恐怖と憤怒が大きな力を持ち、しばしば治安当局が政治的な冷静さと節度を保ち続けることを治安維持のうえで困難にした。悪辣な強盗ニクラウス・ステューラー（別名〝黒いボクサー〟）が修業中のフランツによって「灼熱の火ばさみで体を三度つまれて、バンベルクを橇《そり》で引き回された」ときには、集まった群集が大声で喝采した。この男は仲間のフィラとゲーアグラ・フォン・ズンベルク兄弟とともに八人を殺し、そのなかの二人の妊婦の腹を割いて胎児を取り出した。ステューラーが言うには、「ゲーアグラが、自分たちは大罪を犯してしまった［し］、赤児を牧師のところへ連れて行って洗礼を受けさせてやろうと言った。［彼の兄弟の］フィラは自分が牧師になって洗礼してやると言いざま、赤児の脚をつかんで地面に叩きつけた」。このあとステューラーにフランツが執行した〈車裂きの刑〉は、「のちにコーブルクで〈内臓抉《えぐ》りと四つ裂きの刑〉に処された」仲間の処罰に比べて穏便すぎるように思える。

死刑囚の肉を灼熱の火ばさみでつまんで車輪のうえで執拗に体を破壊することは、職業人としてフランツに求められる最も明白な暴力行為だった。灼熱の火ばさみで焼きを入れる回数と車輪を打ち落とす回数は、どちらも注意深く死刑判決に記載されているが、死刑執行人にはいくぶんか自由裁量の余地があったようで、車輪の打ち落とし方がそうだった。後年のある時期に、ニュルンベルクのフランツの上司たちが彼に、〝死刑囚が楽をしないように、もっと真剣に火ばさみで肉をつまみ、彼らに苦痛を味わわせるよう〟命じていた。しかし、ぞっとする犯行の場合でも――「妊娠して腹の大きい妻を殺害した」ハンス・ドプファーのような――裁判長と参審人はより慈悲深く名誉ある斬首を求める声を抑えきれず、あとで死体がばらされ、近くの車輪のうえに放置され腐敗するに任せるという条件を付けて承認することがよくあった。

拷問についてと同様に、フランツは〈車裂きの刑〉についてもほとんど口を閉ざしたままだった。彼は修業時代に七回、全職歴を通じて三十回執行している。一度だけ殴打の数に触れているが、それ以外の日記の大部分は、当該の犯罪者がくり返した複数の犯罪の列挙に費やされている。しかし、さまざまな資料から、その身の毛のよだつ苦難は非常に長びき、捕らえられた強盗たちに正真正銘の恐怖を呼び起こしたことがわかっている。フランツ親方は精神的外傷を負った死刑囚について記録している。その男は「[房内に]ナイフを持ちこみ、自分の腹を二度刺し、ナイフの上に身を投げ出したが、体を刺し貫くことはなかった。また自分のシャツを裂いてみずから首を絞めようとしたが、うまくいかなかった」。教戒師のハーゲンドルン師はその日記に、〝隠し持った道具で自分の体の三カ所を切りつけ〟処刑を逃れるために、同じように自殺未遂を図った、別の凶悪強盗がいたことを書き残している。どちらの男も生き残り、フランツ親方の看護によって健康を取り戻し、しかるべき時にカラス石の上で定められた処罰を受けた。

〈車裂きの刑〉より軽いとはいえ、〈絞首刑〉は単に恥辱というだけでなく、ある意味でもっと悲惨な刑であると広く考えられていた。人前で綱や鎖で喉を絞められて死ぬ恥辱は耐え難いものであり、そのあとカラスや動物たちの餌食として放置されるのは更なる屈辱であった。処刑人の親方の多くは、この厭な仕事を部下に行わせていたが、フランツ・シュミットは四十年後の退職のときまで、もともと不名誉な職務の最も忌むべき部分を己が手で執行していたと主張していた。十九歳での初めての処刑から始まる彼の日記には、一五七三年から七八年までに執行した十四人に対する絞首刑と、退職するまでに行った百七十二件の絞首刑が記録されている。そのほとんどは成人男子の泥棒であるが、若い女が二人と十八歳以下の若者が二十数人含まれている。フランツ自身、一五八四年に二人の女への絞首刑を命じられたときには困惑を覚えた――ニュルンベルクで女が絞首刑になったことは「今まで一度もなかった」からだ。〝矯正の見込みのない〟十代の泥棒たちの絞首刑には、さらに心穏やかではいられなかったようだ。だが、個々の処刑現場では勤勉な職業人として任務を全うし、報告されている限り問題は起きていない。

彼がこなしたほとんどの処刑と同じく、絞首刑は技術的にそれほど難しくはないとフランツは見下してもいたのだろう。そこでの処刑人の仕事は、死刑囚の首に輪縄をかけ、梯子から突き落とすだけであった。常設の絞首台のない町では、臨時に作られた絞首台がしっかりしているか、フランツが検査を頼まれることもあったが、構造物を造るのは熟練の大工の仕事だった。あらゆる処刑の現場において、処刑の手続きがすべて終わるまで死刑囚をおとなしく従わせることが死刑執行人の責務であり、なかでも一番手を焼いたのは犯罪人に輪縄が待つ梯子を上らせることだった。ニュルンベルク都市年代記によると、フランツ親方と助手はこのために二重梯子を使い、時には滑車の助けも借りていた。死刑執行人がもう一方の梯子から哀れな罪深き者をただ突き落とすことで処刑は終わり、〝死体と地面の間に日光が射すように吊るした〟。なかには死をことさら過酷で屈辱的なものにしようとする処刑人もおり、絞殺のあと囚人を鎖で逆さ吊りにすることもあった。ニュルンベルクの処刑台の一隅には実際に、ユダヤ人を逆さ吊りにするための特別な場所があったが、フランツ親方は一度もそれを使わず、逆にあるユダヤ人を絞首台のまんなかに置いた椅子に座らせ、(「特別な配慮として」)首に巻いた鉄環で絞首刑にし、また別のひとりには〝キリスト教徒らしく〟絞首刑に処していた。《口絵19参照》

フランツが修業期間の最初の三年間に体験した十一件の処刑は、ほとんどが最も不名誉とされる〈絞首刑〉と〈車裂きの刑〉であった。こうした人の嫌がる任務は彼がプロとしての責務を果たし、地域での信用を積み上げるうえで避けて通れぬものだった。結果として、続く三年間に縄によるもの（十一回）とほぼ同数の剣による処刑（十回）を求められ――彼の地位が上がった明らかな指標となっている。バンベルクとニュルンベルクでの長い職歴を通じて、この二つの処刑形式――絞首刑と斬首刑――は彼が執行した全三百九十四件の実に九十パーセントを占めることになる。

斬首がほかの処刑法より好まれるようになっていくのは、フランツの現役時代のドイツ全土で見られた傾向で、盗みに対する死刑（つまり絞首刑）の減少と、それに平行して高まった過激な処刑法を緩和する機運に根ざしていた。フランツのキャリアの前半のころには、絞首刑は斬首刑の二倍の頻度だったが、十七世紀初期にはその比率は逆転していた。それにしたがって、死刑執行人が身につけた技と彼らの職業的地位が大衆に認知されるようになった。

フランツが職業人として自己認識の基盤にしていたのは剣を扱う技能であり、彼が周到に避けてきた蔑称、〝首吊り役人〟としての不名誉な仕事ではなかったことは、間違いない。彼の記録のなかで、彼はつねにひとりの〝死刑執行人〟であり、それは拷問室や車輪や縄による世間的に芳しくない仕事とは対照的な、法律と裁判所との密接な関係を強調する肩書きであった。修業時代のフランツが日記に残すことを決めた二つの絞首刑は、ただそれが「私の初めての処刑（一五七三年）」であり「私が初めてニュルンベルクで執行した処刑（一五七七年）」であったために選び出されたものだった。その一方で「剣による私の初めての処刑（一五七三年）」は個人的な成功の第一歩を祝っており、その後の職歴でのどんな祝賀も及ばないものだった。

古代ローマ人がポエナ・カピタースと呼んだその刑罰は――フランツのようなその道の専門家はより簡潔に〝脱帽〟と呼ぶ――絞首刑よりもはるかに死刑執行人にスポットライトが当てられてい

た。フランツは最初に哀れな罪深き者は跪《ひざまず》くか、座るか、立つかを決めた。立っている相手は姿勢を変えがちで、剣を振るう死刑執行人にとっては一番の難物だった。フランツは五回の成功例を入念に書き留めているが、そのすべては三十歳になる前に行っていた。ひとたび彼の手際のよさと評判が確定し、終身雇用契約を確保すると、跪くか座っている囚人の首を刎《は》ねる、きわめてありふれた手法に立ち戻った。シュミットの全職歴を通じて、囚人は〝裁きの椅子〟に縛られて座る姿があたりまえになり、女の囚人には特にこの形が好まれた。最後のときに男よりずっと暴れまわると思われていたからだ。教戒師による最後の祈禱に続いて、死刑執行人は慎重に立ち位置を決める――狙いを定めて完璧なスイングをしようとしているゴルファーに似ていなくもない――そして囚人の首の中ほどに視線を集中する。それから剣を振り上げ、優雅に打ち下ろす。普通は右後ろ側からで、二つの頸椎《けいつい》のあいだを切り裂き、頭部を胴体から完璧に切り離すのだ。よく知られた法律書の文言には、〝荷車の車輪が頭と胴体のあいだを自由に行き来できるように、男の頭部を斬り落とし、一撃で相手を二つに分断することをよしとする〟とある。鮮やかな一撃に続いて、哀れな罪深き者の頭がぽとりと罪人の足もとに落ち、椅子に固定された胴体は切断面から死刑執行人とその助手に血しぶきをあびせつづけた。フランツは剣による信じがたい手柄話など書き立てはしない――彼の後継者のひとりがやったような、一撃で二つの首を切り落としたなどという――だが、頭部を完全に切り離すのにさらなる打撃が必要になった稀な例を鬱々と記している。ドラマティックな物語の危険な後半部分がこれから始まる。

信仰に導かれた死を迎えさせる

公開処刑には体刑と同じように、二つの目標が組み込まれていた。ひとつは見るものに衝撃を与えること。もうひとつは神から授かった現世での権威を改めて主張することであった。安定して信頼できる死刑執行人は、国家に代わってその儀式化され調整された暴力の行使を通じて、この二つの目標をバランスよく達成する要《かなめ》となる役割を演じていた。法廷の有罪宣言、刑場への行進、処刑、は入念に作り上げられた道徳劇の三幕を構成しており、歴史家リヒャルト・ファン・デュルメンはそれを〝恐怖の劇場〟と呼んだ。各幕の登場人物は――特に演出家たる死刑執行人――作品を最終的に成功に導くのに不可欠な役割を演じていた。フランツや彼の同僚が追求した「信仰に導かれた死」とは、本質的に宗教上の贖罪《しょくざい》のドラマだった。そこでは哀れな罪深き者は彼や彼女の罪を認めて贖《あがな》い、自発的に訓戒の実例となり、見返りに迅速な死と魂の救済を約束された。その意味で、死刑囚がこの世で交わす最後の契約であった。

ラスドルフ出身のハンス・フォーゲルの例を見よう。この男は「馬小屋で仇を焼き殺し、私がニュルンベルクで初めて剣によって処刑した」。(まだ修業時代の)一五七七年八月十三日のことだった。あらゆる見世物と同様に、舞台裏での準備が何より重要だった。処刑の三日前にフォーゲルは少し大きめの処刑準備室へ移された。もし彼が深い傷を負っていたり体調不良であったら、必要に応じて呼んだ医療担当者とフランツとで看病しただろう。フォーゲルに最後の時間を持ち堪えるスタミナが回復するまで、処刑の延期を求めたかもしれない。この時期の死刑執行人の関心事は、まず処刑台ほか舞台装置の状態を確かめ、必要な備品をそろえ、判決宣言と刑場への行進の段取りの最終調整をすることだった。

裁きの日を待つあいだ、フォーゲルは牢獄で家族やその他の面会人に会ってもよかった――もし読み書きができたら――本を読んだり、別れの手紙を書くことで慰めを見いだしたかもしれない。自分が殺した男の未亡人から〝犯人を心の底から赦した印として〟オレンジやジンジャーブレッドを受け取ったある殺人犯のように、彼が殺めた者やその縁者たちと和解することさえあるかもしれない。この時期、フォーゲルの房を最も足しげく訪れるのは、ふつう監獄付き教戒師である。ニュルンベルクでは二人の教戒師が協力して、ときには張り合いながら、恐怖と悲嘆と希望を組み合わせた説得力で〝彼の心を和らげる〟ことに努めていた。フォーゲルが文字を読めなかったなら、牧師たちは挿絵のある聖書を見せて、ルター派の教理問答《カテキズム》の基礎と『主の祈り』を教えようとしたことだろう。彼がもう少し教育を受けていたなら、神の恩寵《おんちょう》と救済について語りあっただろう。教戒師は何よりも――ときには看守や自分の家族の誰かも加えて――哀れな罪深き者に慰めを与えようとし、頑固で冷酷な相手を辛抱強く諭しながら、いっしょに賛美歌を歌ったり、安心させる言葉をかけたりした。

囚人が従順になれば、処刑がより順調に進むことは明らかだったが、監房を訪れる牧師たちにはもっと高い志があった。〝信仰に導かれた死〟が、フランツのニュルンベルクでの同僚の教戒師ハーゲンドルン師にとって特別な関心事だった。だから、囚人に穏やかな諦念を持たせて処刑地へ向かわせるだけでなく、死刑囚の心にいくばくかでも神を敬う心とその意味を教えようとした。彼自身の日記のなかには、嬰児殺しで有罪となった若い女への格別な優しさが現れている。一六一五年に処刑されたマルガレータ・リントネリンは収監されて七週間が経つというのに、教理問答《カテキズム》がほとんど身につかないことで、当初彼は手を焼いていた。しかし最後には礼儀正しくなり、信仰に導かれた死のあらゆる兆候を見せるようになった。

彼女は自分の苦難に不屈の精神で耐えていた。熱心に祈りを捧げ、彼女の赤ん坊や両親のことに触れられるたびに、悲嘆の涙にくれ、差し迫った死を受け入れて、穏やかな心で散歩をしたり、自分の知りあいに篤《あつ》く感謝し(彼女はこの地のあちこちで八年間働いており、よく知られていた)、私たちといっしょに熱心に祈りを捧げた。私たちが彼女を伴って刑場へ行くと、彼女は口を開き、「神さま、私のそばにあって私がこの試練を乗り越えるのをお助けください」と言った。あとで私の前でも同じ言葉をくり返し、集まった群集に感謝の言葉を述べて彼らの赦しを請うた。[それから]彼女は立ち上がり、まるでショックで口がきけないかのように立ちすくんだ。私が二、三度声をかけると、ようやく話しはじめ、再び人々に感謝して彼らの赦しを請うた。[それから]みずからの魂を全能の神に委ね、椅子に腰を下ろした。そして礼儀正しく死刑執行人に首を差し出した。彼女は最後まで偽りのない本物の信仰を貫いたので、彼女の信仰の目的をも達成するだろう。それは、ペトロの手紙一、第一章[によれば]魂の救済と神の恩寵である。

内面的な会話を交わすことにどれほど成功しようと、牧師たちに最低限度期待されていたのは、死刑囚フォーゲルに準備期間最後の要素である、有名な「処刑人の食事」を心穏やかに迎えさせることであった。皮肉なようだが、フランツはこの古くからの慣習には直接関与しなかった（おそらくは、その不名誉な名前のせいだろう）。その代わり彼は、ニュルンベルクで〝哀れな罪深き者の居間〟と呼ばれていた椅子やテーブルや窓のある特別室で看守とその妻に仕切らせることを許していた。いまだに死刑を続けている近代国家と同様に、フォーゲルは最後の食事として食べたいものを何でも注文でき、ワインもたっぷり振る舞われた。教戒師ハーゲンドルン師はこうした豪華な食事に何度か立ち会っており、自分が目にした野蛮で不信心な振る舞いにしばしば唖然としていた。ふてぶてしい強盗が看守の妻が出したワインに唾を吐いてぬるいビールを要求したとか、また別の大男の泥棒は〝魂よりも腹のほうに食べものが必要と考え……一時間で、大きなパンのほかに小さなパン二個をむさぼり食い〟その結果、処刑台に吊るされたとき〝体の真ん中が破裂してばらばらになった〟などと伝えられている。これとは対照的に、ある哀れな罪深き者たちは（特に、生まれたばかりのわが子を殺して取り乱した若い母親など）まったく何も食べられなかった。

フォーゲルの食欲が適度に満たされると（そして酔いがまわると）、助手が彼に処刑用の白いガウンを着せた。ここで、このあとの公開見世物を差配するフランツが呼び出された。彼が到着すると、「死刑執行人、到着」と看守が決まった言葉で告げる。そこで盛装したフランツが扉をノックして部屋に入る。彼は囚人に断りを入れると、伝統的な聖ヨハネの旅立ちの無事を祈る飲み物をフォーゲルとともにすする。それから短い会話を交わし、待ち受ける裁判官と参審人の前へ進み出る覚悟ができているかどうか確認した。

　哀れな罪深き者のなかにはこの時点で、本当に歓喜の声をあげ、辛い現世からもうすぐ解放されると有頂天になる者もいた。それが宗教的な罪の自覚からなのか、激しい苛立ちか、あるいは単に酔っ払っていただけなのかはわからない。時おりフランツは、罪人をうまく従わせるには小さな歩み寄りがあってもよいと決断し、ある女死刑囚に絞首台まで彼女のお気に入りの麦藁帽子を被っていくことを許したり、密猟者が姉妹から獄舎へ送られてきた花の環を被ることを許した。また、自分の助手に指示して酒の量を増やしたり、ときには自分で調合した鎮静薬を混ぜさせたりもした。このやり方は裏目に出ることもあり、女の囚人が気を失ったり、若い男がさらに反抗的になる場合もあった。街道強盗のトーマス・ウルマンが、刑場への通過点であるここでニュルンベルクでのフランツの後継者を危うく撲殺しかけ、看守と警備員の手でようやく押さえつけたこともあった。フォーゲルの気持ちが十分おさまったと確信すると、フランツと彼の助手は囚人の両手を縄で（女には平織りの紐で）縛り処刑の第一場へと進んだ。

　門閥出身の裁判官と参審人が主宰する〝血の法廷〟は、処罰を言い渡す公の舞台であって、罪の有無や処罰の程度を決めるものではなかった。今回のフォーゲルの件では拷問なしに自白が得られており、彼の運命はすでに決まっていた。中世を通じて判決の申し渡しは糾弾の中核をなす行為であり、通常は町の中央広場で行われた。十六世紀には処刑が重要視されるようになり、それに先立つ〝公判〟そのものは市庁舎の特別な部屋で、非公開で行われていた。そのあとの刑場への行進と処刑でも同じだが、すべての中心となるこの準備段階の目標は、手続きの合法性を強調することだった。しかしそこでは、その過程を悠然と見届ける会衆は処刑を行う司法当局者自身であった。

手際のよい処刑手続きは、典礼を重んじ階級序列的で慣習的であった。ニュルンベルクの議場の一番奥、浮き上げ刺繍の背もたれのある椅子に裁判長が座り、右手に白い杖、左手には短剣を持ち、短剣の柄《つか》には籠手《こて》が吊るされていた。血の法廷で慣例の赤と黒のローブを着用する裁判官を護るかのように、その両脇をそれぞれ六人の門閥出身の参審人が固めて座り、彼らの椅子には凝った彫刻がほどこされていた。死刑執行人とその助手が囚人をしっかり抑えているあいだに、書記が最終的な自白内容と犯した犯罪を逐一読み上げ、お定まりの有罪判決で終わる。「神聖ローマ帝国の法を犯したかどにより、その者は［縄／剣／火／水／車輪によって］死刑に処さるべしと決し、わが主君が処刑を命じた。」裁判長は最年少の参審人から順々に、十二人全員の同意を求めて票を回収した。各票には〃適法であり異存なし〃の定型回答が記されていた。

判決を確認する前に、裁判官が初めてフォーゲルに直接声をかけ、法廷に対して言いたいことがあれば述べるよう促した。従順で哀れな罪深き者は弁明の機会があるとは夢にも思っておらず、むしろ参審人と裁判官の公正な決定に感謝し、暴力的な死を与えるということを是認するという罪の意識から彼らを解放することとなった。また、処罰がより苦痛の少ない斬首に変えられて、ほっとした者はしばしばその感謝を大げさに表現することもあった。人々が集まる法廷で罵言を吐く破れかぶれの悪党も少しはいた。だが多くの囚人は、怖れおののいてただ黙って立ち尽くしていた。裁判官はフランツのほうを向いて、「死刑執行人、神聖ローマ帝国の名において私が命ずる。［哀れな罪深き者を］刑場へ連行し、先に述べた処罰を執行せよ」と告げ、そして審判の白い杖で重々しく二度床を叩き、囚人を死刑執行人の保護下へ戻した。

始まったドラマの第二幕、刑場までの行進は、数百から数千人にのぼる種々雑多な見物人を集めた。処刑のありさまは、かわら版や役所の公告などで広く知らされるのがつねで、市庁舎の露台から血のような赤い色の布がぶら下がることさえあった。フォーゲルは両手を体の前で縛られ、処刑台まで一マイルあまり歩くことになっていた。死刑囚の疲労が激しかったり虚弱だったりすると、ときどきフランツの助手が哀れな罪深き者を高い椅子に乗せて運んだ。これは、老人や詐欺師の「片脚しかない」エリーザベト・アウルホルティンのような女に良く使われた。乱暴な男の犯罪人や火ばさみによる拷問を宣告された者はより厳重に縛られ、待ち受ける肥料用荷車や橇に乗せられ、ニュルンベルクではパッペンハイマーと呼ばれる地元の汚物処理労働者が使う使役馬に引かせた。馬に乗った二人の射手と、やはり通常は馬に乗った礼服で盛装した裁判長に先導され、フランツと助手は進行のスピードを一定に保つことに注意を集中した。また群がる人々を数人の護衛が規制していた。二人の教戒師のひとり、あるいは両方が行進のあいだ中、死刑囚の片側に付き添って聖書の一節を声に出して読み、祈りを唱えた。行進全体をすっぽり包む宗教的オーラは見た目以上で、フランツが在職中扱った犯罪人のなかで、唯一回心しなかったモーシェ・ユートだけが〝寄りそい、慰めを与える聖職者もなしに処刑台へ導かれた〟。《口絵20参照》

行進のあいだ野次馬たちとの悶着《もんちゃく》を避けることと並んで、死刑囚の最後の願いを尊重するという死刑執行人に課せられた慣習法上の義務は、フランツたちにしばしばかなりの自制を強いた。ハンス・フォーゲルはほとんど抵抗を示さぬように見えたが、泥棒で賭博師のハンス・メラー（別名

〝伊達男のジョニー〟）の場合は、「法廷を去り際に、『あばよ、おれをこんなふうに裁いたからにゃ、おまえらもいつか黒い悪魔に出会うはめになるだろうよ』と参審人に捨て台詞を吐き、絞首台に引き出されたときには、ありとあらゆる傲岸不遜な振る舞いをした」。それでも死刑執行人が辛抱強く好きにさせていると、メラーは絞首台でひとつならず二つも、誰もが知っている死の歌『最後の時がきたりなば』と『わが神の思し召し』を歌った。二人の泥棒、ウツ・マイアー（別名〝悪知恵の皮なめし工〟）とゲオルク・ジュムラー（別名〝お喋り〟）はどちらも同じように「行進の際には生意気かつ尊大で、大声で喚いた」。だがここでも、二人の首に輪縄が掛けられる前に、『桜の木の実』を歌うことを許された。

威厳ある整然としたセレモニーを望む上司の期待に応えることは〝恐怖の劇場〟の演出家にさらなる重圧をかけた。嘲りの叫びや物が投げつけられる事態を避けるのに加えて、進行は厳粛な雰囲気を維持する必要があった。近親相姦を犯した年老いた男女が二人の死の行進を滑稽な見世物に変え、互いに相手を追い越そうと競って走り出したときには、フランツが苛立ち当惑したのも無理からぬことだった。〝貴婦人の門のところでは男が前にいたが、そこから先ではたびたび女が男を追い抜いた〟。フランツはしばしば囚人が「ふてぶてしい振る舞いをしたり、問題を起こす」と嘆いている。だが彼の忍耐力は、とりわけ放火犯リーンハルト・デューールラインによって試されたようだ。この「厚顔無恥のならず者」は刑場への行進のあいだ中、浴びるように酒を飲み続けた。デューールラインは通り過ぎる人々に悪態をつき——慣習的な祈りの言葉でなく——そして処刑台に着くや、ワインボトルを教戒師に手渡し、公衆の面前で放尿した。「彼の判決が読み上げられると、喜んで死んでやるが、その前に四人の護衛と剣で戦わせてほしいと言った。彼の希望は拒否された」とフランツ親方はそっけなく書いている。侮辱され憤慨した教戒師によると、デュールラインはそのあとまた酒瓶をひったくって飲みはじめ、〝そしていつまでも飲むのをやめなかったので、ついに死刑執行人は男がまだ酒瓶を口にくわえたままの状態で首を斬り落とした。『主よ、御手に私の霊をゆだねます』の言葉さえ言えずじまいだった〟。

とりわけ刑場での第三幕では、フランツにとって悔悛への兆候が特別な重みを持っていた。深く後悔した殺人犯が「途中ずっと泣き続け、ついに跪いた」とか、悔い改めた泥棒が「キリスト教徒としてこの世を去った」ときには、彼は喜ぶべきことと書き留めている。教戒師の同僚とはまったく対照的に、彼は細かい福音書の教義に精通することより、このように心を入れ替えた目に見える証拠を重視していたのは明らかだ。おとなしく悔恨の情を示していたパウルス・クラウスが処刑台の梯子のうえで、自分はこれから犯した罪を贖うのだと宣言し、ハーゲンドルン師に厳しく誤りを正され、教戒師がいかにも聖職者らしく「救い主キリストがすでに罪を贖い、犠牲を払ってくださった。［だから］その代わりに、彼は自分の魂を天にまします父なる神に委ねるべきなのだ」と諭したとき、フランツの胸中に浮かんだ困惑は想像に難くない。

最後の聖餐は目に最も明らかな神への恭順の表現であり、この時点で哀れな罪深き者が最後の強情さを見せるとフランツはやきもきした。フォーゲルは進んでこのサクラメント（神の恩寵を表す行為。プロテスタントでは洗礼と聖餐）を受け入れていた。だがハンス・シュレンカー（別名〝イモ虫〟）のケースでは、「彼がカトリック教徒だったため」執拗にルター派の聖餐を受けるのを拒んでいた。これと対照的に、「初めはサクラメントを受けるのを拒んで口汚く罵っていたが、あとでは受け入れた」クンツ・リュナーゲル（別名〝ごろつき〟）のような例に、フランツはほっとするのだった。強盗のゲオルク・プリュクナーについて、シュミットはこう書いている。「穴牢獄に何度も入れられ態度はとても悪かったが、最後には悔い改めて、キリスト教徒にふさわしい行いをするようになり」、カラス石のうえで聖餐にあずかり、集まった群集に向かって高々と悔恨の情を述べた、と。

フランツ・シュミットがのちに記した最悪の死刑の例は、悪名高い街道強盗ハンス・コルプ（別名〝のっぽのレンガ屋〟、またの名を〝修道士くずれ〟）の長すぎる苦役であった。

彼は［ここから］脱獄できなかったので、自分の左腕の血管を嚙み切った。この傷が治って、明日は刑場へ引き出されるという日に、今度は右腕の一部を嚙み切った。一バッツェン［硬貨］の大きさが深さが一インチあった。これで出血多量で死ねると考えたらしい……［そのかわり］殺人、強盗、追いはぎ、あちこちで重ねた犯罪のかどで、車裂きの刑に処された。最初に四肢を砕かれ、最後に偽造者のように体を焼かれた。彼は歩けないふりをしていたので、担いで運ばねばならなかった。祈りを捧げることもまったくなく、牧師に黙れと命じ、そんなことは前から知っており聞きたくもないし、聞くだけで頭が痛くなると言い張った。彼がどのように命を終えたかは神がご存知である。

フランツが死を迎えさせるのに手こずったと事実上認める記載が出てくるのは、ずっと先で、そのころには彼もキャリアを重ね地位は安定していた。そのときでさえ、必ずしも包み隠さず書いているとは言えず、彼の危機管理能力に悪影響を及ぼしかねない大失策については特にそうである。多くの犯行を重ねた泥棒のゲオルク・メルツ（別名〝木槌〟）の場合は、死刑執行人はこう書いているのみである。死刑囚は「刑場へ引き出されたとき、おかしな行動をした。首を振って笑うばかりで祈ろうとはせず、牧師に言ったのは『おれの信仰がおれを助けてくれた』だけだった」。これとは対照的に、監獄付きの教戒師と法廷の書記官はとんでもない状況をかなり詳しく述べていた。ハーゲンドルン師によると、二十二歳のメルツは自分の黒い帽子とウールのシャツを着たまま処刑を執行してほしいと言い張り、この最後の願いが許されたなら、おとなしく運命に従うと約束したのだった。

しかし、彼は監獄を出るや、奇声をあげて馬鹿げた振る舞いを始めた。「おれの晴れの日だ。みんな楽にやってくれ」と彼は叫び、ほかにもいろいろ言った。私は三度彼を所定の位置へ引き戻し先を急がせねばならなかった。行列が市庁舎に到着すると、彼は同じ言葉を大声でくり返し、私は彼を抑えて節度を保つよう諭さねばならなかった。法廷では大げさな身振りでにたにた笑い続け、まず右を次には左を向いて歯をむき出し、口を歪めた。それで私は二度彼を叱り諭さねばならなかった……処罰が言い渡されたとき、彼は市参事会に敬意を表するかのように頭を下げ、酔っ払って危うく転びそうになった。市庁舎からこちらへ着いたとき、私たちはほとんど彼を制御できなくなっていた。彼は宙に跳びあがり、暴れて苛立っていた。まるで精神が錯乱しているようで……そのあと彼は椅子を持ってくるよう命令した。彼みずからそこに座り、縄で縛られると、馬のように足をばたばた踏み鳴らし、頭を上下に振って、「おれは楽になった。おれの信仰がおれを救ってくれた」と勝ち誇ったように叫んだ。彼は集まった人々を天使と呼び、帽子を脱がしてくれれば彼にも天使の姿が見えるのに、と何度も要求した。

法廷記録によると、メルツは行進のあいだ中フランツの助手に自分を運ぶよう強制しただけでなく、自分を運ぶ看守たちを乱暴に足で蹴ったので、看守たちは叫び声を上げ、何度も彼を地べたへ落とした。そんなときもずっと彼はおかしな顔をして、群集に歯をむき出したり舌を突き出したりした……見慣れた処刑場に着き、死刑執行人、つまり首吊り役人が彼に梯子を上るよう命じると、彼は応じた。「どうしてそんなに急ぐんだい？　首吊りなんぞ、いつだってできるだろう――朝でも昼でも、遅かろうが早かろうが。暇つぶしにゃぴったりだ」。そして彼が梯子に乗り、ハーゲンドルン師から哀れな魂を誰の手に委ねるつもりかと聞かれると、さっと飛びのいて大声で笑い出し、「牧師さんよ、いったい何の話だい？　おれの飲み友達のほかに、誰がいるってんだ、綱かい、それとも鎖かい？」と叫んだ。

フランツはこの拗《こじ》れた見世物を早く終わりにしようとした。だが二人の教戒師は死刑囚メルツを悔悛させようとむなしく努力を重ねた。だが、彼の最後の言葉はこうだった。「おれはこの顎をもっと使いたいね。でも無理なのさ。わかるだろう、吊るし縄がたっぷり食いこんじまった。だから首が絞まるんだよ。もう喋れないようにな」。意図されていた死の威厳も、彼の死を前にした贖罪の試みもこてんぱんに打ち砕いて、メルツはにやにやした表情を浮かべたまま、死んでいったとされている。

あらゆる死刑執行人にとって——特に若い修業中の人間にとって——最も恐ろしいのは、自分の失態で慎重に組み立てられた罪と贖罪のドラマを事実上ぶち壊してしまい、地位を失ったり降格されることだった。見物に集まった群集は——そこには大勢のうるさい酔っ払いも混じっていた——剣を振るう死刑執行人に手際のよさを求めて大きなプレッシャーを与えていた。長い別れの言葉や何連もの詩節の続く歌は群集の心理を不安にするだけでなく、処刑に備える処刑人にとっては忍耐力と神経力が試されるものだった。ある年代記作家は、フランツ親方が殺人犯マルガレータ・ベッキンの斬首を急ぐ気持ちを感じ取っていた。彼女は「灼熱の火ばさみで体を三回つままれることに」耐えた後も立ち続けたが、とても消耗し、ほとんど喋れなくなっていた。〝フランツは彼女の代わりに最後の言葉を人々に伝えようとした［が］、彼がしかるべく彼女［の首］を斬り落として処刑を終えたとき、彼が伝えたのは三言がやっとだった〟とその年代記は含みを持たせている。エリーザベト・メヒトリンは初めのうち、信仰に導かれた死への道を順調に歩みはじめ、絶え間なくすすり泣いては、ハーゲンドルン師に「この堕落した邪悪な世界を去ることができてうれしいし、死を迎えるのもダンスに行くのと変わりはないと言っていた。［だが］……死の時が近づくほどに、悲しみがつのり気弱になっていった」。処刑行列で彼女は泣きわめき、斬首台まで歩くときには手のつけようがないほど取り乱していた。〝裁きの椅子〟に座っても絶えず体が揺れるので、そのころには十分経験を積んでいたフランツ・シュミットでさえ狼狽したようで、ヒステリー女の命を奪うのに彼としては珍しく剣を三度も振るうことになった。

幸いなことに、ハンス・フォーゲルの処刑は語るべき出来事もなく過ぎた。だが、下手な斬首刑は近世の年代記にもしばしば見られ、ニュルンベルクではフランツ・シュミットの在職期間の前後にも何度かあったようだ。彼の四十五年にわたる全職歴と、記録された百八十七件の「剣による処刑」のうち、フランツ親方が二振り目の剣を振るわねばならなかったのはたったの四回で（九十八パーセントという驚異的な成功率である）、それでも日記には簡潔に不首尾という注釈をつけて、律儀にその過ちを認めている。また失敗した斬首にありきたりの口実をつけて言い訳することもなかった。たとえば、悪魔が自分の前に三つの頭を差し出した（その場合には真ん中の頭を狙うよう忠告された）とか、その他なんらかの方法で哀れな罪深き者が自分を迷わせた等々である。職業処刑人のなかには、こうした摩訶不思議なものの影響から身を守るために、裁判長の裁きの杖が壊れるとその破片を御守りとして持ったり、犠牲者の頭を黒い布で覆って邪視の魔力を先手を打って防ごうとする者もいた。よく知られたフランツの節制（節酒）のおかげで、幸いにも同時代の人々が好んだ、死刑執行人は重大な時に勇気を出すために、酒や〝魔法の飲み物〟なるものに頼っているという通俗的な解釈を寄せつけずにすんだ。最も決定的だったのは、彼が失態を犯したのが修業時代やニュルンベルクでキャリアを築きはじめたころではなかったことだ。そのときにはすでに安定

した職業上の地位を固め尊敬も得るようになっていたので、彼の評判も個人の身の安全も護られたのだった。《口絵21参照》
フランツ親方が退職して間もないころに奉職した若いニュルンベルクの死刑執行人は、それほど幸運ではなかった。一六四一年、新人のヴァレンティン・ドイザーがまだ子供のように若い殺人犯、マルガレータ・フォークリンの斬首を執行することになった。彼女は「飛びぬけた美人で十九歳だった」という。ある年代記には、こう書かれている。

この哀れな娘はとても病弱だったので、処刑台のカラス石まで運んで行かねばならなかった。彼女が椅子に座ると、ヴァレンティン親方は子牛が飼い葉桶のまわりをうろつくように、彼女のまわりをぐるりと歩き、剣を打ち下ろしたが一スパンほどの木片とターラー［銀貨］一枚くらいの頭皮を切り取っただけで、彼女は椅子の下へ叩き落とされた。親方は彼女の体を傷つけておらず、彼女は気丈に持ち堪えていたので、［群集は］彼女を放免するよう要求した。

経験の足りないドイザーは彼女の赦免を拒否したが、そのとき椅子の下から彼女が叫んだ。
「お願い、助けて」と彼女は何度もくり返した。そのとき［処刑人の助手が］彼女をつかんで、また椅子に座らせ、死刑執行人は二度目の剣を振るい、［今度は］彼女の後頭部から首へ打ち下ろした。この一撃で彼女は椅子から転げ落ちたがまだ生きており、また叫び出した。「ああ、お慈悲を！」このあと首吊り役人は彼女の首を斬り落とした。この残酷な不手際と恥ずべき処刑続行のため、［彼は］群集に取り囲まれ石を投げられた。その場にいた射手がすぐさま助けに来て群集から彼を護り、出血を止めなければ命も危うかった。彼の頭の前後からは、すでに大量の血が流れ出ていたのだ。

この不名誉な処刑のありさまと暴動が引き金となり、若い死刑執行人は逮捕された。本人はその死刑囚に〝目を晦《くら》まされた、あるいは魔法にかけられた〟と主張したにもかかわらず、解雇された。暴動や私刑につながる不運な出来事は、宗教による贖罪や国家の権威の中核をなす理念を危険にさらす。ドイツの町には、死刑執行人は斬首刑のとき三度まで剣を振るえるが（本当のことである）、それで決着しなければ群集は彼を捕らえて、哀れな罪深き者の代わりに死を強いることを許可しているところがあった。フランツは処刑を行うごとに、つねに「自分の生命の危険」を自覚していた。だが、高い技術のせいか、幸運に恵まれたのか、彼自身が公共の秩序の完全な崩壊に直面したのは一度きりで——むち打ち刑が暴動に発展し、破滅的な投石騒ぎになった——それも、彼が修業時代を終えたずっと後のことだった。対照的に、斬首刑はどれも、彼が放火犯フォーゲルを処したときのように終わるのがつねだった。つまりフランツは裁判官かその代理人に向かい、「裁判官殿、私は正しく処刑したでしょうか？」と、法的手続きは完璧かどうかを問う。「おまえは判決と法の求めるとおり刑を執行した」と型どおりの返事があり、死刑執行人は「神と、私にその技術を教えたわが師に感謝します」と答えるのである。フランツはまだ舞台の中央に（文字どおり）いて、そのあと血を拭い取り、死者の胴体や頭をしかるべく処理するという気の滅入る作業を取り仕切るのだった――まだ彼に注がれている何百人もの目にさらされながら。ハインリヒ・シュミットが息子に教えたように、死刑執行人の公開処刑の仕事に終わりはなかった。

人生のチャンス

若いフランツの経歴の初期における突破口は、一五七七年一月十五日に訪れた。二十三歳になろうかというときだった。運もいくぶんあったが、父親の巧みな戦略が大きく貢献していた。ハインリヒ・シュミットは早くからニュルンベルクの死刑執行人はひょっとして帝国中で最も誉れ高く、一族の名誉回復がどこより見込める最高の職ではないかと見抜いていた。一五六三年、しばしば仕事を休むコンラート・フィッシャーに代わって短期的にその仕事に着いたあと、ハインリヒ自身が雇用申請をしたことがあったが、ニュルンベルク市参事会ににべもなく退けられた。六カ月後、再びその職が空席になったが、シュミットはまたもやはねつけられ、その時は戻ってきたフィッシャーがその職に復帰した。ハインリヒはそれでも申請し続けたようで、一五六五年にフィッシャーが死んだときも、その翌年、フィッシャーの後継者ギルク・シュミットが死去したときにも申請していたようだ。結局一五六六年に、彼が切望していた職を事実上手に入れ、その後何年もその地位に留まったのは、アンスバハのリーンハルト・リッパートだった。

諦められない父と息子は、この落胆をなんとかして利点に変えようと努力を重ねた。ニュルンベルクの新任死刑執行人に指名されて一年経たないうちに、リーンハルト・リッパートは雇い人の家政婦との結婚許可を市参事会に願い出た。偶然にもその女性がフランツの姉のクニグンダだったのだ。この考え抜かれた姉の働き口がいつどのように決まったのか、正確な記録は残っておらず、こんな偶然の成り行きをシュミット一家が予測しないはずがなかった。最初のうち市参事会はリッパートの嘆願書を固く拒否した。〝彼にはすでに妻がいたから〟である（おそらく、アンスバハに残してきたのだろう）。しかしこれに先立つ十年間の冷酷なやり取りに疲れた死刑執行人の上司は、世間に恥をさらさないことを条件にリッパートが〝軽薄な女中〟を雇い続けることを許可した。それから一年半のあいだの適当な時期に、リッパートとクニグンダ・シュミットは私的に結婚し、一五六八年十月に花嫁は第一子を生み、のちには七人の子供の母となった。離婚も重婚もリッパートの上司に容認されるとは考えにくいので、彼の疎遠になった妻はそのうち都合よく世を去ったと推測するほかない。

フランツは今、父が切望していたその職に（今は息子のために）身内の者が就いているという、大きな強みを持ったのだ。熱心な若い修業中の死刑執行人はわがままな義兄に比べると幸運でさえあった。リッパート個人の資質と職業上の能力不足を長いあいだ容認してきたニュルンベルク市の参事会員たちは、その職責がこれ以上不安定になるのを避けることに決めたのだ。一五六九年十二月三日に起こった、彼の三度目の斬首刑での破滅的な不始末でさえ――このときには剣を三度振るっていた――市参事会が群集によるいかなる報復からもつねにリッパートを護ると保証しており、軽い譴責《けんせき》ですんだ。しかし一五七五年十一月、彼は著しく体調を悪化させた。四カ月後には体調不良で処刑台の梯子を上れないと申し立て、「すでに当地にいる」若い義弟のフランツ・シュミットに、自分の代理として刑を執行させる許可を得たいと申請した。これに対して、市参事会は処罰法を斬首に軽減し、リッパートに俸給分の働きをして義務を果たすよう命じた。これに続いて、拷問に耐えられないほど体力が弱っているという不満も同様に退け、助手に無期限で彼の代理をさせると命じた。

リッパートの病気が本物だったのかどうかはわからないが、一五七七年一月、彼は突然（しかも無許可で）〝バンベルクの義理の父のところへ〟二週間の旅に出た。これが元で、市参事会は泥棒ハンス・ヴェーバーの絞首刑のために〝彼の身内の、よそ者の死刑執行人〟を臨時雇用することになったのだった。このチャンスもまたハインリヒ・シュミットが仕組んだものなのか？　いずれにせよ、それはのちにフランツが日記に書いているように、「この地での私の最初の処刑」に結びついた。続く十六カ月のあいだに、〝新任の若い死刑執行人〟は七人もの哀れな罪深き者をニュルンベルク市に代わって処刑した。なんら偶発的な出来事もなく――法廷記録によると、すべては〝きわめて順調に〟――しかし、まだ一時払いベースの仕事として行われた。ついに、厄介者のリッパートに、興味深い対案が示された。市の当局者たちは年老いた死刑執行人に対する曖昧な説諭から態度を硬化させ、〝彼が怠惰で乱れた生活を改めないなら、後任に別の親方を迎える〟と警告した。かくして、一五七八年四月二十五日、リッパートは病が重く職務を続けられないと上司に伝え、市側は直ちに彼の辞職を受け入れ、彼の年金や住宅補助の願いをはねつけ、退職の儀式もなく職歴十二年の古参の死刑執行人とすっぱり手を切った。リッパートはその後ひと月も経たぬうちに亡くなっている。同日、市当局は新しい死刑執行人の親方に、ホーフ出身のフランツ・シュミットを任命した。

任命から二週間して、フランツは新しい上司からバンベルクへ〝四、五日間の〟旅行許可を得た。息子のめでたい帰郷は父と子にとって、力強い祝賀の日となった。フランツは長年父を拒み続けた職を手に入れ、一家の盗まれた名誉を回復する父子共通の夢に向かって、記念すべき第一歩を踏み出した。その知らせを聞いたハインリヒの胸には、プライドと嫉妬と安堵がどんなふうに混じり合っていたのだろう？　フランツが日記を書くことに決めたのはこのときだった。父のたっての願いだったかもしれない。父の代わりに執行した過去の処刑を列挙したあと（しかも体刑については「思い出せない」と主張しつつ）、若い死刑執行人はこの出発点に立っている。フランツはいつもどおり、淡々とした文体を装っているが、この勝利の喜びは、強い自負心を持って宣言する以下の文言によって輝きを放っている。「私が正式に任命され、一五七八年の聖ヴァルブルガの日［五月一日］に、ここニュルンベルクへ着任したのちに［処罰された］人々のことがここから綴られる」

第三章　親方として

われわれの思想の真の鏡はわれわれの生活の経過であります。
——ミシェル・ド・モンテーニュ「子供の教育について」、一五八〇年
（原二郎訳『エセー（一）』、岩波文庫、一九六五年より）

ふるまうときは、それらしくふるまえ。
物事はありのままではなく、見た目で判断される。
何かに秀で、そう見えるとは二つに秀でることである。
——バルタサル・グラシアン『処世神託』、一六四七年

一五九三年十月十一日、悪名高き偽造犯で詐欺師のガブリエル・ヴォルフは、フランツ親方の手でその最期を迎えた。フランツ・シュミットがヴォルフについて記した内容は、日記の中で最も長い書き込みのひとつだ。ヴォルフは立派な教育を受けた〝「ニュルンベルク」市民の一族の子息〟でありながら、三十年以上にわたりヨーロッパ中の上流社会で複数の偽名を使い、数々の大胆不敵

な詐欺を行った。彼は「通称〝ガラス屋《グラーザー》〟として知られると同時にベルリンのブランデンブルク選帝侯の秘書ゲオルク・ヴィントホルツ、ヤーコプ・フューラー、エルンスト・ハラー、ヨアヒム・フュールンベルガーなどとも自称した」。ヴォルフによる数々の詐欺を親方が語るなかに、ひときわ著名な人物が出てくる。このニュルンベルク良家の息子は、「ベルリンで選帝侯の名をかたり、辺境伯ヨーハン・ゲオルクの印璽《いんじ》つきの手紙を偽造し、［市の］名誉参事会から千五百ドゥカート借りた」というのだ。彼の計略にはまった被害者は、ほかに「ダンツィヒの参事会員、エッティンゲンの伯爵、彼がコンスタンツで仕えた主君、ダンツィヒの商人二人、［オランダ人の］主人」、それにリスボン、マルタ、ヴェネツィア、クレタ、リューベック、ハンブルク、メッシーナ、ウィーン、クラクフ、コペンハーゲン、ロンドンのさまざまな有力者がいた。ヴォルフはパルマ公から千四百クローネを盗んでコンスタンティノープルに逃亡すると、そこで亡くなって間もないヤーコプ・フューラーの名を名乗り、「数ターラーとフューラーの印璽つき指輪、蔵書、衣服［を盗んだ］」。彼の悪事の旅はイタリアにまで及び、「尼僧院長と寝て拉致を計ったが、失敗に終わった。しかし、そこの修道女から銀の打鐘時計を盗んだ。またあるときはゲオルク師と呼ばれる聖ヨハネ騎士団の一員から銀時計と馬を盗み、馬で逃げた。プラハでは皇帝のお付きの者としてある婦人の銀のゴブレットとコルセットの質入れを十二フローリンで任されたが［それを］持ち逃げして四十フローリンで売った」と続く。やがて、ヴォルフの犯罪と被害者のことをくどくど書くのにうんざりしてきたフランツ親方は、話を手短にまとめた。「二十四年以上にわたり、ほかにも数多くの不正を行い、紳士たちの偽の印を作って文書を偽造した」。しかし、その後に二つの注釈を加えている。ひとつは、ヴォルフが「七つの言語を流暢に話した」こと。もうひとつは「お慈悲によりこのニュルンベルクにおいて斬首刑に処し、しかるのち［遺体を］火あぶりにした。最後に右手を切り落とすよう指示されていたが、それは免除された」ことだ。

この度しがたい恥知らずの詐欺師は、なぜこうも処刑人をひきつけたのだろう？　ヴォルフの絵に描いたような悪党ぶりは小説にも引けをとらず、彼の打ち首を見に来た人々にとって、その後何年も楽しめる話になったのは確かだ。彼が着服した金額はまたたいしたもので、合計すると数千フローリン、つまり手工業者《アーティザン》の平均年収の何百倍にものぼり、そのすべてが、長年ヨーロッパの富豪や権力者に混じって贅沢な暮らしをするのに費やされていた。ヴォルフの処刑をこの目で見ようとやって来た人たちの多くは、このニュルンベルクの一族の息子が大都市の今をときめく上流階級をまんまとだましおおせたという、ゆがんだ虚栄心で高ぶっていたに違いない。

このはなやかな事件にフランツ親方が物見高い喜びをいだいたかどうかはともかく、彼にはもっと捨て置けない深刻な——そして個人的に重要な——道徳観念という問題があった。ヴォルフは厳格な階層社会の世で、生まれながらにして知性と特権の両方に恵まれた身でありながら、特権的地位をよそに家族、市の有力者、自分を雇う上流階級の主人、銀行家、商人、尼僧院長など、関わった人のほぼ全員を裏切った。視野を広げれば、彼の裏切り行為の数々は、当時のヨーロッパを形成する王国、領邦、都市国家のあいだの商業と統治権を機能させていた、わずかな信頼にも傷をつけたのだ。さらに突きつめれば、ヴォルフの犯行は司法当局（や刑吏）がそのような信頼の悪用を暴き、罰する能力に対する信頼を、根底から揺るがしたといえる。このような理由での詐欺、特にこれほどの規模のものは、フランツ親方やその雇用者にとって、現代の同じ立場の者に対するよりはるかに深刻な脅威だった。したがって、定められていたのは火あぶりの刑だった。それなのに、市民権と一族のコネがものをいい、人を信用させるのが得意な男ならではの話術も大いに味方したのだろう、結局ヴォルフは最悪を免れた。屈辱と痛みを伴う「右手を切り落とされる」ことも、苦痛と恥辱の炎にのまれて死ぬこともなく、フランツ親方の名誉ある剣の一振りで瞬時に死を遂げたのだった。ある歴史家によれば、〝ヴォルフはありがたがっていた〟という。

このヴォルフの罪と罰にフランツ・シュミットが狼狽《ろうばい》したのは、ニュルンベルクに着任して十四年後のことだった。若き処刑人フランツは、自分のありついた新しい職が安定していて経済的に豊かでも、それが社会的地位へのつきない不安を解消するのにほとんど役に立たないと、思い知らされた。フランツが心穏やかでいられなかったのも、不思議ではない。歴史家スチュワート・キャロルによると、名誉とは〝単なる行動規範ではなく、魔術やキリスト教信仰と同じような価値観の問題〟だという。その世界観を共有するフランツは、ヴォルフの件を目の当たりにしてひそかに葛藤した。また一方で、処刑人の息子なら決して受けられない社会での優遇をすべて無駄にして「二十四年以上も」醜聞にまみれ不道徳な人生を送った生まれの良いヴォルフを、彼は嫌悪した。みずからの手でその悪党の首を斬ることが、待ち望んでいた正義が行われ社会秩序に捧げた自分の誠意も報われたという安心感を、彼に与えたのである。とはいえ、ヴォルフが特権のある社会的地位ゆえに赦免を受け、法廷の命令である右手の切り落としを免れたとき、フランツは怒りの矛先をヴォルフに特別な酌量を認めた偽善的不公平《ダブル・スタンダード》にではなく、この正当でない赦免を与えた特定の一件に対して向けたのであった。生涯にわたり書きつづけた日記は、社会階層上の地位だけに応じていつも同じような差がつけられることをあばき、貴族《ノーブル》や都市門閥《パトリシアン》が被害者ないし犯罪者だった場合、フランツ親方は必ずそれを注記している。だからこそ、ヴォルフの一件の文章も称号を略したりせず、長々とすべて記入しているのだ。フランツ自身は社会的に認められた人々から避けられていたが、志の高い処刑人として目の前のどうしようもない社会の現実に怒るよりむしろ、そんな社会での自分の地位を向上させようと努めていた。フランツの夢をかなえる道のりは相変わらず、不名誉な仕事を大きな障害でなく、目的達成の手段に変えるという、はかない望みにかかっていた。

責任ある男として

田舎町ホーフから都会のバンベルクに移った経験があるフランツは、一五七八年に有名な帝国自由都市ニュルンベルクへやってきたときも、あまり大きなカルチャーショックを受けなかった。市の城壁内に四万人以上、その周辺五百平方マイルの地域に六万人が住むペグニッツ川沿いのニュルンベルクは、アウクスブルク、ケルン、ウィーンに次いで大きく、世界各地の人々が集まる都市だった。フランス人法学者ジャン・ボダンは〝帝国で最も偉大で名高く、秩序が保たれた都市〟と形容し、地元の若者ヨハネス・コホラエウスは、愛着をこめて〝ドイツの中心であるのはもちろん、ヨーロッパの中心でもある〟と断言した。ほかの市民も自分たちの愛する故郷に誇りを持って、北のアテネ、北のヴェネツィア、北のフィレンツェなどと呼んだ。特に、アルブレヒト・デューラー

（一四七一〜一五二八年）や多くの著名な芸術家、ヴィリバルト・ピルクハイマー（一四七〇〜一五三〇年）やコンラート・ツェルティス（一四五九〜一五〇八年）などの人文主義者が輩出したことで、有名になった。

もっと客観的な見かたをする人でさえ、ニュルンベルクが政治的にも経済的にも当時最も有力な都市であることは認めていた。ニュルンベルクは一五二五年以降、ルター派の信仰を公式に認めていたが、市の有力者たちはカトリックの皇帝カール五世や神聖ローマ帝国皇帝マクシミリアン二世と巧妙に有利な関係を保ち、一五五五年のアウクスブルクの宗教和議でも、市の政治的影響力を削がれることなく乗り切った。市の銀行や貿易業者はフィレンツェのメディチ家やアウクスブルクのフッガー家と世界を舞台に競い、印刷業は新世界からの報告を基にした信頼性の高い地図や画期的な〝リンゴ型地球地図〟、つまり地球儀で国際的に有名になった。ニュルンベルクの職工たちはジンジャーブレッドと玩具（この二つは現在も有名）だけでなく、時計や武器、航行用具など、多岐にわたる高品質製品や精密機械でも名声をほしいままにした。〝良質なものはニュルンベルクから〟が帝国内外の決まり文句で、市には現代の商工会議所もうらやむような高級ブランドイメージがあったのだった。

フランツ・シュミットの生涯は、ニュルンベルクが富と権力と名声の絶頂にあった時期とほぼ一致している。新しく処刑人に指名されたフランツがバンベルクからニュルンベルクに向かい、市の数マイル北の帝国領の森を抜けると、見慣れてもなお息をのむほど美しい地平線上の景色が目の前に現れた。真っ先に目に飛び込んでくるのは、市壁内の丘に高くそびえる壮大なカイザーブルク。

高さ二百フィート、長さ六百フィートあまりある、ローマのコロッセウムと同じくらいの規模の城だ。ここは十八世紀終盤まで皇帝の滞在時の住居で、皇帝の戴冠用宝具の保管場所だった。近づいていくフランツの目がとらえるのは、城のある丘の斜面をふもとのほうまでパッチワーク状に広がっていくスレートの屋根――ふもとの街路にひしめき合う家屋や店舗のうち、ほんの数百軒ばかりだ。離れた場所には、市の主たる教区教会の塔がいくつかそびえている。ペグニッツ川の北岸には聖ゼーバルト教会、南岸には聖ローレンツ教会があり、そこはフランツが通うことになった教会だ。数マイル進むと、若きフランツは町外れの貧困地区を通り抜けた。家はまばらで、農地は追いはぎやならず者が潜んでいそうな小さな森で分断されている。やがて、幅・深さとも百フィートほどの濠《ほり》の端にたどり着いた。濠の向こう側には、城と市街をほぼすっぽりと囲む、高さ五十フィート、厚さ十フィート、全長一万七千フィートほどの頑丈な砂岩の市壁が、のしかかるように立ちはだかっている。この威圧感漂う市壁に沿って、八十三の塔がほぼ百五十フィート間隔でそびえ立ち、武装した大勢の見張りが立っていた。ニュルンベルクの指導者たちが故郷に対して抱くのと同様、孤島の城塞というイメージで、新しく来た処刑人フランツが抱いた称賛と畏敬の念に、彼らはご満悦だったことだろう。《口絵22参照》

濠にたどり着いたフランツは小さな衛兵所に立ち寄って検問を受け、濠にかかった狭い木の橋を渡って先へと進んだ。次はもっと大きな衛兵所に着くと、さらに念入りな検問を受けたあと、八つある市の大門のどれを通ってもよいという許可を受けた。彼が通ったのは、おそらく北のフェストナー門だ。厳重に守られたアーチ門をくぐり、長く狭いトンネルに入って塁壁を通り抜けると、やっと中心市街地そのものに出た。フランツの目の前には、五百を超える大小の路地が迷路のように広がっていた。そのほとんどが狭くて曲がりくねり、無数の建物がひしめき合っている。荘厳な公共建造物をはじめ、目を見張るような装飾が施された門閥《パトリシアン》の邸宅、質素な木骨造の手工業者の住居、無数にある物置小屋や馬小屋、仮造りの小屋、露店の数々だった。通りはどこも丸石敷きで、行商人や旅の手工業者、貿易商人、使いの女中、ぶらぶらしている若者や遊んでいる子供、物乞い、娼婦、スリ、家畜を引いた地元民でにぎわっていた。もちろん数えきれないほどの馬や犬、猫、豚、ネズミも。大勢の人や動物が密集しているにもかかわらず、ニュルンベルクの街路はその時代としては驚くほど清潔だった。フランツが少年時代を過ごした嫌になるほど退屈なホーフとは、大違いだった。それもすべて、非常に発達した上下水道の仕組み（百十八の公共井戸など）と、市壁の外や時としては不法にペグニッツ川へごみを投げ捨てる、大勢の汚物処理労働者のおかげだった。それでも参事会員たちはごみがたまって見苦しいと不平をもらしていたが、近世の基準からすると、公園や庭園、噴水、装飾を施した広場がたくさんあって、緑が豊かで美しい街に見えた。

　フランツはそれまでの滞在で知っていたが、ニュルンベルクを統治する市参事会は四十二の門閥家系からなる排他的な集団に独占されており、その〝政治家《セネター》〟たちは苦労してつくりあげた〝法と秩序の砦《とりで》〟という地元の評判をことさら大切にしていた。市の八つの行政区にはいずれも二人の区長がおり、四十人程度の射手と呼ばれる市の衛兵と二十四人の夜警が任務を補助していた。これらの官吏たちは何人かの自警団長とともに武器、弾薬、馬、ランタン、梯子、その他消耗品などの備品を管理し、火事や敵の襲撃などの非常時には地域の屈強な男たちを動員していた。市当局は当時のほかの市と同様、衛生指導員を雇っていたし、組合単位ではなく参事会が信用する親方個々人と共同で、生産高や価格を厳しく監視していた。

フランツに最も関連が深いのは、ニュルンベルクが有給の情報提供者など特に活発な警備組織網を維持し、帝国の都市の中で最も高い死刑執行率を誇っていたことだ。日没後に市内の通りや横丁をうろつけば押し込みの疑いで収監されかねないし、公衆の場で小便をするといった軽い違反行為でも――少なくとも理論上は――二十ターラー（十七フローリン）という、たいていの使用人の年収の二倍に相当する罰金が課せられることになっていた。あるイギリス人居住者などは、感服してこう言ったと伝えられる。「彼らのまことに公明正大なこと、通りで金の入った財布や指輪、ブレスレットの類をなくしたとしても、必ずや戻ってくるほどである。ロンドンでもかくあれかし」。むろん、ニュルンベルクの住民が本当にそれほど正直者だったなら、新しい処刑人の仕事は必要なかっただろう。

フランツの直属の上司は、参審人《シェッフェ》として知られる十四人の市参事会員だった。ニュルンベルクのどの統治部門もそうだが、参審人の正確な構成員には毎年いくらか変動があるものの、メンバーは全員ごくわずかな地元の門閥と経験を積んだ法学者の、同じような顔ぶれの中から選ばれるのがつねだった。市の犯罪局は終身指名された判事により日々運営されていた。貴族のクリストフ・ショイルはニュルンベルクで最も著名な法学者の息子で、フランツが〝ホーフ出身の若き処刑人〟として新しい職に指名されたとき、参審人になって三年たっていた。ショイルはその後十五年間参審人の職務を全うし、そのあとを継いだアレクザンダー・シュトカマーも次の十七年間を務めた。ほかの仕事上の人間関係と同様、フランツは幸運にも同じ上役と長く安定した関係を保つことができたのだ。
新たな処刑人フランツが最初の五年契約で保証された報酬は、当時の基準としては破格のものだった。週給二・五フローリン（年俸にして百三十フローリン）、加えて自由に使える広々とした宿舎（専用の温水風呂付）、ワインと薪の支給、仕事関係の旅費など一切の必要経費や終身非課税の地位が与えられたのだ。また、一審問期間につき一ターラー（〇・八五フローリン）の報酬も支払われ、参事会の承認のうえで訪問処刑人を務めたり医療顧問をしたりして収入を得ることも許された。特に医療関係はかなりの収入になった。フランツは基本給だけでニュルンベルクの高額収入者の上位五パーセントに入り、ミュンヘンの同業者より六十パーセント高い報酬を手にした。帝国で最も高給取りの処刑人だっただろう。少なくとも経済的には、医療や法曹の職業に就く人々と対等だった。フランツのもっと個人的な記録によれば、彼の年収は少なくとも父親の三倍はあったという。

《口絵23参照》

年のわりにはりっぱな証明書があったにせよ、二十四歳の職人《ジャーニーマン》がいったいどうしてそんな大成功を手にすることができたのか。ここでもまた、時のめぐり合わせと人柄、縁故がものを言った。ニュルンベルクの指導者たちはリーンハルト・リッパートの推薦はもちろん、フランツの職業経験と専門知識に間違いなく好印象を抱いただろう。とはいえ、真面目で信頼のおける人物だというフランツの評判と若さが決め手となったようだ。十六世紀の処刑人たちは、荒っぽい気性や病気がもとで長く在職できないことが多かった。ニュルンベルクでのフランツの前任者は、ひとりは反逆罪により自分の助手の手で処刑され、ひとりは賃金をめぐる言い争いで助手を殺して解雇され、ひとりは待ち伏せされて殺され、もうひとりは廃馬処理業者の妻を危うく刺し殺しそうになり解任された。残るリッパートともうひとりは、高齢と重い病で引退せざるを得なかった。若いながらも熟練の域に達し、見るからに敬虔な職業人であるフランツは、処刑人の仕事に従来欠けていた安定性と誠実さをもたらしてくれそうだった。家族のつてがきっかけなのは事実だが、ニュルンベルクで臨時にあてがわれた任務を最大限に生かし、立会人たちに自分の技量と冷静さを印象づける一方、法執行者たちの心をつかむことができたのは、本人の力だった。

どんな種類の職人だろうと、独身の親方は稀だったので、フランツはこの社会的なハンデをただちになくそうとした。彼は初めてニュルンベルクを訪れたときから一年半のあいだに、九歳年上のマリーア・ベッキンという女性と知り合っていた。マリーアは長年倉庫で働いていたイェルク・ベックという故人の娘で、イェルクは妻と当時十六歳未満の七人の子供を残して一五六一年に他界していた。二十年近くたってホーフ出身の若者がマリーアに求婚するに至ったいきさつは、謎に包まれている。普通の家庭に育った女性なら、自分の身分が低かろうと処刑人との結婚を考える者はまずいなかっただろう。だが、三十四歳で独身、持参金もなく、適齢期の妹が三人いる彼女にとって、ほかの選択肢はないも同然だった。二人のあいだに惹かれ合う気持ちがあった可能性も否定できないが、とくにフランツの高給と広い家のことを考えれば、二人の婚姻はあきらかに現実的な双方の利害の一致だろう。一五七九年十一月十五日、フランツがニュルンベルクの常勤処刑人になって十八カ月後、マリーア・ベッキンとの婚約が聖ゼーバルト教会の礼拝で正式に公表された。その三週間後、市の参事会は、自分の新居で結婚式を挙げたいというフランツ親方の要望を聞き入れた。

当時、教会での挙式はまだ問題外だったのだ。そして十二月七日、フランツとマリーアは正式に結婚した。

新婚の二人の家となった市所有の家は、地元では（今も存在し）〝首吊り役人の家《ハングマンズ・ハウス》〟（ヘンカーヴォーヌング）として知られている。ドイツのほとんどの都市では、処刑人が市壁の中に住むことを許可していなかった。だからフランツの家が建っていたのも、食肉処理場、豚の市場、市の牢獄などがあちこちにある地区だった。にもかかわらず、フランツと妻は自分たちを運がいいと思っていたことだろう。もともとの家は十四世紀に建てられたもので、ペグニッツ川の南の支流に浮かぶ小さな島にある、実に小さな三階建ての塔だった（したがって〝首吊り役人の塔〟として知られていた）。一四五七年、市は木製の広い歩道橋を渡し（以後、〝首吊り役人の橋〟と呼ばれた）、塔をその橋に組み込んだ。そのとき建設業者は、橋の上に塔の基礎を置いて木骨造の細長い家を増築した。増築された家は六つの部屋と屋内便所があり、総面積が千六百平方フィート。当時の典型的な四人家族の家の三倍の広さで、若い独身男性にとっては広すぎる空間だった。もとのままペグニッツ川のまん中に建つその家は、まことに都合よく、街の中央に位置すると同時に隔離されていた。川岸の一方は牢獄のある不名誉な地区、もう一方は整然とした市民階級の居住地区だった。実際、フランツは豚市場の悪臭が漂ってくる中を毎日歩いて市庁舎に通わなければならなかっただろうが、家のガラス窓から障害物なしに市の中心部の豪勢な建造物を拝むことも、できただろう。

フランツは当初その家で、当時未亡人になって間もない姉と、その五人の子供と一緒に暮らしていたようだ。だが、マリーアとの結婚後、少なくとも夫婦に一五八一年三月十四日、第一子のヴィートゥスという名の男の子が生まれて以降、同居は続けなかったようである。たいていの処刑人の子供とは違って、ヴィートゥスは生まれてすぐに、聖ゼーバルト教会で洗礼を受けた。フランツのその他の子供も同じだった。フランツは長男やその弟たちの誰にも、祖父の名にちなんだハインリヒという名をつけようとしなかった。当時は敬意を表して一般的に行われていたことなのにだ。これには何か重要な意味があったのだろうか。ヴィートゥスのドイツ語形はファイトだが、フランツは、将来息子が自分の父の雇い主であったバンベルクのファイト司祭に気に入られるようにと、考えたのか。それとも副業である治療行為の守護聖人、聖ヴィートゥスの評判ぶりに、プロテスタントへの信仰が揺らいだのか。これもまたフランツが残した謎だ。それに比べ、あとの二人の子供にマルガレータ（一五八二年八月二十五日洗礼）、イェルク（一五八四年六月二日洗礼・命名）と、当時最も多かった名前をつけたのに、それほど深い理由はなさそうだ。

新たに家《ハウスファーター》長となった高収入の親方フランツ・シュミットは、ついに尊敬される人となるために社会で必要な基盤を手に入れた。彼もその上役も、フランツの公的立場を利用して処刑人の仕事の社会的地位に威厳を与えようとしたが、それはフランツより前の時代のニュルンベルクの処刑人の仕事を少しずつ見直すことなしには、不可能だったろう。処刑人にとって最も気が進まず不名誉な、市営売春宿の管理業務は、とうに廃止されていた（一五四三年にプロテスタントの宗教改革者の強い主張により閉鎖）。ほかの業務はあっさりと、さらに不名誉とされる者たちに移管された。特に路上清掃とごみ処理は、高給を保証された二人の〝肥やし親方〟（〝夜の親方〟とも呼ばれた）の監督下におかれることになったのだ。

処刑人フランツの第一助手は、ニュルンベルクでは〝獅子《レーヴェ》〟（ゴート語で廷吏の意）と呼ばれ、社会で敬われる人生を送るというフランツの志の実現に、特に重要な役割を果たした。獅子は追加収入のために、以前は処刑人だけでやらざるを得なかった、世間では恥辱とされた雑多な仕事を進んで引き受けた。元々は法廷で有罪判決を受けた囚人を引き渡すだけの仕事だったが、フランツがニュルンベルクに来るころまでには、自殺者の火葬、動物の死体の駆除、残飯や傷んだ油やワインの処分まで行うようになっていた（ほとんどはペグニッツ川に投げ込んでいたが）。獅子は引き渡しの仕事のかたわら、拷問、むち打ち、死刑執行などあらゆる処刑の場で処刑人を手伝い、時には代理を務めた。獅子の最も重要な役割は、フランツ親方と仕事上のつながりがある多くの不名誉な人々との、緩衝材《かんしょうざい》になることだった。廃馬処理業者、皮はぎ職人、墓掘人、看守、そしてなんといっても、野蛮さと腐敗で悪名高かった、市の事実上の治安官である射手たち。彼らとのあいだに入り、その悪影響が及ぶのを防いでいたのだった。

フランツはきっと、獅子たちと良好な人間関係を保っていたのだろう。驚くことに彼は、ニュルンベルクでの在職四十年で獅子の異動をたった一度しか経験していないのだ。熟練者のアウグスティン・アマンが新しくきたフランツについたときは、すでに職歴十三年で、一五九〇年に退職（または死去）するまでその役割を全うした。その後任クラウス・コーラーもフランツ親方が在職期間を終えるまで一緒に働き、さらに後任者の下でも、一六二一年に自身が亡くなるまで三年間働いた。フランツはきっと間違いなく、彼の獅子たちと強い連帯感をもって働いていたに違いない。なにしろ彼は、毎日何時間もこの助手と一緒に働き、おそらく家族以外の誰よりも長い時間を共に過ごしていたのだから。さらに、苛酷《かこく》な肉体作業、世間体、仕事の性質を考えると、職務を遂行するには、互いに認め合い協力しなければならなかった。フランツは日記のある部分で、ニュルンベルクの「処刑人たち」と複数で表現することがあり、獅子を下役というよりは相方のように考えていたことがわかる。信頼できて頼りになる獅子なしでは、人の尊敬を追い求める努力が元も子もなくなると、初めからわかっていたのだ。

しかし、仕事上で密接なつながりをもっているからといって、必ずしも社会的に結びついているわけではなかった。バンベルクでハインリヒ親方の助手は親方の家族と同居していたが、ニュルンベルクでは、獅子は近くにある市所有の建物の、別の部屋で暮らしていた。フランツの獅子がシュミット家とどんなつきあいをしていたにせよ、節度をわきまえ、もっぱら人目のない場でのことだったのだ。フランツがニュルンベルクの市庁舎で就任の宣誓をした二年後、新たに市民となった何人かが、自分達の宣誓を不名誉な獅子の隣でしたくないと申し立てたことがあった。そのため、フランツの信頼する仕事仲間は嫌われ者の射手たちとともに別の場で宣誓させられることになったが、彼がそれを止めることはできなかった（もしくは止めようとしなかった）。

ニュルンベルクでフランツは、帝国内における処刑人の標準的な業務だった牢獄の監督業務も、免れることになった。〝穴牢獄〟（地下牢）のほか、ニュルンベルクの牢獄の大半は判決を待つ容疑者の拘置場としてつくられており、容疑者の半分は一週間以内、九割はひと月以内に解放された。皇帝の城にある見張《ルークインスラント》り塔と市庁舎の中の牢は、貴族の囚人用だった。六つの独立した簡易住宅（AからFと記されている）は、フランツのニュルンベルクでの在職期間中、手におえない若者や非行少年らを収容するのに建てられた。友人や親族の経済的援助を待つ被収容者は、専用の男女別収容所に閉じ込められた。その他の市の塔は、戦犯や〝穴牢獄〟に入りきらない者を扱った。蛙塔《フロシュ》や貯水塔《ヴァッサー》などの数か所は長期収容のための精神病院としても使われていた。《巻頭の地図参照》

どの牢獄や塔にも、フランツのように司法当局に直接報告を行う看守長がいた。専属の守衛（〝鉄の親方〟と呼ばれた）はもちろんだ。公には不名誉とされていなかったが、牢獄で働く者たちはたいてい卑しい身分の生まれで、報酬は少なく、相当蔑視されていた。彼らの腐敗と無能ぶりに関する世間の評判は、牢獄が中世ならではの費用調達方法で維持されていたため、ますますひどくなった。囚人は自分の必要経費を払わなければならず、それが牢獄生活の「快適度」を左右したのだ。一日最低三十六プフェニヒ（週に二フローリン以上）という法外な料金を払っても、朝食のスープ、白パン〝たっぷり一切れ〟、ワイン一リットルだけ。さらに食べ物や快適性、つまり枕や毛布の追加、飲み水、便壺の交換回数の増加には、その都度追加料金が必要なのだ。もちろん貧しい囚人は基本料金さえ払えず、収監が終わると罪状の有罪無罪にかかわらず、市の救貧局やその他の慈善団体が負担した。

ニュルンベルクで働き出してから最初の二十年で、フランツとその獅子がほかのどの看守長よりも一緒に働く機会が多かった相手は、長年穴牢獄に務めるハンス・エーラーだった。法律により結婚と獄舎での居住を定められたエーラーは、小さな部屋で妻とその後の二人目の妻、それから娘と息子と二人の召使いと一緒に暮らしていた。結婚していることという条件を別にしても、そんなさえない職を進んで引き受けようという人間が出てくる見込みは、当然ながらあまりない。犯罪局が体制強化のためにした努力といえば、年に一度はこの看守長とその妻に、新しく入った職員ひとりひとりに果たすべき任務をていねいに説明するよう、念を押すことだけだったようだ。犯罪局は頻繁に戒告したが、看守のあらゆる職務遂行能力の欠如にもかかわらず、決してエーラーを解雇しなかった。彼らの多くが、もとは囚人と同じ評判の良くない人種だったのだ。

　フランツが牢獄での新たな仕事仲間の無能さ加減（または腐敗ぶり）に直面するのに、長くはかからなかった。一五七八年六月二十日の夜、新しい処刑人フランツの初めての受刑者となるはずだった泥棒が、大胆にも穴牢獄から脱走したのだ。当時の記録によると、ハンス・ラインタインは年配の守衛が酔っぱらっているのを見て秘密の地下道を通り、建築時石工として建設に関わった皇帝の城まで逃げた。彼は施錠されたあちこちの戸口を鉄の棒で突破し、聖ゼーバルト教会の下にあたる通路の天井を叩き壊し、穴を開けて這い出し、ついに自由の身になったという。守衛はこってり絞られたが、それでも仕事は続けることができた。二年後、またもや大胆不敵な逃走劇が起きた。今度は囚人がよりによって看守長をだまして手に入れた鉄の棒を使って地下の抜け道に侵入したのだが、そのときも単なる〝厳重注意〟で終わったのだった。その手の大胆な脱走はフランツ親方の在職期間を通して、囚人の自殺や暴力沙汰で死人が出るのと同じくらいの頻度で起こった。そんな騒ぎが起こっても、参事会は看守長や守衛に「新たに入った囚人はナイフや鋲《びょう》など身を傷つけたり脱走に使ったりできる物を持っていないか、さらに徹底的に調べるように」とやんわり指示するだけがつねだった。

　囚人の健康状態に責任があり、穴牢獄には頻繁に、ほかの塔にも時おり訪れる必要があったとはいえ、フランツ・シュミットがそんな評判の悪い人物や場所と関わるのを嫌がっていたのも無理はない。フランツが行ったすべての審問は、拷問の有無によらず市庁舎の地下の穴牢獄で行われた。狭苦しくて、汚くて、暗い、いかにも恐ろしい場所で、私たちの思い浮かべる中世の城の地下牢のイメージそのものだった。十三の檻の中はそれぞれ三十六平方フィート、そこに小さな木のベンチ、藁草の寝床、手桶がひとつずつ。規定の二人がなんとか収まる程度だ。二人から五人の男性からなる尋問チームが入室する余地はなかった。審問団は通常、オイルランプの炎がちらつくだけの薄暗い中で、檻の外の廊下に立って追加審問を行った。石炭で暖をとる原始的な方法で厳しい冬の寒さがやわらぐこともなく、外に通じるたった数カ所の換気坑でじっとり湿った不快な地下の空気が新鮮になることも、ほとんどなかった。死刑を宣告された囚人だけは、やや広い哀れな罪深き者の監房で過ごすか、最後の三日間を〝絞首人の居間〟とも呼ばれる、牢獄で唯一外が見える窓つきの監房でいくぶんゆったり過ごした。フランツは扱いにくい容疑者を拷問するにせよ癒しを与えるにせよ、ほぼ毎日迷宮のような通路を通ったが、彼の一番の救いは罪と苦悩に満ちたこの場所を訪れる姿が、せめて世間に見られずにすむことだった。

フランツ親方が逃げも隠れもできない厄介な仕事のひとつは、処刑場、つまり絞首台と〝カラス石〟という打ち首や車裂きの刑に使う台の、維持管理だった。一四四一年以来、絞首台とカラス石は市壁の出入り口である〝貴婦人の門〟のすぐ外に設置され、約四百年後にニュルンベルクがバイエルン王国領になるまで残っていた。かつて三脚とその隣に作った小さな土塁だった質素な絞首台は、フランツの時代までにレンガ造りの二つの建造物からなる、立派なものに変化を遂げていた。

ひとつは堅固な四つの梁でできた絞首台で、もうひとつは一段高い、芝生に覆われた舞台だ。法的にも慣習的にも処刑場は見る者に恐怖を与えるべきものだったので、朽ちた泥棒の死体が一体以上は数週間後に自然に下の骨穴に落ちるまで風にそよいでいた。付近には切り取られた頭やそれ以外の体の一部の刺さった鋭い杭がずらりと並び、ときには車裂きにされた哀れな罪深き者の捻れた体が車輪ごと高く掲げて並べられることもあった。巷《ちまた》には呪われた処刑場にまつわる様々な解釈の迷信があふれていたので、処刑場の不気味な静寂を破るのは、腹を空かせたカラスの鳴き声と、たびたび聞こえる市壁を通り抜ける風の音だけだった。《口絵24・25参照》

フランツ親方は、ニュルンベルクの処刑人として公衆の面前で初めて三人の絞首刑を行った次の週、既存の建造物の一新を始めた。一五七八年の六月下旬から七月初旬の二週間をかけ、獅子と手伝いの者たちが、古い絞首台とカラス石を取り壊し廃棄する不名誉な作業を行った。処刑に関する建造物に触れれば、それが完全に新しくてしみひとつなくとも、一生の穢れと不運を被るおそれがあった。ゆえに市の石工や大工は総出で新造作業を行い、危険を分散した。七月十日の朝には三百三十六人の親方と職人が一日がかりの〝絞首台祭〟のために集まった。祭りは色とりどりで、にぎやかな笛や太鼓の演奏者、市の全門閥や全手工業者の行進で始まった。あらゆる聖職者や、その他の代表者ももちろん参加した。旧絞首台跡を厳かに三周すると、職人は荷馬車数台分の石と木材を持ち込んで仕事にかかった。彼らは現代のアーミッシュの棟上げ式さながらの手際よさと連携で、絞首台とカラス石をその日の夕方までに完成させた。その後仲間同士で一緒に座り、市金庫から全職人に支払われる賃金のことなど、その日の話題を肴に大いに食べたり飲んだりした。二十七年後の一六〇五年も同じことが行われ、のちの二百年間、世代が変わる度にくり返されていった。

そんなふうに人が集まる祭から祭までのあいだ、絞首台を維持管理するのはどう考えても楽しいことではない。処刑場に関する悪霊や汚名の流布にもかかわらず、絞首台にぶら下がる死体を盗んだり、時には冒瀆したりする悪い輩《やから》がつねにいたのだ。処刑された男の手や親指、〝男性のシンボル〟までも、夜盗が切り取るかもしれなかった。どれも魔法の力が宿っていると信じられていたからだ。また、頭部を杭から引っこ抜いて身の毛もよだつ記念品を持ち帰る輩も多かった。さらにはもっと切羽詰まった理由で、古来の人の禁忌を犯す者さえいた。一五八八年の秋、処刑後八日のゲオルク・ゾーレンが、また処刑後十四日のハンス・シュナーベルが切り刻まれた。いずれの件も上着とズボンを死体からはぎとるのが目的だった。ラインハルト・バルトマン（別名〝馬番〟）は「首を吊るされてから三日後、何者かに首と胴体を切り離され、胴体が地面に落ちた」。これも明らかに盗みが目的だったが、噂によるとこの件は、自分の死体が死んでなお屈辱を受けないようにと、死刑囚自身が巧妙に仕組んだことらしい。「欲深い仲間は、バルトマンが服の中に金を大量に縫い込んだと思い込み戦利品を狙ったが、何も見つからなかった」らしい。馬番は結局、狙いどおり普通に埋葬された。

絞首刑になった泥棒の亡骸《なきがら》に対する常軌を逸した侮辱行為には、フランツ親方やその上役もさぞかしぞっとしたことだろう。ゾーレンの件では死体の下半身だけがなくなり、「残った上半身はぶら下がったままだった」ので、「おぞましすぎて死体は次の日とうとう絞首台の穴に投げ込まれた」という。絞首刑になった泥棒マッテス・レンガーは「最初の晩にストッキング以外の衣服をすべてはがされ」、それを見ようと見物人が押し寄せたが、特に多かったのが、牢獄付き教戒師いわく「大胆な女性たち」で、参事会員らはフランツ親方に「死体にシャツとトランク・ホース（中世の男性の膨らんだ半ズボン）を着せるよう」命じた。親方がこの気の進まない作業をほかの多くの作業のように獅子に託したかどうか、その記録はない。

信用

二十四歳のフランツ・シュミットは、忌み嫌われる職業の未婚のよそ者として、ニュルンベルクの社会に足を踏み入れた。彼は長年の住民が普通よそ者を警戒するより厳しい目を向けられた、と言えばそれは控え目な表現だ。彼は妻を迎え地域で知られるようになってからも、市民やニュルンベルクの指導者らに受け入れられるために、彼らの求める礼節や節制の基準を満たすだけでなく、それをもっと形にする方法を探して、名誉ある人としての自分の地位を固めなければならなかった。法制史家であるウィリアム・ミラーは〝名誉を重んじる社会において、他人からの尊敬なくして自尊心は成立しない〟と述べたが、それは、どんな個人的関係も名誉を失う危険をはらんでいるということなのだ。フランツはおそらく、よそ者の職業殺人者に対する敵意を完全に無くすことはできなかっただろうが、少なくとも反感を抑え、父の不名誉の印象を弱め、何よりフランツ自身を社会の底辺に押し戻そうとする人々に付け入るすきを与えなかった。フランツが認められるまでの闘いは、長く忍耐を要するものだっただろう。ホーフ出身の若い処刑人は、この闘いで自分が慎重で公正であることを、カラス石の上で剣を振るって証明しなければならなかったのだ。

フランツ親方は、現存する社会体制をときには受け入れ、ときには退けて自分の評価を慎重に築きあげた。反逆者などでは、まるでなかった。フランツが望んだ自身の姿は、いくぶん狭い当時の社会の慣習の枠の中に留まっていた。それでも日記からは、志を抱いたあまたの人物のように、みずからの独特の状況に応じて慣例を変えられる世の中を理想としていたことがわかる。当時のほとんどの人にとって、人の評価は身元情報と不可分であり、住所、出自、社会的地位など、その多くはのちの世代に受け継がれた。フランツ・シュミットにとって身元情報が重要であったのは間違いないが、彼の人の評価を左右したのは出自でなく、みずから律することが可能な人柄と行動のふたつだった。いつの時代にも受け入れられるとは到底言えないが、この明確な判断基準こそが、少なくとも彼の望みをつないだのだ。

フランツが最初に克服しなければならない障害は、自身がよそ者だということだった。町や村という生まれた場所の特定は、近世の人の身元情報の中でも重要だった。この時代なら当然だ。旅には時間がかかり、今のドイツにあたる地方の中でも地域により習慣が大幅に異なり、何十もの変化に富む方言が発達し、その多くはたった数日の距離から来た訪問者にも訳が分からなかったのだから。フランツは一貫して日記の冒頭に「ビュルク出身」または「アンスバハの」というふうに罪人の生まれた村や町を明記している。フランツ自身もニュルンベルクでは長年〝ホーフから来た処刑人〟、〝バンベルク出身の処刑人〟（バンベルクにはほんの少ししか住まなかったが）で通っていたのだ。文字通りどこの誰と分からない人物は、他人から見て覚えにくいばかりか、真っ先に疑われた。フランツは時おり日記に正確な名前を忘れたり覚え間違えたりもしているが、数人の放浪の娼婦以外、人の出身地は一度も書き漏らしていない。

　地理上の出身地はつねに社会的地位に影響している、と彼は考え、地元民をニュルンベルクまたはその周辺で生まれた者、〝よそ者〟を距離、言葉、現住所にかかわらずその他の地域で生まれた者と区別した。したがって、牛飼いのハインツ・ノイナーは、ニュルンベルク郊外のゴステンホーフで陶工として働いていたが、アンスバハ辺境伯の臣民のままだったので、よそ者という意味では「サヴォワ公国マーシュタル出身のシュテファン・レープヴェラー、ケルンの十四マイル下流のカルカ出身のハインリヒ・ハウスマン」と同じだったのだ。フランツは受刑者がニュルンベルク出身かどうかだけでなく、市民、すなわち限られた住民に授与される特別な法的地位も、七百七十八件中四十五回と、しばしば書き留めている。市民にはいくつか特権があり、最も分かりやすいのは死刑が剣で行われる権利（横領罪のガブリエル・ヴォルフのように）だが、ニュルンベルクの偽造犯エンドレス・ペトリや近親相姦罪のバルバラ・グリミン（別名〝ショリー・モーリー〟）のようにむち打ちへの減刑すら行われていた。市民マルガレータ・ベッキンは特別謀殺のかどで有罪判決を受けたが、特権により立ったまま打ち首にされた。「事前に灼熱の火ばさみで三回挟まれ、事後に［頭部は］柱の上に固定され、胴体は絞首台の下に埋められた」という例もある。

　もちろん、ニュルンベルクのような人の往来の多い都市には移民があふれ、中には何十年も住む者もいた。その場合でも、下層階級の者に関しては特にだが、身元情報があいまいになることはなかった。フランツはよそ者ゆえに社会から一層孤立していたのか。フランツは故郷とは何だと考えていたのか。それは定かではない。〝ホーフ出身の若き死刑執行人〟は、自分が生まれた町に長く住んだことはなく、ホーフ出身の罪人に対しても、中には面識のある者もいたかもしれないが、むち打つことをまったくためらわなかった。しかし、自分が採用されたこのペグニッツ川沿いの市にも愛着は見せていない。ニュルンベルクで仕事を始めて十年後に、やっと「わが町」や、「わが市民の息子」の殺人事件という言葉を使い始めたが、それは生涯落ち着くことが分かってからのことで、そのようにわかりやすい忠誠心の表れは日記の中でもめったに見られない。〝ニュルンベルクのフランツ・シュミット〟になるには、時間と忍耐と、市の長老らと認め合う関係であることが目に見えてわかる何かが必要だった。

家系と職業を基盤とする社会的地位は若いフランツに立ち塞がる大きな壁だったに違いない。フランツの名誉と地位の解釈は、現代の感覚からかけ離れているところもあると同時に、似ているところもある。彼自身が気まぐれな主の命令ひとつで人生を変えられてしまう身でありながら、フランツは上流階級の特権を認めるだけでなく、その不可侵性を頭から信じていた。自分より社会的地位の高い者のことを書くのに敬称を忘れなかったのは、単に習慣だからでも、使用者がいつか日記を読むことを警戒したからでもない。実際、下層階級の者が貴族や身分が高い者に対して罪を犯したとき、フランツは不法行為と同じくらい、身の程を知らない厚かましさに対し立腹したようだ。たとえば、詐欺師のガブリエル・ヴォルフが図々しくもニュルンベルクやほかの市の裕福で高貴な生まれの人物をだました件では、あからさまに憤りを見せた。また、別の件でも「身分の高い兵士アルベルニウス・フォン・ヴァイゼンシュタイン殺人犯ドミニクス・コルン、一市民の子、傭兵で居酒屋の主人の情婦の息子」と憤慨することしきりだ。

フランス革命後の時代を生きる人のほとんどは、裕福で身分の高い者が生まれつき優れていると信じて疑わなかったフランツの感覚を理解するのは、難しい。現代の我々の価値観で考えれば、他人から受け継いだ富や特権は、恨みや羨望の的になりはしても、神から授かった物として崇められることは確実にない。しかし、フランツとその時代の人々にとっては、生まれついた階層は天気の移り変わりや自然災害などの自然現象のように気まぐれで破壊的だが、不可避だったのだ。フランツ親方が当時の状況を受け入れていたとしても、決して不思議ではない。つきつめれば彼もこの階層化社会を守る重要な鍵となる役割を果たし、自身が階層の制約の中で限界までのぼりつめる機知と強い意思を備えていると信じていた。それは並大抵のことではなかったが。フランツは日々自分の低い地位を思い知らされた。ひやかしや陰口はもちろん、祭り、踊り、儀礼など、忌まわしい彼の職業に直接関係ない公共の場からも隔離されていた。犯罪訴訟の現場で一緒に働いていた者たち、つまり市の内科医や下級判事、法廷書記までもが、人前で彼と自由に話すことも、つきあいのあるそぶりを見せることもできなかった。彼はこのほかにも数々の屈辱にただ耐えるしかなかった。とはいえ親方は、それも自分のような社会で独特の立場にある者にはしかたがないことだと思っていたようだ。このように日常的に公然と屈辱を受けることに親方が怒りを覚えたのか、恥じ入ったのか、打ちひしがれていたのかは、他人には知る由もない。

フランツの在職期間後期に起こったある劇的な出来事からは、彼のなかに深く根付いた権威と高貴な生まれへの敬意がわかる。一六〇五年十二月、枢密参事会員ニクラウス・フォン・ギュルヒェン博士（フランツは「ギルゲン」と表記）が、ニュルンベルクの大勢の有力者や市に対する詐欺および背任の容疑で有罪判決を受けた。市当局に関係するものでは、百年以上のあいだで最も悪名高い不祥事だった。だがギュルヒェンは死刑を宣告された身で、あらゆる特別待遇を受けた。穴牢獄ではなく居心地のよい見張り塔の独房、特別食、拷問抜きの尋問（貴族の〝無苦痛〟特権）、剣での名誉ある死、聖ヨハネ墓地にある一族の墓への埋葬が許されたのだ。フランツがギュルヒェンのありとあらゆる「悪事」を長々と書き連ねた文章には、強い嫌悪がほとばしっている。そこには、名誉ある参事会員の誓いを破り、数々の問題について反対派に忠告したこと、市の金を横領したこと、市の備蓄のビールやワインを横領したこと、妻の召使いに五人の子を産ませたこと、自分の下女を犯したこと、義理の娘のひとりを犯そうとし、もうひとりに賄賂を渡して長期の関係を迫ったこと、身分の高い者や貴族を大勢だましたこと、偽の印璽《いんじ》を使い博士を名乗ったことなどが書かれている。生まれの良いガブリエル・ヴォルフの件同様、フランツを不敬に問われかねないほど激怒させたのは、特権的立場を濫用《らんよう》し一家族の名を汚したギュルヒェンの軽薄さだった。だが、またしても階層の特権が幅を利かせた。彼は独房にいる身分の高い受刑者と、執行時にふさわしい服装を話し合わなければならなかった。フランツの上役はとうとう根負けして、市の備蓄庫から喪装用の外套と帽子を与えた。ギュルヒェンは公判のあいだ、それらを堂々と落ち着き払って手入れしたきめ細かな黒い絹布でふんわりと覆われた〝裁きの椅子〟に座って。《口絵26参照》

世の中のほとんどの人が貴族政治と階級制度の支配下にあるなかで、フランツ・シュミットは、社会的地位と人の評価を結びつけることへの疑問をますます強くもつようになった。職工《クラフツマン》の同職組合が落ちぶれていく地位を引き上げ影響力を強めようと、不名誉な職業である処刑人や、職がない者たちを貶めるのには、特にうんざりしていた。いわゆる名誉ある職工として訓練を受けたり採用されたりするだけで、その人物に名誉が備わるわけではないと、フランツにはとっくに分かっていたのだ。だから当時の慣習にならって日記に「毛皮職人」、「農家」、「針金工」などの犯人の職業は書いたが、決して特定の職工や同職組合に名誉があるとは形容しなかった。それどころか、〝名誉ある〟という言葉そのものが身分の高い者や貴族にしか使われておらず、その反対である〝不名誉な〟という言葉は日記の中にまったく見当たらない。フランツにとって、職工《クラフト》という職業は出身地の地名や名前のようなもので、特定の意味はなく、単に個人を物理的に認識するものにすぎなかった。彼にとって、このような形式的な身元情報は人柄や善悪を表すものではなかったので、連続殺人犯のニッケル・シュヴァーガーさえ、冒頭の記述は単に「石工」なのである。

フランツが社会的地位と評価を分けて考えていたことは、職業と罪状の併記を見れば随所で明らかになる。「食料雑貨商で殺人犯の、馬番で……泥棒の、行商人で泥棒の」や、さらに印象的なものは「陶工で……泥棒でいかさま賭博師で、三人の妻がいる」という具合だ。この傾向は特にニュルンベルク在住初期に顕著だが、時にはゲオルク・ゲッツの身元情報のように一貫性を欠くこともあった。「[市の」射手、泥棒でポン引き」とあったのが、のちには単に「射手」とある。これが個人の日記だという性質からいって、分かりきった内容の省略だろう（最終的に打ち首になったゲッツが何度も有罪判決を受けるあいだに盗みと女性関係から足を洗ったとは考えにくい）。フランツが「ミヒェル・ゲンパーライン、肉屋、傭兵、殺人犯、強盗犯」など、種々の身元情報を織り込むようになったのは、彼の人を見る目が肥えるにつれ、職工というだけの身元情報では道徳観念上意味のないものになると分かってきたからだろう。

フランツが犯人の罪状だけしか記さなかったケースはほんのわずかだが、そのような場合には、彼自身の道徳観と人柄がさらに色濃く表れている。たとえば、「子殺し」（嬰児殺し）、「放火犯」、「異端者」（近親相姦、獣姦）などである。単なる姦通や殺人とも違うその種の犯罪は、フランツの頭の中からほかの情報を完全に消し去ってしまったのだ。泥棒を職業とする者も時おりこのように「泥棒」や「強盗」とみずから選んだ職業で、きっぱり書かれている。

フランツが社会的地位と人の評価の混同を拒んだのは、おそらく彼自身の立場に大いに関係があるだろう。彼にとっては〝フランツ親方〟という呼び名でさえも、第三者の印象を憎き職工と同じ水準に貶めるものだったかもしれない。しかし、通常、名前が身元情報を表すことはほとんどない。人の評価はなおさらだ。もちろん身分が高い貴族の名前は一目瞭然で特に「名誉ある」「閣下」のような目印の言葉を伴う。ユダヤ人の名前も区別しやすく、ファーストネームは典型的なヘブライ人を由来とした名前（モーシェやモーゼなど）で、苗字はユート、と単に〝ユダヤ人〟を意味する名にしている。それ以外、呼び名そのものに意味はない。またプロテスタントの女性であっても、聖母や聖人にちなんだ名前がつけられることがあった。靴屋であってもフィッシャー（漁師）という苗字であったり、長年続くニュルンベルクの一族であってもフランクフルター（フランクフルトの人）という名だったりすることもあった。実際には特定の一族の名前が地元民より強い影響力をもつ地域もあったが、公文書には貧困者や犯罪者にニュルンベルクの門閥家系の姓も見られる。

このように名前だけでは人物像ははっきりしないということの大きな例外が、通称や別名をもつ人間の場合だ。通称のある者すべてがいかがわしい活動に携わっているわけでなくとも、現実として、評判の悪い人物には少なくとももうひとつ人格があった。そんな人間には犯罪者になるまでに多種多様な通り名がついていた。フランツ親方が出会った年若い泥棒は、ほぼ全員がそうだ。カエルのジョニー、黒のベイカー、赤のレニー、浮き浮き屋、引っ掛け屋、盗み見野郎などだ。よくあるのが職業（雑貨商、石工、パン屋の使い）、出身地（スイス男、ポンメルスブルンの小僧）、服装（緑帽子、騎士のジョニー、手袋のゲオルク）にちなんだものや、その組み合わせ（いんちき靴屋、ローフの木こり、バイアースドルフの黒い奴）である。滑稽なもの（鶏脚、野ウサギ、カタツムリ）、揶揄的なもの（おしゃべり、どもりのバート、若造）や侮辱的なもの（ウマカブトムシ、カラス飼い）さえある。差別表現排除の概念などない時代、通称はしばしば外見的特徴でつけられた。たとえば、とんがり頭、のっぽのレンガ屋、赤毛のピート、痩せっぽちのゲオルク、おでぶちゃんなどだ。衛生状態にちなんだ塵まみれ、もある。通称には名前遊びの要素もあり、カテリーナ・シュヴ《黒》アルツィンは〝炭坑婦〟と呼ばれた。しかし、由来が何であれ、通称には極めて実用的な役割があった。数種類しかなかった名前（特にハンス）が溢れる世間での混乱を防いでいたのだ。

場数を踏んだニュルンベルクの処刑人フランツの経験では、通称があること自体が、直接犯罪に関わる裏社会でないにせよ、〝堕落した世界〟との関係を示唆することはよくあった。通称自体がほとんどの普通の人にとって汚点となるものだったかどうかは、はっきりしない。もちろん、それはどんな通称かにもよるだろう。当時の人々はきっと〝傭兵ジョンまたの名を剣の鞘〟がすぐ力にものを言わせたがるのに困っていただろうし、〝八本指こといかさまの皮なめし工〟に紹介されたら自分の財布を心配しただろう。女性の場合、尻軽女とか、毛深いキャシーとか、腰ふり女とか、最悪には女性器のアニーなどという通称がいったん知られたが最後、まともな人づきあいや仕事にありつく機会はほぼなかったに違いない。フランツ親方も自分自身の軽蔑的、少なくとも品のない通称くらいはいくつか知っていたが、それらが後世には残ることを許さなかったに違いない。

生まれや職業（や通称）にかかわらず、人を評価するのに最も信頼できる基準はつきあう人間だといえば、フランツ・シュミットの時代の人々もみな同意しただろう。これはフランツにとって、かなりの慰めだった。彼は自分の出自や仕事仲間さえ選べなかったが、友人は選ぶことができた。だが、彼が受けていたあらゆる社会的制約を考えると、それは限られたごくわずかな人たちだったに違いない。それは誰だったのか。どこで会っていたのか。男性が最もよく利用する社交場でないことは確かだ。なぜなら、居酒屋は処刑人にとって通常は立入禁止で、飲みもせず賭け事もしない彼には特に用のない場所だったからだ。物知りの仕事仲間や知人の家同様、公共の祭事や婚礼祝賀会の類も、彼には閉ざされた場だった。処刑人と交流があると人に知られたら、評判を落とすおそれがあったのだ。長年の在職期間を思えば、フランツには少なくとも仕事上良好な関係を保っていた市の下級判事や法学者、医師、薬種屋が何人かいたはずだ。市のほかの処刑人にも、何人か知人や友人と呼べる人がいただろう。それに比べて、監獄付きの教戒師とは特に親しかったとはいえないようで、教戒師の記録を見ると、ハーゲンドルン師とミューラー師はフランツを名前で呼ぶことはめったになく、〝処刑人〟や〝首吊り役人〟と呼んでいる。フランツ自身も同様に個人名を特定せず、「教戒師の方々」と記している。最も親しい仲間が誰であったにせよ、フランツは友人づきあいの楽しみを知っていたと願いたい。つきあう場は人目につかない自分の家の中だっただろうし、訪問者は人に見られれば評判に関わったであろうとも。

ハインリヒ・シュミットの息子フランツにとっては、単によからぬ人間を避けることのほうが簡単で慣れたことだった。獅子が仕事に励んだおかげで射手やほかの下級吏員との直接のやりとりは最小限となり、腐敗していていつも乱暴だと知られる彼らのように、大衆の反感を買わずにすんだ。フランツは廷吏や射手の誰が懇願しようが、売春婦と交わったり保護下の幼い少女を犯したりした者は、むち打ちであろうと死刑であろうとためらわず罰した。彼は殺人と泥棒のかどで自分が処刑した廃馬処理業者ハンス・ハマー（別名〝小石〟、〝若い靴修理屋〟）、射手カール・ライヒャルト（別名〝エッケルライン〟）など四人の元同僚のことを冷静に記している。ライヒャルトは「ここかしこで処刑人やその助手から、また下宿している処理場からも盗みをはたらいた」。そういう知人のせいで自分の職業がこれ以上間接的に汚されたくないとフランツが疎遠にしたがったのも無理はない。彼はその手の悪党がこの階層の労働者の例外だとはまったく考えないどころか、殺人で有罪判決を受けた元廷吏が「評判のよい人物」だとわかると驚きを強調した。かくして、その男の車裂きの刑も打ち首に減刑されている。

男性のあいだで身持ちの悪い仲間がいると言うとさまざまな可能性があるが、それはたいてい犯罪者とつきあいがあるとか、犯罪の一味と一緒に働いているということだった。無法者といわれる人物とちょっとした知り合いだというだけで拷問の立派な理由になった、重大な事件もある。強盗の一味と認められればもっとひどいことになった。だからフランツ親方は、ヨアヒム・ヴァルト（別名〝講師〟は「彼は冷酷にも大量の盗みをはたらき三十人あまりの仲間と［家々に］押し入った」とか、ヘンザ・ヴァルター（別名〝チーズカッター〟）は「十四人の仲間と二人の娼婦とつるんでいた」などと、端的に表した。フランツにとっては、判決を受けた強盗に「仲間が大勢いた」と書けば、その結果「ならず者」という悪評とのちの処刑の妥当性が十分成立したのだ。

過度の飲酒、賭け事、喧嘩、売春婦とのつきあいも〝いかがわしく下品な言葉づかい〟以上に、評判の悪い男につきものだ。そういう行動が多い男は犯罪に走る傾向が高かったが、かといってそれは証拠にはならなかった。代わりにフランツは、そういう些細な事実で犯罪者を説明したり、まめに書き連ねて道徳心のなさや執行した刑の妥当性を一層強調したりしている。ハンス・ゲルシュタッカー（別名〝赤〟）は「大量の盗みをはたらき［そのうえ］口論中に女性を叩いた」というふうに。袋工であり徴税吏のアンドレーアス・ヴァイアーがむち打ちの刑で当然なのは「三人の娼婦といかがわしい行為を行った。彼にはすでに妻［がいた］。また、税金を横領した」からだとある。

フランツは女性の人物評価についても保守的だった。フランツがむち打ちや死刑執行を行った女も、男と同じく既知の犯罪者との接点から犯罪に染まっていた。なかでも多いのが、悪名高い強盗と関係のある女や妻だ。泥棒や殺人の実行に関わったとなると、指の切り落としから、マルガレータ・ヘールンラインのような〈溺死刑〉に至るまで、判決はさらに厳しかった。彼女は「自分の家で起きた複数の嬰児殺しの共犯者で、殺人犯かつ泥棒に食べ物を渡し、誰にも何も言わないよう口止めした」とある。フランツはそんな人生のあり方を選ぶ女は世間とはかけ離れた泥棒、強盗、殺人者などの裏の世界にどっぷりつかっていると見なしていた。マリーア・カンテリンはすでに、死刑執行ずみの二人の泥棒「男前」と「手袋のゲオルク」と関係をもったということでむち打ちの刑を受けていた。マリーアと当時の恋人「バイロイトの学者」は、両者とも新たな盗みで処刑された。

盗みや暴力行為への関わりの深さによらず、評判の悪い女性はだいたい正常ではない性的関係の経験があることが多かった。ひと言でいうと、フランツや当時の人々は男に対して「ならず者」や「ポン引き」とそしるよりはるかに効果的に、貞操に疑いのある女性の評判を落とすことができたのだ。売春婦、〝慰安婦〟、その他の〝堕落した女性〟（多くは強姦や近親相姦の被害者）は処刑人の日記の中で一様に「街娼」、「泥棒娼婦」、または単に「娼婦」と記されている。法廷で自分の母親を叩いたり配偶者を罵ったりする男同様、誰とでも寝ていると思われた女性は当然もっと重い罪があるだろうと疑われた。フランツの日記には、時おりそのような考え方が現れる。たとえば「市民の子で娼婦の三人」、「鉛工の娘［で］娼婦」、「料理人で娼婦」のように。「射手の妻で娼婦」さえ見受けられる。だが、ともすればフランツの記憶からはそんな女性の名前そのものを含めて、ほかの身元情報が一切抜け落ちることのほうが多かった。

宗教改革の極端な貞操観念の影響により、既婚、未婚、未亡人にかかわらず、すべての女性が貞操に関する非難や中傷にさらされやすくなり、それがもとで傷つけられることも増えた。最悪の場合、魔女・嬰児殺しという中世の女性の処刑理由で最も多い二つの罪の構成要件に使われたのだ。女性の婚外交渉が疑われてむち打ちや追放を受けることはよくあったし、稀には――盗みの罪が加わった場合だが――死刑となった。フランツが在任中に死刑を執行した女性は全体のたったの十パーセントだったものの、性犯罪のかどで「さらし台にはめてむち打って街から追い出した」者のうち女性は八十パーセント以上だった。

フランツは男性が近親相姦ほか性的な非行で有罪判決を受けるのに、同じ罪を犯した女性より軽い罰が課され、男性と女性で適用される基準が違うのを、はっきり認識していた。親子を含む「二十一人の既婚男性や若者とのいかがわしい行為と売春」で妻が死刑になった夫が、取り乱して教会の壁に書きなぐったせりふを引用し、同情するどころか面白がっていたようなのだ。殴り書きにはこうあったという。「父も息子も彼女のような仕打ちを受けるべき。取り持ったやつらもだ。あの世で私は皇帝と王を呼び寄せて訴えよう。なぜなら正義がまだ行われていないから。哀れな私は潔白の身でひどく傷ついた。さらば、おやすみ」。ニュルンベルクの新しい処刑人フランツにとって、自分に起こったことは自分の責任であり、「五年前に傭兵に名誉［すなわち処女］を奪われていようが、不貞の子を三人生んでいようが、娼婦には変わりなかった」のだ。

驚いたことに、その時代にあって（かつ敬虔なルター派信徒の処刑人でありながら）フランツは人の評価や人柄の判断にあたって、その人の宗派で左右されることはまったくなかった。死刑を執行したカトリック教徒に対しても、絞首台での特別な祈りか本人と同じ宗派の聖職者を呼ぶかのどちらかを求めたと記したのみで、決して旧教徒と卑下してあからさまな敵意を見せたりはしなかった。ハンス・シュレンカー（別名〝イモ虫〟）は、絞首台で厚かましくもカトリック信仰を理由に「（要求は拒否されたが）聴罪司祭のもとへ巡礼の旅をして戻る」許しを請い、死刑執行を延期させようとした。フランツは「異端者」や「不信心」という言葉を犯罪者の特定の行為を表すのに使っているが、犯罪者の信仰する宗派に対しては用いていない。

ユダヤ教徒は、フランツが若いころを過ごしたホーフでは聖金曜日になると儀式的に卑しめられ、ニュルンベルク市では一四九八年から居住が禁じられていたが、彼の日記では処刑した泥棒や強盗よりも同情的に書かれた被害者として出てくる方が多い。オーテンフォス出身の密偵にして泥棒であるユダヤ人モーゼを（お慈悲により）公開絞首刑にするよう命じられた際は、「ユダヤ人が処刑されるのは（アンブセルという名の者以来）五十四年ぶりだ」ときちょうめんに記している。〝穢れた血〟という現代の反ユダヤ主義者が公言する非難の言葉はどこにも見られないし、「何人ものキリスト教徒の女を臆面もなく気の向くままに背後から襲っては満足するまで押さえつけて犯した」ことで有罪になったハイ・ユートが、むち打ちより重い罰を受けた様子はない。ユーリウス・クンラートはキリスト教に改宗し、ヴュルツブルクの司祭など何人か有力な保証人がいるのを自慢にしていたユダヤ人だ。重婚と姦通を犯した彼もまた、標準的なむち打ちと追放の罰を受けた。洗礼前とはいえ「キリスト教徒とのあいだに」私生児をもうけていたからだ。同年のその後（そのときにライヘンザクセンからクンラートに姓を変えていた）、クンラートは強盗やありとあらゆる盗みと殺人で処刑されたが、フランツは彼の宗教について絞首台で「［ルター派式の］サクラメントは受けようとせずカトリック式［を望んだ］」としか記していない。

注意深く信用を築き上げたフランツ・シュミットは、当然ながら名声の濫用《らんよう》に敏感だった。実際の名前や社会的地位を偽る者には、いつにもまして憤った。個人の身元を証明するこれといった手段ができる前の時代、なりすましはたやすいことだったのだ。現代の学者がありがたげに〝自己演出〟と呼び、弁護士が〝詐称〟とみなす行為は、フランツにとって非常に切実で心乱される行為だった。フランツはリーンハルト・ディッシンガーが「偽の書状と印璽で［自分を］転任してきた教師や牧師だと［名乗った］」が短縮されたむち打ち刑ですんだときは非常に無念だったが、クンラート・クラフトが偽名を使って数々の詐欺を行い、「自分はフォルヒハイムの市民でコルムッツの参事会員で［も］ある」と触れ回って最終的にその嘘で打ち首になると、気を取り直した。一方、名家の信用を奪った悪名高き偽造犯ガブリエル・ヴォルフの件は、フランツの世間の見方を金や物の盗みよりも根本から揺さぶった。織物工の娘マリーア・コルデュラ・フンネリンは打ち首になったが、フランツが彼女の件で力を入れた内容は以前の雇い主からの大量の盗みではなく、恥知らずで言語道断な詐称だった。

［彼女は］シュヴァインフルト出身の織物工の息子とアルトドルフで一緒になり、［そして］バイロイトの〝黒熊〟という宿屋の主人の娘だと偽り馬車を頼み、自分の婚約者、ある兵士の妻と一緒にその宿まで乗って行き、そこで飲食物を準備するよう指示し、宿にいた老人を指さして自分の父だと言い、姉妹を連れてくると言ってほかの者を残して宿を出たので、兵士の妻が三十二フローリンを払わなければならなかった。

複数の人格を使うのはもちろん泥棒を職業とする者ならではだが、ただでも悪い立場をいっそう貶める行為だ。実際、フランツが在職中に出会った犯罪者にはみな、別名を少なくともひとつ、それ以上もつ者も多かった。泥棒で傭兵のリーンハルト・キースヴェッターは「リーンハルト・ルービン、コーンシュのリーンハルト、モーゼル・レニー、あるいは病のレニーとしても知られていた」し、別の若い泥棒は十六歳になるまでに五つの偽名をもっていた。逆をいえば、信頼できる人間には唯一本当の人格しか存在しない。ゆえにフランツ親方はフリッツ・ムスターラー（別名〝小さいフリッツ〟、別名〝カタツムリ〟）が「［絞首台へと］連れ出される直前に初めて本名を名乗った。以前はババハウゼンのゲオルク・シュテンゲルという泥棒で強盗だと知られていた」のを、真に悔い改めたしるしだと認めた。泥棒の情婦や犯罪を職業とする女も同じように、相手の男を変えるように名前を変えては複数の偽名を使ったことで知られている。「泥棒の娼婦」アンナ・グレシュリン（別名〝疾風の女〟）はフランツに、三年前は（名が違うだけではなく）当時の連れのゲオルク・ショーバーの姓にちなんで「マルガレータ・ショーバリンと名乗っていた」と認めた。

社会的地位に敏感な処刑人フランツは、名誉毀損という、人の名誉を奪うもうひとつの行為にはさらに感情を害した。彼自身が心無い噂話や偏見で傷つけられる痛みをよく知っていたからだ。フランツの時代の人々の多くは、体より信用に受ける打撃のほうが深刻であることを、よくわかっていた。バスティアン・グリューベル（別名〝グズ〟）は「大量の盗みをはたらいたうえ、二十人の殺人を告白した」が、シュミットが書き込みの中で最も重点を置いたのは、グリューベルが対立者を共犯者だと言い張り、誹謗《ひぼう》中傷して無実の者が逮捕、拷問される結果になった過程だった。フランツは元処刑人の助手フリードリヒ・シュティーグラーにはさらに怒っていたようだ。なぜなら「市民の妻の中に何人か魔女がいると告発した。シュティーグラーは故意に事実でないことを言った」からだ。シュティーグラーは最終的に、その重い罪で愛想をつかしたフランツ親方により首を斬られた。根も葉もない中傷による精神的な苦痛を知るフランツは、強姦未遂犯ヴァレンティン・ズンダーマンには特に厳しかった。ズンダーマンは宿の女主人が「何人かの旅行者といかがわしい関係を結ぶ」のを見たと悪意により主張したのだ。また、泥棒のゲオルク・メーツェラには意外なことに憐みをかけている。それは「息子とメーツェラの娼婦の九歳年上の兄が五件の殺人で彼を訴えた。しかし、それには何のいわれもなかった。一年の四分の三を牢で過ごし」思い悩んだからだった。

名誉は、気まぐれで残酷ともいえる権力者から与えられたり奪われたりする。誠実にふるまいその結果評価されたことは、フランツがゆるぎない決意をもって行動した証拠だ。当時の人々の大半にとって避けられなかった階層の宿命を拒み、ひいては尊敬される地位になりたいと望んで毅然と行動して自分の道を切り開くうち、フランツははからずも個人の人となりについて一段と現代に近い概念を抱くようになっていった。これは簡単な読み書きしかできない独学者にとって、きわめて人道主義的な方法である。荒削りで型破りな表現ではあるが、のちのフランツの人間性と自由意志についての思索には、その時代の最も偉大な知識人と共通する重要な洞察もあった。しかしフランツにとって哲学的思索は、明解で現実的な目標に比べればどうでもいいことで、真っ当な人間であるという評判を作り上げることこそが、何ごとにも代えがたい優先事項だった。

被害者たちの仇を討つ者として

よい評判を構成する本質的な要素は、どの社会階層でも一般に知られていた。抜け目のない無節操な若者なら、外面《そとづら》をよくし、実際にその本質は身についていなくても礼儀正しく見せかけて、楽に世間の評判を築くかもしれない。人間の残酷さや欺きをさんざん目にしてきたフランツは、犯罪を裁く仕事とその道徳的両義性に嫌気がさしたり皮肉になったりしてもおかしくなかった。彼にはよくわかっていたことだが、どうせ悪人がもれなく捕まって罰せられるわけではないし、犠牲者のほうも自分の不幸にまるっきり責任がない者ばかりとはかぎらない。しかも、申し分なく職務を遂行するのに、正義感に燃えたり、日常業務の正当性を心から信じていたりする必要はない。彼は早くから、ただ自分の価値を高めること、それにともなって周囲に順応することに専念しようと決心していたのではなかろうか。

にもかかわらず、終生書きつづけた日記からは、フランツ・シュミットが意欲的な処刑人だったこと、そればかりか情熱的でもあったことが、はっきり伝わってくる。強盗や放火犯による残虐行為に対する彼の憤怒は本物らしいし、社会の秩序を取り戻そうという態度もやはり心からのもので、不承不承あるいは計算ずくとは思えない。犠牲者たち、特に「身ぐるみはがれた」人たちへの同情を、彼は頻繁に説得力のある言葉で表している。つまり、自分の感情を抑えたり打ち消したりせず、犯罪被害者に自分が与えられる慰謝――法的懲罰――のほうへ向けることを選択したのだ。

フランツがごく個人的に定義する正義とは、非常に古めかしいもので、それゆえ彼の指針であるはずの帝国立法とはまぎれもないずれがあった。〝昔からの慣習〟や〝神の命じられるところ〟を頼りにしながらも、十六世紀の宗教改革家たちは、それぞれが代表する権威に基づいて刑法に新たな概念的一貫性をもたせようと努力した。こうして抽象化されたモデルでは、原理上、犯罪における被害者（不当に扱われた当事者）はもはや犠牲者でなく、法的に君臨する神そのものである。フランツ・シュミットは対照的に、どんな犯罪も本質的には、他人や集団に対する人の裏切り行為に変わりないとみていた。犯罪者が犯す約定としては、神や国家への恭順よりも信頼のほうが重大であり、信頼に背く程度が大きいほど、フランツ親方にとっては恥ずべき犯罪者なのだった。
学識ある法律専門家は反逆罪の定義を広げ、たとえば相手が目上の場合ばかりでなく、神聖な定めによるこの世の権威そのものに対する反抗とみなされる、さまざまな社会的違反をも反逆罪に含める——それが最新の法律制定にともなう重要な点だった。それでも、フランツや彼の同時代人たちの大半は、政治的な反逆罪であっても相変わらず、抽象的な術語ではなく個人の権利侵害という見方をした。たとえば、ニュルンベルク市とアンスバハ辺境伯領とのあいだに進行中の冷戦で、双方ともに警備隊員や密偵その他の傭兵を雇って、情報を収集したりスパイを捕獲したりしていた。こうしたさまざまな〝背信〟行為についても、彼は淡々と日記に書き記していたが、裏切り者のハンス・ラムシュペルガーのくだりになると——

［彼は］ニュルンベルク市民や侵入者を大勢裏切り、彼に裏切られた十人ばかりは処刑されたものの何も見つからなかった［つまり、有罪である証拠はなかった］。また、ニュルンベルクの街を裏切って、老辺境伯に市壁の守りが弱くて襲撃しやすい場所をもらし、できるかぎりのことをして手引きしようともちかけた。また、ヴァイアーの館のハンス・ヤーコプ・ハラー氏、ならびにシュミッテル氏、ヴァイアーマン親方を、裏切るか監獄送りにしようともちかけた。

ラムシュペルガーは最終的に「当地にてお慈悲をもって剣で処刑された」が、処刑人ははっきりと満足そうに、「［そののち］死体は四つ裂きにされ、手足をそれぞれ絞首台の四隅に吊るしたうえ、首は支柱に刺して高々とさらした」と書き添えている。《口絵27参照》

『カロリナ刑法典』を著した法律専門家たちが国家にそむく重大犯罪（生きながらの火あぶりの刑によって罰してよい）に格上げしたもうひとつの犯罪、偽造についても、やはりフランツは個人の権利侵害という観点から評価していた。それゆえ、ニュルンベルク市の権威をおとしめるという以外、この非暴力的犯罪に対してあまり強い憤りを表しにくい彼は、偽造という犯罪もその他の盗みのときと同じそっけない書き方で報告している。ニュルンベルクのリーダーたちでさえ、公式に規定された処罰にためらいを見せ、生きながらの火あぶりの刑という厳罰を一貫して斬首ののち火あぶりの刑に減じている。

対照的に、法律専門家たちが反逆罪という言葉で再定義したさらにもうひとつの犯罪、主従関係の侵害について述べるフランツ親方は、一貫して感情的反応をかきたてられているが、そういう犯罪が社会秩序を深刻におびやかすものだと考えているせいではない。門閥《パトリシアン》である女主人を殺したある女中が「荷馬車で刑場に引き出されるとき、熱した火ばさみで両腕を二回つまれた」うえ、剣で処刑されたあと、死体は「絞首台の穴に投げ込まれ、首は絞首台にさらされた」と、彼は満足げに書いている。処刑人が何よりも憤ったのは、信用している雇い主への裏切り行為で、この犯罪者は夜、ベッドで寝ている老婦人を刺したのだった。雇い主から大量に盗んだ使用人に対して、ニュルンベルク当局は当然もっと厳しく、この場合もまたフランツはどの程度の裏切り行為があったかのほうに鋭く目を向けている。マリーア・コルドゥラ・フンネリンは「雇い主の金庫から八百フローリン相当のターラー銀貨とクロイツァー銅貨三枚を」盗んだだけでなく、それは「彼女が半年ほど仕えた」相手からの盗みだった。もっとひどい裏切り者は「二十二年間雇われて働いてきた」ハンス・メルケル（別名〝鹿のヤン〟）で、「一カ所に半年から二年留まっては辞め、半ズボン、胴衣《ダブレット》、長靴、ウールのシャツや、手に入れられるありったけの金を持ち逃げし」、さまざまな雇い主を裏切っては生きてきた。

父親殺しは、父権社会において大逆罪のような究極の反逆行為であり、フランツ親方もさすがにこの点では法律専門家と完全に同意見だった。長年にわたって「自分の父親を」何度もひどく殴ったあげく、最後には通りで父親を待ち伏せて襲い、「七カ所もの傷を負わせて放置した」ペーター・ケッヘルの不届きな所業が、彼には信じられなかった。通常なら〈車裂きの刑〉に処されるところをケッヘルが免れたのは、ひとえに父親が命をとりとめたからだった。父親殺しのフランツ・ゾイボルトはそういう幸運にも恵まれず、〈車裂きの刑〉に処された。彼はまず父親を毒殺しようとし、最後には茂みに身を隠して射殺するという、周到な計画性と強い悪意を見せたのだ。どちらの件でも、父親を襲った動機についてフランツは触れてもいない。晩年になってやっと、自分の父親を毒殺しようとした女性に、その父親が「乱暴で意地の悪い男で、彼女を虐待していた」として、率直な同情を表している。

親族の裏切り行為には、フランツ親方はたいてい、よほどの凶暴な行為を除く何よりもひどく落胆した。これもまた、昔かたぎの正義感が表れているようだ。ウルリヒ・ゲルシュテンアッカーが自分の弟を殺したばかりか、「［弟と］一緒に橇で森へ出かけ、［そこで］弟を謀殺した」のち、事故に見せかけようとしたことに、彼は愕然《がくぜん》としている。ハンス・ミュルナーもやはり、森で自分の妹を待ち伏せした。いっそう心穏やかならぬ罪作りな要因は、その妹が妊娠していたうえ、彼が「妹［の死体］相手にみだらな行為に及んだ」ことだ。自分のいとこから盗むような卑しい連中や、「それまで女や娼婦にさんざん浪費してきたくせに、自分に金をくれようとしなかった親戚や後見人たちの家を焼き払ってやると脅した」若者には、当然の結末が訪れて不思議はないだろう。とりわけ恥ずべきなのは、クンツ・ネンナーだ。

ペルンガウで親戚のひとりから六十フローリン相当［の物品］を盗み、そのために殴られると家に火をつけてやると脅したため、その親戚はもう五十フローリン払うことに同意せざるをえなかった。また、親戚のひとりを――気の毒に思って、彼の幼い娘を自分の家で四年間育ててくれていたのだが――その八歳の子供に賃金を払っていないのなら家に火をつけてやると脅した。さらにまた、彼が雌牛を一頭盗み、それを取り返したロックシュトックの親戚を、十五フローリンくれなければ家に火をつけてやると脅した。

「ラウレンツ・シュロップ、リヒテナウ出身の水車小屋の下男」は、恥知らずにも尊い血縁を長年にわたって踏みにじった。「［彼は］いとこの水車小屋で二十二年間働き、いとこのものである小麦を盗んでいたが、彼自身の申し立てによると盗んだのは四百フローリンほどにしか［！］ならないという（強調記号は著者による）」――金額も相当なものだが、しかも二十年あまりにわたる裏切りである。ニュルンベルクの処刑人は嫌悪しつつ、〝名誉や礼儀はいったいどうした？〟と心の内で問いただしたことだろう。

いつも被害者に感情移入するフランツ親方が最も惜しみない同情を寄せたのは、権威と信用のある立場の人間に虐待された地位の低い人々だった。攻撃されたのが子供だと、彼は激しい嫌悪と憤りにかられた。初期のころの日記の無駄のない記述のなかでは例外的に、「十三歳の少女を強姦した」ハンス・ミュルナー（別名〝鋳型工〟）が「叫び声をあげられないように、彼女の口の中に砂を詰め込んだ」と、不届ききわまりない暴行の詳細まで念入りに記している。やはり子供たちの信頼を裏切ったエンドレス・フォイアーシュタインに対する憤慨は、犯人の若い男が父親の私塾で強姦した少女五人それぞれの年齢を列挙し（六歳、七歳、八歳、九歳、十二歳）、「うち二人の少女を彼は［ひどく］傷つけ、そのせいでひとりは失禁し、［もうひとりは］死を危ぶまれ、市の産婆たちが長いあいだ看病した」と、辛辣に書き添えていることから、伝わってくる。不穏な憤激がつのるほど、フランツは被害者の年齢に細かくこだわるようになる。たとえば、ある農場労働者が「三歳と半年の女児を強姦しようとした［が］、入ってきたその子の母親に阻止された」という記述がある。人家に押し入って「居酒屋の亭主の息子を……首と喉に切りつけて殺し、現金入れにあった金を盗んだ」強盗のゲオルク・タウヒャーを、熱した火ばさみでくり返しつまんだと、彼は溜飲を下げるかのように記している。何年かのち、ゲオルク・ミュルナー（別名〝痩せのゲオルク〟）が仲間たちを引き連れて夜間ある農夫の家に押し込み、その喉を掻き切ったうえに、「その農夫の息子（父親がかまどの中に隠していた）を襲って太ももに刺し傷を負わせ、多くのものを盗んだ。そのため、息子は八日後に死亡した」。この男を、やはり拷問のような〈車裂きの刑〉に処している。

子供たちの信頼と純真を踏みにじる行為だということに加えて、犯行者と被害者の年齢が異様にかけ離れていることが、処刑人の胸を騒がせた。彼はまず、ガブリエル・ヘロルトが「仕立屋、当地ニュルンベルクの市民で蛙塔《フロシュ》の監督者、高齢の男」であるとはっきりさせたうえで、ヘロルトの犯した犯罪を書き連ねていく。「囚人として彼の監督下にあったカテリーナ・ライヒリンを手荒く強姦し、いかがわしい行為に及んだ。前年には、十三歳の少女に何度も無理やりいかがわしい行為をしようとしたが、相手が幼かったために操を奪うことはできなかった」。また、偽造犯で詐欺師のクンラート・クラフトは後見する子供たちの金を詐取し、それが彼に不利にはたらく最後の一撃となった。大工のゲオルク・エクローフもやはり、「ブナの森で、九フローリン貸していた自分の徒弟を、大工用やすりを使って故意に殺した」ことを十分に加味したうえで処刑された。

子供に対する暴力はどんなかたちであれ、フランツ親方には許しがたかった。自分の血肉を分けた子供に対する暴力はどんなときも、彼にはまったく理解できないし許されない罪だ。長い職歴を通して、フランツが嬰児殺しの罪で処刑した女性は二十人。いずれの場合も、彼は異様に恐ろしいその行為に対して特に神経質なところを見せる。ありふれた殺し方として、母親が「［子供の］小さな首を絞めて」、「小さな頭を押しつぶして」などと触れている。「残忍にも小刀で［男児の］左胸を刺して」という例もあった。フランツが不道徳な強盗について述べるときと同じ、ここでもやはり無垢《イノセンス》と残忍性の対照が一貫したテーマになっている。ドロテーア・モイリンが「土で口をふさぎ、自分の手で墓穴を掘って、もがいている子供をそこに生き埋めにした」と、彼は犯罪をなまなましく再現してみせる。ほかの「薄情な母親たち」も残忍さではひけをとらないようだ。マルガレータ・マランティは、ペグニッツ河畔の小屋で夜のあいだに出産し、「[生まれた子が]両腕を振り回して身もだえするやいなや、赤ん坊を川に放り込んで溺死させた」。ほかにも、納屋に埋める、旅行かばんに閉じ込める、ごみの山の中に捨てるなど、胸をかきむしられるような処分のしかたがある。いちばんひどいのは、生きたまま便所に投げ捨てる、だろうか。脅しや拷問が含まれることもある、こうした女たちそれぞれの尋問に参加している処刑人は、彼女たちの中に感情や精神に障害がある者が多いことを承知している。特に、アンナ・シュトレーリンやアンナ・フラインのように、成長した子供を手にかける者のうちに多い。だが彼は、医学的、法的に能力があるかどうかを気にするそぶりも見せず、「彼女自身の子である六歳の少年を、斧で故意に殺害し」、かろうじてほかの四人の子を殺すのはきわどいところで思いとどまった、ぞっとするようなシュトレーリンの姿を思って、憤怒に心を奪われている。

老人や病人への攻撃もまた、社会的信用を旨とするフランツ親方の逆鱗《げきりん》に触れた。どんな社会にも老人や病人はいるものだ。酔っぱらった職人二人が「八十歳の老女」を襲って強姦しようとしたなど、高齢者が被害にあった暴力事件に対する彼の憤慨は想像するにあまりある。すでにニュルンベルクから六回も追放されていたハンス・ホフマンが、「ラツァレット[病人の収容所]で伝染病患者の衣類を盗んで現行犯逮捕され……名誉ある市参事会はラツァレットの前で廷吏が判決を読み上げるように命じ」、その後「彼はラツァレットから引き出され、当地ニュルンベルクで絞首索によって処刑された」ことに、フランツは驚きつつも満足している。処刑人は強調すべく、そういうなりゆきは「前代未聞である」と付け加えている。さらに一週間後の一五八五年十月二十一日、四人の泥棒が、最近亡くなった人の家に押し入るという似たような犯罪で絞首刑に処され、その後、類似の犯罪者はひとりを除いてみな同様に処罰された。有罪となった泥棒で姦通者のハインツ・トイラに極刑は下らなかったが、フランツ親方は「両脚がない哀れな女中に子供を産ませた」と嫌悪感をはっきり表している。

フランツが裏切りと血縁関係に深く感情を動かされることを思うと、ゲオルク・プライジーゲルが「妻を殺し、彼女を吊るして首吊り自殺に見せかけた。また、以前ある男を焼き串で刺した」、あるいはもっと簡潔に、ハンス・ドプファー（別名〝シリング〟）が「まぎれもなく妊娠中の妻を、彼女には何の落ち度もないのに、故意に刺し殺した」と、彼が抑えた書き方をしているのには、かすかに違和感がある。決してフランツ親方が配偶者殺しを大目に見ているわけではないが、家庭内不和の根拠を探ることにたいして関心を示すわけでもなく（着任して数年になるこの時期の彼は特に）、こういう性質の犯罪をありふれた窃盗事件のときと変わらない簡潔さでまとめている。きっとセンセーショナルな事件だったはずだが、マルガレータ・ブレヒトリンについても、「ポリッジや卵焼きに入れた除虫粉を、夫のハンス・プレヒテル（ゴステンホーフの大工）に食べさせたが、夫はすぐには死ななかった」と書いてあるだけだ。不貞と欲を織り交ぜた陰謀のドラマはそっくりかわら版と劇場に任され、そこでは狙いどおりに大当たりをとった。《口絵28参照》

被害者の命にも手足にも別状がなければ、フランツ親方が被害にあった配偶者へ寄せる関心の度合いはまたかなり低くなる。私的には甚大な裏切り行為である姦通は、処刑人の憤りをかきたてたはずだ。十六世紀、姦通罪はむち打ちおよび追放で罰せられた。重婚罪に至っては、『カロリナ刑法典』でも当時のドイツの大多数の法典でも重罪と規定されていたのだ（ただし、ニュルンベルクでは一律に姦通と同等の処罰が下された）。だが、日記へのそっけない書き方から、フランツ親方がこの種の背信行為にからきし関心がなかったことは明らかだ。たとえば、「ペーター・リットラー、シュタインビュール出身、二人の妻をもった。当市の外で枝むちによるむち打ち刑に処した」、「三人の妻をもった」、「四人の妻をもち、［そのうちの］二人を妊娠させた」、「五人の女性と結婚し、彼女たちとみだらな行為に及んだ」という具合に。どの一節でも、けしからぬ罪のはずがひとつか二つの文にまとめられ、フランツの側からは関係者全員の名前を挙げようともしていないし、事情が何も説明されないことは言うまでもない。彼がもうひと言書く気になるのは、子供が関係していたとわかっている場合だけだ。それどころか、ただ付け足しただけのように、処刑されたひとりの犯罪者が犯した罪を延々列挙した末尾で重婚に触れることもある。「最後に、最初の妻が健在なうちに二番目の妻をもち、最初の妻の死後、二番目の妻が健在なうちに三番目の妻をもった」。「シュタットト・ヒルポルトシュタインで絞首台の鎖を盗み、二人の妻をもった農場労働者」に至っては、彼は名前さえ思い出せない。

フランツが密通に無関心と見えるのは、彼とその妻マリーアとのあいだに不満が、あるいは不和さえもあったからだと深読みしていいものだろうか？　それとも、暗に彼自身が不貞をはたらいていたことを示すとでも？　フランツには体面が何より重大な関心事だったという観点から、後者のシナリオはありそうもない。ほんの出来心で結ぶ関係でさえ、長年かけて築いてきた人望を文字どおり一夜にしてくずしてしまいかねないのだから、なおさらだ。マリーアとの結婚生活がうまくいっていたかどうかについては、推し量りようもない。処刑人は自分の家庭生活について日記中ではいっさい触れていないし、そのほかの情報源からわかるのは、この結婚が七人の子供を生み出し、マリーアが五十五歳で死亡するまで継続したということだけだ。彼自身の夫婦関係がどんなものであったかはさておき、フランツも、家庭内では何が起ころうと——殺人や致命的になりそうな暴力に至らなければ——あくまでもまったく私的な問題であるという、当時の一般的な考え方をしていた。不貞な妻をもった夫が姦通を重ねる妻を何度でも取り戻したいと思おうが、妻をそのたびに監獄に入れたいと思おうが、それはその夫婦間の問題であって、公的な介入が必要なのは世間を騒がすようになったときだけだとフランツは考えていた。

ニュルンベルク市民となる

用心深い地元民のあいだで良い評判を確立すべく、フランツ親方は終生努力しつづけた。それに対して、一家の経済的安定を確保するにはさほど長くかからなかった。一五七九年十二月、当初の契約から二年を経ずして、フランツは新年の特別賞与を——義理の兄弟から教わった風習だ——要請し、上役たちはそれを快く認めた。翌年冬には、週給の〇・五フローリン引き上げという大幅な昇給を願い出たが、初回はもう一度年次特別賞与を約束され、のちには六フローリンの追加贈与を受け、昇給は却下された。四年後、若き処刑人はもう一度固定給の昇給を確保しようと試みるも、また断られる。ただし、今度は十二フローリンという、ひと月の給与をうわまわる額の臨時賞与をもらった。処刑人はくじけることなく要求を通そうとしつづけ、一五八四年九月二十五日にはとうとう、生涯第二の目標を達成する。願い出た高給での終身雇用はもちろん、退職後のささやかな年金も保証されたのだ。契約によると、フランツは次のように約束している。

終生どんなときも仁慈深き主君に対して忠実に、従順に、本分を守り、その要求を満たし、危害から守るべく、能力の及ぶかぎり最善を尽くす……ありがたくも主君のお認めくださった週給三フローリンに新年特別賞与六フローリンの返報として、どこであれ本市のほかの何者にも、名誉ある市参事会の許可なくば決して仕えない……年齢その他病気や衰弱などのために私が職務を遂行できなくなるまで。

上役たちがもっと安心したことには、大望をいだく処刑人は〝もう二度と昇給を求めない〟とも誓った――その誓いを彼はそれから三十四年間、律儀に守った。

フランツの交渉の才覚は別として、雇い主側が寛大に歩み寄ったのには、いくつか事情が考えられる。シュミットが着任するまで、市では長年にわたって即戦力になり、誠実で信頼の置ける処刑人を探しあぐねてきた。フランツ親方はその三つの条件にかなうことを証明してみせたうえに、まだ三十歳という若さだったのだ。バンベルクのハインリヒ親方が長く病気がちで、親方のひときわ有能な息子がその後継者候補に挙がりそうなことからも、市参事会は目をそらすわけにいかなかった。ニュルンベルクの法廷では平均して年間十人ほどに死刑を宣告し、二十人あまりに体刑を命じていた時期、市のリーダーたちはシュミットを失って代替要員を探さざるをえない場合の、残務とそれに続くめんどうな法的問題を案じた。バンベルクの宮内官（フランツがよく知っている相手）から実際に打診があったのか、若い処刑人自身がただほのめかしただけなのかはわからないが、彼は望みどおりの成果をあげた。

よくありがちなことで、仕事上それまでで最高の成功をおさめたフランツを次に待ち受けていたのは、ひときわ困難な一年だった。まず、自分の義兄を拷問し処刑するというありがたくない仕事に直面した。フリードリヒ・ヴェルナー（別名〝陶工フレディ〟）は、亡父が知名度のある市民だったし義父はりっぱな陶工だというのに、自称〝子供のころから不良〟だった。そういう〝じつに凶悪な〟やつがなぜ夫に先立たれたフランツの姉と結婚することになったのか、現存する記録からそのいきさつは判然としないが、処刑人の娘には結婚の選択肢がひどく限られていたことだけは、この不幸な結婚からもはっきりする。〝たくましくて男前の〟傭兵ヴェルナーは何年ものあいだ地方を放浪し、〝悪い仲間とともにたびたび窃盗や押し込み、家宅侵入、強盗をはたらいた〟。もっと深刻なことに、彼は「フィッシュバハの森にひとりでいた少年」を殺したのを含め、三件の殺人と、殺人未遂も数件白状した。いちばんぞっとするのは、「シュヴァーバハの森である人妻から」容赦なく強奪し、「［彼女を］半殺しにして放置した」件だ。

とうとう逮捕され、連行されたニュルンベルクの拷問部屋で義弟に面と向かったとき、ヴェルナーは信じられないことに、〝なぜ監獄に入れられたのかわからない〟と言った。参事会員たちが、ほんとうにやましいところがないのなら、なぜヘルスブルックにいたとき〝イェルク・シュミット〟という偽名で働いていたのかと逆襲した。それに対するフランツ親方の反応は記録されていないが、彼が怒り、恥じていたのはわかりきったことだ。ヴェルナーがなお否定するのを受けて、彼はこの罪人を吊るし刑具にぶらさげ——通常の警告抜きで——〝小さな石を使って〟尋問を開始した。時間ははっきりしないがひととおり拷問を受けると、ヴェルナーの虚勢は影をひそめ、結局は数々の犯罪を犯したことを認めた。

フランツがこの聞こえのよくない義兄をどう思っていたか、推し量るのは難しくない。凶悪な犯罪を犯した男であるばかりか、彼のシュミット家とのつながりが、処刑人自身のていねいにはぐくんできた人望をだいなしにするおそれもあるのだ。数人の目撃証人の話から二人が親族関係にあることが確かめられるものの、フランツ自身は日記に彼の処刑を報告するなかで、それには一度も触れていないことが、多くを物語っている。それでも、姉への敬意からか、フランツは上役たちが〝熱した火ばさみで六度つまむ……市庁舎の前で二度、聖ローレンツ教会の前で二度、［市の］門の聖マルタ教会のそばで二度〟、その後車輪の下でじわじわ死刑という、前例のない宣告をくだすのを思いとどまらせた。火ばさみで六度もつまんでは、処刑場に着くまでに死刑囚の息の根を止めてしまうだろうと、シュミットは異議を唱えたのだ。それで、処刑人がヴェルナーを〝ぞっとするような見せしめ〟にさえしてくれればということで、参事会員たちは二度だけとすることに同意した。

しかし、〈車裂きの刑〉を〈斬首刑〉に減刑してほしいというヴェルナーの義父と姉妹の嘆願は、〝やんわりと〟却下された。こうして、自分の義兄をほかの強盗殺人犯と同じ扱いにし、荷馬車でカラス石へ引き出すあいだに指示どおり二度火ばさみでつまんでから、車輪による残酷な処刑をとりおこなうことを、処刑人は強要されたのだった。

処刑当日、フランツ親方が熱した火ばさみを積み込み、ヴェルナーを外の杭につなぐ準備をしていると、教戒師が哀れな罪深き者に〝ほかに白状しておく悪事〟があるかと尋ねた。死を前に魂の重荷を取り除くとともに、罪のない人間に濡れ衣が着せられるのを防ぐためでもある。ある年代記には、ヴェルナーはそれから〝処刑台の石のところで長いあいだ教戒師と、また彼の義弟である処刑人とも話をしていた〟と記録されている。また、そのときの会話を一部再現した記事に、〝義弟であるフランツ親方は〟、ヴェルナーが自分の犯した罪についてもっと明かしさえすれば〝できるだけ早く終われるように力を貸したいと励ました〟と報告されている。死刑囚はすでに処刑された仲間たちの名前をくり返すだけで、話すことはそれだけだと言い放った。彼は最後の言葉をそばに車輪を手にして立っているフランツ親方に向け、肉屋のヴォルフ・クラインラインの娘によろしく伝えてくれと、こっそり処刑人に頼んだ。ヴェルナーがどういうつもりだったのかわからないが、その義理の弟はさっさと車輪による三十一打撃にとりかかり、この名だたる「強盗殺人犯」を徹底的に拒絶するさまを、集まったすべての人々に見せつけた。フランツ・シュミットは一生懸命努力してきて、こんな男に社会のどん底へひきずり戻されなどしないところまで、たどりついたのだった。《口絵29参照》

一五八五年二月のヴェルナーの処刑から数カ月のうちに、今度はフランツ自身が私生活でいくつも深手をこうむった。春には父のハインリヒが他界。死亡や埋葬の正確な記録は残っていない。ハインリヒ親方が最後に公開処刑をとりおこなった二月二十二日よりあと、クルムバハにいる娘とニュルンベルクにいる息子のあいだで死後の財産が分割された五月一日より前としかわからない。ハインリヒ親方に長く仕えた助手、ハンス・ラインシュミットが、親方のあとを継いでバンベルクの処刑人となった。五月が終わらないうちにハインリヒの遺された妻もまた亡くなり、フランツはバンベルクへ舞い戻って継母亡きあとの用務をかたづけた。

一族の名誉を回復するという、親子でともに抱いた夢を実現させられないうちに父親に死なれたことは、フランツにとってどんな意味をもっただろうか？　少なくとも、ハインリヒは息子がニュルンベルクという名高い都市で終身契約を果たしたこと、そして三人の孫の誕生も、生きているうちに見届けることができた。だが不運にも、父親と継母の死を悼んでいる間もろくにないうち、フランツはまた不幸に見舞われる。その年の夏、ニュルンベルクでまたもやペストが流行し、今回はそれから数カ月のうちに五千人以上が命を落とした。いたましいことに、犠牲者のなかにフランツの二人の子、四歳のヴィートゥスと三歳のマルガレータがいた。近代以前のヨーロッパで子供の死は今よりもずっとありふれたことだったが、だからといって親の悲嘆がそのぶん軽かったわけではない。伝染病流行のどさくさにまぎれてヴィートゥスとマルガレータが亡くなった日付は失われてしまったが、一五八五年のどこかでフランツが聖ロクス墓地に一家の墓の区画を購入したことはわかっている。市壁のすぐ外側にある、ニュルンベルクでは格式の高い墓地だ。若い父親が家名回復という探求を完遂する見込みさえないうちに死んだ、幼い子供たちのために、彼がせめても手に入れられる名誉という心意気だったのかもしれない。それ以上のことは言えない。

一方、市の処刑人としての仕事は増えつづけた。一五八五年だけで、シュミットは十一人を処刑し、十九人をむち打つほか、数多くの尋問を引き受けることになる。ニュルンベルク市で最初の十年間にこなした仕事を総合すると、フランツ親方はむち打ち刑百九十一件、絞首刑七十一件、斬首刑四十八件、車裂きの刑十一件、指の切り落とし五件、耳のそぎ落とし三件を執行した。最も多忙だったのは一五八八年（処刑十三件に体刑二十七件）、いちばんのんびりしていたのは最初の年、一五七八年（処刑四件にむち打ち十三件だけ）だった。平均すると、この時期は年間十三・四人を死刑にし、二十件の体刑をとりおこなっている。大多数の処刑はニュルンベルクでのものだが、フランツは年に一、二度出張もして――毎回公式に許可を得て――田舎、特にヒルポルトシュタインやヘルスブルックの町で働いたり、ときには自由契約で尋問や処刑をとりおこなったりすることもあった。

家庭では、幼い二人の子を失った悲嘆が徐々に、新たな家族が増える喜びとあわただしさに場所を譲っていった。一五八七年一月二十一日、フランツとマリーアのもとに娘の誕生という幸せがもたらされ、二人はその子にロジーナと名づけた。この愛称〝ロージー〟と、その兄でペスト禍を生き延びたイェルクに、一五八八年六月八日生まれのマリーア、一五九一年七月十六日生まれのフランツ・シュテファンが加わり、最後に一五九六年十二月十三日、一家の末っ子、ヨハネス、またの名をフランツェンハンスが生まれた。シュミット家が多くの子宝に恵まれたこと自体、その家長《ハウスファーター》が裕福に、その地域で傑出した人物になりつつあるしるしだった。手工業者《アーティザン》の家庭やまだ社会で大きな割合を占めていた貧しい世帯は、平均して二、三人の子供を養うのがやっとという収入で、家族を増やすこともままならなかったのだ。裕福な子供の家に高齢の親が同居することもあり、フランツやマリーアの親がまだ健在だったなら、シュミット家にはきっとそれもできただろう。

ニュルンベルクでの最初の二十年間でフランツの社会的成功が最高点に達したのは、一五九三年七月十四日。辺境伯アルブレヒトのせいで一族の名誉が失われて四十年になろうとしていた。帝国自由都市の市民権といえば、相当な財産ととびきりの人望を兼ね備えていなければ手に入らない高嶺の花だった。それゆえ、十六世紀ニュルンベルクに住むほとんどの人々はその特権に手が届かず、あらゆる公的に不名誉な人間たちは言わずもがなだった。市の処刑人に就任してめでたく十五周年を迎えた直後、フランツ・シュミットは市参事会にまさにその地位を請願するという大胆な行動に出た。面くらった当局は、ニュルンベルクで処刑人が市民権をもった前例はないと主張したが、フランツ親方は、自分がその法的地位を求めるのは現在ではなく将来のため、自分の子供たちに「別の仕事につく」ことを望み、自分自身も退職後に第二の人生を送るためだと反論した。〝彼はこれまで申し分なく職務を遂行してきたので〟と参事会は言明し、処刑人の要請が認められて、彼はその年ニュルンベルクで市民の地位を授与された、たった百八人のうちのひとりとなった。だが依然として不名誉な人間とみなされていたフランツは、新たに市民となったほかの十三人の翌日に、ひとりだけ別に宣誓するよう命じられた。しかし、そんなささいなことは彼は喜んで我慢できた。広範囲に及ぶ法的庇護を得て、これまでになく自信に満ち、裕福になった処刑人は、今まさに自分自身と子孫の将来を保障したのだ。その七年後、四十五歳になったフランツ・シュミットは、帝国屈指の大都会のりっぱな市民として新世紀を迎えた。収入潤沢な仕事の終身在職権と、自分と妻と四歳から十五歳まで五人いる子供たちの無料の住まいも確保されている。一介の死刑執行人の息子にしてはみごとな成功ぶりだが、フランツ親方の目には最終目標にはまだまだ遠いと映っていた。

第四章　賢人として

ストア派が、「不徳は徳に価値を与え、徳を手伝うのに役に立つ」と言うように、われわれが、「自然は快楽と無痛の名誉を讃えこれに奉仕するためにわれわれに苦痛を与えた」と言うのは、いっそう理屈にもかなうし、でたらめな当てずっぽうでもない。

――ミシェル・ド・モンテーニュ「経験について」、一五八〇年
（原二郎訳『エセー（六）』、岩波文庫、一九六七年より）

だが、久しきにわたるわたしの忍耐と、
わたしの与える恩恵の日を無視し侮る者は、
この救いに与ることはできないであろう。
それどころか、頑な者はいよいよ頑なに、盲人はいよいよ盲人になり、
やがて躓き、深みへ堕ちてゆこう。
このような者以外は、一人として恩恵より除くつもりはない。

――ジョン・ミルトン『失楽園　第三巻』、一六六七年
（平井正穂訳『失楽園（上）』、岩波文庫、一九八一年より）

理髪師兼外科医《バーバー・サージョン》ハンス・ハイラントは「人柄がとんでもなく悪い」とベテランのフランツ親方が判断するのに、長くはかからなかった。ハイラントは一五九七年三月十五日に斬首される少し前に有罪判決を受けたが、その特に冷血な殺人を、処刑人はまざまざと詳しく物語っている。

［ハイラント］およびその仲間のキリアン・アイラーは、フランクフルトである紳士に仕えていたローテンフェルス出身の若者とともに出かけた。真夜中にエッシェンブルク近くの泉で水を飲むため休憩した際、アイラーはその若者にねだってショウガをもらったあと、若者が髪に櫛をあてていたところへ、自分の食べ物に何かをそっと入れてそれを［若者に］渡した。［若者が］急に力をなくして立ち上がれずにいると、［アイラーが］彼の頭を殴り、彼は痛いと悲鳴を上げて倒れた。進み出たハイラントが彼の喉を掻き切り、二百フローリンを奪った。それは若者の主人がフランクフルトで、この二人もいる場において与えた金だった。二人のうちひとりはハンブルク、もうひとりはローテンフェルス出身だと知っていた主人は、その金を携えた若者がローテンフェルスへの道中無事であるよう二人に同行を頼んだのである。二人は出発前、フランクフルトにいるあいだに、残忍きわまりないこの襲撃を計画していた。そして、泉のそばで殺人をやってのけると、ブドウ園から持ち出してきた石を［若者の］ベルトで死体にくくりつけ、草地のむこうへ運んでいって、水中に沈めるべくマイン川に投げ捨てた。血まみれになった棍棒は土に埋めた。翌日、エッシェンブルクの領主がブドウ園に入ろうとしたところ、［領主の］犬たちが血ま

みれの棍棒を掘り起こした。また、ブドウ園の石垣から石がひとつ、もぎ取られていた。［そこで］捜しにいこうとしたところ、血だらけの何かが草地をひきずられ、川に投げ込まれた跡があるとわかり、殺人の犠牲者が見つかることとなったのである。［殺人者は］二人で金を山分けしたあと、理髪師はニュルンベルクへやってきた（自分が何もしなかったら、あるいは居合わせなかったら、悪事が露見することはなかろうと思って）。殺された若者の父親が彼のあとを追いかけ、当地［ニュルンベルク］で彼を逮捕させたので、彼も白状せざるをえなくなった。

この記述には、フランツ親方が忌み嫌う破廉恥な行為に顕著な特徴がすべてそろっている。前もって冷静に計画された金目当ての殺人、若者とその主人と両方の信頼に対する裏切り、卑劣な不意討ち、そして若者の遺体に対する意図的な冒瀆。文学的な潤色も帯びている――シュミットが若いころのそっけない日記とは著しく対照的だ。いまや中年にさしかかった処刑人は、場面設定から話を始め、旅の仲間たち三人が真夜中の軽食をとろうと野外の泉に立ち寄るという平穏な光景をわざわざ描いて、続いて起こる暴行に対する読み手の衝撃を高めようとする。まったくの背信行為を伝えるのに、善と悪のコントラストを際立たせるような細部を選んで書いている――若者が、携行した食料を喜んで分け、何も知らずに髪を整えているところへ、アイラーはその食べものに毒を盛ろうとする。頭部への一撃、若者の絶叫、またたくまに喉が掻き切られるさま、何もかも、凝縮された暴力が振るわれた一瞬をまざまざとよみがえらせる。確かに、フランツ親方は文才に恵まれているわけではないが――彼の会話文（〝痛い〟）は特に何かを借用したのかもしれないが――後半生を迎えるころの彼は明らかに、自分の遭遇する犯罪者や犯罪を記録するにあたって想像力をはたらかせるようになってきた。何より意味がありそうなのは、初期のころにはただ人柄の悪さでかたづけたり不明のままにしたりしていた、さまざまな行動の背後にある動機を書こうとしはじめたことだ。なぜ人々は互いに残酷なことをし合うのか、そしてなぜ神はそれをお許しになるのか？　フランツは神義論や神の摂理を教えることに精通した神学者になるまでもなく、人間の苦痛と死が一見気まぐれに思えること、人間の正義が不適当なことについて思いをめぐらせた。正義を執行する者として、悪人たちの処罰に、またおそらく贖罪にさえも、いくばくか満足したかもしれないが、彼は早くから気づいていた。被害者たちに、また殺された人々の遺族や友人たちにもたらされる慰めは、一時のものであって不十分、それにまったく慰めにならないことも多い。四十五歳になるころにはもう、人間の暗部に浸って三十年近く過ごしてきていた彼は、たまたま捕らえられた者を尋問したり処罰したりするとき、みずから暴力や詐術に頼らずにいられなくなることもしばしばだった。うち続く残酷と苦痛にさらされたフランツは、どんな法執行官でもそうだが、長く仕事を続けられるように、超然とするか自分の信念をもつかどちらかの道を、断固として進まなくてはならなかった。しかし、そういう内なる力の源は何だったのか、一族の名誉を回復するという燃えるような決意にも増して、それはこの男のアイデンティティのうちでもつかみどころのない部分として残る。

精神が枯れるような仕事をしているうえ、フランツ・シュミットにはまだほかにも、年とともにどんどん厭世的《えんせいてき》で恨みがましく、冷笑的にさえなってもおかしくない理由があった。一生困らない経済的保証と市民権まで手に入れたにもかかわらず、彼も家族も、依然としてまともな中産階級社会から陰に陽に排除されていたからだ。さらに悲惨なことに、新しい世紀が明けるか明けないかのころ、世界を襲った恐怖が彼を直撃した。一六〇〇年二月十五日、ニュルンベルクで最低気温を記録した冬、新たに流行したペストが十六歳のイェルクを奪った。フランツの生き残っていた最年長の息子だ。五日後、悲しみにうちひしがれたシュミット一家は、葬列に従って聖ロクス墓地の一族の墓所へ向かった。イェルクの棺をかついだのは、聖エギーディエン・ラテン語学校の同級生たちだった。それから三週間とたたず、フランツに二十年以上連れ添った妻、五十五歳のマリーアまでもが息をひきとった。彼女の息子を連れ去り、やがて一帯の二千五百人もの住民の命を奪うことになる、同じ伝染病に倒れたものだろう。このときは「［シュミットの］隣人たち数人が、好意によりみずから進んで」、この敬意を示す決定的な行為が自分たちに不名誉をもたらすかもしれないことをも顧みず、墓地まで棺を運んでくれた。ひょっとしたら、そういう思いやり、長らく望んでいた共同体に受け入れられているというしるしが、ニュルンベルクの処刑人の身に続けざまに降りかかった不幸のつらさをやわらげたのではないだろうか。一六〇〇年三月十二日、妻と若い息子を弔ったばかりの墓から立ち去るフランツ・シュミットは四十六歳。四歳から十三歳までの生き残った子供四人をかかえた男やもめになっていた。

この二人を失った傷手は途方もなく大きかったに違いないが、あとに残された父親であり夫である彼は悲嘆を記録にとどめなかった。日記中のどこにも、個人的なことにはいっさい触れていない。感情や信仰心がどの程度かき乱されたかはいざ知らず、フランツ親方は早々に仕事を進め、六週間後には二人の泥棒を斬首刑に処すとともにその他の職務も再開した。彼の時代のやもめたちはたいてい、配偶者の死から一年以内に再婚した。家庭にまだ幼い子供がいれば、なおさらだ。悲しみのあまり――それとも気の進む相手がいなかっただけか――フランツ・シュミットが再び結婚することはなかった。十三歳のロジーナと十二歳のマリーアを頼りに、家事には女中の手も借りて、家政の切り盛りと幼い弟たちの世話をさせた。一家の世間と隔絶した小社会は、悲しみに沈み、人員が減少しながらも屈せずやり抜いた。

そんな無情で不条理な世界で、信仰や贖罪に何の意味があるのだろうか？　神の摂理と個人の選択は、そんななかでいったいどんな役割を果たすのだろう？　フランツ個人の身に悲劇が降りかかった後の何年かのあいだ、人間の行動のしかたとその理由に魅了される気持ちはつのり、日記中で著しく目立ちはじめる。一見混沌とした世界に秩序と意味を見いだそうとする思いが強くなるとともに、きっと熟知していただろう当時の大衆犯罪報道にありがちな文学的技巧を、フランツはますます頼みにするようになった。ばらばらに思える出来事が筋の通った物語になって、悲哀も解明も生き生きと描き出している。彼の描く悪党たちは――最も一般的なのは残忍な強盗や殺しを企む身内の人間たちだったが――そのころのかわら版をにぎわした連中と同じだった。ただし、安っぽい扇情的な記事や通俗的訓話の書き手とは違って、彼は動機について道徳的解釈も一般化もしなかった。フランツ親方にとって、罪や犯罪は結局どこまでも人格的なもの、人柄と選択の産物であって、広大無辺な外界の力ではない。彼は犯罪者とも被害者とも等しく個人的に影響し合ったことで、そんなふうに抽象的なことよりも具体的なことを優先させる傾向が強くなった。また、罪と贖罪それぞれの本質に敏感にもなった。信仰のみによる救いというルター派の教えを全面的に信奉しながら、中年になったフランツは逆説的なことに、自分の目の前の哀れな罪深き者たちに対してより批判的にも、より寛大にもなっていった。こうして最終的には慈悲深い神を——自分が処刑した多くの改心した重罪犯人に慰謝があると——信じることが、数々の個人的苦難と孤独な探求のただなかにある処刑人自身をいくらか元気づけてくれただろうか？

悪意ある犯罪

フランツ親方の日記がしだいに長く込み入った記載になっていくにつれ、彼には犯罪のひどさを判断する基準が二つあったことがはっきりしてくる。第一に、個人および社会の信頼をどの程度踏みにじったか、第二に、犯行者にどれくらいの悪意が見られたか。計画的な犯罪、いわれもなく残虐な犯罪、その他、犯行者が自発的に文明人としての行動規範を無視して社会からはみ出したという理不尽が、処刑人にうかがえるような犯罪。それらは、法的な意味ではもちろん、道徳的にもご法度となった。その点で、追いはぎその他の強盗は文句なしに反社会的であり、それゆえ、フランツ親方の前に連れてこられる哀れな罪深き者たちのなかでも最も不埒《ふらち》な連中だった——したがって、捕らえられたときには最悪の拷問と懲罰に値する。ところが、一見尋常な人物にも、とんでもなく悪意のある行為ができるのだと、長い職歴を通じてフランツは絶え間なく気づかされていた。無法者として生きているわけでなくとも、そういう人間たちには神と人間の法を故意に無視した罪があることに変わりはない。その昔のカインやサタンと同様、悪意ある犯罪者とは「たしなみのある」社会の規範や快適さをわざわざ自分から捨てた者と定義された。そんな選択をするなど、心ならずも社会から締め出されている処刑人には理解できない。

フランツの日記に頻出する悪意の例は、待ち伏せや不意討ちに代表される、冷徹に計画したうえで信頼に背く行為だ。身元を偽る者や、罪のない人を中傷する者よりも危険な、奇襲して人を殺す者は、最も基本的なレベルにある人間の信頼を、ひいては良識そのものをしりぞけることになる。当事者たちのあいだの人間関係がどうであれ、またそういう襲撃の際にどの程度の暴力が振るわれたかにかかわらず、悪意と狡猾さという不埒な組み合わせは、特にフランツ親方の神経にさわった。この種の裏切り行為に、若かりし日の処刑人は、職についた最初の年のうちに出会っている。「納屋の藁の上にかたわらで就寝中の男の喉を掻き切り、所持金を奪った」強盗、バルテル・モイゼルの事件だ。十三年後、ゲオルク・トイエルラが「草地で、靴のなかに何か入っていると言って人形師の徒弟の気をそらせ、棍棒でその頭を殴り、「それから」短剣で首を刺した後、すばやく死体を隠蔽した」事件に、フランツは同じくぞっとさせられている。似たような事件で、ハンス・クルークは「仲間のジーモンに、どんなシャツを着ているのか見せてくれと頼むふりをして、隠し持っていた小刀で相手の首を刺した」。ひどい裏切り行為が日常的情景によって強調されることもよくある。「二人でいつもの仕事から帰ってくるとき、その路上で」男が振り返り、妊娠中の妹を襲う、木こりが「森で橇に乗っているあいだに」弟を殺す、「シラミを探し［ていると思わせ］ながら」女が友人の頭を後ろから斧で殴る、といった具合に。《口絵30参照》

かわら版の犯罪記事でもそうだが、フランツが説明的な細部まで書き込むと、物語に劇的な迫真性が添えられると同時に、殺人者たちの徹底した冷酷さが伝わってくる。使いの者が農夫のリーンハルト・ターラー（別名〝焼き串レニー〟）に借金を返してもらいにいくと、ターラーはすぐに支払い金を渡して、「その晩は泊まって、客間の長椅子で眠ればいい」と使者に勧めた。「座って話をしていると、［ターラーは］壁に掛かっていた斧をつかんで使いの者の頭に二度振り下ろし、さっさと殺して、渡した金を取り戻した」のだった。もっと恐ろしい記述もある。傭兵のシュテファン・シュタイナーは動じることもなく「［仲間のひとりの］左脇腹を、刃先が右脇腹へ突き抜けるほどの勢いで刺し貫いておいて、［相手が］倒れるより早く薄刃についた血をぬぐった」。フランツが暴力的な奇襲そのものと犯行者の極刑を最も詳しく書き連ねている例からは、処刑人がよりどころとしていた、残酷さに対して精神の平衡《へいこう》を失うまいとするいつもの姿勢がよくわかる。

ゲオルク・フランク、ポッペンロイト出身、鍛冶屋の召使いで兵士。ハンガリー、ロイト河畔のブルックへ婚約者のマルティン・シェーンヘルリンに会いにいくという〝金髪のアンナラ〟を説き伏せて、付き添わせてもらった。彼はやはり傭兵のクリストフ・フリッシュとともに、彼女を森へ連れていき――二人は［彼女をどうするか］あらかじめ謀議していた――クリストフが背後から頭を杭で殴りつけると、彼女は倒れた。［クリストフは］倒れている彼女をさらにもう二回殴った。フランクも一、二度殴ってから、彼女の喉を掻き切った。二人して肌着以外は身ぐるみはがして彼女を放置し、トゥルンヘムバハで衣類を五フローリンで売り飛ばした。……当地で、判決により最初は両腕、第三撃を胸に加えるという〈車裂きの刑〉に処した。

さまざまな奇襲について記す際に、シュミットは決まって「前もって計画された」（「故意に」なされた）悪事である、つまり計画的犯意があったことを強調する。予謀つまり殺意のあるなしは、当時の法的な慣例や裁判官たちからも強調されていたのだ。今日の社会でもたいていそうだが、司法当局はつねに予謀殺人をたんなる故殺よりも悪質だと考え、したがってより厳しく罰した。泥棒のゲオルク・タウハーが「午前三時、［押し込みのあいだに］居酒屋の亭主の息子を……首と喉に切りつけて殺した」事件に、熟練の処刑人は間違いなくぞっとしているが、それも「そのつもりで持参していた小刀で故意に」なされたという点で、さらに不埒な犯罪となる。同様に、アンナ・シュトレーリンが「自分の子供である六歳の少年を斧で殺害した」、あるいはハンス・ドプファーが「まぎれもなく妊娠中の妻を刺し殺した」事件でもそれぞれ、その恐ろしい殺人が「故意に」なされたものであることを、シュミットは強調せずにはいられない。

シュミット親方が理想とするのは、正直、敬虔、誠実で、敬意と勇気をもった人間である。父親殺しのフランツ・ゾイボルトのような計算ずくの殺人者は、その高潔な理想像とは正反対の代表例だった。ゾイボルトが「以前から憎悪と欲望をつのらせ、自分自身の父親を殺した」だけでも十分恥ずべきことなのに、彼が選んだやり方がまた特に臆病で卑劣だった。

「［彼は］血を分けた自分の父親（オスターノーエの城の執事）を鳥撃ち場で、姿を見られないよう岩陰に身を潜め（そして）下生えで身を隠して待ち伏せした。父親がおとりの鳥を下ろそうとして支柱（待ち伏せの木と呼ばれているもの［皮肉な呼び名を特筆している］）に登ったところへ向かって、彼が四発のうち一発を撃ったため、父親は翌日息をひきとった。犯人は誰にもわからなかったが、現場から逃げるときに走りながら［彼は］手袋を片方落としていた。前日、グレーフェンベルクの仕立屋が継ぎ当てをしてくれたばかりの手袋だった。これ（［手袋］）を拾った女性がいて、そこから犯行が露見した。

ゾイボルトが入念に計画したにもかかわらず、みずからの不注意と近世の犯罪捜査のせいで、また神の御心のおかげでもあったかもしれないが、彼の背信的な不法行為は暴露された。彼が洗いざらい（「前年にも［父親を］毒殺しようと二度ほど試みたがうまくいかなかった」ことも）自白したあと、父親殺しで有罪になった男は「荷車で引き回されて当地に連れてこられ、熱した火ばさみで身体を三度つまれてのち、四肢の二本を車輪で砕かれたうえ、最終的に〈車裂きの刑〉に処された」——ここでもまた、書き加えられた詳細から、処刑人が正義をなし遂げたと感じていることが伝わってくる。《口絵11参照》

奇襲のあった場所と時間によっても、フランツ親方がより悪辣な犯行だと判断することがあったかもしれない。やはり社会規範をはなはだしく無視しているという理由からだ。彼は日記中で森のなかでの襲撃を、森はもともと危険な場所だと思われているせいかもしれないが、不意討ちの程度というよりは暴力の特殊性から非難する傾向がある。対照的に、武装集団による家宅侵入に、心の底から動揺しているのは間違いない。そういう犯罪を語る筆致からは、子供が被害にあったことを綴る苦悩と同じような、人として悲嘆に暮れている感じがうかがえる。したがって、彼は単なる泥棒よりも夜盗のほうが重罪だと考える。驚いて起きた家人が襲われることにもなるので、なおさらだ。〝夜は味方にあらず〟というそのころの格言は、街灯などまだないこの時代、暗闇だからこそ攻撃されやすくなると強く警告している。市内で日没後に夜間外出禁止令が出されていたのは、夜の路上で人の外套をひったくった泥棒でも死刑を宣告される可能性があるということだった。フランツ親方は、眠りについている人を襲ったり殺したりすることを、犯行者の臆病と不作法の動かぬ証拠となる卑劣な行為として遺憾に思っていた。

言い争いが激化したなかでの過失致死と違い、悪意ある殺人者は法外な暴力をふるいがちでもある。ここでもまた、フランツはいくつか細部を記すことでそういう攻撃の残酷さを伝えようとする。「日雇い労働者で物乞い」のエリーザベト・ロスナリンが、「豆畑で、自分の仲間である、ゲーベルスドルフのやはり［女性の］日雇い労働者を、短剣で刺した」のは、四プフント九プフェニヒ（およそ一フローリン）のためだった。殺人未遂で結局有罪になったペーター・ケッヘルは、「自分の父親を堆肥用シャベルでめった打ちにした」。さらに残忍なミヒェル・ケーラーは、「ヴェーアから来た荷馬車屋の召使いの頭を狙って石を投げた……落馬させて金を奪おうとしたのだが、投げた石は肩に当たった。荷馬車屋の召使いが身がまえると、［ケーラーは］相手の頭を懐中小刀でくり返し三十二回も刺した」。そういう犯罪者たちがいわれのない暴力をふるったと手っとり早く示そうとして、フランツ親方はしばしば被害者が負わされた傷の数を記している。エリーザベト・ピュフインは、「十六週間ほど奉公していたことがあるフェルデンの土地管理人宅に、夜間入り込んだ。

通風持ちの老人でらっぱ型補聴器をつけた義兄のデーツェルの部屋へ行き、彼の頭に［鉄の］棒でおよそ十一カ所の傷を負わせた」。同じように残忍な背信行為をした靴屋の召使いミヒェル・ザイデルは、「祖父の兄弟の指物師宅に押し入り、寝込みを襲って、尖った石で頭に三十八カ所の創傷や裂傷を負わせ、喉を掻き切って金を奪おうと、靴屋の小刀で首にも一カ所傷を負わせた」。

そういう残虐行為を売りものにしようとするかわら版の扇情主義にも似ているが、使い古された技巧を用いることで、フランツの語りは被害者の恐怖はもちろん、犯行者の破廉恥な行為も生き生きと描き出す。門閥《パトリシアン》の高齢独身女性、ウルズラ・フォン・プローベンが、非道にも共謀した女中の手引きで家に入り込んだ男女二人組に襲われた事件があった。これについて彼は、はからずも被害にあって、寝室で侵入者たちに驚いて目を覚ました人物の見たことを簡明に再現している。「侵入者たちは近寄って声をかけると、彼女の口を枕二つでふさいでさんざんに刺し、ほぼ三十分のあいだそれを続けた。［プローベンは］必死にもがき、三度も窒息させられたのち絶命した」。

別の一件では、十代の娘も二人いる父親としてフランツ・シュミットは、容赦なく強姦しようとした二人が被害者に与えた恐ろしい影響に、思いを致したはずだ。ひとりはハンス・シュースター、理髪師の職人《ジャーニーマン》だった。

受難週（復活祭前の一週間）に、リューケルスドルフの既婚女性とその村の前で会って、同人に誘いをかけ、組み敷こうとした。［彼女が］抵抗すると、［彼は］自分の手斧で彼女の頭を二度殴り、彼女を地面に投げつけた。相手が悲鳴をあげると、その口をふさぎ、土や砂を口のなかに詰め込んだ。

そのうち人がやって来て彼女を助けたが、さもなければ彼はその女性を意のままにしていた［つまり、強姦していた］ことだろう。

同じ日に逮捕された十五歳のハンス・ヴァードルも、負けず劣らずの残酷さだった。

オステンフォース（現在のオッテンゾース）の裏手の小さな森で、薪を拾っていた四人の少女に声をかけて、一番大柄な十一歳の少女を襲い……彼女を地面に投げ倒して意のままにしようとした。その少女が悲鳴をあげて自分はまだ子供だと言うと、「おやおや、あそこはちゃんとりっぱなもんじゃないか」と言い返した。彼女が力いっぱい叫んでいるあいだ、［彼は］少女の口をふさいで小刀を抜き、叫ぶのをやめないと刺すぞと［言って］彼女を手荒に扱ったので、［後で］理髪師兼外科医が二人がかりで治療しなければならなかった。彼は少女に、誰にも――たとえ悪魔が相手であろうと――このことは何ひとつ話さないと誓わせた。

『カロリナ刑法典』で強姦は重犯罪とされているが、その犯罪は報告されることも罰せられることも少なかった。ニュルンベルクでは十七世紀全体で処刑された強姦者が六人だが、それが帝国内最高記録だった。襲った者は、ヴァードルの例のように、「年が若いためお慈悲をもって」むち打ち刑だけで放免されることのほうが多かった。だがフランツ親方にとって、こういう残忍で粗野な、悪意でしかない暴行は、つねづね凶悪な強盗に向けているのと変わらない深い侮蔑の的だった。

若いころのフランツにとって、故意の暴力と意図しなかった暴力とのあいだには厳然たる差があった。後年、経験を重ねた専門家となってからは、自分の前に現れる不幸な人々がかかえる複雑きわまりない動機を考察し分析することのほうに、興味を示している。計画的な殺人その他、襲撃の一番ありふれた動機といえば、とりわけ強盗をなりわいにしている者たちのあいだでは、もちろん金だった。ただしフランツは、実際に手に入れた額がしばしば期待したほどではなかったり、たまにはまったく成果なしだったりすることを指摘して、喜んでいる——そうやって犯罪のあさましさをなお強調するのだ。仕立屋のミヒェル・ディートマールは「［知り合いの農夫と］連れだって散歩に出かけ、背後から彼の頭を殴り倒して、もう二度ほど殴った」が、死んだ男から奪うことができたのは全部で三フローリン三プフェニヒだけだった。荷馬車屋、女性のパン配達人、行商人たちをしきりに襲う働き者の強盗二人もいたが、「収穫はたいして多くなかった」。また、伝令を殺して五オーツ（一と四分の一フローリン）と中身は不明の小包（あとで、あまり高価なものではないとわかった）を奪った者もいれば、浮き彫り細工師のハンス・ライムも、冷酷に殺したばかりの女性がわずかな金しか持っていないとわかって、がっかりしたくちだ。

プロの犯罪者ではない人々のなかでは、積年の個人的な恨みが考え抜かれた復讐の動機となることのほうが多いと、フランツは気づいた。ゲオルク・プラウン（別名〝くさびのゲオルク〟）は「ある農夫と長年反目し合い、彼を待ち伏せした」し、肉屋のハンス・クンプラーは「村の共有地をめぐって見張り人とけんかしたため、仲直りしようと夜間［見張り人の］家を訪れたが、［クンプラーが］手にした自分の〝戦闘槌〟で彼を殺害した」。また、自分の仲間である理髪師の職人《ジャーニーマン》とけんか中だったアンドレーアス・ザイツェンは、自分たちが風呂男《バスマン》として働く公衆浴場で「仕返しをしてやる、覚えていろと相手を脅して、［肌］削り用のこて［つまり剃刀］をタマネギに突き刺し」、それを使って梅毒を感染させようとした。けんか相手だけを感染させるつもりだったのだろうが、そうはいかず、「浴場にいた七十人あまりの客が身体を傷つけられてフランス病［つまり梅毒］のただれを発症し、死者も［多数］出た」。何が発端のどんなけんかだったのかフランツは記していないが、復讐に燃えるその男が「みずから［もまた］身体がただれて八週間ほど寝込んだ」とは書いており、詩的とも言える正義感をうかがわせる。《口絵31参照》

復讐行為の背景になったらしい不当なしうちは、フランツ親方の経験では、残忍に人を襲って、ときには手に入ることもある金と同様、微々たるものでしかないことが多かった。女中のウルズラ・ベヒャリンは、「その家の老人たちが［彼女に］つらくあたったという理由で、自分の雇い主であるマーレルシュタインの農場主が所有する納屋を焼き払った。今年一五八二年、ハーゼルホーフでも、彼女にはまともなことが何ひとつできないと思われているという理由で、彼女を雇った農場主の納屋を同じく全焼させている」。アンナ・ビショフィンが「キュッツェンの農場の納屋を焼き払ったのは……彼女が財布を置き忘れて、盗まれたと思い込んだせいだった」し、クンツ・ネンナーが放火するぞと脅したのは「鳩を数羽とられたせいだった」。もっと取るに足りないことが発端となって、のっぴきならぬ犯罪が起きることもあった。計画的な暴行のきっかけになったのは「火のついたたいまつをめぐるけんか」だの、「髭が一本なくなったせい」、「ブローチのことで森でけんかになった」からかもしれないなどと、ついでながら書くときのシュミットは、人間の愚かさや不釣り合いな暴力をこきおろしているのだろうか？
金、復讐、そしておそらくは愛情も含むすべてが、クンラート・ツヴィッケルシュペルガーとバルバラ・ヴァグネリンがバルバラの夫を殺そうと企てた動機だった。

夫の食事に除虫粉を入れるよう「ツヴィッケルシュペルガーはヴァグネリンを」三回そそのかし、彼女は言われたとおりポリッジに除虫粉を入れて、自分でも三匙ほど口にしたが、夫は無事だった。粉の分量が多すぎれば死ぬだろう、少なければ吐くだけだろうと、ツヴィッケルシュペルガーが言っていたとおり、夫は六回、彼女は二回、嘔吐した。また、ツヴィッケルシュペルガーは聖餐式に行き、大工の妻である彼女以外にはどんな女性とも関係をもたないと誓い、彼女も彼に同じことを約束した。ツヴィッケルシュペルガーはまた、老魔女に二フローリン払って、大工が刺されたり殴り倒されたり、あるいは溺れたりするように魔法をかけさせた。

共謀した二人のあいだにあった愛情がどんなに本物だろうと、亡き者にされそうだった夫はどの企てをも生き延びて、自分を殺そうとした二人がフランツ親方の手で処刑されるのを目にした。一方ゲオルク・ヴィークリスがニュルンベルクの森で行商人を襲って殺したことには、おそらく愛情というか痴情もひと役買っていたのではないだろうか。彼は「行商人から八グルデン」盗んだばかりか、「のちに、ラインブルクに住む、殺された行商人の妻のもとへ赴き、彼女と結婚した」のだから。二人でひそかに企んでいたものか、殺人者が罪の意識をやわらげようとしたのか、それとも心から惹かれ合った奇想天外な例なのだろうか——この殺人と結婚を自分がどう解釈したのか、シュミットは明かしていない。ただ、三件の殺人を犯したヴィークリスが、ほかの二人の泥棒が絞首刑にされた隣で「〈車裂きの刑〉に」処されたと記すのみだ。

強盗や追いはぎは、放縦ないわれのない残虐さを最も端的に体現する見本だった。悪そのもののための悪だ。フランツ親方が処刑したうちの十分の一にも満たない人数ながら、日記中ではそういう凶悪な無法者たちについての記述が目立って長く、また、きわだって鮮やかに人物を描いている。彼らが街道沿いや人家で人々を襲うのは、入念に計画して盗みをはたらくというより、衝動のまま残虐行為にふける——被害者たちを縛り上げ、火や煮え油で責めさいなみ、くり返し強姦して、陰惨な方法でまだ息のある人々を殺す——ための口実なのではないか。人間のありとあらゆる冒瀆的行為をほぼ知り尽くしたあとも、十六人の強盗団が「夜陰に乗じて人家を襲い……家人たちを縛り上げ、拷問にかけ、暴行して、彼らの金と衣服を奪った」ことに、フランツはおののいている。また、強盗の被害にあった二人に感情移入しているらしい記述もある。「女のひとりは創傷、打撲傷、刺し傷を十七カ所に負わされ、そのため十三週間後に死亡。もうひとりの女は片手をたたき切られて、三日後に息絶えた」。フランツの記述によると、金品を盗むのはまるで、暴れ放題のばか騒ぎのあとから思いついたように見えることが多い。そういう連中はあらゆる社会規範を汚すことに喜びを覚え、不敵さを互いに競い合おうとする。フランツ・シュミットの許しがたい思いがきわまるのは、不届き者たちが妊娠した女性を冷酷に責めさいなんで殺し、しかも腹を切り裂いてその胎児を取り出し、母親の目の前で殺したときだ。ここでもまた、そういう犯罪者たちに後で残酷な罰を科すことを、処刑人はみずから正当化せずにはいられないのだと汲むべきだろう。そのためにフランツが誇張することもあるかもしれない――意識的にだろうと無意識のうちにだろうと――けれども、彼は暴力も、無法者たちが後に残していくまぎれもない恐怖も、議論の余地なくリアルに描いている。《口絵32参照》

残虐行為は、被害者たちの死によって終わりにはならなかった。シュミットが報告するところによると、強盗をなりわいとする者たちは、必ずと言っていいほど死体をも冒瀆する。処刑人という専門職の仕事にも、ときどき同じことが要求されるわけだから、そこを重要視するのは意外に思えるかもしれないが、フランツ親方や同時代の事実上すべての人々にとって、キリスト教徒としての埋葬にはそれが非常に重大な指標だったのだ。死体を絞首台に吊るしたままにする、車輪の上にさらす、焼いて灰にするなどといったことは、死後の世界や死者の復活を信じる人々の心を深くかき乱した。息をひきとったばかりの人を手荒に扱ったり顧みなかったりするのも、やはりとんでもないことだった。初期のころの日記に見られる、自分が殺した粉屋の妻に無理強いして目玉焼きをつくらせ、夫の死体の上に置いて食べた強盗、クラウス・レンクハルトの行為は、その後も超えるものがないほど衝撃度が強いうえ、人間の基本的たしなみを無視する者たちの典型でもある。人を殺した強盗たちが死体から衣服をはぎ取り、死体を道ばたに放置したり、ときには下生えに隠したり手近な水のなかに投げ込んだりした場合は必ず、フランツは愕然としつつ、そのことを記している。ただし、リーンハルト・ターラー（別名〝焼き串レニー〟）の場合、殺人者が最初は被害者を「納屋の藁の下に」隠し「たが」、「翌日の夜、妻にも手つだわせ、「その男の」死体をちょっとした森へ運んでいって埋めた」ことに、シュミットは安心しただろうか、それとも悩んだのだろうか。

こういう者たちがあらゆる社会規範を一蹴《いっしゅう》したという究極の証拠を、フランツ親方は彼らの互いの遇し方に見てとったかもしれない。文芸作品のなかとは違って、シュミットの日記中の無法者たちは、みずから課した掟を守ったりはしない。変わらぬ忠誠を見せもしなければ、それどころか、互いに反目し合ってばかりいる。腹いせが動機のこともある。たとえばハンス・パイアーは、「追放されたアーダム・シラーに裏切られて捕まった（新森で、とっとと死ぬがいいとシラーを呪ったことを、［パイアーは］覚えていないと言う）」。もっとよくあるのは、特に略奪品を山分けしているときなど、強欲がもとで争いが起きることだ。ハンス・ゲオルク・シュヴァルツマン（別名〝でぶの傭兵〟、またの名を〝真っ黒農夫〟）は、「フィッシュバハで戦利品の分け前をめぐって仲間たちとけんかになり、仲間たちは彼をたたきのめし、彼に協力した娼婦を切り刻んだ」。ミヒェル・フォークルも同じように、「［一緒に］やった強盗のことで」長いつきあいの仲間と争い、「仲間を刺そうとしたあげく、［フォークルは仲間の］銃をひったくって彼を撃ったので、相手は即座に倒れてこときれた」。この件でフランツ親方は、犠牲者の元は仲間だった男が「のちに身ぐるみはいで略奪し、四十フローリン取った」と付け加えて、泥棒たちのあいだでは道義心も何もあったものではないことを明らかにしている。強盗のクリストフ・ホフマンが不注意から自分の仲間を撃ってしまった事故でも、最後にやはりホフマンは死体を身ぐるみはがして、あまり深くない水のなかに投げ捨てている。

強盗たちの内輪もめは、ひどい戦いにもなる。ゲオルク・ヴァイスホイプテルは、「仲間のひとりの片手を切り落とし、もう片方の腕をあわやまっぷたつというところまでたたき切った。それから頭を一撃して死なせた」。残忍さで悪名高いゲオルク・ミュルナー（別名〝瘦せのゲオルク〟）は、もとの仲間を略奪して殺したばかりか、翌日はその男の妻を近くの森で待ち伏せ、「彼女が巻いていたスカーフで首を締め、殺して、所持金と衣類を奪った」。それに負けず劣らずなのがハンス・コルプ（別名〝のっぽのレンガ職人〟）で、彼は「二年前、ビューフで妻を刺し殺し、その後フランケンの街道で仲間のひとりを刺し殺した。……また、畑で仲間の妻の耳を切り落としてもいる」。

道徳にはずれた追いはぎたちに対するシュミットの怒りは、彼もほかの法執行官も彼らの襲撃を防いだり罰したりしていて経験する、深いフラストレーションによって煽られた。そういう無法者を捕らえて処刑することを明らかに喜ぶのも、無理はない。可能なかぎり、共謀者たちがすでに捕らえられ処刑されている場合は特に、その名前を挙げている。強盗のハンス・ハンマー（別名〝小石〟、またの名を〝若い靴屋〟）がはたらいた悪事を記したなかでは、特に残忍だった押し込みの共犯者たちはみな自分がすでに処刑したという余談に自慢がうかがえる一方、まだ捕まっていないのだろう、「小石にはまだまだ多くの仲間がいた」というくだりでは無念が明らかだ。ハンス・ゲオルク・シュヴァルツマンおよび「その情婦」アンナ・ピンツリーニンの仲間たちも——すなわち、〝煙突のミヒェル〟、〝バイロイトの学者〟、〝匙のカスパー〟、〝縮れっ毛〟、〝学者パウルス〟、〝ぶきっちょ〟、〝六〟、〝乳首〟も——「やはりすでに報いを受けた」と、フランツは同じく満足げに記録している。強盗のハインリヒ・ハウスマンおよびゲオルク・ミュルナーの犯罪と処刑について述べるときには、四十九人もの仲間のフルネームおよび（あるいは）別名を列挙までしている。

四人を除いてはつかまっていない者ばかりなので、そもそもどんな理由でリストを作成したのかはわからない。いずれ逮捕されることを期待しつつ、自分自身と法執行官仲間のほしいもの一覧《ウィッシュ・リスト》のようなものとして、覚えをつくったのかもしれない。とにかく、日記中ではここだけの、独特な書き方ではある。

情念の犯罪

フランツ・シュミットにとって、そんなふうに人間の基本的な良識を悪意から侵害するのと、ただ人間の弱さに屈するのとは、大違いだった。したがって、惨事に至らない、暴力をともなわない犯罪の場合は、日記中でさしてとやかく言ったり分析したりしていない。人が故意に傷つけられたと認められないかぎり、物欲や性的不品行にはほとんど紙面を割いて省察してはいない。それらを合わせると、彼が在職中に下した処罰の四分の三以上にもなるというのにである。もちろん、そういう場合でもシュミットは変わりなく共同体の仇討ちを担うという役目を果たしていたが、強盗を処刑したときに露骨なまでにのぞく満足感には、著しく欠ける。言い換えれば、処刑その他の懲罰の大多数において、彼は内なる怒りをあまりやりがいとしていないのだ。その点でフランツ・シュミットは、節度をもち、私情を交えることなく公的暴力を振るう手段としての、合法的処刑人の理想に近かった。

悪意なき犯罪に対してそういう姿勢だったからこそ、フランツはそうした犯罪を犯した人々に深い思いやりを示すことができた。彼が許されるべきと考える最たるものは、情念の犯罪――犯意や悪意のないもの――特に、一時の怒りにかられて激発した暴力だった。フランツ・シュミットも含め、まだ世間が荒々しかった時代の男たちは、いつも小刀その他の武器を持ち歩いていた。《口絵33参照》当然のごとく、酔っぱらった場合など男の体面をめぐる激しいいさかいが、乱闘に至るばかりか、生死に関わることもある刃傷沙汰や果たし合いに発展するのがつねだった。『カロリナ刑法典』その他の刑法は、正当防衛および〝名誉ある殺害〟の定義を絞ってはいたが、アメリカ西部開拓時代と同様（現代のアメリカ合衆国でもそういう地域はある）、言葉のうえで、あるいは身体的に傷つけられた者は、手をこまぬいていなくてもよい――その反対に、いまだに自分で報復するように――と命じられていた。命に別状ない傷を負った被害者たちはたいてい、贖罪金（本来は殺害者が被害者の遺族に払う賠償金）という、昔から続く慣例的な処理を通じて補償してもらおうとした。暴言の行き着く先に死体がころがった場合は司法の出番だと認めつつも、フランツは憤怒により起きた殺人を、不幸だが理解はできる現実として扱う傾向にあった。

ごく初期のころの日記では、農夫が「森番を刺し殺した」、毛皮工が「ドイツ騎士団の若者を刺し殺した」などとシュミットは簡潔に記している。たまにはわざわざ侮辱的なことや（「仕立屋で泥棒、ごろつき」）、凶器となったもの（「小刀」、「斧」、「金槌」、「かんぬき」）、些細なことであることが多いけんかの原因（「［ある］娼婦が飲んだ酒代の支払いのせいで」、「一クロイツァー［〇・〇二フローリン］をめぐって」、「［友人が］彼を裏切り者とののしったため」）などを書きとめている。そうでなければ、事件の記述は取引報告でもしているような退屈さだ。男たちが自分の名誉を守るためにいつも身がまえていなくてはならない世界には、確かに事故もあるだろうと、フランツはほのめかす。たとえば、市の射手であるハンス・ハッカーは、「当直についていた［別の］射手の息子がののしったため、なだめようとして互いに言葉が荒くなり、うっかり［相手を］金槌で殴り殺してしまった」。このハッカーはむち打ち刑ですんだが、ペーター・プランクが売春婦としたけんかはエスカレートして、互いにとってもっと悲惨な結末を迎えた。フランツの書くところによると、プランクが痛飲した夜、家に帰ろうとしているところへ、一連の残念な出来事が起こったのだった。

救貧院門《シュピトラー》のそばを豚小屋のほうへ歩いているとき、彼は女性を見かけた。それは娼婦で、サンデルスピュール通り沿いに彼の前を歩いていたので、急いであとを追った。彼の申し立てによると、彼女が自分をうちに連れて帰ってくれと声をかけてきて、彼が断ると、神かけて誓えとか何とか言った。それから彼が腰をおろすと、どうやらからかってやろうとしたらしく、彼女は彼の帽子をひったくって、彼が自分で帽子を隠したのだと言った。彼は彼女から帽子を取り戻そうとして、互いにもみ合いになった。彼が顔を殴りつけると、娼婦は持っていた小刀を二本とも抜いて、彼を刺した。向かってくる彼女に、彼は砂をつかんで投げつけた。彼女も砂を投げ返したが、刺そうとするのをやめないので、彼は自分の小刀を抜いて彼女を刺したところ、彼女は目に傷を負って倒れた。それで彼の小刀が折れ、柄だけが手に残った。彼は膝をついて、彼女の両手から小刀を奪ったものの、その刃で手にけがをした彼は怒って、倒れている女の左胸に小刀をふるった。

酒の勢いと傷（名誉も身体も傷ついた）の痛みに燃え上がった怒り——こういう事件で暴力を誘発するのは、故意の裏切りの冷たさとは反対に、憤怒の熱だ。

その他の情念に負ける性的欲望もまた、ニュルンベルクの処刑人を長く務めた彼にとってお定まりの、さして重大ではないものと思えた。私通、姦淫、売春のむち打ち刑は、フランツ親方の下した体刑三百八十四件のうち四分の一近くにのぼるというのに、そうした出来事の日記への記載はたいてい最短の部類に入る——たぶん、あまりにもありふれていたからだろう。フランツが最も頻繁に罰することになったのは、彼が何があっても関わらないようにしている陰の世界に住み、体を売って生きている売春婦たちだった。ただ、一緒に働く聖職者たちとは違って彼は、自分では「いかがわしい行為」（ウンツフト、直訳すれば〝わいせつ行為〟）と呼ぶものに対して、ほかの公然たる《パブリック・》不正行為《スキャンダル》に対する以上の不快感を見せることはない。敬虔なシュミットが婚外性交渉の罪をまさか否定していたとは思えないが、その法律違反についての書き方から、それがまったく合意のうえでの行為である場合は特に、軽い嫌悪感以上のものは感じられない。その反対に、言い回しは粗野でひどく赤裸々、日記中でもそっけない部類に入る言及のしかたただ。チョーサーばりに猥談仕立てで伝えているところさえある。たとえば——

ファッハのパン屋ザラ、ハイルブロンナー・ホーフの居酒屋の娘。彼女は毛皮工を呼んで、自分の女中に対していかがわしい行為をさせた。また、その女中をものにするよう鍛冶屋もけしかけ、うまくやった証拠として［女中の］陰毛をむしり取ってこさせた。女中が叫び声をあげると、［ザラは］彼女の口に自分の尻を載せてふさぎ、そのあとで［グラスに入った］冷水を口に流し込んだ。

また、過去にあった刑の執行猶予についての余談中、ボッカチオの『デカメロン』の世界から抜け出てきたような乱交パーティまがいの一節もある。

ヘルスブルックのある農夫は、もうひとりの農夫と居酒屋で飲んだ後、中座して小便をしにいったが、［そうではなく］飲み相手の妻のもとへ夜這いした。帰宅した夫のようなふりをして寝床に入り、いかがわしい行為に及んだあと起きて立ち去ったのだが、女が後ろ姿を見て夫でないことに気づいた。

大半の時間を犯罪者や素性の卑しい衛兵たちと過ごす処刑人が、野卑なユーモア感覚をもつのは無理もない。それはまた、フランツ親方の敬虔が上品ぶることと同じではないとも、仕事仲間の聖職者たちの厳格な性的規範が必ずしも社会一般に、貞節な人々のあいだでさえ支持されていたわけではないとも、気づかせてくれる。

身分を重視し、人望こそ何より尊い財産だと考えるシュミットにとっては、私的な罪よりも公然たる不正行為《パブリック・スキャンダル》のほうがやはり、重大な犯罪であることに変わりはない。したがって、性犯罪に対して彼が非難したり怒りに駆られたりするのは、犯行者が人にあるまじきふるまいをして、その家族や地域社会を辱めた場合に限られる。ゲオルク・シュネックは密通したばかりでなく、「ディエル・バルビーという新森の娼婦と結婚し、彼女と結婚式を挙げた」。泥棒のペーター・ホフマンは「また、妻を見捨ててほかの女を相手にし、その女が死ぬと、ラウフでまた別の女との結婚予告を出した。［結婚が］許可されなかったので、ブリギッタを相手にした」。

現代の読者は腑に落ちないかもしれないが、この時代、結婚の誓いは牧師や司祭の前で交わされたものでなくとも法的拘束力をもった。二人だけで、あるいは何人かの証人の前で約束しただけでも、性的にも結婚が完成すれば、公認の婚姻とみなされた。想像に難くないが、男が若い女性をベッドへ誘おうと偽りの誓いを口にして、あとになってその女性を見捨てるという、破廉恥なことが起こりがちだった。そんなふうにして妊娠してしまった若い女性には、つらい選択肢が待ち受けている。妊娠を認め、自分と自分の家族、そして生まれてくる子供に恥をもたらすか、非合法で命取りになることも多かった堕胎の道をとるか、それとも妊娠を隠し通して赤ん坊を遺棄するか。第三の選択肢を選ぶ女性のなかには――そのほとんどが若くて貧しい、支えてくれる家族のいない身だった――ひとりで出産し、どうしようもなくて嬰児《えいじ》殺しをするという、見つかれば必ず処刑されることになる犯罪を犯す者もいた。

結婚の契約不履行の場合――ともかくも嬰児殺しがともなわなかったときは――シュミットはつねに、名誉を奪われた若い女性とその家族に同情を寄せた。事が公になればなおさらだった。フランツ親方は、「フォークトラントのホーフ［シュミットの生まれ故郷］で女中を妊娠させ、［彼女に］

結婚を約束し、公に結婚を予告しておいて、彼女を置いて逃げたうえ、当地ヴェールでまたも女中を妊娠させて同人と結婚式を挙げた」書記のニクラウス・ヘルツォークのことを、軽蔑を込めて書いている。また「農夫の娘を誘惑し、彼女と二十回寝て、いかがわしい行為に及び、結婚するつもりだと言いながらあとでしらばっくれた」という、女をだました作男ゲオルク・シュミートには我慢がならないとも書いている。どんな犯罪でもそうだが、欺瞞《ぎまん》と卑怯はとりわけ処刑人の怒りをかきたてる。そして、そういう品性下劣な男が枝むちで当然の裁きを受けたときには、彼は満足げに記録しているのだ。

ほかの性的な言及にも、一貫して道徳的な妥当性、私的な罪に対する公的な困惑に寄せる関心が反映されている。たとえば、寝室の個人的な秘め事に立ち入るのは、シュミットが仕立屋のファイト・ハイマンとその花嫁マルガレータ・グローシンを、「二人でみだらな行為に及び、ほかの娘たちに見せたかどで」むち打ち刑に処したときのように、ただ不快なだけのようだ。それぞれ自分の娘に売春させたアメライ・シューツィンやマルガレータ・プーフフェルデリン、自分の妻のポン引きをしたヒエロニムス・バイルシュタインには、少々むかついている。さらに外聞が悪いのは、事務官のハンス・ブルンナウアーだ。

妻が健在なうちからバルバラ・ケットネリンと(彼女の夫もやはり健在だった)いかがわしい行為に及び、結婚を約束して三年のあいだ彼女と交わった。半年ほど彼女とともに国内をめぐり、子供もひとりもうけている。同様に、そのケットネリンの妹とも二度、ケットネリン姉妹の継母とまで何度か、いかがわしい行為に及んだ。また、トーマという指物師の妻とは半年間寝食をともにし、結婚を約束して彼女と関係をもった。さらに、妻の生前、使用人とのあいだに双子をもうけてもいる。

そして、厭世的なフランツ親方も、「アポローニア・グローシンは［菓子屋エリーザベト・メヒテリンに］自宅で夫婦のベッドを提供し、みずからもいかがわしい行為に加わった――彼女が菓子屋と〝天使の頭《エンゲルコプフ》〟と呼ばれる理髪師の職人《ジャーニーマン》と一緒にひとつのベッドに入り、［職人が］真んなかに寝て、［女たちの］二人ともといかがわしい行為に及んだ」と知ってぎょっとする。

最も重大な性犯罪は、キリスト教の教義によれば、近親相姦《インセスト》と異常性行為《ソドミー》であり、どちらも神にそむく犯罪として火刑に処すのがならわしだった。忌まわしい近親相姦は特に、罰しなければ地域社会全体に天罰が下るおそれがあると考えられた。それでも、「四年間にわたって、実の父と兄といかがわしい生活を送った」十七歳のゲルトラウト・シュミッティンの事件ばかりはフランツ親方を心の底から震撼させたらしく、ほかにない表現で彼女を思わず「異端者」と呼んでいる。それでも、この場合でさえ同情心から（また、おそらく彼女の立場を被害者でもあると認めて）、刑が斬首に軽減されたことには異論を唱えず、アンスバハの処刑人が八日後に近くのランゲンツェンで、父と兄を火刑に処したと書きとめている。フランツはまた、シュミッティンの尋問に関わった以上よく知っているはずの猥褻な関係を、詳しく記すことも差し控えている。

この事例にフランツが例外的な反応を示したのは、在職中、生物学的に血のつながった者どうしの近親相姦に遭遇したのはこの一件だけだったからでもある。近世の家庭内で起きるこの手の事件が、示し合わせて沈黙を守る家族の口からもれることはめったになかったので、それが公になったときには、たいていの人が大きな衝撃を受けた。それも、よくあるのは義理の父と娘の近親相姦で、あるいはひとりの人間が互いに血縁関係にある二人と（たとえば、ひとりの女性が二人の兄弟と、ひとりの男が姉妹とその継母と、など）性交した場合でさえ有罪となった。現代の感覚では理解できないが、第二の例のような近親相姦は当時まだ、ゆゆしい冒瀆的行為とみなされ、たいてい死刑が宣告されることになった。ただし、ニュルンベルクではいつも手心が加えられて斬首刑となり、ときにはむち打ち刑ですむことさえあった。

当時の典型として、近親相姦の罪を追放で免れるのは男だけだった。フランツ親方は疑う余地なくこのダブル・スタンダードに気づいていたが——それは事実上あらゆる性的事項において、はびこっていた——どうやら彼自身もそれに従っていたようだ。共謀の度合いを特筆して、その矛盾を弁解することもある。たとえば、父親と息子がそれぞれ同じ女中と同衾《どうきん》していた事件では、「［その親子は］互いのしていることを知らなかった」ため、むち打ち刑ですんだが、女のほうは処刑された。クニグンダ・キュープリンの場合は逆に、「［自分が再婚した夫と自分の娘のあいだに］起こっていること」を十分認識しながら、「［それどころか］みずからその手配をしていた」。よって、当然のこととして斬首のうえ死後火刑に処せられた。はなはだしくスキャンダラスな行為は、激烈な刑を正当化するもとになったのだ。エリーザベト・メヒテリンが「［二人とも同名の］ハンス・シュナイダーという実の兄弟二人とみだらな行為に及んだ」のは、「肉屋の屋台のあいだ」という（特に不名誉な）場所だったことや、アンナ・パイエルシュタイニン（別名〝女性器のアニー〟）が「〝大釜〟と呼ばれる、ともに妻のある父親と息子とを相手に、自分も夫のある身でありながらみだらな売春行為をし、「そればかりか」既婚男性や若者たち二十一人とも同様に関係をもったが、彼女の夫はそれに協力した」などと、フランツは入念に書き記している。

近世という時代において異常性行為《ソドミー》とは、同性愛《ホモセクシュアリティ》から獣姦その他の〝自然ならざる《アンナチュラル》〟性行為まで、さまざまな罪のことだった。フランツが司法の場で同性愛《ホモセクシュアリティ》と初めて出くわすことになったのは、一五九四年、ハンス・ヴェーバーを火刑に処したときだ。

果実商、またの名を〝でぶの果物屋〟……彼は三年にわたって「クリストフ・マイアーと」いかがわしい男色行為にふけり、トン横町のはずれにある生け垣の陰で二人の行為の現場を押さえた鉤《かぎ》工に告発された。この果実商は二十年間もこの行為をくり返してきていた。すなわち、兵役中に料理人アンドレーアスを、アレクザンダーを、またゲオルクを、ラウフではパン屋の〝出っ歯のクリス〟を、そのほかにも名前は挙げられなかったがパン屋の使用人多数を相手にした。マイアーがまず剣で処刑されたのち、その死体が果実商の隣で焼かれ、果実商のほうは生きながら火あぶりにされた。

二年後には商人ハンス・ヴォルフ・マルティが、同じような性行為の相手の数はもっと多いようだし、愛人の妻刺殺で告発されてもいるというのに、生きながらの火あぶりは免れている（そうい

う お慈悲が下された背景は不明のままだが)。

強盗と彼らの悪の世界はとことん恐れるシュミットだが、同性愛者の裏社会があるらしいことを知っても不安を感じたりはしていないようだ。むしろ、抑えがたい好奇心から――矯正できない性癖だと明示する必要もあって――処刑された男色家両人の申し立てた多数の相手を列挙している。

[前述した]石工と、また大工ともいかがわしい男色行為にふけってきた。……また、あちこちの地方でもそのようないかがわしい行為をした。最初はイービスで荷船の船頭を、ブラウニンゲンでまた別の船頭を、フランクフルトでまた船頭を、ミッテンブリュックでは農夫を、ヴィッツブルクで荷馬車屋を、シュヴァインフルトで錠前師を、ヴィンデスハイムで農夫を、プファルツで荷馬車屋を、またネルトリンゲンでもある男を、そしてザルツブルクでは藁切りを相手にした。最後の相手は、ハンスという名の若いヴェール市衛丁である。

マルティは相手をごくあいまいにしか名指ししていない――相手を守ろうとしたのか、彼自身も相手の名前を知らなかったからなのか――にもかかわらず、当時は魔女狩りでお決まりの手法だった、容疑者を拷問して同類を無理やり名指しさせるようなまねを、フランツ親方はしていない。どちらの件でも、彼の書き方はあくまでも個人的判断を避けるとともに愚弄《ぐろう》するような言葉づかいをしてもいない――「雌牛四頭、雄牛二頭、羊一頭を相手にいかがわしい行為に及んだ」ために、「フェルンにて獣姦者として剣で処刑されたのち、自分が性的関係をもった雄牛とともに火あぶりにされた異端者」、ゲオルク・シェルプフに対してあからさまな嫌悪感がのぞくのと、くっきり対照的である。フランツはさらに、「人々を襲って彼らにいかがわしい男色行為を迫った」として告発された農夫にも触れている。彼がむち打ち刑だけですんだのは、犯行時に「ひどく酔っぱらっていた」ために減刑されたからだと思われる。フランツが異常性行為《ソドミー》を控えめに扱っているからといって、彼のいたニュルンベルクで同性愛行為がはびこっていたとか、たいがいは大目に見られていたなどと解釈すべきではない。ただ、そういう〝忌まわしい行為〟に対する聖職者のような厳しい戒めや、どこまでも撃退しようとする姿勢が、フランツの書き方にはどこにも見当たらないだけだ。

　たとえフランツが近親相姦や異常性行為を神にそむく犯罪と考えていたとしても、そうした行為がドイツ全土に疫病、飢饉その他災厄の天罰を招くという俗信らしきものを、彼も信じていた証拠は見当たらない。公然と神を冒瀆するのは、また別の問題だ。近世の男たちは誰でもそうだったが、父なる神も、おんみずからの名誉があからさまに攻撃されたときには激昂なさるらしかった。「卑しい売春婦」が冗談で口にしたり、射手の息子が激論のさなかにわめいたりした言葉であろうと、「激しい雷鳴をともなう大嵐のさなか、天にまします神を冒瀆してののしり、神を（神よ、それを書きとめる私を赦したまえ）老いぼれのごろつきよばわりしたうえ、もうろくした馬鹿者はカード賭博で金をすったもんだから今度はさいころで金を取り戻したいんだ［と言った］」ガラス職人に対してもだ。自分の私的な日記のなかでさえ怒れる神をなだめようとする敬虔な処刑人は、その不敬なガラス職人が「お慈悲をもって」遇されたことを報告しながら、肩身が狭そうだ。「さらし台で十五分間さらし者にされ、肉橋《フライシュ・ブリュッケ》の上で舌先を切り取られた」だけだったのだ。

教会や修道院のものを盗むなど、カトリックの伝統で神聖をけがす冒瀆的なものとみなされる犯罪は、プロテスタントであるフランツ親方をたいして悩ませなかった。たとえば、「エントマンスベルクの教会に押し入って聖杯を盗み、トランク四つをこじ開けて礼服も盗み出した」ハンス・クラウス（別名〝錠前師ヤン〟）を、彼は「教会泥棒」と明記している。しかし、ほかにも「また、待ち伏せに協力し、夜間に民家の人々を襲った」ことが発覚したにもかかわらず、クラウスはほかの泥棒たちと変わりなく絞首刑に処された。もっとたびたび教会泥棒を重ねたハンス・ボイトラー（別名〝痩せっぽち〟）や、ハンス・ゲオルク・シュヴァルツマン（別名〝でぶの傭兵〟）にも、彼は同じく無関心な調子しか示していない。むしろ、日記中で一貫して、絞首刑を受けるに値するのは泥棒の活発さであって――「多くの場所でたびたび盗みを重ねた」――盗まれた品そのものに特段の敬意は表されていない。

常習的な犯罪

フランツ親方が罰した犯罪者や違反者の大多数は、動機が悪意でもその他の情念でもなかった。彼の経験上、常習犯罪者のほとんどは、主として泥棒たちだが、盗みの誘因と思われる欲に駆られることすらない。凶暴な強盗や一回限りの犯罪を犯す者たちと違って、非暴力的な泥棒たちには自分の犯罪に対して独特の無関心さを示す傾向があった。したがってフランツも、そういう犯罪者については日記でも同様の無関心をもって短く記し、金銭的被害の程度だけをわざわざ書きとめている。盗まれる品は、小銭から数百フローリンの現金、衣類、ベッド・マットレス、指輪、日用品、武器、鶏まで、非常に多岐にわたり、無防備な蜜蜂の巣箱から蜂蜜が盗まれることさえあった。牛馬を盗むのが一番儲けになったし、盗品の衣類売買もごくありふれていた。何を盗もうと等しく重罪とみなされ、言うまでもなく死刑に処されたのが、現代人には理解できないことに思えるだろう。敬虔な人間とされている処刑人に、非暴力的犯罪に下される厳しい罰を受け入れ、ましてや、そんな厳罰を執行する自分の役目を正当化することができたのだろうか？

ここでもまた、フランツが犯罪の被害者たちに寄せる深い感情移入に、私たちは目を向けなくてはならない。概して貧しい社会においては、外套が何枚か、あるいは比較的少額の現金がなくなっただけでも、重大な損害になりかねないのだ。生活苦にあえぐ所帯にとってはなおのこと、甚大な被害をもたらす。だからこそ、教師の年収に匹敵する五十フローリン以下の盗みを、処刑人はほかよりもきちょうめんに、それればかりか心底からの懸念をも込めて記す——固有の被害者たちを直接思い起こすようすがとするようにだ。フランツ親方がどんな盗難も等しく考えているわけではなく、被害が高額にのぼるものを重大と認めているのは明らかだが、どんなときにも被害者の受難を強調する彼の日記は、意味ありげな並記をしている。比較的小さい数字は必ず細かく、ときにはプフェニヒの位まで記す。金に困っている被害者にとっては、少額だろうとどんなにだいじであるかという思いをこめて。その一方で、大きな数字はたいてい百フローリン単位の概数で書きとめるのだ。一六〇九年、ハンス・フラッツェンが「十八週間ほど前に毛布を十枚盗み、バンベルクで帽子工の住まいに押し入って二十六フローリン相当の衣類を盗んだ」と語りながら、次に続く項の一節では、名の知れた上階から忍び込む泥棒《キャット・バーグラー》が「およそ三百フローリンの銀の装身具を盗んだ」と簡単に書いている。同様にフランツは、マリーア・コルドゥラ・フナーリンが居酒屋の勘定三十二フローリンを踏み倒して食い逃げした顚末を長々と書いたあげく、「雇い主の金庫から八百フローリン相当のターラー銀貨とクロイツァー銅貨三枚を」盗んだことはついでのように書きとめている。

また別の項で処刑人は、まるで強迫観念にとらわれたかのようにたび重なる盗みを列挙して、犯行者の人柄がよくないことと被害者が多数いることを、ともに強調している。「ジーモン・シュタルク……ある使用人の財布の金を六回も盗み、留置場から一フローリン半盗んだ。雇い主の百姓から二十九フローリン盗んだが、盗んだ金は取り返された。また、シュヴァイナウで行商人から五フローリン、荷馬車屋からおよそ二フローリン、あるイタリア人から合計約一フローリンを盗んだ」。現代人の目にもっと奇異に映るのは、犯罪被害者ひとりひとりを識別しようとしたフランツが、たとえばゼバスティアン・フュールゼッツリヒについて書いた次のようなくだりだ。「彼は宿に宿泊中の荷馬車屋たちの財布の金を盗んだ。すなわち、八十フローリン六シリング、四十五フローリン、三十七フローリン、三十五フローリン、三十フローリン、二十フローリン、十八フローリン、十七フローリン、八フローリン、八フローリン、七フローリン、六フローリン、三フローリン、二フローリンである」。単に合計金額を記すでも時系列に沿って書き写すでもなく、シュミットはごていねいにも盗まれた金額の大きい順に並べ替えて、この犯罪が多くの荷馬車屋に与えた個々の金銭的な打撃はもちろん、フュールゼッツリヒを罰する道徳的な論拠をも伝えようとしている――ひどく風変わりな流儀ではあるが。

泥棒その他の非暴力的犯罪者たちは、フランツ親方の道徳観では罰せられて当然だったものの、売春婦やポン引きのような者による犯罪はたいてい、悪気があってというよりは弱い人間が、自覚はしつつも選んだ生き方の表れだった。こういう姿勢は、どんな犯罪だろうと一律に否定する法律家や聖職者のアプローチと、一線を画している。犯罪被害者がこうむった損失にことのほか思いを致す処刑人ではあるが、在職中に絞首刑に処した泥棒百七十二人に対して彼が主に感じているのは、怒りよりもうんざりしたようなあきらめだ。それは彼らの自分勝手な選択がもたらした結果なのであって、シュミットはただの一度も盗みの背後にある境遇を言い訳にすることがない。どん底の地位にある職業に生まれついた男が、尋問室で出くわす数々の悲しい身の上話に心揺さぶられることはなかっただろう。それでも、けちな盗みの常習犯を絞首刑にしたという報告に漂うのは、勝利感でも後ろめたさでもなく、なぜなんだという悲哀だ。〝どうして社会は蜂蜜泥棒などを絞首刑にできるのだろうか？〟と、私たちの視点では疑問に思う。フランツは、〝どうして絞首刑の危険を冒してまで蜂蜜泥棒をくり返すのだろう？〟と不思議がるのだ。

両方の質問の答えは、問題の犯罪者には盗みが不動の習慣となっているらしく、フランツ・シュミットの上役たちが単に怒り心頭に発したからだ。たいていの場合重視されるのは、泥棒が何を盗んだかではなく、どれほど頻繁に盗んだかという問題だった。死刑の判決が下されるのは、犯罪を重ねた者ばかりと言ってよく、多くの者が何度も逮捕、収監、追放をくり返し受けていた。別の言い方をすれば、最終的にフランツ親方が絞首刑に処すことになるのはほとんどが、彼の目で見て、盗みに一度か二度手を染めた人間から〝その行為に慣れた〟プロの泥棒に、後戻りできないほど変わり果てた人物なのだ。その特徴を指して〝治らない〟というのが、遵法を切望するニュルンベルク市参事会員たちのあいだでよく使われた言葉だが、多くの常習犯に対する処刑人の評価には、強迫行動という現代用語のほうがなじむのではなかろうか。裕福な農場の娘マグダレーナ・ゲッケンホーファリンが、「外套、ブラジャーその他の衣類をたびたび借り、［また］聖餐や結婚式にまで出向いていって同じようなものをかすめ取った」と彼は述べているが、彼女の行為は外的な要因によるものではなく、ある種の内発的な動機によるものだからだと、はっきりうかがえる。農夫ハインツ・フリューゲルとその妻マルガレータが、「およそ千フローリン相当の地所をもちながらたびたび盗みをはたらいた」のも、やはり金に困ってのことではなかったはずだとフランツ親方は考えている。

経験豊かな処刑人に言わせれば、盗みはつねにひとつの選択だったが、多くの人にとっては――時代遅れの用語を使えば――抑えられない嗜《アディクション》癖でもある。その習癖は往々にして若いうちに身についてしまう。バルタザール・プライスは、「［ニュルンベルク］市民の子……穴牢獄につながれること十一回、何度も〈チェーン・ギャング〉に処された。半年のあいだ蛙塔《フロシュ》に入れられ、また一年のあいだ塔で足かせをはめられ［て過ごしたが］、それでも盗みをやめようとしなかった」。フランツ親方がみずからの手でむち打ち、懲戒した元仕事仲間、市の射手であるゲオルク・ゲッツやリーンハルト・ヘルトルも、それぞれヴェネツィアで何年かガレー船をこいでいたというのに、二人とも盗みや強奪を続けたあげく、絞首台まで来てやっとやめることになった。更正したいと思う職業犯罪者が、自分の意志に反して犯罪人生に引き戻されることもよくあった。「老泥棒」ジーモン・

グレーツェルトは、四十年前に「きっぱり盗みをやめた」、とフランツは書いている。また、長いあいだ泥棒だったアンドレーアス・シュタイバー（別名〝吟遊詩人〟）は、「ほかにもあちこちで数々のものを盗んだが、もう五年というものそういう仕事と手を切っていて、改心したがっていた［文字どおり、〝敬虔になる〟ということ］」。どちらの場合も、元泥棒だったという過去が彼らに追いすがってきたと記録する処刑人に、満足な様子はうかがえない。グレーツェルトは結局またふしだらな生活に戻り、吟遊詩人のほうは、もとの仲間で悪名高い追いはぎハンス・コルプが彼を告発する証言をした結果、絞首刑を宣告された。

常習的に盗むからといって、決して巧みに盗めるわけではない。多くの盗みは単に機会に恵まれただけの犯罪だった。ちょっとのあいだ背中を向けた露天商、洗濯ひもにぶらさがってほったらかしの衣類、結婚の祝宴のために留守になった家といった具合に。作男のハンス・メルケル（別名〝鹿のヤン〟）の場合は――

彼は二十二年間雇われて働いてきたが、一カ所に半年ないし二年とどまっては辞め、半ズボン、胴衣《ダブレット》、長靴、ウールのシャツや、手に入れられるありったけの金を持ち逃げした。雇い主の使いで羊をアウクスブルクまで追いたてていったときは、それを売って三十五フローリンを手にするや、その金を持って逃げた。アンブルクでも、彼に二十一フローリンを持たせ、馬と荷馬車でボヘミアの白ビールを引き取りに行かせた雇い主に、同じような仕打ちをした。馬を放置して金を持ち逃げしたのである。また、半ズボンと胴衣を盗んだところ、そのポケットに十五フローリン入っていたのだが、彼はそれには気づかなかった。

もっと単純な例もある。〝キャベツ農夫〟と呼ばれていた配達人は、「銀製カトラリーと二百フローリン相当のグロッシェン銀貨を入れた鞄をノイシュタットへ運ぶように渡され、〔しかし〕フュルトでユダヤ人に銀製品を現金百フローリンで売って」その金を飲食と賭け事に使い果たした。

押し込みは住居に侵入するうえ人と接触する危険を冒すため、単なる窃盗より脅威が大きい。壮年期にはベテランになっていた処刑人は、そういう押し込みに目が利くようになっていたが、よく考え抜かれ、手際よくやってのけられた語りぐさとなるような強盗などめったになかった。彼が未熟者の愚かさを面白がっているところもある。たとえば、アンナ・ペルクメニンは、「聖ローレンツ〔教会〕の教師の家に窃盗目的で忍び込んだが、つかまって収監された。八日前にも〔やはり〕窃盗目的で入ったハンス・パイル方の地下室に閉じこめられている」。エアハルト・レスナーは、「ある晩、商店十二軒の鍵をこじ開けたが、店内に入ることはできなかった」。また、錠前師のリーンハルト・ライトナーは、「この二年で、自分でそのためにこしらえた鍵を使ってこの街の四十二軒の店に押し入り、金を見つけるつもりが、特に何も盗まなかった」。もっと情けないのは、羊飼いのクンツ・ピュトナーだ。

二回にわたって雇い主フューラー宅に潜み、事務室に押し入って金を盗もうとしたが、一回目はドアに穴を七カ所あけたものの何の成果もあがらなかった。「そこで」もう一度屋内に隠れていて、客間に押し入ろうとした。物音を聞きつけた雇い主が声をあげ、捜索がおこなわれたところ、床の上に「羊飼いの」靴が見つかった。足音をたてないように脱いでおいたものだ。だが、当人はまだ客間に身を隠していたため、そこで捕まった。

プロの強盗でさえしくじる。「さまざまな道具をとりそろえていた」リーンハルト・ゲスヴァインにしても、「盗みの目的で侵入した、果物市場にある宿屋の主人ヴァストラ宅の地下室で捕らえられた」。

へたな押し込みはまた、もっと深刻な結果を招くこともある。フランツ親方によると、ローレンツ・ショーバーが「盗んだのはつまらないものばかりだった。すなわち、パン十二個、チーズ六個、シャツ一枚、胴衣一枚」。そして彼は——

グリュントラインで貧しい女性の家に押し入り、現行犯で彼を捕まえて取り押さえたその女性が助けを求めて叫ぶと、小刀を抜いて彼女を三度刺した。一度めは頭、二度めは左胸、三度めは首を刺して、息も絶え絶えに倒れている彼女を置き去りにした。彼女はかろうじて命をとりとめた。

上階から忍び込む泥棒《キャット・バーグラー》ハンス・シュレンカー（別名〝イモ虫〟）だけは、そのプロの手並みに処刑人から一目置かれているようだが、それでも冷やかしぎみのところがなくもない。彼は——

フライエンフェルスの城によじ登った。［まず］梯子で牛舎を越え、それから塔に立てかけた梯子で屋根に出て、また別の梯子伝いに窓から客間へ入った。樽工用小刀で金庫をこじあけ、およそ三百フローリン相当の銀の装身具を盗んだ。その後、登ってきたときと同様に梯子を伝っておりていき、城の正面に出ていくと、丘の反対側で石の下に盗んだ装身具を隠した。もう一度梯子伝いに侵入すると、机をこじあけて四十フローリンの入った袋を盗んだ。そのすぐそばに五百フローリンの入った大袋があったが、その金に手を伸ばしたとき、ひどい恐怖にかられ、絶対誰かに追いかけられていると思って退散した。

さえないへまな連中のことを書く退屈さをまぎらわすつもりもいくらかあったのか、フランツ親方は特に独創的な、あるいは勤勉な泥棒のことを書きとめている。ある針金工は、「一年半にわたり、週に一、二回、そのためにこしらえた合い鍵を使って金物屋の店に押し入っては、針金二十一エル［約五十二フィート］、鋼鉄十四エル［約三十五フィート］、釘四万本を盗んだ」。決然としたアンナ・レーベリンは、「当地であちこちの住宅に四十回以上侵入をくり返し、その都度必ず二、三階ぶん階段をのぼった先の部屋で大量の家財を盗んだ」。

ピカレスク文芸作品の人気者である三流どころのペテン師に、そのあつかましさゆえだろうか、フランツ親方はとりわけひきつけられている。年季の入った泥棒、クリストフ・シュミート（別名〝桶屋のクリス〟）はつい先ごろ、「八カ所の公衆浴場の部屋へ着古した服で入っていき、一番いい他人の服を着て、自分の古い服を代わりにそこへ残して出ていった」。やはりいつも強盗に精を出していたマルガレータ・クライニンは、「袋に入れたガラスを、あたかも金が入っているかのようにチャリチャリ鳴らしながら近づいていき、盗みがしやすいように人を信用させた」。ゲオルク・プラウンは、「旅の道連れだったグレーフェンベルク出身の若者のかばんから十三ターラー〔約十一フローリン〕を盗み、金の代わりに石を入れておいた」。ハンス・ヴェックラーも同じように、「ゴルトクローナハの宿の一室で、隣に寝ていた〔同業者である〕仕立屋の鞍嚢《あんのう》から二百フローリンを盗み、あとで裂け目から砂を詰め込んで再びもとの重さになるようにした」。フランツ親方が付け加えたことがまたふるっている。ヴェックラーはたちまち「当地で盗んだ金を賭け事ですってしまったが、屋根葺《やねふ》き工のグルンブリーとロージーにいかさまで巻き上げられたのだった。その件で彼は両人を訴え、二人とも市外で枝むちによる刑を受けた」――その結果、このカード詐欺師二人が、自分たちがカモにした相手は以前に盗みをしていると当局に知らせたのだった。泥棒がその後に自分の金をほかの泥棒に盗まれるというピカレスクに欠かせない要素を、フランツは大いに喜んだらしく、その手の話をくり返し書きとめている。彼にはよくわかっていた。疑っていない人々をだますのは難しくないし、だますのに特別な才能などいらない。他人の苦しみに無関心でありさえすればいいのだと。

したがって、大それたことをまんまとやってのける詐欺師がいると、フランツ親方はひどく驚いた。とりわけ、大胆不敵にもよい家柄の人々をだます連中には。特に著しいのが、偽造犯ガブリエル・ヴォルフと宝探しのエリーザベト・アウルホルティンだった。この二人の詐欺師は暴力を用いないが、通常の泥棒よりははるかに打算的で悪意に満ちていた。彼らがまた非常に嘘をつくため、フランツは二人の詐欺師に対し憤怒をつのらせた。アンナ・ドミリンは、「たびたび伝染病患者隔離病院に入院していた」にもかかわらず、「占いや宝探しで故意に人々をだました」。よって、彼女は「歩くことができなかったので、廷吏《ていり》が二人がかりでかかえ出さなければならなかった」が、たっぷりむち打ち刑を受けた。「六十歳くらいの老婆」マルガレータ・シュライナリンも、「やはりあちこちで、自分はたいへんな財産を相続したといって人々をだまし」、食べもの、飲みもの、ちょっとした融資（すぐに返済すると約束して）と引き替えに街じゅうの名士たちに遺贈を約束してまわった。彼女は高齢で健康もすぐれないらしいにもかかわらず、「人をだましたとして両方の頬に烙印を押された」。コンラート・クラフトは何年にもわたって文書偽造と横領を重ね、ついには死をもって償うことになったが、長く法廷事務官を務めていた彼も、フランツ親方や当局からいっさい手加減してもらえなかった。

慈悲と贖罪

犯罪の動機や種類が何であれ、フランツ親方の裁きの理論体系のなかでは、どんな犯罪者にも希望がある。信仰篤いルター派信徒である彼は、世間は底知れぬ邪悪な場所であり、男も女も人生の途上でくり返し罪に屈伏してしまうものだという説を信じていた。一般の認めるところでは、ほかの人たちよりもずっと重大な違反や犯罪に陥ってしまう者たちもいるが、フランツにとってキリスト教の本質的な教えは、求める者には誰にでも神の赦しがあるという福音であった。それを、現代で言う世俗的な意味での更正と混同するべきではない——なにしろ、十六世紀のルター派信徒たちは、原罪という堕落した業が、忠実な信者たちのあいだでさえ今なお力をもっていると信じていたのだ。シュミットと彼の仕事仲間たち、参事会員も教戒師も、有罪となった犯罪者たちに求めたのは、罪を認め、神と国の威光に服従することだ。その返報として、聖俗の裁き手がともに赦しと救済を約束するのだった。

したがって、近世における司法の概念において、「お慈悲」は刑罰とセットになっていた。フランツもそれを重んじ、日記中でその言葉を「神」(十六回)、「正義」(二回)、「法」(一回もなし)よりも多く九十三回唱えている。日記中で「お慈悲」という言葉はほぼすべて、犯罪者への刑罰が軽減されたことに触れて使われているが、敬虔な処刑人が哀れな罪深き者たちの現世の贖罪はもちろん、天国への到達にも力添えをする気持ちをこめていたことは間違いない。

それゆえ、自責の気配が見てとれることは、フランツ親方にとって大いに価値があった。ミヒェル・フォークトが「とっくに森のなかへ逃げていたが、当地へ戻ってきた」と、また、子供を殺したアンナ・フライン、泥棒のハンス・ヘルメート、殺人を犯したマティアス・シュタールツはみな自分から当局に身をゆだねたことを、肯定的に書き記している(シュタールツは「カトリック教徒だったが」、処刑の前に「ルター派に改宗した」とも)。フランツは日記中で、「キリスト教徒らしくこの世を旅立った」刑死者たちを、後年になると特に、くり返したたえている。悔悛の意を示した泥棒のハンス・ドレクスラー(別名〝山男〟、またの名を〝傭兵ヤン〟)が〝最後の三日間、教戒師と看守からこれまでの全人生で学んだよりも多くのことを学んだ〟ばかりか、りっぱな態度で、絞首台から集まった人々に向けて〝あなたがたに、木の葉や草に、そして私があとに残していくすべてのものに、幸いあれ！　私のために主の祈りを唱えてください。今日、私は天国でみなさんのために祈ります〟と高らかに言いながらこの世を旅立ったことに、処刑人も監獄付き教戒師も勇気づけられた。

頑として〝祈ろうとしない〟恨みがましい囚人たち、特に凶暴な強盗たちは、教戒師と処刑人に軽蔑された。囚人に拒絶されたハーゲンドルン師は、ある反抗的な泥棒が〝絞首台まで［凶暴な興奮状態を］ひきずり、落ち着きを取り戻さないままフランツ親方が首のまわりに救済の縄をかけることになった〟と、心残りな様子で書き残している。教戒師もフランツ親方も、死刑を宣告された犯罪者たちが自分を捕らえている者たちの霊的関心事を利用して、免れがたい運命を出し抜こうとすることもよくあると承知していた。二十五歳の宝石泥棒ヤーコプ・ファーバーのもとを何度も訪問したハーゲンドルン師は、死にもの狂いのこの男がどう見ても誠実ではなく、抵抗を続けるのを嘆くようになる。

私が訪れると、彼は使い古されたあの手この手で駆け引きしてくる。自分のりっぱな家族のことを口にする。とりわけ、年老いて無力な母親のことを訴え、自分が生きていなければならない、死刑を免れなくてはならないとあらゆる言い訳を並べたてる。彼は自分の魂よりも肉体のことを気にかけ、参事会を前にしても私たちに対するのと同じく煩わせた。ただし、訓育と慰安の問題ではない。彼はごく若いころに教理問答書を読んで学んでおり、詩編もいくつか、特に第六編と第二十三編を、またその他の祈りの言葉もよく知っていた。それなのに、それまでの自分の生き方に強情なまでに固執するのだ。私たちが甘言を弄《ろう》そうが苦言を呈そうが、彼はただ生きつづけることだけを目的としていた。

フランツ親方もやはり、自分の境遇を甘受しているべきところ、それにふさわしい従順さを見せようとしない悪人たちには我慢がならなかった。悪名高いゲオルク・マイアー(別名〝知恵者〟)は――

よくてんかんを言い訳にした。拷問による取り調べを受ける段になると、発作を起こして倒れ、病気で苦しんでいるふりをした。三日前にこの口実で免除されたものだから、仲間たちにも同じようにすれば放免されると教えた。だが、クナウが試してみたところ、彼はうまくやってのけられず、見破られて「ほんとうのことを」白状した。

そういう仮病もあったせいか、シュミットは有罪を宣告された哀れな罪深き者に、精神的な障害をもつからといってはっきり同情を示すことはない。処刑されるときの支離滅裂な言動から、あからさまな精神異常症状の発現まで、それとわかる徴候が認められるときでもだ。死刑囚が司法と駆け引きして慈悲や単なる延期を手に入れようとすると、彼は憤激した。たとえば、強盗のカテリーナ・ビュックリン（別名〝どもりのカティ〟、またの名を〝よそ者〟）は、「十二週間前に処刑されるはずだったが、妊娠を理由に刑の執行猶予を得ていた。その後妊娠などしていないと判明した」。あるいは、やはり強盗と、殺人未遂でも有罪となったエリーザベト・ピュフィンは、「妊娠していると訴えて三十二週間の刑の執行猶予を得ていたが、宣誓した女性委員が彼女のもとを十八回訪れた」あげく、ついに「剣で処刑された」。

神の裁きに従順であることがきっかけで世俗的な慈悲がもたらされる例もいくつかあった――フランツの日記でたびたび言及される、司法上の「お慈悲」である。〝嘆願と祈りに応じ、また拷問を受けた苦しみを考慮して〟絞首刑を宣告された泥棒のハンス・ディーツは、斬首に減刑してもらえた。だいたいにおいてニュルンベルク市参事会は、改心したり苦痛に耐えたりすることにはあまり関心を示さず、彼らの権限で赦免するのは、共同体におけるみずからの評価が高くなりそうなときだけだった。刑の執行日の朝、参事会員たちが集まって〝規則どおりに〟罰するか〝お慈悲をもって〟罰するか考慮する際、一番影響力があるのは彼らの目の前にいる人物の社会的評価であって、哀れな罪深き者の魂がどこにあるらしいかではなかった。〝とびきり男前な二十歳の若者〟、ハンス・コルンマイアーの場合は、〝彼の母親が五人の子供と一緒に、そのうち二人は彼と父親の同じ本当のきょうだいだが……また、彼の雇い主［彼を逮捕させた当人］も羅針盤工たちも同職組合をあげて、彼をとりなし〟、その若い泥棒は絞首索ではなく剣で処刑されることになった。社会的影響力がはたらいた、唖然とするような例もある。ともに市民である耳飾り工ハンス・マーガーおよび金細工師カスパー・レンカーは、地元の同職組合、アウクスブルク屈指の金細工師、ロレーヌからつかわされた使者、そして大勢の友人や親戚のとりなしによって、殺人での有罪判決を全面的に特赦された。

ニュルンベルクの犯罪記録にはまた、特に有力な縁故に恵まれた（あるいは特に運のいい）囚人たちが、著名な神学者フィリップ・メランヒトン（一四九七〜一五六〇。宗教改革や教育改革に尽力したドイツの人文学者）からバイエルン公までさまざまな、街じゅうに聞こえた「はなばなしい名士」の懇請が認められて、特赦を受けた例もたっぷりある。一介の市職員の子であっても、公職にある親の立場の恩恵をこうむることがあった。夫の毒殺未遂で有罪になったマルガレータ・ブレヒトリンが結局「お慈悲により剣によって処刑」されたのは、彼女が救貧院門《シュピトラー》の徴税吏の娘だったおかげだったかもしれない。たび重なる盗みにもかかわらず、夜警の息子も執行吏の息子もむち打ち刑ですんだし、たびたび逮捕されている「泥棒であり〈チェーン・ギャング〉に処された若い囚人」のゲオルク・クリストフ（別名〝すね肉〟）に至っては、市の射手である父親の立場に助けられている。

市が縁故のある者に寛大な傾向にあるのでは、市民や地元の職工のようには頼れる社会的資本がおぼつかない、貧しい者やよそ者は当然ながら不利になる。また、たとえ悔い改めたふりをしたところで何も得るところがなさそうな死刑囚たちのなかで、教戒師が悔恨を説いてもむなしくなる。だが、市側が寛大なところを見せれば必ず、そうでないときよりも処刑の儀式が円滑に首尾よくはかどると、当局も徐々に気づくようになり、厳しい姿勢がやわらぎはじめた。ハンス・コルンマイアーは、宣告された絞首刑を斬首に減刑してもらったことに感謝して、法廷で何度もひれ伏したし、ニクラウス・キリアンは減刑してくれた裁判官たちを熱狂的に称賛し、詩編第三十三編の祈りを唱えてから歌いながら〝喜びにあふれた最期〟を迎えた。監獄付き教戒師が泥棒のハンス・ディーツのもとへ、斬首に減刑されたという知らせをもたらしたときは――

彼はたいへん喜び元気づけられて、私たち二人の、それに看守の手にも口づけし、このうえなくていねいに礼を述べた。法廷で判決が読み上げられるあいだはつらそうに涙を流し、慈悲深い宣告に感謝すると答えた。刑場に引き出される彼は、ほぼ絶え間なく歌を口ずさんでいたので、集まった人々も、処刑人その人までもが哀れをもよおした。

一方で慈悲という究極の言葉は、それまでにも増して濫用《らんよう》をつつしまなくてはならない市参事会自体の特権となっていく。修道女やうら若き処女に死刑囚を死すべき運命から救う力があった、宗教改革以前の日々は去ったのである。ドイツ国内にはまだ妊婦が裁判官に影響力をもつところもあったものの、ニュルンベルクでそういう話があったのは、一五五三年、ある重婚者の兵士が〝彼の［妊娠中の］最初の妻とそのほかにも十六人の女性〟のとりなしで特赦を受けたのが最後だ。一六〇九年のハンス・フランツの例外的な一件でさえ、彼の娘たちが当局に〝結婚相手が、義理の父親が絞首台にぶらさがるのを見るくらいならと、結婚しようとしない〟と訴えたが、斬首に減刑されたままでで全面的に特赦はされなかった。死刑囚の男との結婚に同意する女性が出てくる民話は、たくさんある。死刑を宣告された泥棒が、自分の花嫁になる片目の女性をじっと見つめてから背を向けて絞首台にのぼっていくという、シュヴァーベン（ドイツ南西部の地方）の話などが、よく知られている。

だが、十六世紀なかばから、現実世界ではそういう権限を当局は誰にも認めようとしなかった。処刑人も相手のうちになったらしく――ニュルンベルクではつい一五二五年まで――処刑人が死刑囚の女性と結婚して、その女性を罪から救うことができた。

フランツ親方は、特に後年の在職中には、減刑に対してある程度影響力をもっていたようだ。彼も年齢を重ねるころには、以前当局が単純に寛大さを示したことに対する軽蔑を、遠慮なく見せられるようになっていた。若いころのフランツは、ある泥棒が「十二年前にクルムバハで絞首刑を免じられたことがある」などと、中立的な書き方をするだけだった。だが年月を経て、前にも会った同じ人間がまた自分の前に連れてこられることがたびたびあると、誤って下されたお慈悲に対する彼の苦々しい思いが、しだいに目につくようになる。一五九二年、有罪となった強盗のシュトッフェル・ヴェーバーが「剣によって処刑されるべきところ、刑場に引き出されるときに言い訳をして勘弁してもらい、税関で罰せられた」と嘆いたのに続き、その他にもニュルンベルクで近年あった賢明とは思えない執行猶予について、長々と述べている。一六〇六年には、「死刑を宣告され――私はそのとき病気だったのだが――二年半前に二人とも処刑されているはずだったが、刑の執行を猶予された」ヴィトマン兄弟二人が、盗みを重ねたためついに絞首刑に処されたと記す。ガブリエル・ヴォルフの「最初に右手を切り落とすよう決定され指示されていたが、のちにこれは免除された」ことが彼には気に入らなかったし、「農夫二人を（待ち伏せして）斧で殺したグリュントラのある農夫が、嘆願によって刑を免除された」のには心底啞然としたように思える。そういう寛大な処置は犠牲者に不実であるばかりか、プロの強盗たちの場合など――たとえば、「盗みをはたらいたかどで三年前に絞首刑に処されていたはずのところ、特赦された」ミヒェル・ゲンパーラインなど――犯罪をきっぱりとやめさせるまでは罪もないのに苦しむ犠牲者が増えることにもなる。

情状酌量の余地があるかもしれないと円熟期の処刑人の心を動かした要素は、深い悔恨以外では幼さという、盗みで有罪になる者たちのうちにどんどんありふれたものとなってきた属性だけだ。十六世紀後半には所有権を侵す犯罪をそれまでになく厳しく罰するようになった結果、近世のドイツで史上ただ一度だけ、殺人あるいは近親相姦《インセスト》や異常性行為《ソドミー》、魔術《ウィッチクラフト》など〝神にそむく犯罪〟以外の犯罪でも未成年者が処刑された時期に、フランツ親方の在職期間はたまたま重なる。非暴力的な押し込みやありふれた窃盗には年端のいかない者が関わっていることがしばしばで、泥棒三人のうちひとりは十五歳から十七歳という計算になる地域もあった。組織化された一味に入っている若者たちは、たまに大金を盗むことがあるにはあっても、たいていは比較的つまらないものをひったくるのがせいぜいだった――腕輪、ズボン、パンをいくつかといった具合に。

『カロリナ刑法典』は極刑における年齢の問題を犯罪司法の裁量にほぼ任せ、十四歳未満を処刑することだけは明確に禁じているものの、十四歳未満であっても犯罪者が〝悪事に成熟している〟と思われる場合は例外を認める。まだ子供でしかない泥棒に対してあまりにもひどい処罰を与えることには、フランツの同時代人たちもニュルンベルクのリーダーたちも平静ではいられず、近世のヨーロッパではどこでもそうだったが、ほとんどの量刑で、まだ若いという要素を頼りに減刑しつづけた。一六〇五年、十七歳の泥棒ミヒェル・ブロムベッカーが死刑宣告を減刑されて二年間〈チェーン・ギャング〉に処されるだけになったが、これは彼の雇い主〝および肉屋の同業者をあげての〟

懇願あってこそだった。これまた明らかに、浮浪児や貧しい子供には決定的に欠けている、社会的つながりだ。若い学生で市民の子であるユーリウス・トロースの死刑もまた、むち打ちに減刑されたし、泥棒のヴェヒター兄弟二人とひどい強姦（重大犯罪）で有罪になったほかの二人の若者もそうだ。一方、若い御者のローレンツ・シュトルマンは、「盗んだ金［最近盗んだ百五十フローリン］で楽しんでもいない」のに、地元に支援者もいなかったらしく、「お慈悲をもって剣で」ではあるが、それでも処刑されてしまった。

ただし、社会的資本など何ひとつありはしない未成年たちのなかでさえ、寛容が規範であることに変わりはなかった。確かに、十八歳のハンス・ベーハイムは〝ひどい盗み〟をしでかしたかどで、フランツの前任者によって絞首刑に処されている。だが、一五七八年にシュミットがニュルンベルクに着任する前年には、三つのグループに分かれる、有罪となった七歳から十六歳までの少年すりたちが、〝絞首刑には幼すぎる〟という判断で鎖につながれる〈チェーン・ギャング〉による労働に減刑され、その後むち打ちと追放という処分を受けた。犯した犯罪の重大さと減刑の寛大さを痛感させるため、当局は〝十一歳以上はひとりもいない〟一グループの少年たちには実際に絞首台の梯子を上らせてから特赦し、その後はすぐそばに立たせて、十八歳のリーダーが本当に絞首刑に処されるのを見せた。そのほぼ二十年後、似たような子供のすりグループを仕切る大人、シュテファン・ケープヴェラーを、フランツが絞首刑に処すことになる。この男は子供たちの働きに対して、一ターラー（〇・八五フローリン）という破格の週給を払い、部屋と食事も提供していた。このときも、子供たちのほうは放免された。

事実上、ニュルンベルクで盗みの罪で最後に処刑された子供は連続犯ばかりで、なかには逮捕と釈放を二十回あまり経てきた者もいた。ベネディクト・フェルビンガー（別名〝悪魔の手下〟）は、「〈チェーン・ギャング〉につかされたことがあり、穴牢獄に入れられること十五回、また追放を平然と無視することも十一回」。若い泥棒たちからなる、とりわけ活発なあるグループのメンバーは、誰もが少なくとも十回は物乞いの牢や地下牢に拘留されたことがあり、何度かはそのあとで公開むち打ち刑も受けていた。ともかく、ついに死刑を言い渡された子供の泥棒はみな、それまでに追放という極刑の次に重い罰を、それもたいてい少なくとも二、三回は受けている。どの子供の場合も、最終の評決で特に〝たび重なる戒めと寛大な処分がないがしろにされ〟、その子供たちがニュルンベルクに舞い戻っては盗みをくり返したことに言及された。どこかの時点で、当局が〝更正の見込みなし〟と判断すると、まだ若いからという寛大な処置は、そこでいきなり終わりとなった。

その結果、在職期間が長かったフランツ親方も、十八歳以下の泥棒を二十三人絞首刑に処している。そのうちのひとりは十三歳だった。ニュルンベルク市内で最初の処刑をとりおこなったときのフランツはまだ二十四歳になっておらず、死刑囚はよりによって前年に特赦されていた子供のスリだった。ある年代記によれば〝整った顔立ちの十七歳〟である。フランツはどんな気持ちだっただろうか？　そして、その後も年端もいかない若者を大勢絞首刑に処することになるとは。直接的な感情表現を彼は一貫して抑えているけれども、初期のころは不快感を、のちにはそれとともに、やりにくい処刑をとりおこなうよすがとなった、深まっていく人間性理解をも表している。

自分自身も若いころのフランツは、処刑した犯罪者の年齢にも若さにも、いっさい触れていない。

彼が絞首刑に処した若い泥棒たちの正確な年齢がきちんと記されている市の年代記がなかったら、彼が絞首台で子供と出会っていたことすら、私たちにはわからなかったことだろう。こういう書き控えぶりがなお顕著なのは、一五八四年二月十一日、十二日の記録だ。二日にわたって、十三歳から十八歳という若さの泥棒を七人も絞首刑にするという、とんでもない事態だった。このときの少年五人と少女二人はそれぞれ、押し込みのかどで何度も追放の目にあっているうえ、少女のうちのひとり、マリーア・キュルシュナリン（別名〝治安官マリー〟）は、前年にフランツ親方の手で両耳を切り落とされていた。これほど幼い犯罪者たちをまとめて処刑するという衝撃に、とんでもない数の群集がつめかけて、地元の年代記作家たちに特別な印象を焼き付けた。彼らは子供たちの年齢のほか、いくつもの詳細を記録に残している。《口絵34参照》対照的に、二十九歳だったフランツ・シュミットが書きとめているのは、泥棒たちが「市民の家々に押し入っては大量の盗みをはたらいた」ことだけだ。それからひとことだけ、明らかに落ち着かないらしい意見を書き添えている。ニュルンベルクで女を絞首刑に処すことは「かつて一度もなかった」、と。それに比肩する顕著な特徴であるその女性たちの幼さについて、日記は語ろうとしない。

その十年後、二人の泥棒ヘンザ・クロイツマイアーおよびヘンザ・バウアーが「二人とも十六歳くらい」であるとフランツ親方は躊躇《ちゅうちょ》なく認め、おそらくそのせいだろう、「お慈悲をもって剣による刑に処した」と記している。このときから先、「多くを盗んだ」よりほかにもよけいな正当化に駆られることもなく、彼は処刑した子供たち全員の年齢をきちょうめんに書くようになった。十六歳のバルタザール・プライスと十五歳のミヒェル・ケーニヒ両人については、さんざん更正の機会が与えられたのに、どちらの場合も「泥棒稼業から足を洗おうとせず、［盗みを］やめられなかった」と、シュミットは書き添えている。一六一五年にはまたひとつ集団絞首刑があったが、このときは十八歳と十九歳という、年齢はやや上の泥棒五人についての記録には、もっと同情が感じられない。

〝大物百姓〟［ことクラウス・ロットラー］は、やはり死刑囚である〝悪魔の息子〟および〝百姓クンツ〟とともに多くを盗んだ。ほかにも大勢の仲間がいる。たびたび穴牢獄に入れられたが、毎回嘘をついて逃れた。ブルナー［別名〝くず屋〟］はスリ専門。十四日前に釈放されてから、およそ五十フローリン盗んだ。［スリ］三人が［先月］処刑されたとき、処刑のあいだに二つ財布を盗んだ。〝がらくた〟［ことヨーハン・バウアー］もこの一味で、たびたび穴牢獄に入れられたり〈チェーン・ギャング〉に処されたりした。〝織工〟［ことゲオルク・クノル］も何度も穴牢獄にいれられたが、そのたびに信心深いという理由で釈放された。五人の泥棒はみな、絞首索で処刑された。

十代の若者を拷問し処刑することに対する円熟期のフランツの正当化を、私たちはどうとらえるべきだろう？　彼らを矯正するのは無理だと長々と申し立てるのを、刑罰は正当だとみずからの落ち着かない良心に言い聞かせていると読むべきか？　それとも、当局側の一部の人間のように彼も、犯罪をくり返す若者たちに業を煮やし、参事会がどれほど慈悲を示そうとも、かいがないことに怒るあまり、彼らは絞首刑にされて当然だと心から信じていたのだろうか？　人間の本質を陰鬱な、皮肉ですらある目で見ていたということだろうか？

たいていの人と同様、フランツ親方も、犯罪で身を立てるようになる子供たちが、成長過程で氏と育ちのどちらに強い影響を受けるのか、よくわからなかったようだ。まっとうな職業で修業する機会がないというのが――彼にとっても彼の子供たちにとってもそれが人生の避けがたい事実だったが――若者が犯罪に走る言い訳として納得できるものでなかったのは確かだ。また、きちんと修業の機会があるというのにそれを無駄にする者に対し、彼はまるっきり同情しない。シュミットによると、「食料雑貨商で泥棒」のローレンツ・プファイファーは、「仕立屋の仕事を身につけようとしてうまくいかなかった若者」で、その後盗みに手を染めた。「当地でペーター・ツィークラーから羅針盤製造［の技術］を学んだ」パングラッツ・パウムガートナーも同じだった。それどころか、彼が絞首台で出会う子供たちの大多数は、何らかの手工業の訓練を受けていたし、彼が処刑した全体を見てもやはり大多数はそうだった。実際に雇用の機会があるかどうかはともかく、そういう人間たちはみな、世間に締め出された処刑人には望むべくもない、有利な出発点に立っていたのである。

もうひとつ、〝悪い仲間〟とのつきあいもしばしば犯罪への触媒となり、犯行に及ぶよりも早く悪い評判が、犯罪者も同然の評判すら立つことも多かった。使用人のハンス・ドルシュは、いとこや仲間の男たちにそそのかされて長年仕えてきた主人から大金を盗んだが、フランツは、仲間のせいもあるとはいえ、それを弁解にはできないと思っている。日々を酒や賭け事、けんかに明け暮れる人間は、ろくな死に方をしないものだ。正直な人生を送りたい若者は、不名誉な連中とのつきあいを避けるだけの自制心を養わなくてはならない——処刑人自身が早くから選択していたように。兵役につくと、また格別に効率よく悪徳が身につくようだった。市民の息子で、何度もハンガリー遠征に従軍したハンス・タウムおよびペーター・ハウプマイアーは、プロの強盗たちに仲間入りして、たび重なる逮捕と刑の執行猶予にもかかわらず、「二人ともまた元の通り娼婦を囲っては彼女たちを人通りのあるところに立たせた。彼女たちに関心を示したり話しかけたりする者があると、［女性たちを］引き揚げさせて［客になるつもりだった相手を］恐喝し、有り金残らず巻き上げたり身ぐるみはいだりした」という。

また、現代も似たようなものだが、フランツや彼の同時代人たちはしきりと、犯罪行為の根源を親たちまでたどってみたものだった。子供たちが不実なのを、育ち方が間違っていたせいにすることもあれば、犯罪志向が遺伝したせいにすることもあった。フランツは、むち打ったり処刑したりした相手が以前に処罰した犯罪者の血縁だった場合は必ず注記しているが、その関連性を解釈することは控えている。自発的決定能力を強く信じている彼は、社会不適応者の親たちが敬虔な良民であるのをしょっちゅう目にしているにもかかわらず、氏か育ちかといえば育ちのほうに肩入れしていたらしく、育て方が悪かったのに成長した自分の子供にまだ弁明の余地があると思う親を、非難することもあった。ハンス・アモン（別名〝よそ者の仕立屋〟）が教会から略奪したばかりか、「自分の娘に盗みを教えた」ことや、コルドゥラ・ヴィトメニンという女が「二人の息子たちの盗みに協力し、彼らから盗品を受け取った」ことに、彼は嫌悪感を覚えたに違いない。自分の娘に売春させたり、子供に偽造に関わらせたりする親は非難されるべきだ。しかし、親のせいでだめになった子供たちは運の悪い境遇を哀れまれるとはいえ、どんなにまだ若いからといって、それで自分の行動に対する責任まで放棄していいことにはならない。むち打ち刑を受け、最後には盗みのかどで処刑されたバストラ・ハウクは、自分自身の「父親と［絞首刑に処された］兄、そして［もうひとりの］兄が」、同じ犯罪を犯して「市の外で枝むちで打ちすえられた」のを見ていたというのに、自分の生き方を改めようとはしなかった。詐欺師のエリーザベト・アウルホルティンが、子供のころ、錯乱した父親が彼女の母親を溺死させ兄の首を吊った後、彼女を雪深い森に捨てたという過去の持ち主であることも、フランツ親方にとって重要ではなかった。過去のいとけない少女に心から同情はしても、シュミットには目の前にいる現在の女性にまぎれもなく罪があるということのほうが、つねに重要だった。

シュミットが個人の責任にこだわっているからといって、先天的によくない性質というのもあるらしいと気づかないわけではなかった。強盗のハンス・リュールは、「数年前、まだ子供だったころに、石を投げつけて十歳の男の子を殺し、〈チェーン・ギャング〉の刑で鎖につながれて強制労働させられたことがある。［それでも］釈放されると、廃馬処理業者とつきあい、［そのあげく］悪行のために街から追放された」。死刑になる泥棒には、何度年季奉公をしても、若いころからの盗みをやめない者が多かった。とりわけはなはだしいのは数々の押し込みをはたらいたイェルク・マイアーで、「十七歳だったが、［盗みを］始めたのは八年前だった」。ほかの若者たちもやはり、自分自身の凶暴な性癖や酒を飲むと悪化するにすぎない弱さ、悪い仲間や身持ちの悪い女にひきずり込まれたように、フランツ親方には思えた。そういうろくでなしどもは、人生の早いうちからそういう人格を確立してしまう。〝若いころから不良で、悪い仲間とのつきあいがあった〟フランツ自身の義理の兄弟、フリードリヒ・ヴェルナーもそうだった。

犯罪者に氏と育ちがそれぞれどう影響したのかはさておき、ベテラン処刑人は自己決定というみずからの主義をしっかり保った。そうでなくて、自力で這いあがった男が、呪われた出自からこれほどかけ離れたところまでたどり着けただろうか？　運命は築くものであって、受け継ぐものではない。悪名高い「好色でひどい裏切り者でもあった」ジーモン・シラーが、怒り狂った群集の投石から逃れようと「川に飛び込んで水車の機械装置の下に潜り込んだ」が、一年後に同じ場所で投石されて命を落としたのは皮肉なことだった。しかし、彼の最期がそうなったのは、みだらな生き方をやめなかったからであって、多くの死刑囚が言う、星まわりのせいではない。ルター派のフランツが認める本来の原罪と神の摂理は、決して罪人を神の恩寵を受け入れるか拒むかという自己責任から解放するものではないのだ。

ごく最近フランツの身に降りかかった悲劇には、彼の信仰心をくじくか鍛えるかする力がありそうだった。彼が何十年も犯罪の世界に浸ってきたことにも、同じことが言えるかもしれない。この処刑人が聖書のほかに、宗教的あるいは哲学的などんな作品に向かって独学し、示唆や慰謝を得たものか、悔しいことに私たちにはさっぱりわからない。人生のこの時点で彼は宗教的にどういう状態にあったのか、その内奥を明かしてくれる手がかりとなりそうなのが、一六〇五年七月二十五日付の、あるテクストだ。ドイツ各都市の職匠歌人《マイスタージンガー》養成所は、それぞれの作曲能力に応じて徒弟《アプレンティス》、職人《ジャーニーマン》、親方《マイスター》とランク付けされた男性メンバーからなる、中世の吟遊楽人の芸を継承する同職組合のようなものだった。作曲者は押韻、拍子、旋律に関する厳格な規則に従うのはもちろん、親方たちの審査員団の前で自分の作品を楽器伴奏なしで披露しなければならなかった。ニュルンベルク随一の名高いマイスタージンガー、ハンス・ザックスの没後三十年近く、市の声楽組合は年に一度、メンバー以外に開かれたコンテストを開催しつづけていた。珍しいことに、この年季の入った処刑人その人が、きっと誰かの力添えがあってのことだろうが、自作を提出しているのだ。彼の歌が実際に披露されることはなかったようだが、この歌はのちに、フランツ親方が最後に処刑をとりおこなった一六一七年刊行のマイスタージンガー作品集に収録された。

その歌は日記と比べて言葉づかいが流暢《りゅうちょう》でもあり、それが名だたる処刑人フランツの作であると、すべての歴史学者が認めているわけではない。しかし、じっくり読めば、作者を示す証拠は疑う余地がないように思える。テクスト自体には〝聖ヤーコプのフランツ・シュミット親方〟と署名されている。聖ヤーコプというのは、処刑人の住まい近くの教会の名だ。もちろん〝シュミット〟は当時とびぬけてありふれた名前だったが、〝フランツ〟のほうは——アッシージの聖人フランチェスコ（一一八一ごろ〜一二二六。イタリアの修道士、フランシスコ会の創立者）にあやかったドイツ語名だが——よくある名ではない。ともかく、ニュルンベルクのようなプロテスタントの都市では多くない。また、その職匠歌曲集《マイスターリーダー》のなかで、テクストに〝師《マギスター》〟でなく〝親方《マイスター》〟（フランツの敬称）という署名があるのは珍しい。〝我らが〟フランツ・シュミットが本当にその職匠歌曲《マイスターリート》をつくったという何よりの証拠になるのは、詩の主題の選び方だ。エデッサ（メソポタミア北西部にあった古代都市。初期キリスト教の中心。現トルコ南東部ウルファ）のアブガル王とイエス・キリストとのやりとりという体裁で、処刑人でもあり医療家でもある彼には特に共鳴する内容なのだ。

言い伝えによると、イエスと同時代人であるシリアの王アブガル五世は、奇跡をおこなうそのガリラヤ人《びと》の噂を耳にして、当人の訪問を請う書簡を書き送った。ハンセン病、通風その他、痛みを伴う病気を患っていたアブガルはイエスの神性を信じると告白し、救世主《メシア》がエデッサへ足を運んで悩める王を癒してくださるなら、もてなすと言う。イエスはアブガルに、自分は行けないが、王の信仰を認め、弟子をつかわそうという返事を送った——タダイオス・トマス、その地の言葉でアッダイである。そして、イエスが昇天してまもなく、師の約束していたとおりにトマスがエデッサに到着、アブガルを奇跡的に癒し、王はすぐさま洗礼を受けた。この物語は昔、世界中に広まっていて、そのときの手紙と称するものをパレスチナの教会史家カエサレアのエウセビオスが四世紀に出版している。時を経て、〝人の手が織ったものならぬ〟布の上のイエスの姿というイメージも伝説の一部となり、ローマ帝国東部で崇拝された。今なおその重要性は大きくなっている。

　アブガルとイエスの物語が——現代の研究者たちのほとんどは創作だとしているが——ドイツ帝国西部でそれほど人気を博したことはなかった。フランツがそれを題材に選んだのは、並はずれたことなのだ。どう控えめに見ても、彼はエウセビオスの著書『教会史』（三二三年ごろ）にいくらかなじみがあったことがうかがえる。その歌の二つの名前からしても、また、手紙の言葉づかいも酷似している。治療という中心テーマが、歌のなかで「病」という言葉を身体的意味でも精神的意味でもほかのどんな語より多用している、処刑人兼医療家の心に訴えたに違いない。「不浄な精神」は、目や足が不自由なのと同じくらい「人を苦痛でさいなむ」。王の苦痛を癒すのは「薬草や薬物」ではなく、「信仰」である。「驚異」、「力」という言葉も頻繁にくり返され、そのことからもイエスの治療の本質が精神的なものであると思い起こされる。この歌をつくるのにフランツが文体上、神学上のどんな補助をしてもらったのかはいざしらず、テーマの趣旨が全面的に彼自身のものであることに変わりはなく、ほかに書いていることとまったく食い違うことがない。むしろ、人間の残酷と苦痛に身をさらしてきた彼の人生が、プロテスタントのいしずえである、恩寵と信仰のみによる救済への確信を強くしたということだろう。堕落した種である人間に、罪は免れえないものであるが、神の赦しもまた、求めさえすれば必然のものだ。犯罪者を処罰することが、法的な罪ほろぼしばかりか精神的な贖罪の機会ともなり、処刑人は一種の聖職者になったのである（ルター派信徒のフランツ親方は、神の赦しをみずから伝える力がある仲裁者と同一視されることを拒むだろうが）。罪と犯罪の人生もそうだが、神の赦しに身をゆだねることは、彼にとって個人の選択の問題だった。

赦しをめぐる数ある福音の物語のなかでも、この敬虔な処刑人の日記と特に共鳴するように思えるものが二つある。ひとつは、放蕩息子の物語。相続した財産を不品行に浪費する息子が、あわれみ深い父親に連れ戻され抱擁されるという、よく知られた寓話だ（ルカによる福音書十五章十一〜三十二節）。聖書のこの人物にも似て、ゲオルク・シュヴァイガーは何度も嘆かわしい選択をくり返した。《口絵35参照》

子供のころ、弟と一緒に初めて、自分の血肉を分けた父親から四十フローリン盗んだ。のちに、父親から借金の清算に送り出されたときには、返すべき金を着服して賭け事に使った。最後に、自宅裏手の厩に父親が財産を埋めていることに気づいて、そこから六十フローリン盗んだ。また、法律の認める妻があったが、彼はそれを見捨てて二人の娼婦のもとに居つき、両方の女に結婚を約束した。

道を踏みはずした自分の子を赦すのではなく、「彼の父親はみずから［息子を］監獄に入れさせ、金を取り戻してそこから二フローリンを［監獄用費用として］支払ったにもかかわらず、自分の権利の行使をあくまでも望んだ」。シュヴァイガーの父には怒って当然の根拠があるとフランツが考えているのは明らかで、その後に自分が犯した犯罪のために泥棒が斬首刑に処されたことを処刑人自身も疑問に思わない。しかし、放蕩息子に対してやわらがないままの傷ついた父親の心は、彼には非人情にもキリスト教徒らしくないようにも思えた――また別の次元の罪だ。

もうひとつの例は、職匠歌曲《マイスターリート》コンテストにフランツが自作を提出する前の年、二人の泥棒を同日処刑したことによって、もたらされた。これまた暗にほのめかされているだけだが、犯罪者二人に対照的な、悔悛《かいしゅん》の念と信仰の表し方は、福音主義の処刑人に、イエスとともにはりつけにされた不名誉な泥棒とりっぱな泥棒（ルカによる福音書二十三章三十二～四十三節）との類似を気づかせたに違いない。隣の十字架にかけられているキリストに「御国へ入りたもうときに私を覚えていてください」と頼んだ、悔い改めたりっぱな泥棒ディスマスさながら、羊飼いのクンツ・ピュートナーはどこから見ても深く後悔している様子で、「キリスト教徒らしく死んだ」。その絞首台の連れとなったハンス・ドレンツ（別名〝のっぽ〟）は反対に、まるで自分も十字架にかけられながらイエスをばかにして偽物の預言者だとそしった、不名誉な泥棒（ゲスタスという名で言い伝えられている）

が生まれ変わったも同然だった。《口絵36参照》

［彼は］祈ろうとも神についてひとことでも口にしようともせず、キリストの名を認めようともしなかった。［神のことを］尋ねられると決まって、そんなものは知らないと言い、祈りの言葉を唱えることもできず、復唱もしなかった。かつて若い女中が彼にシャツを一枚くれたことがあり、そのとき以来、彼は祈ることができなくなっていた。彼に聖餐はほどこされなかった。したがって、彼は罪をかかえて死に、まるで発作に苦しむかのように絞首台の近くに落ちた。神を信じない人間だった。

この男たちもみな、自分なりの選択をしてきた、ゆえに、その結果としての運命は自分で予定したものだったのだと、フランツは言っているかのようだ。どんな人も罪を犯すよう運命づけられている。慈悲を求めるも授けるも、ひとつの選択である。妻に先立たれ、四人の子を抱えた父親は、神に選ばれた自分の忌まわしい職を屈することなく全うした。自分で自分のために選んだ身分に到達するための作戦を、じっくり、しかし執拗に進めながら。それを考えることで、いくらか励まされ慰められたのだろう。

第五章　治療師《ヒーラー》として

老人をうやまうという因襲があるために、
人生の花盛りにあるわれわれ若者にとってこの世はせちがらいものになっている、
せっかくの財産も手にすることができず、
譲り受けたときはすでに年老いてそれを楽しむことができないのだ。
このごろおれは思いはじめたのだが、老人の暴虐に屈服するのは無意味で愚かな束縛に身をゆだねることではないか。
老人が支配するのは、彼らに力があるからではなく、われわれがそれを甘受しているからだ。

――ウィリアム・シェイクスピア『リア王』、第一幕第二場、一六〇六年
（小田島雄志訳『リア王』、白水社、一九八三年より）

というのは、徳という言葉は、困難と闘争を前提とするように思われるし、対立がなければ働きえないように思われるからである。おそらくそのために、われわれは神を、善良、強大、寛大、公正と呼ぶが、有徳とは呼ばない。

――ミシェル・ド・モンテーニュ「残酷について」、一五八〇年
（原二郎訳『エセー（二）』、岩波文庫、一九六五年より）

半世紀近くにもわたって処刑人を務めたフランツ・シュミット親方は、驚きあきれるほどおびただしい数の人間の悪徳や残酷に向き合ってきた。だが、その間、人殺しで追いはぎのブルック出身ゲオルク・ヘルンラインと共犯者のバンベルク出身ヨープスト・クナウほど、フランツ親方が激しい嫌悪感をかきたてられた犯罪者はいなかった。処刑人自身が知っているものだけでも枚挙にいとまがない、彼らの犯罪をこと細かに述べた項は、彼の日記中でも最長のうちに入る。一味にはほかの仲間もいたが、そのうちでもゴステンホーフ出身のゲオルク・マイアー（別名〝知恵者〟）とヘルンライン、そしてクナウの三人は抜きん出て頻繁に、何年ものあいだフランケンの田舎道や森をうろついては人を襲い、金品を奪い、行商人や放浪の旅人、農民、その他女子供も含めて旅人たちを多数、容赦なく殺した。明るみに出た不実な行為を十例以上も詳しく記して、フランツ親方はその日の記入を終えようとする。だが、そこで気が変わり――憤懣《ふんまん》やるかたなく首を振る親方の姿が目に見えるようだ――ヘルンライン、クナウの二人組のさらに破廉恥な行為をもっと記録しておこうとするのだ。いわく、「ほかにもメーゲルドルファー緑地や住民たちの散歩道のいたるところで、……ヘロルツベルクの街道のあちこちでも八人の人を襲い、男ひとりと女ひとりに重傷を負わせ、ある御者の手を真っ二つに切った」。

あからさまと言っていいほどの嫌悪。この追いはぎ団の長きにわたる悪行のうちでも彼の心を最もかき乱したらしい事件を、シュミットは長々と詳しく記している。

六週間前、［ヘルンラインと］クナウは仲間たちとともに、恥ずべき娼婦と関係をもった。この女は［ヘルンラインの］家で男児を産んだ。クナウはこの子に洗礼を施してから、赤ん坊の小さな右手を生きながらにして切り落とした。その後、名親役でシュヴァルツと呼ばれる仲間が赤ん坊を宙に放り投げ、テーブルの上に落として、こう言った。「おれのちっこい名付け子はさぞかしでかく育つだろうぜ！」さらに、「見るがいい、悪魔の仕掛けた罠を！」と叫んで赤ん坊ののどを掻き切り、自宅の狭い庭に埋めた。その八日後、クナウの情婦も男児を産んだ。クナウが赤ん坊の小さな首をひねり、ヘルンラインがその小さな右手を切り落としてから、赤ん坊を納屋に埋めた。

「赤ん坊」、「小さな首」、「小さな右手」といった小さいものを指す言葉を、洗礼式や名親の情をまねてあざ笑う飲んだくれの冷酷な男たちと対比させるような書きぶりから、二件の赤ん坊殺しの、まごうことなき恐ろしさが伝わってくる。フランツにとってこれは、この二人の極悪非道ぶりを要約するような事件であり、一五八八年一月二日、各人が腕と脚を二度ずつ熱した火ばさみでつねられたのち、苦痛の激しい〝下から上へ〟の〈車裂きの刑〉に処されたことには、見るからに満足している。九日後、彼らの共犯者の〝知恵者〟をやはり車裂きに処し、その一週間後には、ヘルンラインの妻で共犯者でもあるマルガレータを〈溺死刑〉処分にした。廃止とみなされていた溺死刑が、この特に凶悪な犯罪のため、市参事会によって最後にもう一度だけ復活したのだ。これには処刑人も異議を唱えなかった。

だが、この犯罪者たちは、そもそもなぜ赤ん坊の手を切り落としたのだろうか？　それは行き当たりばったりの残虐行為などではなかった。フランツ親方の監督下で何度も〈吊るし刑〉を適用したクナウの尋問中、生まれたばかりの男児の右手が幸運をもたらすと広く知られ、表立って言われぬものの本職の泥棒には重宝されているのだという陳述が得られた。彼はヘルンラインから、旅のあいだに大勢の赤ん坊の手を切り落とし、押し込みをはたらくときには〝誰も目を覚ますことのないように〟、蠟燭代わりに〝小さな指〟をうまいこと利用してきたという話を聞かされたのだという（英国ではこういうならわしを〝栄光の手《ハンド・オブ・グローリー》〟（絞首刑で死んだ人の手。魔除けや薬として利用された）と呼ぶ）。ヘルンライン自身、拷問を受けて自白した際にこの話を追認し、切り落とした手を八日間、できれば馬小屋に埋めたままにしておき、そののち掘り起こして持ち運ぶのだと詳述した。そうするようクナウに指示し、クナウ用に手をひとつ与えたことも認めたが、ほかの〝魔術的なわざ〟についてはあまり通じていないと言う。だが、さらに問い詰められたヘルンラインは、小袋に入れた弾と火薬を日曜日のミサに三回連続して持参すれば魔術的な力が得られることを、ある老女から教えられたと認めた。付近の町で絞首台の縄を「白昼堂々と」盗み、ほかのお守りとともに銃弾除けとして持ち歩いていたことも白状した。尋問者たちに疑われてヘルンラインは、その護符の力を試そうと仲間二人に撃ち合いまでさせたところ、どちらも怪我をしなかったのでそれぞれから五グルデンを巻き上げたのだと言い返した。

フランツ親方の時代には、まじないや呪いが至るところにあった。当時の人々は、その出どころには触れずに、そういった魔力の性質や効力をしきりと口にした。だが、自然界が本質的に神秘であることに異議をさしはさむ者はいないも同然だった。したがって、秘術を知っている人間が、ある種の魔力を使いこなす可能性は誰にも否定できなかったのだ。十八世紀以前にごく一般的だった魔術信仰は、うつろいやすく矛盾をはらむことが多く、フランツ親方に苦境をもたらした。医療家としての副業でシュミットは、処刑人には〝癒しの力《ヒーリング・パワー》〟があるという古くからの迷信と自分の装備を生かして収入を得ることができた。しかし、当時のヨーロッパでは魔女狩りがたけなわで、わずかでも魔術とつながりをもつ医療従事者もまた、まぎれもない危険にさらされていた。恐れられると同時に敬われていたフランツは、専門的な医術で頼りにされ、たっぷりと支払いを受けた（これは賢人や部族のまじない師《シャーマン》といった有力者に、似ていなくもない）。ただし、不満をもつ患者たちや、無慈悲な医療市場に大勢いる競合相手から、無能だとか邪悪な魔術を使うなどといった言いがかりをつけられるリスクを冒してもいたのだ。

こうした、どちらにころんでもおかしくない攻撃されやすい立場は、ニュルンベルクの処刑人にとって不慣れなことでもなんでもなかった。高潔で信頼できる公式の殺し屋として官吏に要求されるものを個人的な利点としたように、フランツ親方は自分の技能にまつわる治療者のオーラを生かして、自身の社会的地位を押し上げようともした。終始、熱狂的な〝魔女発見家《ウィッチ・ファインダー》〟たちや、似たような医療に携わる嫉妬深い競合相手たちの憤りを巧みに避けつつだ。しかし、長く務めあげたこの処刑人にとって、医療には（彼が後年になって明かしたところによると）目的に達する手段や確かな副収入源という以上の大きな意味が、つねにあった。自分に課せられた忌まわしい職業とは違って、「治療の技《ドクタリング・アート》」は、まさに彼の天職だったのだ。フランツはこう記している。「たいてい誰にでも、生活の糧を得るよすがとしてどうしてもある特定のことへ向かう傾向があるものだが、造物主［自身］は、私の内に治療したいという欲求を植え付けられた」。処刑という贖罪の儀式における役割以上に、生涯続けた身体治療の仕事は、この処刑人に達成感や目的意識を、さらには救済までももたらした。彼の人生最後の三十年ほどは、自分自身と息子たちにこの職業アイデンティティを確保しようと奮闘する日々となった。フランツ親方自身の実直に築かれてきた、侮りがたい処刑人としての評判が、その最終的な自己形成の役に立ったか妨げになったかがわかるのは、のちのことだ。

生体

近世の処刑人はみな、ある程度の医学的専門知識があるものとされていた。人間あるいは牛馬に代表される動物を、治療する技能があるという評判だからというだけで、その職に就かされる者さえいた。ニュルンベルクの為政者たちが、フランツの前任者たちのひとりで悪名高いずぼらな男を、怒りのあまり解雇して一年たらずのうち再雇用したことがあったが、それは〝多くのけが人や病人が回復するのに彼の治療が大いに役立ち、現処刑人のイェルク・ウンガーは［その点で］まるっきり役立たずだから〟だった。フランツ・シュミットの父親の時代には、治療や診察をしても、ほとんどの処刑人にとってたいした副収入にはならなかった。フランツ自身がその職業で活躍するようになるころには、治療に支払われる料金が処刑人の年収の半分を占めるほどになる。一六一八年、公に職を辞したあとのフランツは、ほぼ全面的に医療の仕事からの稼ぎで生計を立て、数年後に死ぬまで活躍しつづけたのだった。

近世の世界で利用できる医療および擬似医療のサービスは、さまざまに、ときとして怪しげなものもとりまぜてふんだんにあり、無秩序なことこのうえない市場競争となっていた。学問を修めた医師たちは公式に証明された最高レベルを誇るものの、そういう医師の数は限られるうえに料金が高く、大多数の人には手の届かない存在だった。ニュルンベルクのような大都市では、同職組合が養成する理髪師兼外科医、〝傷医者《ウーンド・ドクター》〟と薬種屋が医師と同じようなものとして尊重され、大学教育を受けた医師の少なくとも十倍は、はやっていた。一般的に、理髪師や薬種屋といった職業人は徒弟や職人として、医師が大学で学ぶよりも数年長く修業を積んだ。十六世紀末には事実上ドイツの各領邦がそれぞれ、公認の医師や理髪師兼外科医はもちろん、薬種屋や産婆たちを雇い、どの職業にもまだ大いに合法性と信頼性を吹き込んでいた。

もちろん、そんなふうに制度上の推奨があるからといって、たいていの人々がさまざまな無認可〝いかさま師〟に見向きもしなくなることはなかった。薬種の行商人、眼医者、ロマ、祈禱師たちがそれぞれに、粉薬、調合薬、軟膏、薬草などを取りそろえて呼び売りしていたのだ。十七、十八世紀の医師たちはその手の〝いんちき療法士〟や〝にせ医者〟たちの効能をばかにするのがつねだったが、流浪の医療従事者が、ある種の患者には実際に救いとなる治療を提供することもあった。硫黄の膏薬で皮膚病が治ることもあったし、薬草の調合薬で背中の痛みがやわらぐこともあったのだ。旅回りの治療師が口にするそれ以上に大げさで突飛な主張は、どう見てもまったくの客寄せ口上だった。それでもともかく、いかさま行商人たちはユーモラスな歌や面白い小芝居、ときにはヘビ使いの見世物までして売り物を宣伝した（ヘビに咬《か》まれても大丈夫、という飲み薬を売りつけるためだ）。

フランツ親方の治療者としての評判には公式な後ろ楯もお祭り騒ぎの宣伝もなかったが、彼の血なまぐさい職業にまつわる俗信の数々が有利にはたらいたのは間違いない。どんな村にもいたと言っていい〝呪術師《カニング》〟の男や女たちのように、処刑人はたいていは若い助手へと口伝えに知識を授けていって、さまざまな病気――癌や腎臓病から歯痛や不眠症まで――に対する神秘的な処方や治療法を心得ているものとされた。スイスの医学者・錬金術師パラケルスス（一四九三～一五四一年）が大学で学んだ医学の大半を公然と否定し、治療薬と医術の大部分を処刑人や魔法使いから習得したと言ったのは有名な話だ。ハンブルクの処刑人ヴァレンティン・マッツ親方は、〝薬草や共感《シンパシー》［治療］のことをたいていの熟練した医師よりよほどよく知っている〟と広く評されていた。処刑人による治療の効力はどうあれ、フランツや彼の仲間の医療従事者たちがまとう〝不吉なカリスマ〟が、競争の激しい（儲けも大きい）当時の医療市場でははかりしれないほど貴重な利点となった。処刑人の息子たちがその血縁から恩恵をこうむることも多く、（父親から処刑人の職業を引き継がない場合でも儲けになる医療行為を仕事とすることができた。処刑人の寡婦や妻たちも医療の仕事をし、地元の産婆たちと患者をめぐって競争することもあった。

それにしても、フランツ親方は実際どの程度医術の知識をもっていたのだろう？　また、どこでそれを学んだのだろう？　ハインリヒ親方は息子に教えられるかぎりのことを何もかも教えたことだろう。だが、名誉ある仕立屋の息子として育ったハインリヒは、医術をいわば仕事中《オン・ザ・ジョブ》に学ぶしかなかったはずだ。いったんシュミット家が同業者たちに受け入れられたら、地理的に離れたところにいる仲間は直接の競合相手にはなりそうもないということで、ほかの処刑人たちが奥義をいくらかは伝えてくれたかもしれない。ハインリヒやフランツが仕事中に出会う多くの犯罪者や浮浪者もまた、しばしばいろいろなまじないも含めて豊かな情報源となったが、この種の治療は危険な領域に踏み込むものだった。

読み書きのできる処刑人にとって最も貴重な情報供給源だったのはおそらく、十六世紀はじめから印刷市場にあふれた無数の医学小冊子その他の参考文献だろう。ほんの数世代のちの大学出の医師たちは、フランツ・シュミットの時代にごくありふれていた医療マニュアルの、まるで日曜大工でもするようなアプローチに憤慨することになる。さらに驚くべきことには、それを普及させたのはれっきとした医学界の名士たちだった。今日では魔女狩りに早くから反対の声をあげたことで有名な医師ヨーハン・ヴァイアー（一五一五～八八年）は、彼の時代の同業者たちには、『治療の書――さまざまなこれまで知られていなかった病気、記されていなかった病気について』の著者としてよく知られていた。発疹チフスや梅毒（一五八三年ごろはほとんど知られていなかった）から〝夜間の発作〟や下痢まで、さまざまな病気の治療法を網羅した書物だ。ヴァイアーは専門的な訓練をほとんど、あるいはまったく受けていない読者を想定して、症状と治療法を専門用語を廃した明瞭・明細な言葉で記述し、関連する薬草、薬効のある虫やヒキガエルの図解も添えた。その時代によく読まれた書き手たちの例にもれず、冒頭に置いた、苦痛や病気はそもそもアダムとイヴが神の恩寵を失った結果だと思い出させる言葉を皮切りに、本文のあちこちに聖書からの引用をちりばめてもいた。

一五一七年の初版以来何度も増刷された、ハンス・フォン・ゲルスドルフ著『フェルトブッフ(現場用手帳)』は、フランツ親方の情報源だった可能性がさらに高い。軍医として負傷兵を治療した著者の幅広い経験に基づく二百二十四頁の必携書は、健康状態における四体液、元素、運星それぞれの役割から始まって、徐々に症状の診断や治療の適用へと導いていく、それだけで医学の教科書となるくらいのものだった。ゲルスドルフは外傷のほうに比重を置いてはいるものの、基本的な人体の解剖学的構造についても述べているし、入念なわかりやすい図解を付した。ヴァイアーほか一般的な著者と同じく、薬草のイラストはもちろん、外科用メス、頭蓋用ドリル、骨折した四肢を固定する添え木、鉗子などのつくり方、さらには蒸留装置の組み立て方までをも示す概略図も掲載していた。大学教育を受けていない医療従事者にとってありがたいことに、『フェルトブッフ』にはラテン語とドイツ語訳の充実した医学用語解説も、症状と身体部位、治療法をアルファベット順に網羅した索引も完備されていた。《口絵37参照》

フランツ親方が医療家として活躍したことを考えるうえで、患者の話に耳を傾けることがいかに大事だったかを忘れてはいけないだろう。自信たっぷりで頼りになる雰囲気や、その他の対人的スキルが、特に近世の診療では身体的検査よりも問診のほうがはるかに重要になったところからして、大いに役立ったはずだ。よく読まれていた便覧の一節にもあるとおり、〝患者の身の上話をうまく聞き出せたら、それだけで半分診断がついたようなもの〟なのだ。患者の職業、血縁関係、日常の飲食物、睡眠習慣などがどんな医療従事者にとっても有用だろうが、ましてや、医師や理髪師兼外科医のような公式の認可にも、いかさま行商人のような人を楽しませる興業手腕にも頼れない、処刑人やその他の民間医療に携わる者にとっては役立つ情報となったことだろう。フランツ親方がうまくやるには、自分の身体と自分の持病を親方にわかってもらっていると感じてくれる義理がたい患者たちと、こつこつ築いた関係を広げていくしかなかった。名だたる〝処刑人の手が触れること《タッチ》〟目当てに扉をくぐる患者はいたかもしれないが、代わりになる治療はいくらでも手に入るのだから、何か実際に治療がうまくいきでもしなければ患者がまた来てくれるとはかぎらない。

特に、処刑人の仕事の範囲内だった医療活動、すなわち折れた骨をつぎ合わせる、ひどい火傷の手当てをする、四肢切断による出血を焼灼《しょうしゃく》する、裂傷や銃傷を癒すといった「外科的治療」には、まぎれもなく技能《スキル》が不可欠だった。傷医者や処刑人が治療する創傷の三分の一以上は、ナイフ、剣、銃による攻撃の結果だった。この分野なら、長年拷問部屋で働き、尋問中に相手に重傷を負わせないようにするにはどうしたらいいか、また審問や公開処刑までにどうやって治療したらいいかとたっぷり経験を積んできたフランツにとっては、腕の見せどころだ。フランツは囚人の治療で追加料金を受け取ってはいなかったようだが、自分が拷問した犯罪容疑者を治療して三、四倍も稼ぐ処刑人もいた。《口絵38参照》

シュミットの医療の記録原簿は残っていない。だが、本人の推定するところによると、五十年近く医療行為をしてきたなかで、ニュルンベルクとその近郊で一万五千人を超える患者の治療にあたったという。いくぶん誇張があったり、たまに重複して数えることもあったと勘案しても（フランツは数字に決して強くなかった）、驚くべき数である。フランツ親方は平均して年に三百人以上の患者を診ていたことになる――彼が拷問したり処罰したりした人数の少なくとも十倍だ。彼はそうと知って、自分が意図的に人に激痛を加えたことに対する慰めになっただろうか？　腕のいい治療者だという評判が広まったことが、普通なら処刑人が受ける軽蔑を緩和する一助になったのは間違いない。しかし、それだけでは彼と彼の家族が名誉ある存在となるには十分でなかった。

　これに関連して、処刑人の手が触れること《タッチ》の影響を当時の人々が選択的に解釈していたのは、現代の感覚からするととりわけ不可解で気まぐれに残酷であるように思える。世間で悪く言われている処刑人と同席したり酒を飲んだりはしようとしない、まして処刑人が自宅へ入るのを許しそうにないまさにその人物が、フランツを〝首吊り役人の家《ハングマンズ・ハウス》〟に訪ねて手を触れられるぶんには、まったく後ろめたさを感じなかったらしい。そんなふうに人目をはばかって出会うことがダブル・スタンダードの一因なのだが、医学的な理由でフランツ親方に相談するのは秘密でも恥でもなかったようだ。一般の認めるところでは、彼が熟練している治療の技の性質からして、患者の多くは兵士や肉体労働者や農民だった。しかし、相当な地位にある手工業者たちが診察してもらうことも珍しくなかったし、門閥《パトリシアン》や貴族《ノーブル》までもが彼の患者となった。なかには、皇帝の使者が三人、バンベルクの聖堂参事会長、ドイツ騎士団の騎士、門閥家系の市参事会員やその家族も何人かいた。社会のあらゆる階級の人々が間断なくハングマンズ・ハウスに通ってくる状況は、この処刑人とその家族が完全に社会の周縁的地位に追いやられていたわけではない明らかな証拠だ。その一方で、人前では彼らを避ける人々とつねに接触することで、シュミットの独特の不確実な社会的地位がなおさら耐えがたいものになった。

外傷の治療は理髪師兼外科医の仕事でもあり、予想にたがわず、彼らと処刑人たちのあいだにたびたび争いがもちあがって、対立はたいてい行政の介入する結果になった。ここでもまた、フランツが個人的にも職業上でもよい評判を得ていたことが、競争相手と市参事会との憤りを等しくくいとめたようだ。彼がこの問題で上役からとがめられたことは一度もなかったし、一六〇一年に市参事会はなんと、七歳の息子の右膝に地元の理髪師がほどこした治療を不服とするある男を、市公認の医療従事者ではなくフランツ親方のところに差し向けている。八年後、理髪師ハンス・デュベリウスが、フランツ親方が以前ある宿屋の主人のけがを治療しているから、同人を治療しようとすれば理髪師組合から不名誉な存在とみなされてしまうと主張した。参事会員たちは、治療しても名誉がけがされる心配はないとデュベリウスを安心させたが、処刑人をその医療行為のために懲戒することは断った。ニュルンベルクの理髪師兼外科医組合はフランツを同業の仲間とはみなしていなかったようだが、だからといって彼の技能や市政への明らかな影響力におおっぴらにたてつきもしなかった。

フランツの医療面での活躍を潜在的に脅かすものはもうひとつ、そのころ急速に優勢となった大学出の医師たちだった。昔から威信と収入の両面で最高位にあった専門職の治療者たちだが、いまだに少数しかいない。それでも、十六世紀末になって、医療市場でそれまでにない存在感を主張しはじめたのだ。まず、ドイツのあちこちの市でまとまって政治団体のようなものを組織していった。たとえばニュルンベルクでは、一五九二年、ヨアヒム・カメラリウス博士の指揮のもとに医師協会《コレギウム・メディクム》が創設された。それと同時に医療家たちは、たいてい医療実技の手法に「無知」である種々の民間医療者――組合が認証する理髪師兼外科医、薬種屋、産婆をも含む――には、もっときちんとした規制と監督が必要だと説いた。つまり、ニュルンベルクではしろうと〝歯医者《トゥース・ブレーカー》〟、錬金術師、女占い師《ワイズウーマン》、ユダヤ教徒、黒魔術師その他の経験主義のいかさま医療家たちの医療行為が認められるには制限が多くなり、科料もふくらむ、もっと言えば彼らが追放されることにもなるかもしれない、ということだ。

フランツ・シュミットとその後継者たちにとって幸運だったことに、医師協会は彼らの医療行為を取り締まろうとはしなかった。だが、〝彼らがいくらかは知識をもつ〟外傷の治療だけ、という制限はついた。フランツ親方のすぐ次の後継者を含めて神聖ローマ帝国内の仲間の処刑人たちのあいだではありふれていた、医師たちとのおおっぴらな衝突をも、フランツはうまく避けて通ったようだ。驚いたことに、フランツは法医学的な働きによって、訓練のしかたも技術もずっと似通っていた手工業者の理髪師兼外科医たちより、名門の専門医たちと直接強いつながりをもつことになった。どうやら官職にある仲間たちからも一目置かれていたらしいシュミットが、自分の息子たちのひとりがこのりっぱな――今のところ高望みではあるが――職業につくことを夢見るほどになったとしても、不思議はない。そんなふうに階級の壁を飛び越すことが可能となる日は、彼が思っていたよりも近づいていた。

フランツ親方の仕事では、生者——囚人、役人、患者など——に向かわなくてはならないことが多かったが、彼はまた、かなりの時間を死者とともに過ごしてもいる。もっとはっきり言えば、彼が処刑した哀れな罪深き者の死体とともにだ。彼が手際よく任務をすませたなかには、墓地への埋葬も含めて、ほかの死者となんら変わりのない扱いを受ける遺体もあった。しかし、大半はあまりうれしくない運命に迎えられた。絞首刑に処せられた泥棒や〈車裂きの刑〉にされた人殺しの死体は、もちろん風雨にさらされたままになり、ぼろぼろにくずれたその残骸が、やがて絞首台の下にある穴に吹き込まれていく。処刑人の手に渡って、解剖その他に利用される死体もあった。処刑された犯罪者の死体は例外なく、むだにはされなかった。むだになるどころか、法廷の慈悲の証拠や陰惨な警告として、あるいは医学に役立つものとして機能した。

近代以前のヨーロッパでは、死者の身体にはすばらしい治癒力が宿っているというのが通説だった。大学を出た医師も民間医療の従事者も、等しくそれを信じていた。現代の感覚では奇怪に、あるいは不穏にさえ映るが、フランツ親方の時代には、人体のいろいろな部位を摂取したり身につけたり、その他医療に用いて病人やけが人を治療するという行為が、広く受け入れられていたのだ。さまざまな人体遺物の治癒力信仰は少なくとも大プリニウス（紀元二三～七九年）の時代にまでさかのぼり、十八世紀になっても衰えを知らなかった。この伝承は明らかに魔術と似たようなものであるにもかかわらず、当時はほとんどすべての医療専門家が、自然哲学と人体解剖学そのものにしっかりと基礎を置く治療法だと主張していた。〝医化学者〟とも呼ばれるパラケルススの弟子たちによると、人間の皮膚や血液や骨には、ある種の鉱物や植物と同様の治癒力があって、病気に効き目のある〝霊力《スピリチュアル・フォース》〟を病人に移すのだという。正統的な教育を受けたガレノス（一二九ごろ～二〇〇ごろ。ギリシャの医学者・哲学者。ルネサンスに至るまで医学の権威と仰がれたが、新しい医学を主張するパラケルススはガレノスの医学書を激しく批判した）派の医療家たちは、そうした〝魔術〟まがいの解釈をあざけり、人体の一部は体内にある四体液（血液、粘液、黒胆汁、黄胆汁）のバランスを回復させることによって病人を癒すのだという、別の説を主張した。正規の教育を受けていようがいまいが、治療者は誰ひとりとして、死んだばかりの人間の身体が多種多様な医薬品となるという世俗の知恵に、異論を唱えなかったと言える。

「最も高貴な体液」である血液を飲むのが、特によく効く治療法とみなされ、さまざまな用例があった。たとえば、血栓を溶かす、脾臓《ひぞう》の痛み（かつて脾臓はさまざまな感情が宿るところとされた）や咳を防ぐ、発作を防ぐ、止まった月経を再開させるなど。腹部膨満の治療にまで使われた。当時の医学では肝臓が血液を絶え間なくこしらえるという考えが主流だったので、理屈からすると血液は無尽蔵に供給されるということでもあり、体液バランスを取り戻すという名目で、たいしてためらいもなく頻繁に瀉血《しゃけつ》、つまり静脈切開がほどこされた。体液に宿る力は年齢と精力で測られたため、生命力が抜け落ちる間もなく処刑で急死した若い犯罪者の血液は特に珍重された。斬首刑後の断頭台のそばにはたびたび、死んだ罪人のまだ温かい新鮮な血液をぜひとも飲みたいハンセン病患者たちが列をなした。想像するだに恐ろしい光景だが、フランツ・シュミットやその同時代人にとってはごくありふれたことだったのだ。

十七世紀なかばになるまで、民間医療に用いるさまざまな人体部位はフランツ親方や仲間の処刑人たちがほぼ独占していた。副業として、薬種屋など、それを欲しがる相手に横流しする者も多かった。ニュルンベルク市営の薬種屋は、処刑された犯罪者の死体をたっぷり仕入れていた。そのままの、あるいは処理ずみの頭蓋骨や〝人間の粉粒〟(人骨をひいて粉状にしたもの)、〝人肉マリネ〟、人間の脂肪、人間の粉粒からつくった塩、人骨エキス(骨を煮てつくった水薬)などだ。妊婦や関節が腫れたり痙攣《けいれん》を起こしたりする人々の治療には特に、人革《ヒューマン・レザー》とか哀れな罪深き者には不要なもの《プア・シナーズ・ファット》とか呼ぶ、人間の皮膚をはがしたものが用いられた。保存された人肉の総称としてのミイラに宿る治癒力は、イエズス会士ベルナルト・カエシウス(一五九九~一六三〇年)ら神秘主義者の祈りの対象にさえなった。フランツ親方が人体部位商売でどれくらいの副収入を得たか、現代人の目には悪鬼のしわざと映るこの所業にどの程度関わっていたかさえも、今となっては知るよしもない。

必然的に、当時の治療者たちのなかには、あからさまに魔術的な人体部位の使い方をしてみせる者もいた。ある処刑人は、魔法にかかったと言われる馬を治療するのに、ある種の薬草、雌牛の脂肪、酢、焼いた人肉のすべてを、夜明け前の河岸で拾った薄くそいだ枝木で混ぜて、粉薬をつくった。大学出のプロテスタントの医師たちは、カトリックが信じている聖遺物(聖人や殉教者の遺骨、着衣、ゆかりの品など、あるいはその断片。崇敬の対象とされた)に宿る力の嘘をあばこうと、人体にそんな超自然的な力はないと声高に主張した。結果的に彼らは、処刑された泥棒の指や手が賭け事のツキをもたらすとか、それを牛に飲ませれば魔法にかからなくなるなどという迷信も、しりぞけたことになる。バイエルンのカトリック教会当局も同様に、〝大勢の人間が、処刑された犯罪者の遺体からものを持ち去ろうとし、犯罪者が吊るされた絞首台の鎖や綱を奪おうとする……怪しげなわざに用いるためにだ〟と、ショックを隠さなかった。そして、〝それを本来もつものでない迷信的な特性のために〟使用することを禁じたのだった。両宗派の教会の指導者たちは、自分には魔力があるという評判をつくって儲けようとする処刑人がいることを知り、さらに動揺した。たとえば、バイエルンのパッサウのフランツの同業者は、一六一一年に、身につけていると弾丸除けになるという噂の魔法の言葉を書いて小さく折りたたんだ、〝パッサウの札《ふだ》〟と呼ぶ紙切れを売りはじめ、長期間にわたって儲けたという。

フランツ親方に任された死体の利用法として、もっとありふれていた（そして今もある）のは、解剖学的研究のため切開することだ。レオナルド・ダ・ヴィンチやミケランジェロなど、芸術家たちはずっと昔から、刑死者の死体を解剖させてほしいと願い出ていた（一四八二年にはローマ教皇シクストゥス四世が、その行為は許されるという勅書を出した）。だが、医学が本当に解剖に関心を向けはじめたのは、みごとな解剖図が載ったアンドレーアス・ヴェサリウス（一五一四～六四。フランドルの解剖学者・医師）の『人体の構造について』が一五四三年に出版されてからだった。《口絵39参照》二十八歳という若い医師による詳しい注解が添えられたこの本は、骨格、神経、筋肉、内臓といった体系のすばらしい図解であり（画家J・カルカーが協力）、医学の主流派を瞠目《どうもく》させた。これに即応するように、ヨーロッパじゅうの医学部が人体解剖学の講義に力を入れ、講座を設けはじめた。それまで大学で教えていたことの大半が――つまり二世紀ギリシャの医療家ガレノスの時代にさかのぼる、広く受け入れられていた知識が――不十分、またはまったくの誤りであるという、ヴェサリウスと他の先駆者たちの意見に納得したのだ。一世紀のちのドイツには、ニュルンベルク近郊のアルトドルフ大学など十一の大学に解剖学専用の階段講堂があり、医学的な解剖が至るところでおこなわれていることを誇っていた。

それに伴い、処刑された犯罪者の死体の需要はフランツ親方が年をとっていくにつれて着実に増えていった。十七世紀初頭には、人間の死体や人体部位が盛んに取り引きされるようになった。フランツ親方の没後しばらくして、マルティン・ライヒナム（ライヒナムは「遺骸」という意味）というできすぎた名前のミュンヘン市処刑人が、子供殺しで斬首された女の遺体を、キリスト教徒らしく埋葬しようとした両親に引き渡さず、ばらばらにして売り払ってしまうという出来事があった。心臓も売られ、粉薬にされてしまっており、この事実にミュンヘンの一般市民と参事会員たちは非常に憤慨したのだった。アルトドルフ大学の医学生たちは、フランツや彼の後継者たちの許しを得てから処刑された死体をもらっていったようだが、よそではそれほど良心的でない連中が真夜中に墓地や処刑場で略奪をはたらくことが多かった。帝国で最も悪名高い死体泥棒は、ヴェルナー・ロルフィンク教授（一五九九〜一六七三年）だったと言える。地元の絞首台でコソ泥をはたらく教授の趣味から、イェーナ大学の医学生たちは、その行為を指す「ロルフィンクする」という新たな動詞をつくり出している。

フランツ親方は、処刑人たちのあいだでは珍しくみずから人体の解剖に強く関心を示したが、それもまた彼が医学の面で人一倍向上心をもっていた表れだろう。一五四八年から、ニュルンベルクの参事会は〝処刑された者を切り刻む〟ことができる者を数少ない医師たちに限定し、その後、〝少数の人間が立ち会う場合に限る〟とした。フランツ・シュミットがニュルンベルクに着任する三年前、ヴォルヒャー・コイター博士が二人の泥棒の死体解剖を許され、処刑人に医療用品として脂肪を与えた。《口絵40参照》処刑の仕事と死体の利用をこのように分割するのが慣例になっていたわけだが、一五七八年七月に新任の処刑人が〝斬首された死体を切り開いて、医療行為に有用なものをもらいたい〟と願い出たときに承諾した市参事会は、おそらくこのことを考慮に入れていたのだろう。それでも当時二十四歳のフランツの日記には、斬首された追いはぎのハインツ・ゴールスン（別名〝怠け者ハンク〟）の死体の扱いについて、「そのあと私は［その死体を］切開した」と念入りに明記されている。フランツが日記に一人称をもちだすことは稀だったので、この項では若き処刑人が個人的に重要なことを達成したと特筆したかったのは明らかに思える。同様の記述は一五八一年、一五八四年、一五九〇年の三例しか残っていないが、いずれも「切開した」あるいは「切り刻んだ」という書き方をしている。一五九四年、泥棒のミヒェル・クニュッテルの死体を正規の検死解剖のため地元の医師ペスラー博士に引き渡したときを除いては、みずからの手で死体を切り分けたことを本格的な解剖学用語で記述するにふさわしい行為とみなしていたのではないだろうか。言い換えれば、彼の関心は有用な人体部位を手に入れることだけでなく、正規の医師と同様、人体の解剖学的構造そのものを探求することにあったと言える。

もちろん、死後まもない人体が確実に手に入るとはいえ、民間にも普及していたヴェサリウスの研究や自身の治療経験に助けられたとしても、アマチュア解剖学者が得られる知識には限界があった。フランツが生きた時代、世間一般の人は、奇妙なものや異常なものに魅せられることはあっても、自分の観察をなんらかの理論体系にまとめられるかもしれないという可能性には興味をもたず

(あるいは気づかず)、探求は自然哲学者や神学者のものであった。人体解剖へのフランツの好奇心は、そうした時代によってかたちづくられたものなのだ。処刑した罪人たちの特徴への関心もそうだったが、その死体を入念に観察していることが日記に現れてくるのは、彼の人生後半になってからである。若いころのフランツは、たとえば、兄弟二人とその仲間が「筋骨たくましい三人の泥棒」であると書いたり、処刑した追いはぎのひとりは「片手しかない」と、ついでのように書いたりしている。また、理髪師のバルタザール・シャールが「小柄な人物で、身体の前と後ろにこぶがあった」ことや、乞食のエリーザベト・ロスナリンは「首が曲がって」いたこともわかる。後年の彼は、斬首された泥棒のゲオルク・プラウン(別名〝くさびのゲオルク〟)の「首は長さが二スパン[約十九インチ]」、太さが二手幅[約八インチ]」あった」とか、ローレンツ・デーマー(別名〝のっぽの百姓〟)が「三エレに二指幅足りない身長だった[つまり身長約七フィート四インチ]」、むち打ち刑に処されたジーモン・シュタルクに「九十二個のあばたがある」など、アマチュアながら精いっぱいきちょうめんに書き記している。彼なりに細心の検死をしたからこそ確かめられた事実ばかりだ。フランツ親方の筆致にいつもの科学的な冷静さが見られないところが、一カ所だけある。泥棒ゲオルク・プラウンの首をはねたあと、「たっぷり七、八分、彼の首はさながらあちこち見回したがっているかのように[石の上で]何度も向きを変え、いかにも話したいことがあるかのように舌を動かしたり口を開けたりした。私は今までこんなことを見たことがない」という記述だ。ここでは近世の年代記作家たちの例にもれず、驚愕したフランツは何らかの解釈を提示しようとせず、不思議な出来事だけを書きつづっているのだ。

黒魔術

処刑人は熟練の治療師であるばかりか、裏社会の犯罪者たちが手を染める不法行為も熟知しているため、その職業は不吉な術に関する権威者という雰囲気をまとうことになった。よく知られた民間伝承によると、処刑人は魔法の剣（処刑されたばかりの若者の血に浸したもの）で吸血鬼《ヴァンパイア》や人狼を退治することもできれば、死者の霊を召喚したり家に取り憑いた怨霊を祓ったりすることもできるという。当時の代表的な民話に、しつこくて手に負えない怨霊をめぐってイエズス会士の祈禱師《エクソシスト》と処刑人が対決するというものがあるが、最後には処刑人が厄介な霊を袋に捕らえて勝利を手にし、その後は霊を森に放つ。そういうドラマティックな見世物《パフォーマンス》が、十六世紀ニュルンベルクの記録にも一度だけ現れる。フランツは見物人のひとりにすぎなかったが、一五八三年、公式に認可されてルター派の聖職者が悪霊を祓ったのだ。

一五五〇年から一六五〇年ごろまでのあいだ、ヨーロッパ全土に熱狂的な魔女狩りがはびこっていたという社会情況では、たとえ医薬であっても、魔術につながりがあるとされればきわめて危険なものになりかねなかった。たいていの人が、処刑人自身を〝隠密の魔術師〟あるいは〝魔女の支配者〟などと思い込んだ。とりわけ、魔女パニックが最高潮に達した十七世紀初頭には、魔術を連想させるあらゆることの出自が、悪魔ではないかという疑いをもたれた。最終的に嫌疑は晴らされたものの、ミュンヘンで禁じられた魔術を使ったとして、（イエズス会士の告発人が法廷に提起した証拠に基づいて）一六一二年に投獄されたフランツの同業者は、二度と元の立場を取り戻せなかった。フランツ自身の後継者も、〝魔術的なこと〟に関わっているとして警告され、少しでも〝邪悪な霊〟と接触したことがあるのが参事会に知られれば追放（あるいは〝なお悪いこと〟）になると、脅されたようだ。ほかにも、さらに運の悪い職業があった。最もはなはだしいのは、ニュルンベルクのある獅子（処刑人の助手。第二章参照）の寡婦の例だ。この市で一件だけあった悪魔との契約と情交の申し立てに関わる事件により、彼女は魔女裁判にかけられて火あぶりにされたのだった。《口絵41参照》

フランツ親方の時代に処刑人という職にあったら、自称魔女発見家《ウィッチ・ファインダー》たちにとってかけがえのない盟友として働くほうが、一般的だった。ショーンガウのヨーハン・ゲオルク・アブリエル、ビーベラハのクリストフ・ヒールトというフランツの同業者は、いわゆる魔女のしるしを見つける達人として大いに頼りにされ、一五九〇年代にバイエルンや上シュヴァーベンでたびたび魔女狩りに協力した。ほかにも、拷問で自白を引き出したりパニックを広めたりして、同じように重要な役割を担った処刑人もいた。実のところ、南ドイツではヨーロッパのどの地域より魔女狩りによる処刑が盛んだったのだ。総計六万件のうちの、おそらく四十パーセントにのぼっている。特にフランケン地方は荒れ狂う魔女大迫害の中心地で、一六二六年から三一年にかけて二千人以上が処刑される結果になった、バンベルクとヴュルツブルクの恐怖の現場として悪名高い。

　この点でフランツとニュルンベルク市は、狂気に包囲されながらも自制を失わないオアシスとなっていた。十六世紀末まで、ニュルンベルクでは魔術事件での処刑はたった一件のみ。しかもそれは、フランツ・シュミット着任の六十年近く前に起きた、媚薬のつもりで不測の毒殺に至ったという、それほど極端でない事件だった。しかし、一五九〇年七月には、ペグニッツ川沿いのこの市までもが、一帯を襲う集団ヒステリーにつけいる隙を与えそうになった。市参事会の対応はすばやかった。ただし、ほかの領邦のリーダーたちとは対照的に、追放されたニュルンベルク出身者で元はアイヒシュテットの処刑人助手でもあったフリードリヒ・シュティークラーを、「当市の市民の妻数人に対して、魔女だ、しるしを見て魔女だとわかったと言いがかりをつけた……彼女らが人々に魔法をかけたとも申し立てた」として、逮捕、投獄したのだった。

　アイヒシュテットでフランツの同業者とともに働いたことから相当な専門知識を誇るシュティークラーは、自分が住んでいた通りだけでも十一人の魔女の、具体的に言えば五人の老女と六人の〝見習いの娘たち〟の正体をあばいたのだという。フランツ親方による〈吊るし刑〉も含む尋問のあいだに、ニュルンベルクにやってきたばかりのこの魔女狩りのベテランは、魔女発見に協力してほしいという地元民の頼みに対し、当初は、そういうことのために「この市の処刑人がいるのだ」と言ってことごとくはねつけたと主張した。もしこれが魔女に甘いフランツ・シュミットを罪に陥れようと意図した発言だったとしたら、魔術に関するどんな申し立てにも彼と同じく懐疑的な姿勢を貫く高潔な雇い主たちには、逆効果だった。それにもくじけずシュティークラーは、どうしてもと頼む人々に口説き落とされて魔除けのわざを伝授したのだと言う。清められた塩、パン、蜜蠟の入った小袋をひとつ一オート（四分の一フローリン）で売ったのだった。アーベンスベルクで彼が仕えた処刑人の親方に作り方を教わったもので、その小袋は魔女から身を守ってくれるのみならず、——誰もが知っているように——魔女の身体にある、針で刺しても痛みを感じない悪魔の刻印《デヴィルズ・スポット》を見つけるためにも使えるというのだ。

市の当局は、シュティークラーの〝まったくあつかましくも勝手な考えによる……不当な告発〟には何ひとつ信憑性《しんぴょうせい》がないとして、彼が次々と三人の妻をもったことはさておき、彼こそ魔術に精通しているのではないかということに強い関心を示した。結局、〝不敬な《ゴッドレス》〟シュティークラーに〝市民のあいだにありとあらゆる不安、不当な疑惑、不和をつのらせたのはもちろん、さまざまな迷信、いかがわしいまじないや陰謀、その他やはり禁制の魔術や魔法も広めたかどで〟死刑を宣告することとなったのは、市内がパニックに陥るのを当局が断固として避けようとしたからにほかならなかった。一五九〇年七月二十八日、彼はフランツ親方の手で〝お慈悲による〟〈斬首刑〉に処された。

魔女の妄想と初めてまともに向き合ったニュルンベルク市が、断固たる対応をしたことは、市の処刑人に全面的に支持された。処刑人は秘技と結びついていると俗に言われていたとすれば、フランツ・シュミットにはなおのこと、そういういかがわしい同業者を罰してやりたい思いがあったはずだ。シュティークラーが「わざと［告発された女性たちに］不正をはたらいた」ことで、彼は中傷に人一倍敏感なフランツ親方のさらなる侮蔑を買った。何よりも、このニュルンベルクの処刑人は上役たちと同じく、たいていの魔女告発に対して慎重だったようだし、その結果として避けられない無秩序や無法状態を心底恐れてもいたようだ。日雇い仕事をしていたころに旅したフランケン地方の田舎でおびただしい数の魔女裁判と火あぶりがおこなわれているのを、驚くべきことと思い、嫌悪していたようだ。シュティークラーのように、フランツもバンベルクでの経験から、魔女発見家《ウィッチ・ファインダー》たちのやり口も、熟練した拷問者の手による自白の強要がどんなに危険なことかも、よく知っていた。そういう恣意的《しいてき》な手続きで職業処刑人が要《かなめ》となる役割を担うのは、彼にとって不快のもとであったに違いなく、もっと言えば恥辱ですらあったかもしれない。

その後の二十年あまり、ニュルンベルク市当局は付近一帯をのみこもうとするパニックに必死で抵抗を続けた。シュティークラーが処刑されてから十八カ月足らずで、近くのアンスバハ辺境伯領で魔女の嫌疑をかけられた者が拷問によって自白したことから、ニュルンベルクの司法管轄区にある村の女性二人が逮捕された。二件とも訴訟に関わる審問内容を丹念に調査したのち、ニュルンベルクの裁判官たちは拷問による自白を正当化するに足りないという見解で、訴えの却下を促した。さらに、その女性たちは二人とも高齢でともかく肉体的威圧には耐えられないというフランツ親方の査定を受け、市参事会は二人とも釈放するよう命じた。その翌年、その辺境伯領の役人たちが、法域のフュルト（ニュルンベルクの北西にある市）で魔女の嫌疑をかけられたひとりが密かに自殺したことを知ると、彼らはその死体を掘り起こして焼くよう要求したばかりか、彼女の家族の財産を没収するように求めた。またもやパニックの引き金となるのをどうしても避けようと、ニュルンベルクの裁判官たちは彼女に対する訴えも、どんな死に方だったのかも最終的確定を見ていないと反論して、辺境伯領から何度も法的に攻撃されるなか、遺された夫と息子の支援を続けた。その後の数年間、市参事会はアルトドルフの男三人を、彼らの所持する「魔術に関係する書物やカード」を没収するだけで釈放し、老女二人がそれぞれに魔術を使って治療をほどこしたという訴えを即時却下した。罰を受けることになったのは、根拠のない噂と魔術への非難を広めるというフリードリヒ・シュティークラーが犯した過ちをくり返して、偽証で有罪が確定したハンス・レスナーだけだったが、運が尽きた先輩とは違い、彼はさらし台にさらされているあいだに脱走して終身追放となった（処刑されるおそれがあるのに舞い戻るはずはない）。

フランツ親方も上役たちも、魔術それ自体の効力を否定したわけではなく、魔術が「マレフィキア」と呼ばれた有害行為に結びつく使われ方をしたかどうかに焦点を絞っていた。シュミットは、彼が処刑した最後の哀れな罪深き者、ゲオルク・カール・ランブレヒトについて「また盛んにまじないもしていた」と無造作に書きとめているが、「マレフィキア」は確認されなかったため、公式な評決には犯罪としてとりあげていない。人妻バルバラ・ヴァグネリンと「淫らな行為にふけった」クンラート・ツヴィッケルシュペルガーが「年老いた魔女に二フローリンの金をやって、［ヴァグネリンの夫が］刺されるか打ちのめされるか溺れるようにさせた」のを、彼は魔術関連のこととみなしているものの、最終的にツヴィッケルシュペルガーの有罪の根拠となったのはもっとさしさわりのない、夫を毒殺するよう愛人を何度もそそのかしていた（また、愛人の母親や三姉妹とも寝ていた）という証拠のほうだった。フランツは、結果として凶暴な行為に至る性格や動機を確証する際、よく〝魔術的な〟呪いに言及する。若い廃馬処理業者が、元仲間だった裏切り者に「すぐに死んでしまうがいい」と公然と「魔法をかける」とか、村の乱暴者が隣人たちを「家を焼き尽くしてやる、［その後］手を切り落として懐に隠す」と脅すなどだ。何世紀も後の歴史人類学者たちが出す結論を予期していたかのように、そういう呪いや脅しは無力な者の虚勢であることが多いと、フランツはわきまえていた。捕らえられた泥棒のアンナ・ペルクメニンが「ピッチフォーク（柄の長い熊手）にまたがるほうき作りの老婆の隣に乗って飛び去ってやる」とすごんでみせたとき、シュミットは「しかし、何ごとも起こらなかった」と茶化すように書き添えている。懐疑的であるとはいえ、何かが起こる可能性をはねつけていないらしいところは私たちの懐疑主義と別だが、彼が魔女ヒステリーに一貫して染まろうとしないのは、私たちと同様の態度である。

フランツ・シュミットの見地が同時代の医師ヨーハン・ヴァイアーと似ているところからすると、この処刑人はヴァイアーの著した『悪魔の幻惑』（ドイツ語初版、一五六七年）を間接的か、みずから読んだかしてよく知っていたのではないだろうか。熱狂的な魔女迫害に早くから抵抗した最も有名な（そして、それゆえに中傷された）人物であるヴァイアーもやはり、魔術の効力を排除しようとしなかったが、同時に、自称魔女たちの大多数は勘違いをしているか、まったくのいんちきかであると論じた。あとの残りは故意の毒殺者というのだった――毒殺はそれ自体で重大犯罪だ。同時代のミシェル・ド・モンテーニュと同様、ヴァイアーもフランツ親方も、被害者と申し立てられる場合も犯人と申し立てられる場合もともに、感情が人間の想像力に及ぼす影響力に鋭く気づいていた。

悪魔の罠は避けられないと思い込んで自分のもとに来た哀れな罪深き者たちのうちには、まぎれもなく精神的に苦悩している者もいる――そうフランツが気づいたのは、間違いない。穴牢獄に閉じこめられていたゲオルク・プリュクナーは、「クラインベルクで夜警から、食べるとけがをしなくなるという薬をもらったことがあると打ち明けた――ただしその代わりに、二度と再び神のことを考えたり神に祈ったりはしないと誓ったのだと。彼はその誓いを守って悪魔に身を捧げた。彼はまるで悪霊にさいなまれているかのように、穴牢獄から脱出を試みたり、むちゃくちゃとしか思えないようなふるまいをしたりした」のだった。フランツの「まるで悪霊にさいなまれているかのように」という思慮分別のある書き方から、彼が悪魔的な力を認めていると同時に、プリュクナーが妄想に取り憑かれていると彼自身確信したことが簡明に伝わってくる。フランツも、教戒師である同僚のミュラー師も――プリュクナーが大声で支離滅裂なことをわめくので、教戒師は二ブロック離れた聖ゼーバルト牧師館で夜もおちおち眠れないとこぼしたが――この苦悩する人間をサタンの弟子扱いすることなく、それどころか「[最後には]キリスト教徒らしくふるまった」と同意している。言い換えれば、シュミットは精神的な悪魔の誘惑が弱い心を食い物にすることがあると考えていたのだ。たとえ魔女の宴会その他の身体的遭遇は結局まったくの幻想《ファンタジー》だとしても。乱心した在監者はほかにもいた。泥棒のラインハルト・シュヴァルツは監獄で、最初はナイフで、二度目はシャツを裂いて首を吊ろうと自殺を図って、果たせなかった。死のうとしたとき、「話しかけてくる声が聞こえるが、姿は見えない。その声が、降参するならすぐに救ってやろうと言っている」と口走っていた。フランツ親方は、はっきりと書き加えている。「これで彼は悔い改めたが、もう一度例の声に呼ばれたら違っていたかもしれない」と。その声の出どころや声が現実のものかどうかについて、彼はやはり何も語っていない。

いわゆる黒魔術に対して若いころからぬぐい去れずに残っていた畏怖は、フランツ・シュミットの長きにわたる拷問部屋での経験によって、事実上粉砕された。どれひとつとっても効き目などないにもかかわらず、くろうとの犯罪者たちのあいだに根強くはびこる無数の偽信仰を、彼は熟知していた。切断された人体部位、絞首台の一部その他をお守りにして、発見されない、あるいは捕まらない幸運を手に入れようとするなど、彼にはどう考えてもだまされやすいことを証明しているとしか思えなかった。いかがわしい仲間や押収された押し込み用具と同様に、魔除けのお守りもまた、不法な行為や意図の証拠となる。救いがたい蜂蜜泥棒のペーター・ホフマンは尋問中に、逮捕されたとき頭蓋骨その他の骨を所持していたのは不埒な目的があってのことではなく、ハンセン病患者を治療するためだとくり返し申し立てた（彼は魔術の力で一味の女をはるか遠くまで移動させたことも否定したが、彼女の肌着を使って自分のもとに戻ってくるように愛の魔術《ラブ・マジック》を試みたが失敗したことが、やがて判明した）。そうした無害な〝まじないや魔法〟を使ったことまで挙げてホフマンの名をさらに汚すまでもないと思ったのか、シュミットは日記中に彼の複数の盗みと姦淫を記すに留めている。厳しく問い詰められて〝自分は本物の魔術師にして悪魔の使い……悪魔的なわざの常習者である〟と認めた、悪名高いゲオルク・カール・ランブレヒトまでもが、銃弾から身を守ろうとして魔除けと魔法の札《ふだ》数枚を買ったことを最後には白状した。さらにランブレヒトは、〝魔除けの〝頭蓋骨の威力を犬で試してみて（複数の銃弾で負傷した犬はたちまち死んでしまった）、〝これを売りつけた放浪者どもが得意げに話したことは偽りと勝手な想像ばかりだった。［そして］これ以上は連中と関わりをもちたくない〟という結論に達する。彼の処刑人のほうはとっくの昔に達していたらしい結論にだ。

フランツ親方が在任中に出会ったいわゆる魔術の達人たちの大多数は、あっさりといんちきの部類に入れてさしつかえないようなものだった。「星占い師《プラネット・リーダー》や手相見《パーム・リーダー》を自称」し、親方が獄中でむち打ち刑に処したクンツ・ホフマンしかり。占いをする四人のロマや、「占いや宝探し」をして

「ある日ミヒャエラ・シュミーティン夫人から六十フローリンと金の指輪五つ［を獲得した］」アンナ・ドミリリンしかり。流浪の民にはよくあることだが、泥棒でカード詐欺師のハンス・メラーも、時おり魔法の品々を商っては収入を補っていた。とりわけ彼が罪に問われたのは、ルタバガ（カブに似た根菜）に油を塗って毛を貼りつけ、医療用にマンドレイク（ナス科の草本。人体に似て二股に分かれた太根は有毒。かつて媚薬、麻薬、下剤、妊娠促進剤とされた）と偽って売ったことだった。売春周旋屋のウルズラ・グリミン（別名〝青い女〟）は、「自分は呪術師《カニング・ウーマン》であり、どの男が子を孕ませるかわかるのだと言った」。ある客に、望まない妊娠を避けたいなら、「さっさと彼女の取り持つ女の子のところに行くしかない」と教えた。「さもなければ、自分の愛人と一緒に待っていればそのうち「グリミンが」『さて、うちのかわいい子羊ちゃんはどうしてるかしら』と言う。すると、女の子が客の前に立って裸になり、『フレーフレーおまんこ、男をむさぼり食ってしまいなさい』と言うから」。グリミンの客たちがカモにされる様子以上にフランツが面白がっているのは、若いヴァイアーの羊飼いの比較的罪のない詐欺的行為くらいだ。「彼は二年間ほどある家で、眠っている人たちの頭や髪の毛、脚を引っぱる幽霊のふりをしながら、その家の百姓の娘とこっそり寝ていた」。

　処刑人だったあいだにフランツが出会ったなかで最も恥知らずな、しかも成功した魔術詐欺師は、フィールゼック出身で〝掘り出し屋〟を自称する片足のお針子、エリーザベト・アウルホルティンだったに違いない。「黄金の日曜日に生まれた子」だという彼女は、自分には隠された宝のありかをつきとめる能力がある、番をしているドラゴンやヘビや犬からその宝を奪ってみせるとあらゆる階級の人々に信じ込ませて、四千フローリンあまりの大金をかき集めたのだ。フランツの評価するところでは、彼女の成功の決め手となったのは「悪魔の召喚や「彼女が行った」儀式」――何の効力もないたわごとばかりだった――ではなく、むしろ、強引きわまりない作り話をもっともらしく語り聞かせる抜きん出た才能のほうだ。水没した城と財宝の詰まった鉄製金庫の話を彼女に聞かされて、初めは疑っていた男三人が、〝彼女が財宝に魔法をかけたので、水に浮かんでくるはず〟の白いクサリヘビを一日中探しまわった。占い棒を持った彼女とともに何日も、いつまでたっても幸運に恵まれないことにもくじけずに、彼女の特別サービスにどんどん金をつぎ込むつもりらしく、田舎をうろつきまわった人たちもいた。

このずばぬけた才能のある詐欺師のみごとなまでの不敵さ、欲張りな被害者たちのだまされやすさに、フランツ親方は感嘆の気配を抑えきれない。とりわけうまくできている計略を、異例の詳しさで記述している。

彼女の手口は以下のようなものだった。ある家に入って誰かをだまそうとするときは、まるで具合が悪いか発作でも起こしたかのように倒れてみせたあと、自分は脚の血管に知恵を隠しもっているので、未来の出来事を予言してみせることも隠された財宝を見つけ出すこともできるのだが、家に入ってきたときからその血が騒いで、このことを知らせるまでは静まらないのだ、と言う。また、地下の世界が彼女の前に開き、まるで火をのぞき込んでいるかのようにそこにある金銀が見える、とも。もし少しでも疑わしいなら、財宝の霊と話ができるように、ひと晩その家で過ごさせてもらいたいと頼む。そういう運びになったら、夜になって、まるで誰かが彼女に話しかけているようにふるまう——ひそひそささやいたり、問いかけたり答えたりするのだ。その後、話していた相手はその家にいる哀れなさまよえる魂で、財宝が掘り出されるまでは天国に行けずにいるのだと言う。こうして彼女に言いくるめられる人たちは、恐ろしげな呪文と自信たっぷりな話しぶりのせいでそんな作り話を信じ込み、地面が掘り返されることになるのだ。掘っているあいだに、彼女は石炭でいっぱいにした壺を穴に忍び込ませ、彼女の手でそれを掘り出したと言う。そして、壺を金庫に入れて鍵をかけ、そのまま三週間は手を触れないようにと注意する。再び取り出したときには金になっているだろうというのだ。「しかし、」石炭は石炭のままだった。

察するに、アウルホルティンがはっきりした社会階層を公然と無視していたことが、フランツにはたいへんなショックだった。彼女は裕福な人物たちにも多くの詐欺行為をはたらいていたし、彼女と幼い娘に宿を貸すようある貴族《ノーブル》を口説き落としたことも、その娘の洗礼式でほかの二人の貴族に名親になってもらったことまであったのだ。またあるときには、ニュルンベルクの門閥《パトリシアン》の指導者たちのひとりを、あつかましくも仕事の保証人として引き合いに出して、「エンドレス・イムホーフ様のお宅の庭で湧き出る金を汲み上げ、まさしく純金の彫像と言ってもいいような金の財宝を掘り出した」と主張したものだ。超自然の力について彼女の言うことはひとつとしてまともに受け取らないフランツ親方だが、語りの魔術師としてのあっぱれな技量には一目置いていたのだった。

処刑人として遺したもの

五十代後半になるまで、フランツ親方が自分の職分にうんざりしたようなそぶりを公に見せることは、めったになかった。仕事で旅に出ることは減り、一六一一年以降はまったく出かけていないようだ。しかし、たいていの処刑人たちが体力的にきつい仕事を若い仲間に譲るような年齢をとうに過ぎても、むち打ちその他の体刑をほとんどすべてみずからの手で執行しつづけた。初めて衰えの気配が忍び寄ってきたのは、一六一一年二月。彼はそれまでの処刑ではなかった目にあまる不首尾を経験した。近親相姦と姦通の罪を犯したエリーザベト・メヒトリンを斬首するのに、三度も剣を振るわなくてはならなかったのだ。見物人たちは、五十七歳という老練の処刑人の〝不面目なひどい〟見世物にショックを隠さなかった。この世間に知れわたった恥ずかしい出来事を、処刑人はこの日の日記の末尾にたったひとことだけ書き記している――「不手際だった」と。その翌年は特にあしざまに言われたいやな年で、密告者が獄中でむち打ち刑を受けているときに処刑人の手から逃れ、その後、怒り狂った群集の投石によって息絶えた。公式に調査の手が入り、この老練の処刑人は前例のない叱責を受ける結果となった。その後もさらにもう二回、処刑の不手際があった。一度は一六一三年も押し詰まった十二月十七日、もう一度は一六一四年二月八日。いずれもフランツの日記にはそんなふうに記されていない。それでも、高齢の処刑人に対しはっきりと引退を要求する声はなかったし、彼はその後の三十四カ月でもう十八人、哀れな罪深き者を処分している。

フランツ親方の処刑人としての最後の年は、特に何ごともなく始まり、斬首刑二件とむち打ち刑数件が首尾よくおこなわれた。それが五月三十一日になって、夜のあいだに何者かが――複数だった可能性のほうが高いが――ニュルンベルク絞首台を引き倒した。フランツはこの一件について日記では触れていないし、特に重要なこととも思わず、どうせ酔っぱらいの破壊行為だろうと決め込んだようだ。ところが、それからたいしてたたないうちに、牛泥棒リーンハルト・カーツェンデルファー（別名〝雌牛のレニー〟）を一六一七年七月二十九日に絞首刑に処すときの、ただならぬ出来事を記すことになる。ある記録によると、処刑人が絞首台にのぼろうとしたところへ〝突然激しい風〟が吹きつけ、二本の梯子が絞首台から吹き飛ばされたため、梯子を回収してしっかりくくりつけなくてはならなかった。その後もフランツ親方と「すっかり茫然自失した哀れな罪深き者」は、〝恐ろしいくらいにうなりをあげて荒れ狂い、人々に吹きつけて右往左往させた〟強風のなかで、ろくろく先へ進めずにいた。ところが、祈ろうとしなかった死刑囚がとうとう縄からぶらさがったその瞬間、〝風が静まり、空気がそよとも動かなくなり〟、「ちょうどそのとき、どこからともなく現れた野ウサギが絞首台の下をくぐって群集のあいだを駆け抜けていった」。野ウサギは、「誰にも見覚えのない」犬に追いかけられていた（見物人の多くは、悪魔が哀れな罪深き者の魂を追いかけているのと思い込んだ）という。動揺しながらも、人一倍慎重なフランツ親方は、「あの野ウサギは何だったのか、あの男の最後は何だったのか、神はよくご存じだ」と決定を留保している。

不吉な出来事にも老齢にもはばまれなかったらしいフランツ親方は、その後五カ月で三人の泥棒を絞首刑に処し、むち打ち刑を二件とりおこなったのち、職歴最後の処刑を迎えることになる。

一六一七年十一月十三日、偽造犯のゲオルク・カール・ランブレヒトに下された〈火あぶりの刑〉は、ニュルンベルクでは珍しい出来事で、四十年以上職務についていたフランツ・シュミットがこの手法で処刑をとりおこなったのは二度目のことだった。すさまじい演出になるのを憂慮したニュルンベルク市参事会は、死刑囚がすみやかな死を迎えるよう、〝観衆には気づかれないだろうが〟、火薬の入った袋を首に巻きつけるか、先に絞め殺しておくかするよう処刑人に命じた。フランツ親方は、絞め殺すほうがいいと答えた。火薬は不発に終わったり、さもなくば爆発の勢いが強すぎて近くにいる人たちに危険を及ぼしたりするかもしれないからだ。例によって参事会は彼の意見に従い、〝観衆に気づかれないような〟手際で絞め殺さなくてはならないとだけ強調した。慈悲よりは有効性を優先する決定だ。見物人たちがなまで味わう、生きながら火あぶりにされる恐怖をなくしてしまうわけにはいかない。

ランブレヒトの処刑を、シュミットは最高の手際でやってのけるはずだった。処刑に先立つ五週間というもの、監獄付きの教戒師によれば、哀れな罪深き者は〝人間よりも神とよく語り合い〟、涙を流しながら絶え間なく祈っていたという。処刑予定日の五日前、一切を白状した後、独房で聖餐を受ける段になって、ランブレヒトは〝飲食物で身体を穢したり汚したりすることになる〟のを拒否した。最後の行進《プロセッション》も模範的で、この哀れな罪深き者は代わる代わる声高に祈りを唱えたり贋金を使った相手に赦しを乞うたりした。フランツ親方にとって最も重要だったのは、この死刑囚が最後に一度懺悔して赦しを乞うたあと、跪いて主の祈りの一節など祈りの言葉を暗誦したことだ。

最終的に、自分の市当局との論争を無視して、フランツは火薬袋と人知れず首を絞めるのと両方に頼ることに決めていた。密かに首を絞めるのに失敗するかもしれないという予感があったのかもしれないが、両方の手段がともに不発に終わって、本書の冒頭で見たような痛ましくもはなばなしい失敗という結果になろうとは、予想もしなかった。例によって彼は、自分の獅子クラウス・コーラーが絞首にしくじったことを、上役たちにも自分の日記にももらしていない。少しだけ器用に修正して、日記には首尾よく生きながらにして火あぶりの刑に処したように記録し、事実上災難など何もなかったことになっている。彼はまた、のちの手書き版日記とは矛盾するが、それが自分の最後の処刑になるとは思っていない。やはりみずからむち打ち刑を、三週間後に一件、一六一八年一月八日にもう一件（それが最後になった）とりおこなって、断固として働きつづけたのだ。

　四十五年に及ぶ職歴についにピリオドを打ったのは、はっきり言ってあっけないなりゆきだった。一六一八年七月十三日、長年教会堂番人を務めているラインハルト・パウマイスターが市参事会に、敬うべきフランツ親方が衰弱して、翌週に控える処刑を二件とも執行できそうにないと報告した。パウマイスターはどういう病気なのかはっきり言わなかったが、フランツ本人は慎重に、その九日前から具合が悪くなったと注釈している。〝本人が健康を取り戻すまで〟代理を務める〝適任者〟を思いつかないかと尋ねられたフランツは、あきらかに態度をあいまいにしたまま、推薦できるような人物を自分はひとりも知らないが、〝お上〟から近くのアンスバハやレーゲンスブルクに問い合わせてもらえるといいと答えた。このベテラン処刑人が選択の余地を残しておくつもりだったとしたら、その期待はすぐについえてしまった。死刑宣告が差し迫った泥棒一件と子供殺し一件の処分に気をもんだ上役たちは、近隣の田舎町アンベルクの処刑人ベルンハルト・シュレーゲルが頼んでもいないのに志願してきたのを受けて、渡りに舟とばかり飛びついたのだ。シュレーゲルの人物証明書類に急いで目を通すと、市当局は彼に週給二・五フローリンと無料の住まいを提供した。この志願者は時をおかずして、ニュルンベルク市参事会がやがてほとほと思い知らされることになる率直さをもって、フランツ親方と同額の週給（三フローリン）と一年分の薪の支給、そしてハングマンズ・ハウスへの即時入居を要求してくる。まだレーゲンスブルクからの返事を待っていた参事会は、シュレーゲルの条件をのんで終身雇用者として宣誓就任させた。フランツ親方が最初に伝言をよこしてから、二週間とたっていなかった。一週間後、新任の処刑人がニュルンベルクの〝カラス石〟の上で彼の初めての受刑者二人を斬首刑に処す。フランツが半世紀近く書き綴ってきた日記に最後に記入されたのは、典型的に簡潔な一文だ。「［一六一八年］七月四日、私は病気になり、聖ラウレンティウスの日［八月十日］、四十年にわたって在職し職務を果たしてきた奉職を辞した」。

フランツがあっさり辞職したらしく見えるのは、老処刑人とその代替要員とのあいだにその後何年も続くことになる権力闘争が始まったことと、そぐわない。フランツ親方の上役たちが表面上、彼がりっぱに務めあげた四十年に対して無情なまでに冷淡なのも、またその争いのなかでも、とりわけ後任とは対照的に好意的な人物であることが次第に明らかになるにつれ、彼らが親方への敬意をもち続けたことをわかりにくくする。彼らが親方に義理を感じていたのは、シュレーゲルが着任したときからはっきりしていた。ニュルンベルク市当局は、彼が並べたてた要求にひとつだけ条件をつけた。フランツ親方とその家族に、別の住まいに移り、今住んでいる家を彼のためにきれいにする時間を十分に与えることだ。筋の通った無害な妥協に思えるが、それが二人の処刑人とその家族のあいだに、二人の男が死ぬまで終わることのない、長年のひどい確執を生むことになる。

ニュルンベルクで最初の処刑をしてから二日とたたないうちに、採用されたばかりのシュレーゲルは、元の隔離病院に自分の仮住まいがまだ用意されていない、宿に滞在しているのはえらく不便だし費用がかさむ、と不平を訴えた。参事会はすぐ、十二フローリン（給与一カ月分に相当）の割増金で応じ、いつごろハングマンズ・ハウスを引き払ってもらえそうか、気をつかいながら〝フランツ親方に尋ねた〟。精いっぱいの時間稼ぎ作戦に出たフランツはまず、すっかり新しい家を買う気になっているのだが、目下病身のため、その課題に着手できずにいると答えて迎え撃った。尊ぶべき老練家をせきたてるのは気がひける上役たちは、その代わりに、共同住宅内に既婚者である新任処刑人のために用意された、三階の広い区画の修繕をもっと速く進めるよう命じた。同じ建物に、処刑人とその妻のほか、独身男性の借家人が二十人と、〈チェーン・ギャング〉に処された囚人たちもたまには一緒に住むことになる。明らかに憤慨したシュレーゲルにさらに譲歩した参事会は、この新任処刑人がこの先数カ月のあいだ〝私事を処理するため〟、長い休暇を何度かとることを認めたうえ、引っ越しの費用として追加の十二フローリンを与えたのだった。

次の年になると、参事会員たちは雇ったばかりの人物に不快感を徐々につのらせていき、それとともに前任者への評価は高まった。やがて、ベルンハルト・シュレーゲルはフランツ・シュミットとはまるで違うのだということがはっきりわかりはじめる。給与の問題ひとつとっても、シュレーゲルには遠慮というものがなかった。フランツ親方が賃上げを願い出たのは四十年間でたったの二回（最後は一五八四年）だったというのに、ベルンハルト親方はいつも自分自身の報酬が不十分だと嘆いてばかり。一年のうち何度も、ということもあった。参事会は、たまに二十五フローリンの一時金を認めてやることもあったが、たいていは彼の願いを即座に、いつになくきつい調子で拒んだ。

あるとき六十フローリンの貸付金の嘆願があったところからすると――やはり拒否されたが――この新任処刑人はただ貪欲だったばかりか、おそらく借金で首が回らなくなっていたのではなかろうか。賭け事か酒か、その他の〝うわついた生活〟によるものだろうが、尊敬に値する前任者の節制した生き方との違いが際立つ。ニュルンベルクに着任してから一年足らずで、シュレーゲルは参事会に呼び出された。剣術道場で酔っぱらいのけんかに加わったのだった。シュレーゲルの飲み相手が仲間の熟練陶工たちから、処刑人と同席したためにいやがらせを受けたことで口論になった。処刑人を接触伝染病扱いするような旧来の考え方をしりぞけ、問題の陶工の名誉を再確認しつつも、市の長老たちは〝もっと節度をもってふるまい、人の集まる酒場で一般人の酒の席には関わらないよう〟シュレーゲルをたしなめた。

慎み深い生活を送り、敬虔と節制で名高い、崇拝の対象だった人物のあとを継ぐのは、誰にとっても確かに困難なことだが、貪欲で対抗心が強く、身分不相応な暮らしをしているとみなに思われているよそ者にとっては、なおさらだった。ベルンハルト親方は、ニュルンベルクに着任したその日からフランツ親方の亡霊に取り憑かれていたようなものだ。何かというと（あからさまに）前任者と比べられて、人前で職業上の専門技術を見せる自信がむしばまれていく。一般人と親しく交わったことでシュレーゲルが叱責を受けてから数週間のうちに、市参事会は公開処刑の場でもっときちんと秩序を保つよう彼を〝強く訓戒した〟。それから一年足らずで、彼は絞首刑にあまりにも時間をかけすぎたと非難されている。処刑中にシュレーゲルが梯子を倒してしまって絞首台の桁に立っていたあいだ、哀れな罪深き者はじわじわと苦しみながら窒息していき、数分間大声で神の名を叫んだあげくに絶命したのだった。ベテランの獅子が大失策をした処刑人をやっと救出したのはもう、二人とも憤激した観衆から凍った泥のかたまりをさんざん投げつけられた後だった。

一六一二年、深刻に危惧しつつも、根負けした市参事会はとうとう、シュレーゲルに市民権を与える。それはフランツが十五年の奉職を経てやっと得た特権だというのに、ベルンハルト親方は三年前にニュルンベルクに着任して以来しつこく要請しつづけてきたのだった。当局が愕然としたことに、新任処刑人の処刑の手際はまったく向上しなかった。獅子による処刑でまたもやしくじって非難されたシュレーゲルを、参事会は叱責し、仕事の手際をすぐにでも改善して〝貪欲なやり方をやめないかぎり〟即刻解雇する、と脅した。雇用者側が自分を嫌悪し、代替要員さがしにまで着手していると知ったベルンハルト親方はその後、間断なく叱責され、処刑の前には〝まじめに取り組み、しくじらないように〟という不面目な注意を受けても、不承不承耐えることになる。

偉大なフランツ・シュミットを引き合いに容赦なく非難されたシュレーゲルは、ハングマンズ・ハウスを引き払うことに抵抗しつづけているこの前任者に怒りの矛先を向けた。これについては、新任処刑人が不平をかこつのももっともであり、手練手管もコネもある相手の策略にいつも負かされてばかりいた彼の欲求不満には同情を禁じえない。おそらくは、シュレーゲルがほかのさまざまな問題についてもひっきりなしに不平を申し立てていたせいだろう、自分にあてがってもらう約束の家にシュミット一家が居座りつづけていることへの不満には耳を貸してもらえないまま、七年近くがたっていた。ひょっとしたら当局は、この問題がそのうち、高齢のシュミットの死によって比較的楽に解決するのではないかと考えていたかもしれない。

ついに一六二五年の夏、戦争による荒廃や難民の流入、伝染病の流行が引き金となって深刻な住宅難が起こり、市参事会員たちは七十一歳になってもなお壮健なフランツ親方に対して行動を起こさざるをえなくなった。どうしても緊急の施療院が必要になった参事会は、シュレーゲルと妻が住んでいた元隔離病院から住人を退去させ、ハングマンズ・ハウスからの前任者追い立てに着手した。シュミット一家の引っ越し費用を全額もつと、申し出たのだ。だが、またもやフランツはくり返し異議を唱え、自分には一生住める家が約束されていたと主張した。七年前には彼自身が引っ越すつもりでいると言っていたことに矛盾する、うさんくさい主張だ。しかし、その作戦が功を奏したらしく、参事会はシュレーゲルに代わりの住宅を自分でさがすよう指示した。犯罪局の事務官がのちに、そんな約束があった形跡は正式記録に見当たらないと報告すると、フランツは巧みに戦術を切り換えた。今度は、二ブロック離れたオーベレ・ヴェールト通りに新しい住まいにふさわしい家を見つけてあるのだが、年に七十五フローリンの住宅ローンをまかなうためには参事会の金銭的援助が必要だと主張したのである。住居自体に（この六十年ほどは著名な金細工師が所有していた二棟続きの家だった）三千フローリンという法外な買い値がついていたうえ、十二・五パーセント以上という相当な額の頭金も必要だった。なんとか問題を解決したい参事会はその金額にもひるまず、前任処刑人への投資が年に十二フローリンの利子しか生まないことを証明しただけで、年に六十フローリンの永代年金支給を彼に認めることで同意した。一六二六年の聖ヴァルプルガの日（五月一日）からほどなくして、フランツ・シュミットは五十年近く住んだ家をついに引き払い、ベルンハルト・シュレーゲルが大喜びで入居した。

この勝利に意気をあげたシュレーゲルは、崇敬されるフランツ親方に対する恨みを今度は医療面での競争へ向けた。それまでこの新任処刑人が対抗してきたのは、主として地元の理髪師兼外科医たちに対してで、彼らは早くから処刑人が自分たちの顧客を奪おうとするといって不平を申し立てていた。魔術と精神の病に関わる患者を診察したことで参事会が処刑人を訓戒し、医療行為をするのは〝外傷〟に限るようにと注意したこともある。ここでもまた、シュレーゲルには前任者のような外交手腕がなかったことは明らかで、職業上の評判を落とす結果になった。何度か自分の見立てを公式にフランツ親方から修正されて、恥をかいたこともある。ハングマンズ・ハウスを手に入れてから一年とたたぬうち、シュレーゲルは市参事会に、前任の処刑人が自分から客を奪いすぎていると不平を申し立て、フランツに対する制裁規定を設けるとともに、豚市場から遠いところに自分の患者用の新たな入り口を設けるよう要求した。どちらの要求も退けられ、シュレーゲルは〝フランツ・シュミットは長年力を貸してくれたのだから、その助力者を許容できるはずだ〟と注意された。またもやはねつけられて激昂したシュレーゲルは、崇拝される前任者への不平をもう申し立てようとはしなかったが、老体がすぐにでも死んでくれないかと期待していたのは間違いない。

父親として遺したもの

なかでもシュレーゲルが最大の屈辱にうちのめされたのは、フランツ親方とその子供たちが究極の勝利を手にしたときだった。一六二四年の晩春、まだハングマンズ・ハウスにおさまっていたフランツ・シュミット親方は、神聖ローマ皇帝フェルディナント二世（在一六一八〜三七年）に、自分の家族の名誉を正式に回復することを要請する書状を送った。帝国の法廷に直訴するのは前例がないことではなかったにしても、フランツはなぜ特にこの時期を選んで探求を最終的に達成しようとしたのだろう？　新たに家を買うために退職した処刑人にはそのような是認が必要だったのか、あるいは息子たちが名誉ある職業的地位を得る手助けを必要としたのではないだろうか。フランツ親方はさらに、自分と成人した子供たちで暮らす家庭の一員となったばかりの、十一歳の孫娘のことまで考えていたかもしれない。それよりもっと興味をそそる疑問は、退職後にそうした訴状を書くのを、なぜ六年も待っていたのかということだ。家族の名誉回復がフランツにとってどんなに重要だったかを考えると、草稿を書き信書を送ろうとした時期があったのだろうが、彼にはどうすることもできない力がはたらいて——貴族階級の後援者たちの側か、何かほかにも地元の政治上の問題に、それを押しとどめるような事情があって——はばまれてしまったのではないだろうか。

その時期になった理由はともかく、もとの書式で延々十五ページにも及ぶその注目すべき文書は、ひとりの老人の人生を要約しているばかりか、その人物を大成させた個人的な人脈と説得力を明らかにする決定的な実例となっている。帝国のためになし遂げた数々の業績と、自分と家族がこうむった不幸に同情を訴える主題を巧みに織り交ぜたフランツの請願書は、技巧的文章表現の手本だ。アブガル五世のエピソードを使った職匠歌曲《マイスターリート》のときと同様、この請願書を書くにもおそらくはプロの公証人の協力があったに違いない。ただし、論法と表れている感情はまぎれもなくフランツ親方のものだ。定式文の後、彼はまず「敬虔なる遵法の民をあらゆる暴力と恐怖から守り、法に背く悪人をしかるべき厳罰に処して、治安と平穏と協調が保たれるべく、神おんみずからが現世の権力に負わしめした責務」と、神を引き合いに出して訴える。フランツ親方はそこから、旧約聖書に記されたヤコブの子孫と彼らが儀式としてとりおこなった投石による処刑の話とともに『カロリナ刑法典』をも引用して、処刑人の仕事場が神聖な起源のものであると確証していく。そして、正統かつ必要な仕事であるにもかかわらず、処刑人という職業が自分にはある不運な付随義務によって押しつけられたものだったことを、「申しあげずにはいられない」と述べるのだ。

続いてフランツが皇帝の思いやりに訴えるくだりに、彼がそれまで書いたなかでも最も内省的で心の内奥をうかがわせるような数行が含まれている。やっと人前で脚光を浴びることもなくなった彼が、遠い昔に無情にも辺境伯アルブレヒトがホーフで、市の広場で処刑をするようハインリヒ・シュミットに強いて以来、彼の家族にずっとつきまとってきた深い恥について、驚くほど率直に語るのだ。「そして、私がどんなにそこから脱したいと思っても」と、彼は書く。不公平にも、家族の不名誉が彼をもまた処刑場へと押しやった。本来の彼の天職は医療にあったのに、残酷な矛盾だ。そこでフランツ親方は、名誉回復の願いが認められてしかるべき理由に筆を向ける。医療こそ、自分が四十六年間にわたって天職だと思って取り組んできた仕事だと。「困難な職業のかたわら、私の手でニュルンベルクおよびその周辺地方の一万五千人の人々に治療をほどこしました――いとも気高く不滅なる神のお力を借りて」。治療はまた、自分の息子たちに教えてきた仕事でもある、と彼は書く。「きちんとしたしつけをするという正真正銘父親としての責任感から……ちょうど私の父親が、私たち父子には困難で誰からも忌み嫌われる仕事が課されているにもかかわらず、私に教えてくれたように」。さらに彼は、つねに身につけた医療を「実用的なやり方で志操正しく」応用してきたと書く。たとえば、帝国を代表する高位の人物も治療したとして、付表に彼の患者となったまとめて五十人近い貴族《ノーブル》や門閥《パトリシアン》の名を挙げた。三分の一以上が女性だった。

そこでやっと、処刑人として皇帝とニュルンベルクの代表者たちに奉職した四十年間の話に戻る。「わが命の危険をいささかも顧みることなく、その責務を引き受け、執行いたしました。在職中、私や私の執行した処刑について苦情はありませんでしたし、私は六年ほど前に高齢と病気のため自由意志で職を辞しました」。添付されたニュルンベルク市参事会からの推薦状が、フランツは「退職後の生活も品行も落ち着いていることはもちろん、医療業務の繁栄ぶりや……帝国の法を執行したことでもよく知られる」と追認している。法の執行と医療の両面で長年奉仕したこととともに、ニュルンベルク市民として三十一年過ごしたことを考慮して、家名の名誉回復を謙虚に願いながら、フランツ・シュミットは手紙を結ぶ。名誉が回復すれば、彼に一生つきまとってきた汚名がやっと返上され、彼の息子たちには名誉あるどんな職業へも門戸が開かれるだろう。

一六二四年六月九日以降のいつか、彼は私的な使者に金を払って、封印した請願書をウィーンの帝国法廷に届けさせた。市参事会の外交文書送達用の郵袋定期便に便乗させてもらったのかもしれない。それからわずか三カ月で、装飾文字が記され蠟で封印された返信がハングマンズ・ハウスに、やはり私的な使者の配達によって届く。フランツの請願書原本は残されていないが、請願に対するこの公式な返答はニュルンベルクの州立文書館に保管されて残っている（フランツが九月十日に市の公文書保管庁へ正式に提出したおかげだ）。皇帝フェルディナント自身は元処刑人の訴えに目を通すこともなかっただろうし、ともかく皇帝の下でいくつかのレベルの官僚が対処したようではある。ひょっとしたら皇帝の署名自体も含めてだ。だが、フランツの請願を反復したあと、彼の生涯をかけた願いがかなったことを言葉にした、簡潔な文面が続く。

尊きニュルンベルク市市長および参事会からの補助的嘆願に鑑み、フランツ・シュミットが受け継いだ、本人および本人の世継ぎが高潔な人物とみなされるのを妨げる、あるいはその他の障害となるような恥辱は、皇帝の力と慈悲をもって、ここに廃され消滅する。ほかのりっぱな人々に連なる彼の名誉ある身分が回復されたことを、ここに言明する。

最終的には処刑人の心からの訴えや長期間の奉職よりも、彼のまわりにいる高位の人々の影響力が決め手になったが、かまいはしない。フランツ親方は身分に縛られた社会の流儀を心得ていた。彼は目的を達したのだ。彼の父親の不名誉が、彼の息子たちの名誉に変わった。彼が息子たちに手渡すのは処刑人の剣ではなく、医療家用のメスということになる。

勝利を得たフランツ・シュミットが二年後にオーベレ・ヴェールト通りに近い大きな新居に移る際、七十二歳の家長は存命中の子孫を全員引き連れていった。総勢五人の家族と、ひとりか二人の使用人を加えた所帯になる。その時点でただひとりの既婚者だった最年長のロジーナは、三十九歳になる寡婦で、十三歳の娘がいた。ロジーナが十五年前にフランクフルトのりっぱな印刷業者であるヴォルフ・ヤーコプ・ピッケルに嫁ぐにあたっては、かなりの額の結婚持参金が必要だったし、ほかにも彼女の処刑人である父親がなにかと経済援助をしたのではないだろうか。内輪で挙式してから二年後、この夫婦はフランツ親方に初孫のエリーザベトをもたらし、末代まで名誉ある家系を樹立するという彼の夢を、実現にぐんと近づけてくれた。だが、ピッケルの手工業者《アーティザン》という身分と経済的援助があったにもかかわらず、フランクフルト出身のよそ者はいつまでたっても新天地に定着できず、仕事上でうちつづく挫折に見舞われた。義父が初孫誕生直後に貸してくれた二十フローリンは、浪費に消えたか仕事に共同出資するつもりだった相手に巻き上げられてしまったか。さらに、ヴォルフとロジーナは二人とも詐欺で投獄され、フランツ親方は大いに屈辱を味わわされた。処刑人じきじきに仲裁に入って問題を解決してやっと、若夫婦は五日間の拘禁ののち釈放されたのだった。その四年後、依然として経済的に苦しんでいたピッケルは、処刑人の娘と結婚しているせいで地元の印刷業者たちが自分を受け入れようとしないといって、市参事会に苦情を申し立てた。両者の話を聞いたあと、当局はピッケルを〝りっぱな人物とみなしてさしつかえない〟かどうか裁判官たちと相談、フランクフルトの印刷業者たちのあいだで彼の評判はよかったという知らせを受けて、ニュルンベルクの印刷業者たちにこの新参者を徒弟として受け入れるよう命じた。そういう命令は相変わらず無視されたようだが、そのあとピッケルはもう公式に苦情は申し立てていない。しかし、一六二四年には、彼は死亡したか出奔したかのどちらかだと考えられる。同年、ロジーナ自身は密通の罪を犯したと申し立てられて、またもや投獄された。だが前回と同様、恥をかかされた父親が仲裁してくれ、短期間で救い出してもらった。それからしばらくして、彼女は娘を連れて実家のシュミット家に戻った。

フランツ親方の生き残っている二人の息子、フランツ・シュテファン（三十五歳）とフランツェンハンス（三十一歳）も、父親ときょうだいたちで再編成された世帯に同居しつづけた。息子たちの職業ははっきりしない。父親が早くから、経済的に有利な仕事であり、ニュルンベルクやその近郊で彼らの仕事を確保する力が自分にはあるにもかかわらず、どちらの息子にも自分自身の不名誉な職は継がせないと決めていたことは、わかっている。フランツ・シュテファンについて「財産をもたないりっぱな若い職人《ジャーニーマン》」と言及する、のちの資料があるが、彼の技能も実際の職業も特定していない。職人《ジャーニーマン》の身分に達していたとすれば、身体か精神に何か障害があったとは思えない。彼もまた、家族の素性のせいで金回りのいい仕事にありつけなかっただけなのかもしれない。

一家の末っ子であるフランツェンハンスもどうやら、父親が公式に名誉を回復したばかりか、一五四八年には処刑人の息子もはっきりと希望すれば名誉ある職業につく権利があると皇帝が宣言もしていたというのに、ニュルンベルクの手工業者《アーティザン》としては差別を受けつづけたようだ。その代わりに、彼は父親のあとについて治療の業界へ入ろうとした。ほんのひと世代あとのドイツでは、処刑人の息子で医学校への入学をきちんと認められた例も少数ながらあったし、十八世紀になるとさらに、同じ立場からりっぱな外科医や内科医になる者が増えていく。しかしながら、そういう名誉ある道が、フランツ・シュミットの息子たちにはまだ開かれていなかった。大いに尊敬された父親の専門技術と顧客のいる地盤を頼みに、骨折や外傷の治療をし、動物の病気やけがも治療した。

フランツの娘で一六二六年当時三十八歳だったマリーアは、姉が結婚して家を出て以来十五年あまり、シュミット家の家事を切り盛りしてきた。ロジーナが娘を連れて実家に戻ってきたことで、マリーアは主婦の役割にいづらくなったのではなかろうか。姉はすでに妻そして母として自分自身の所帯を率いてきたのだから、なおさらだ。フランツが二棟続きの住居を買うことにしたのは、それもひとつの要因だったのだろうか。

オーベレ・ヴェールト通りの家に落ち着いて、フランツ親方は大きな達成感を味わったに違いない。仕事に長年身を捧げたあと――そして、少なからず政治的策略も弄《ろう》して――家族のために名誉ある家名ばかりか、手に入れたばかりの身分という成果を享受する快適なわが家をも用意するところまで、やっとこぎつけた。不幸なことに、それから二年足らずでこの一家には、いかに機略縦横なフランツにも防ぐすべがなかっただろう、悲劇が降りかかる。一六二八年一月十日、十六歳の誕生日当日に、シュミットの孫娘エリーザベトが死亡したのだ。死因は記録に残っていない。ほぼ三十年前に、おじにあたるイェルクが死んだときと、ぴったり同じ年齢だった。想像するしかないが、彼女を亡くして、一家はどんなに打ちのめされたことだろう。家族のなかでただひとりの若い命を奪われ、年老いたフランツ・シュミットと四人の成人した子供たちは翌朝、一家の墓地まで彼女の葬列に付き従ったのだった。エリーザベトの小さな棺は二人の教会堂番人に運ばれ、そのあとに数え切れないほどの会葬者が続いた。

フランツ親方の晩年は、皇帝による名誉回復にほぼ匹敵する、ある決定的な達成感で輝いた。一六三二年二月六日、四十四歳になったマリーアがやはり四十四歳のハンス・アモンと、シュミットの自宅で内輪の式を挙げて結婚したのだ。アモン自身の出自はとりたててりっぱなものではないが(ペーター・レーバーヴルスト［リヴァーヴルスト］の名で一時期役者をしていた)、そのころ彼は建築で成功しており、この市の多くの芸術家や彫刻師たちのあいだでうらやましがられるような名声を博していた。フランツの娘が人並み以上に社会的に成功しているそんな男と結婚するとは、元処刑人には考えられないような快挙だ。一家がとうとう名誉ある社会に受け入れられたことを象徴するこの結婚は、フランツが一生かけて追い求め、シュミット家が四代にわたって耐え忍ばなくてはならなかった恥辱をくつがえした、無上の瞬間となったのだった。

ただし、この勝利は、痛ましくも短命に終わった。大きな意味をもつ縁組みだったにもかかわらず、結婚式はひっそりと行われた。しかし、はなばなしく教会で挙式しなかったのは、花嫁にいつまでも不名誉がつきまとっていたせいなどではなく、花婿の体調がかんばしくなかったからだった。たぶんこの芸術家は、自分に残された時間があまりないのではないかと思って、大切な友人とも指導者とも慕うようになったかかりつけの医療家に、遺産が渡るようにしたい一心だったのだろう。つまるところ、元役者も、引退した処刑人もともに、手ごわい障害を乗り越えてそれぞれの探求の旅を最後には成功させたアウトサイダーだった。アモンが決心した動機が何であれ、彼がオーベレ・ヴェールト通りの家から再び出ていくことはなかった。十九日後に息をひきとったからである。

マリーアには有名な芸術家の名前と財産が遺されたが、彼女の年老いた父親には後継者も孫も残らなかった。

その翌月、スウェーデン王グスタフ二世アドルフが多数の軍勢を率いてニュルンベルクの市場へ行軍して、好意的な新教徒《プロテスタント》の群集に喝采で迎えられた。一六一八年以来、ドイツの領邦は、後世に三十年戦争として知られる戦禍に翻弄されてきた。宗教的白熱状態、覇権への野心、際限なく続く暴力の入り交じった毒が原因で、武力衝突が絶えなかった。一六三〇年にスウェーデンが侵攻してきたのは、当初、皇帝側の旧教派勢力をくつがえし、十二年に及ぼうとする戦乱と苦しみをすぐにも終わらせるためだった。ところが、グスタフ二世の時期尚早なニュルンベルク入市は、この都市が荒廃をきわめる五年間の幕開けと、さらなる戦禍拡大の始まりを告げるものだった。それから何カ月かにわたって、市壁の外に野営する二万ものスウェーデン軍が、市の財源からの法外な〝貢献〟を要求した。当局の観点からしてさらに都合の悪いことには、グスタフ二世自身はその年が終わりもしないうちにリュッツェンで戦死、新教派勢力は最大のカリスマ的リーダーを奪われ、行き詰まった戦争はさらに十六年間、中央ヨーロッパにむごたらしい戦闘をもたらした。同時期にニュルンベルクは三度にわたって押し寄せたペスト禍の第一波に襲われ、このときの悪疫で一万五千人以上の住民と難民が命を落とした。そのうちのひとりは四十一歳のフランツ・シュテファン・シュミットで、死亡したのは一六三三年一月十一日。彼は一度も結婚せず、亡くなるまでずっと実家住まいだった。子供は残さなかった。

すべてのニュルンベルク市民と同様、フランツと彼に残された成人の子供三人、ロジーナ、マリーア、フランツェンハンスは、一六三三年夏になり、やっと大量死と伝染病患者の隔離がしばらく小康を得たことを喜ぶ。だがそれもつかのま、続く冬に大発生したペストその他の伝染病は、さらに猛威をふるった。一六三四年はニュルンベルクの歴史上最悪の年となり、大人と子供の少なくとも二万人が、超過密な都市で流行したおそろしい病気に命を奪われた。おそらく、その市の——ひょっとしたら帝国全体の——誰よりも多くの人間をみずからの手で殺してきたと言ってさしつかえない男も、ついに一六三四年六月十三日の金曜日、周囲にはびこる死にのみこまれていった。八十歳だった。《口絵42参照》

平時ならば地元の一大イベントとなったであろうフランツ・シュミット親方の葬儀は、広く厄災のはびこった年のことで、ほとんど気にもとめられずにすまされた。この尊敬された処刑人の葬式自体については、ほとんど情報がない。ただ、市参事会は全会一致で〝名誉ある生まれが皇帝によって回復されたことに鑑み〟、フランツ親方は文句なく〝尊敬すべき人物〟とみなされる、と言明した。息をひきとった翌日、彼は半世紀前に購入していた聖ロクス墓地にある一家の区画に、遠い昔に死別したマリーアと先立った四人の子供たちに並んで埋葬された。何より重要なことに、あらゆる公式記録に彼は「名誉あるフランツ・シュミット、医療家、オーベレ・ヴェールト通り在住」と明示された。最後にその地位を確保するまでの四十五年間、彼が携わっていた不名誉な職業については何ひとつ言及されていない。彼を生涯励ましつづけた見果てぬ夢は、最後に死を迎えたときには実現し、刻まれて後代に伝わり、今なお彼の墓石に読み取れるのである。

エピローグ

ああ、なんと穏やかに、そして誠実に
日々の行いのなかで安らぎを保ち
このドイツの中心にたたずんでいる
わが愛するニュルンベルクよ！

――リヒャルト・ヴァーグナー「ニュルンベルクのマイスタージンガー」、第三幕第一場、一八六八年

まずもって社会は「抑止力としての死刑について」おのれが口にすることを信じてはいない。もしほんとうにそれを信じているならば、斬り落された首を見せるであろう。

――アルベール・カミュ「ギロチン」、一九五七年
（山崎庸一郎訳『カミュ全集9』、新潮社、一九七三年より）

フランツ・シュミットが他界した一六三四年は、ニュルンベルクが荒廃をきわめた十年間のうちでも、どん底の年だった。シュミットの生涯の中ごろにあたる時期に繁栄の頂点に達したニュルンベルン

ベルクは、徐々に衰退期を迎え、やがて急激に沈んだ。世界的な交易が盛んになっていくと、市の商人や銀行家たちの仕事はどんどん難しくなり、オランダやフランスの高品質な製品が流入してきて競争は激化した。だが、その結果起こったインフレや失業率上昇も、もちろん厳しくはあったが、三十年戦争という圧倒的な打撃のもとには、たちまちかすんでしまう。一六四八年のヴェストファーレン平和条約で戦争は終結するが、ニュルンベルクではそれまでの十五年間で五万人以上の市民が疫病死あるいは餓死し、市の財政は七百五十万フローリンの負債を背負っていた。名高い大都市ニュルンベルクは凋落《ちょうらく》に足をすくわれ、十八世紀には一転、時代に取り残された地方都市という地位に追いやられていったのだ。〝三十年戦争に勝利した者は誰もいない〟とマック・ウォーカーは書いているが、すべての敗者のなかでもニュルンベルクはいちばん手痛い敗北を喫したうちに入るのは間違いない。それまでの二世紀にわたる栄華に、いたましい結び《コーダ》が訪れたのである。

フランツ個人が遺したものも、あまり報われなかった。彼の没後一年足らずで四十七歳のロジーナが、おそらく高齢の父を死に至らしめたのと同じ疫病にかかったのだろう、死亡して、故人となった処刑人の子供たちのうち生き残ったのはマリーアとフランツェンハンスだけになった。フランツェンハンスは父親から受け継いだ医療相談の仕事で、少人数になった世帯を支えつづけた。だが、フランツ親方の死後数カ月のうちに、後任処刑人で長年の敵でもあるベルンハルト・シュレーゲルが、人望のあった前任者に対する宿根をよみがえらせた。今度は、シュミットの息子が〝治療する相手を誰ひとり取り残さず〟、この副業で〝ほんのひとかけらのパンを得る機会〟をも自分から奪ったと、参事会に不平を申し立てた。ベルンハルト親方の言い分では、フランツの皇帝による名誉回復の約定は子孫にまで拡大されるものではなく、市の参事会が競争相手を譴責《けんせき》しないのなら――〝特に今のような困難で不安な時代には〟――少なくとも失われたシュレーゲルの収入を補償すべきだというのだ。参事会はフランツ親方の名誉回復文書を調べ、市の主任裁判官にも相談してシュレーゲルの申し立てを却下したが、少額の割増金は認めてやった。一年後、執拗なベルンハルト親方は、シュミット家で生き残った唯一の男子が自分に〝ひとりたりとも患者を残しておいてくれない〟と嘆いて、当局の介入または彼自身の給与値上げを、という要求をくり返した。だが、またもやそれもはねつけられた。このときのシュレーゲルは雇用主に、レーゲンスブルクとリンツの両市がともに専任の処刑人を求めているが、年収を五十二フローリン引き上げてもらえるなら（三十五パーセントの賃上げになる）ニュルンベルクにとどまってもいい、と告げた。怒りをつのらせた市参事会は、犯罪局に、別の処刑人を見つけるか現処刑人と話をつけるかするようにという指示を出し、〝シュミットが治療するのを妨げてはならない〟と強調した。代替要員を見つけ出すことがかなわず、シュレーゲルの雇用主たちは〝もっといい時代になるまで〟一時的に週給を引き上げることに同意した――いつも金に困っているベルンハルト親方が要求してきた額にはとうてい足りなかったが。三年後の一六三九年五月、〝よそから来た処刑人〟であるヴァレンティン・ドイザーがこの市で患者を治療することを許可され、その年の終わりまでには病身のシュレーゲルの代理を一時務めたのち、常任のニュルンベルク公認処刑人となった。一六四〇年八月二十九日、ベルンハルト・シュレーゲルは息をひきとり、聖ロクス墓地の、自分がののしっていた前任者の眠る墓からそう遠くないところに葬られた。

長年悩まされてきた迫害者から解放されたフランツェンハンスとマリーアは、オーベレ・ヴェールト通りの家で静かに暮らしつづけ、それ以降はそれぞれの死亡のときまで公式記録に現れない。マリーアは七十五歳まで生きて、一六六四年に亡くなった。フランツェンハンスは、家族で暮らした家にたったひとりになってからも十九年間生き延びて、ついには八十六歳で死別して久しいきょうだいや両親のもとへ行った。マリーアは結局再婚せずじまい、長命だったフランツェンハンスも生涯独身を貫いた。シュミットの子供たちのうち最後のひとりが他界するころには、フランツのただひとりの孫が死んで半世紀以上が過ぎていた。もう誰もいない。子孫たちが代々りっぱな、社会的に足かせをはめられない人生を送るという処刑人の夢、必死で名誉を求めた生涯の思いは、ついにかなわなかった。

　フランツ親方の死期はたまたま、ヨーロッパで処刑人の最盛期が終わりを迎えたときでもあった。シュミットの職歴後半のあいだにはもう公開処刑の執行頻度が減少しはじめていたが、三十年戦争による破壊その他の影響から減少傾向が加速した。ニュルンベルクでもどこでも、死刑があまり当たり前のことではなくなったし、減刑されやすくもなってきたのだ。暴力的でない常習犯への懲罰として懲罰《ディシプリン・ハウス》所や労役所《ワークハウス》が出現したこととあいまって、極刑全体に占める窃盗での処刑件数が三分の一から十分の一にまで減った。一七〇〇年には、ドイツ領邦内で執行された処刑総件数は一世紀前の五分の一になっていた。十七世紀の処刑件数にはそのころまでに廃止されていた魔術関連犯罪でのものが含まれていたとすると、もっと急激な低下だったはずだ。体刑、特にむち打ち刑と手足の切断刑の件数も、やはり激減したし、もっと陰惨な〈火あぶりの刑〉や〈溺死刑〉、〈車裂きの刑〉

といった昔ながらの刑もしかりだ。ニュルンベルクでは十七世紀のあいだ、〈車裂きの刑〉はたった六件しか執行されなかったし——フランツ親方の任期中だけでも三十件あった——十八世紀には一件だけ、それも先に斬首してからの執行だった。処刑の手法は絞首刑と斬首刑の二種類に絞られ、それぞれ落とし戸と断頭台《ギロチン》の発明によって、どちらもそれまでより慈悲深い刑となった。

なぜ、これほど顕著な社会的変容が起きたのだろうか？　現代の歴史学者たちは、広範囲にわたって諸説を提案してきた。ヨーロッパ人全般に広く共感《エンパシー》が育っていった、中世後期に端を発する深い〝文明化の過程〟の一環とする説がある。ヨーロッパに台頭する国々が統制の手法を修正し、非暴力的犯罪への極刑を拘禁《こうきん》や海外植民地への流刑に置き換えただけだという主張もある。これらの説とそれを普及させようとする人々にとってあいにくなことに、人間の苦しみに関する大衆心理が変化したという証拠などありはしないし、十八世紀になってから優勢となる労役所や処刑手法の進化にしても、百年以上前に始まっていた根本的な変化を説明できない（特にニュルンベルクでは、労役所が設立されたのは一六七〇年になってからだった）。公開処刑が減っていった理由をさぐるにはむしろ、そもそも公開処刑がなぜもてはやされたのかを探らなくてはならない。

ニュルンベルク市参事会その他、ヨーロッパの世俗の当局者たちは、十七世紀のあいだに犯罪に対して甘くなっていったわけではなかった。むしろその反対であったのだが、最終的には、入念に演出した残忍な儀式より、寛容をおおっぴらに見せつけることのほうに頼っても、自分たちの法的権威が揺らぐようなことはないと感じるようになったのだ。主にフランツ親方とその仲間の処刑人たちのはたらきのおかげで、国とその裁判官の権威が揺るぎない実在として定着した。一世紀前には、そう主張したところで必ずしも説得力があるわけではなかった。だが謹厳実直な職業処刑人というのが例外的存在ではなく規範となり、死刑という贖罪の儀式を衆目にさらすことも社会的意識にしっかりと根付いて、それほど頻繁にくり返す必要がなくなった。犯罪は相変わらず隆盛をきわめ、戦争はますます多くの犠牲者をのみこんでいったが、犯罪者を裁く体制は確かな現実性をもつようになったのだ。

フランツ親方の時代以降に公開処刑が激減したことは、彼の同業者たちにとって複雑な祝福となった。短期的に見れば、処刑人の仕事と報酬がともに減ることになる。しかし長期的に見れば、昔よりは合法的な立場になった司法の執行者／実行者にとっての、数々の社会的障壁を徐々に取り除いていくことにつながる。十八世紀初頭には、処刑人の息子が医学校に入学したり、その他の職業についたりすることも通例になっていた。現役の処刑人本人もやっと妨げられることなく医療行為ができるようになり、プロイセン王国の王フリードリヒ一世（一六五七〜一七一三年）などは、ベルリンの処刑人マルティン・コブレンツを宮廷医に指名したほどだった（医学界からは猛反対が起こったが）。のちには神聖ローマ帝国の〝女帝〟マリア・テレジア（一七一七〜八〇年）が、処刑人の社会的身分は従来と違うことをみずから認め、一七三一年にすべての処刑人の子供たちの名誉と、いったん奉職を終えたなら処刑人本人の名誉も回復するという、帝国令を発布した。

にもかかわらず、処刑人に対する社会の偏見は十九世紀に入ってかなりたっても、これまた主として同職組合のおかげで、あまり弱まらなかった。十六世紀に幅をきかせていた組合は、歴史的に彼らよりも格下だった人々の社会移動を制限することで、衰えようとしている自分たちの影響力をなんとか強化しようとしたのだ。その結果、多くの処刑人一族が排他的なまま、結婚も相変わらず仲間うちでまとめていた。実際、十七世紀なかばから十九世紀前半までニュルンベルクの処刑人の仕事場を支配した長期の〝王朝〟は、二つだけだった。そのころには、フランツ・シュミットの人生を支配してきたあなどりがたい不名誉は完全に色あせはじめていたし、今にもすっかり消え失せるところだった。

一八〇一年に地元の法学者によってフランツ親方の日記が公刊されたのは、公設の処刑人という存在が司法の現場ですたれる一方、大衆の想像のなかではどんどん傑出した存在となっていこうとする、まさにそのときだった。地元の門閥《パトリシアン》ヨーハン・マルティン・フリードリヒ・フォン・エンターは、ニュルンベルクの〝時代遅れで過酷な〟法体系の改革を誰よりも率直かつ熱心に唱えた。彼が出した声明書『ニュルンベルクの刑事裁判とその管理に関する考察と提言』（一八〇一年）は、彼独自の十八世紀啓蒙思想版黄金律《ゴールデン・ルール》に基づいた改革を提案している。〝あなたが裁かれたいと望むように、ほかの人々も裁かれるべきだ〟などと。市の保管文書のなかにフランツ親方の〝長いこと知られぬまま埋もれていた日記〟の手稿写しを見つけたエンターは、自分が近く公表するつもりの声明書を引き立ててくれるものとして、申し分ないと考えた。この著作を公刊することで、エンターは〝「シュミットの日記を」忘却の淵から救い出し〟、その過程でいかに容赦なく〝われらが質朴なるフランツ親方の手で不幸な人が「刑に処される」か〟を明らかにしようとしたのだ。ただし、彼が槍玉に挙げようとしたのは、あくまで旧体制の残酷なやり方だった。決して〝おのれの感情と本能に従ったのではなく、彼の手に剣をゆだねた者たちに命じられて行動した、昔日の名誉あるフランツ〟ではない。この日記が市のイメージを損なうのではないかと懸念する当局の検閲を乗り越えて、最終稿をまとめあげた熱意あふれる編者は、みずからが提案した法制度改革や編集したフランツ親方の日記がその後成功するのも知ることなく、三十七歳で急死した。

この新奇な出版物を最も声高に賞賛したのは――あとから考えてみれば予測のついたことだが――エンターが想定していた法律関係者でも学者でもなく、文学者たちだった。特にロマン派の作家たちは、機械的なギロチンと落とし戸付き絞首台の時代にうけるアナクロニズム――つまり〝中世の首吊り役人《ハングマン》〟という芝居がかった《メロドラマティック》人物像を、すっかり気に入ってしまった。一八一〇年に詩人のルートヴィヒ・アーヒム・フォン・アルニムは、民間伝承研究家のヤーコプとヴィルヘルム・グリム兄弟に宛てた手紙のなかで、〝五百人もの人々を処刑したニュルンベルクの皮はぎ人《スキンナー》の有名な年代記〟を絶賛している。不気味なものも多い民間伝承の収集家として名高いグリム兄弟が関心を向けたことは、間違いない。出版物となったこのシュミットの日記は、ドイツの知識人たちが集うサロンや文学サークルに、たちまち広まった。人気を博したクレメンス・ブレンターノの戯曲『けなげなカスペルと麗しのアンネルの物語』（一八一七年）には、病気の犬を治療もすれば女主人公を嬰児殺しの罪で斬首刑にも処す、〝フランツ親方〟なる登場人物さえ現れた。当時ドイツきっての著名作家だったヨーハン・ヴォルフガング・フォン・ゲーテも、ハングマンという古くからうとまれてきた人物を受け入れたひとりであり、エゲル（現ハンガリー中北部）の処刑人でこの詩人と地質学への興味が共通していたカール・フスと、友人として長いあいだ親しくつきあうことにもなった。

中世のハングマンというロマンティックな人物像をどこよりももてはやしたのは、十九世紀になって新たな活力を得たニュルンベルクだった。二世紀あまり不遇をかこったあと、過ぎし日の帝国自由都市は一八〇六年、裕福で進歩的なバイエルン王国に併合された。ニュルンベルクが七世紀にわたる独立に別れを告げたのは嘆かわしいと思いきや、それを境に経済が劇的に復興し、同時に旧弊を振り落とした都市は呪縛から解かれたように、エンターの積年の願いだった一連の刑法改革を進めたのだった。改めて進歩を始めたこの都市がフランツ親方の日記をもてはやすようになったのは、ある意味で皮肉なことだ。バイエルンによる占領期間《バヴァリアン・オキュペーション》（ニュルンベルクでは今でもふざけ半分にそう言われる）以前にはもう、市の長老たちが司法による拷問と公開処刑を廃止し、歴代最後の処刑人アルバヌス・フリードリヒ・ドイプラーの退職も一八〇五年に記録されているのだ。四年後、市の懲罰所《ディシプリン・ハウス》と労役所《ワークハウス》が閉鎖され、その用地は公共のコンサートや講演会、舞踏会などの会場として利用できる〈ハウス・オブ・ソサエティ〉に転用された。同年、〝貴婦人の門〟の外の絞首台がついに崩壊し、周辺の地域がまるまる公園になった。往時は〝穴牢獄〟が恐れられた場所にあった看守の住まいは、〈緑のカエル〉という名の酒場《パブ》に姿を変えた。

　十六世紀の処刑人と、すっかり忘れ去られてはいなかった彼の日記は、新生ニュルンベルクにどのようにはめ込まれたのだろうか？　十九世紀なかばになると、この都市は発電機の製造地として国際的に有名になったばかりか、旅行地としても人気が出てきた。ヨーハン・コンラート・グリューベル（一七三六～一八〇九）やヨーハン・ヴィットシェル（一七六九～一八四七）ら地元の民衆詩人たちが尽力したおかげで、アルブレヒト・デューラー（一四七一～一五二八。ドイツルネサンス最大の画家・版画家）やハンス・ザックス（一四九四～一五七六。靴職人からマイスタージンガーとなった、ヴァーグナーのオペラ『ニュルンベルクのマイスタージンガー』で扱われている人物）の出生地ニュルンベルクは、最大限に理想化された伝統的ドイツ文化の、はなばなしい象徴となったのだ。ペグニッツ川のほとりのこの都市へ思いがけなく吹いてきた初期《プロト》ナショナリズム文化の風を、市の長老たちはすかさず利用した。一八三〇年代から一八四〇年代にかけて、市の歴史的建造物を多数買い上げて修復し、そのうちのアルブレヒト・デューラーが以前住んでいた家は改装して美術館にした。一八五七年、ニュルンベルクは〈ゲルマン国立博物館〉発祥の地となり、今では壮大なるゲルマン民族の文化および歴史を例証する手工芸品その他を、幅広く収蔵している。一八七〇年のドイツ統一のころには、周囲の市壁や市門もすべて含めて、いにしえの都市が全面的に再建され、宣言されたばかりの第二帝国（神聖ローマ帝国を第一帝国とした、ドイツ帝国のこと）のうちでもドイツの過去の栄光を体現する都市として、ニュルンベルクは至高の地位についたのだった。

もちろん、その過去の栄光には見苦しい裏面もあったが、ニュルンベルクの遺産産業はそれも売り物にして稼いだ。地元の古物研究家ゲオルク・フリードリヒ・ゴイダーが市の旧蛙《フロシュ》塔牢獄のなかにつくった〝拷問部屋〟などを、観光客の新たな目的地としたのだ。根強い中世のハングマン人気に便乗したゴイダーのコレクションは、古来秘密の法廷で拷問や処刑に使っていたというふれこみの〝鉄の処女《アイアン・メイデン》〟が含まれていることで名高い。〝鉄の処女〟も秘密の法廷も、おそらくは古い文献の誤訳に基づく真っ赤な嘘だが、啓蒙思想以前の〝司法《ジャスティス》〟とその不吉な執行者に対して大衆が抱くゴシック風のイメージには、絶大な効果をあげる展示だった。フードをかぶった処刑人による——これまた十九世紀の捏造《ねつぞう》だが——〝中世の残虐行為〟というまったくの虚構が、観光客にも小説家にも同じようにたまらない魅力だったのだ。小説『吸血鬼ドラキュラ』（一八九七年）の作者ブラム・ストーカーは、ニュルンベルクを二度訪れ、短編のひとつに〝鉄の処女〟を使っている。この市の拷問コレクションは城のいわゆる〝五角塔《フュンフエクトゥルム》〟のもっと目立つ場所に移され、のちには英国や北米にも貸し出されて、処刑人をとりあげた大衆文学作品がさらに多く生まれるもととなった。一九一三年にはフランツ親方の日記の新版も刊行された。やがて〝鉄の処女〟も、親指締め機、枷、処刑人の剣などの各種拷問具も――そのほとんどが非常によくできた十九世紀の贋作だが――競売にかけられ、個人のコレクターたちの手に渡っていった。《口絵43参照》

　そのころには、ゴシック風の処刑人イメージが近代文化にしっかり定着していた。過去数十年のあいだに、その固定観念の引力を脱した学術的解釈が現れていたものの、その作品群がどれほど印象的であろうとも、二世紀近く昔にロマン派が生み出した強力な〝イコン〟に大衆が寄せる関心には、対抗すべくもなかった。歴史から閉め出された海賊や魔女などと同じように、処刑人もまた、劇的効果を出したい伝奇小説やファンタジーの作家に、コミカルな味を求める漫画家に、商売上の利益をあてこむ大衆文化の提供者に、利用されてきたのだ。現代における企てに比べれば、十九世紀ニュルンベルクの観光事業など地味なものだ。ヨーロッパのあちこちの都市が、地下牢その他の名所をめぐるご自慢の〝犯罪の歴史ツアー〟を、大々的に宣伝しているからだ。特に歴史の再現ではドイツ第一と言われる都市、ローテンブルクは、中世犯罪博物館を呼び物にしている。こうしたアトラクションの数々は――すべてを体系的に調査したわけではないが――きちんとした史実に基づいて構成されたものから、罪のない娯楽、収益目的で供される文化芸術破壊《ヴァンダリズム》まで、多岐にわたっている。なかでもひどいものは、現代文化ではすでに飽和状態の、〝苦痛と死の扇情的描写《ポルノグラフィ》〟を食い物にしているだけだ。

近代以前の処刑人をいたずらに刺激的にすることなく、もっと学術的に扱いさえすれば、客観的な効果が生まれる。ニュルンベルクでは最近、フランツ親方の住居が地元の刑事裁判の歴史博物館に生まれ変わり、市庁舎地下の〝穴牢獄〟は、地下牢のじめじめした独房や拷問部屋をめぐるツアーの名所となっている。どちらでももらえる資料はすばらしいできばえだし、ガイドはみな博識で話しじょうずな人ばかりで、あえてこけおどしや怪談をもちだすのは控えている。だが、正確な歴史にきちんと目を向けたとしても、過去の栄光や悲劇を何もかも見世物のかたちにおとしめて自分たちの〝現実生活〟からの気晴らしにしてしまうという、どんな観光事業にもつきものの窃視行為的な性質を、完全にはぬぐいきれていない。ハングマンズ・ハウスの前でにっこり写真に収まる観光客のほとんどは、そこに暮らしていたあまりにも有名な住人の感情的、知的生活を、あとになってふと思い出すこともない――それはただの関係ない話なのだ。

相変わらずフランツ親方は、たいていの同時代人よりも現代人の蔑視と嫌悪の犠牲にされることが多い。野蛮で無知な時代を象徴する彼の存在が、現代世界が総体的には進歩していることを私たちに確認させてくれるからだ。今に至っても、社会心理学者スティーヴン・ピンカーの『The Better Angels of Our Nature』のような学究的かつ〝学術的に厳正な《サイエンティフィック》〟著作とされているものでさえ、現代の非宗教主義的枠組《アジェンダ》みをとりあげるなかで、旧制度《アンシャン・レジーム》の残虐というゴシック・ファンタジーを伝えている。フランツ親方や仲間の処刑人を私たち自身から遠ざければ、彼らを虚構の世界の登場人物、私たちに手出しはできない恐怖の執行者としておくことができる。その過程で見えてくるのは、私たちが彼らから受け継いだ世界というより、私たち自身の恐怖や夢のほうだ。現代の大衆文化で風刺的に描かれたフード姿を目にするのは、大人が遊びに興じる子供を見守るのと変わりない、自分のほうが理性も洗練度もすぐれていると、つねに自信たっぷりの、上位者ぶった楽しみなのである。

　だが、そんなふうに感情的にも知的にも遠ざける正当な理由があるだろうか？　たしかに言えるのは、少なくとも過去の個人や社会について何かを真に理解するという見地からは、ためにならないということだ。文明化の過程や、のちの世代のあいだに徐々に良心が形成されていったことをめぐる当世の言説に反して、フランツ・シュミットも彼の同時代人たちも、二十一世紀の人々より残酷な傾向があるともないとも思えないし、畏怖《いふ》心や憎悪や憐憫《れんびん》の情が強かったり弱かったりしたような形跡も見当たらない。犯罪の犠牲者たちにあれほど強く感情移入していた処刑人は、自分の属していたのがことさら残酷で無情な社会だったと聞かされたら、心外なのではないだろうか。特に、大量虐殺《ジェノサイド》や原子爆弾、抑止なき戦争（戦争法規を無視した戦争）といった、想像を絶する現代の残虐行為のことを知ったとしたら。あの時代の刑事裁判が苛酷だったかもしれないとは認めるだろうが、裁判や拘禁が何年も、それどころか長期の隔離も含めて何十年にも及ぶことがあるという現代の状況に、ひるみもするのではなかろうか。ミシェル・フーコーが〝人間の苦しみの味を楽しむ謝肉祭《カルナヴァレスク》のようなもの〟と述べた近代以前の処刑儀式そのものは、それに対する大衆の感じ方が質的にかなり変化し、このうえなく強い拒絶反応を起こさせた。群集が暴徒と化す引き金になるのはたいてい、不手際な処刑の——そして、その不手際が負わせる苦しみの——むごたらしさだったのだから。今日では

〈車裂きの刑〉や拷問のような忌まわしいものを擁護するなど考えられないが、いずれも集団的サディズムの起こしたものでもなければ、誰もが他人の苦しみに冷淡だったせいでもないことを、私たちは理解しなくてはならない。

私たちをフランツ親方の世界と隔てているのは、犯罪や苦痛に対する感情的反応ではなく、ひとつは実際的な、もうひとつは概念上の、明確な歴史的進化の結果である。中世から近世にかけての司法の仕組みは、ここまで見てきたとおり、私たちの基準からするとひどく非効率的だった。現代のような捜査能力もテクノロジーも、流刑の代替手段（つまり刑務所）もなかったフランツ・シュミットの時代の司法当局は、自己負罪（みずから刑事訴追を招く証拠を与えること）と拷問はもちろん、さまざまな重犯罪や常習犯罪に対する死刑にも、頼らざるをえないと感じていた。大衆に畏怖の念をいだかせるため、また威信を気にする当局のために、不運にも捕らえられた犯罪者の一部を公開処刑する必要もあった。〝フロンティア・スタイル〟の司法はたいてい、その結果できあがったものであり、暴徒による私刑よりはましだが、強制など手続き上の近道をとりがちではある。

それよりも、今日の非常に進化した社会と十六世紀のニュルンベルクとのあいだのもっと根本的な差異は、奪うことのできない人権という概念だ。公には比較的最近になってからのこの進化は、いまだに論争の的ではあるが、いかに正義を追求するためとはいえ、公式の強制や暴力は制限しなければいけないという、法律上の根拠となっている。昔も今も権威主義の支配体制は、そういう外部から課せられた制約を認めないし、国家の主権と個人の主権を同等に置いたりはしない。逮捕された犯罪者にも法の適正な過程を経る権利があるということには、フランツ親方も同意したかもしれないが、重大な罪を犯したという有罪の証拠ないし有罪判決が出たあとの身体の安全確保も、その権利に含まれるという考え方までは、理解できなかったのではないだろうか。ニュルンベルクの当局と処刑人は、単純な復讐を求める世間一般の圧力があったにもかかわらず、節度と一貫性を求め、宗教的贖罪さえも求めて努力していた。ただ、公式の暴力を廃止するというのは、彼らにとってあまりにも飛躍がすぎる考え方だったのである。

それとは対照的に、私たちにとって逆方向の飛躍は、不可解でない。法の執行における手続きの向上と技術面での革新は、近代以前《プレモダン》の司法と近代《モダン》の司法のあいだに、私たちが考えたがっているほどのゆるぎない、あるいは根本的な隔たりをもたらしたわけではなかった。〈車裂きの刑〉も〈火あぶりの刑〉も近未来にくり返されることはなさそうだが（そう願いたい）、どこかで犯罪が起きるかぎり、なるべく強要の少ない捜査方法と有罪が確定した重罪犯人への厳罰を、依然として世間が要求しているのは確かだ。現代でもまだ、組織的な拷問を——十六世紀ニュルンベルクのような法的に強制されたものではなく——用いる政権は多いし、そうでなくても、犯罪捜査中の許容できる強制と許容できない強制の境界線をわざとあいまいにしている国家もある（米国もそのひとつだ）。死刑は今も五十八カ国で存続し、執行件数が多い中国やイラン（二国合わせて二〇一一年の執行件数は千の単位にのぼる）だけではない、自由な民主主義国家を自認する米国や日本にも存在する。暴力的行為への恐怖と不十分な法執行に対する不満は——どちらも本来まっとうな反応だが——人間の歴史上に絶えることなくあったばかりか、つねに極度の激情にまで高まる寸前の、きわどいものでもある。それに比べて、基本的人権という抽象的な法的概念は、まだ比較的新しいものであるうえ、困窮の時代に否定される贅沢のように驚くほどもろく、また古くからある根強い原初的衝動にねじ伏せられやすい。

フランツ親方の時代以降に公の暴力が大きく制限されるようになってきたことに勇気づけられるべきか、それとも達成されたもののもろさに落胆するべきか？　フランツ・シュミットの物語は、その問題から私たちが期待するような自己満足による安心感を、あまり与えてくれない。それどころか、彼の人生は私たちの時代にわかりやすい教訓をもたらすものでもない。私たちは、彼自身の世界の情況における、ひとりの男の喜びや失意を分かち合うことしかできないのだ。フランツ親方の同時代人たちは、彼がニュルンベルク市民に秩序と正義をもたらすべく職務を果たしていると考えた。彼自身は、信仰心と、天職と自認する治療者として収めた並はずれた成功を支えに、あまり勝算がなさそうに思えたにもかかわらず、自分の父親や子供たち、そして自分自身にした約束を果たしたと言っている。フランツの個人的な経験については情報があまりにも少なくて、彼の人生が結局のところ幸せだったかどうかはわからない。ただ、非常に意味深い人生だったことは、確信をもって言える。残酷で当てにならない世界で、自分の運命に挑み、遍在する敵意を乗り越え、個人的な悲劇がうち続くなかで屈することなくひたすらやり遂げるひとりの男の姿に、希望を見いだせるのではないだろうか。フランツ親方は確かにそう考えていた。私たちも彼の考え方には同意できる。それは記憶に値する誠実な行為《アクト・オブ・フェイス》なのだ、と。

謝辞

私が本書の執筆を始めたのは、ベルリンのアメリカン・アカデミーで迎えた至福の秋学期中であり、芽生えた計画を培養するにはそれ以上望むべくもない、理想的な環境だった。ゲアリ・スミス事務局長およびスタッフの方々は理想主義的《プラトニック》な知的活力《バイタリティ》というものを十分に理解しており、ヴァン湖畔にある屋敷の静穏の中で長々と黙想にふけるひとときや、行き届いたサービス、知的な交流のさまざまな機会、さらにはライノルト・ケーゲル料理長が夕食の席でくり広げる笑劇《エクストラヴァガンザ》まで、多くのものを特別研究員《フェロー》たちに提供してくれた。

そういう牧歌的環境に寄与した多くのスタッフのなかでも特に、ゲアリ・スミス、R・ヤイ・マギル、アリッサ・ブーアマイスター、マルテ・マウ、ヨーラーンド・コルプに、心から感謝する。私たち一家は陽気な常勤フェローにも恵まれ、みんなで一緒におしゃべりや街の探検を楽しみ、卓球の試合に燃えた（ヨッヘン・ヘルベックとはもう一度お手合わせ願わなくてはなるまい）。ネイサン・イングランダー、レイチェル・シルヴァー、ジョージ・パッカー、ローラ・セコーが寄せてくれた友情と示唆には特に感謝する。

本書はまた、あまねく尊敬されているリック・アトキンスンの寛大さにも負うところが大きい。私は彼から物語を構成するうえでの貴重な助言をもらったばかりか、彼のすばらしいエージェントと地図作製者（ただし、どちらもピュリッツァー賞受賞者たちの仕事で手がふさがっていた）の名前まで教えてもらった。

　文献を調べる作業中には、バンベルク州立文書館のシュテファン・ネーテ博士とクラウス・ルプレヒト博士、ホーフ市立文書館のアルント・クルーゲ博士、ニュルンベルク州立文書館のゲアハート・レヒター博士とグンター・フリードリヒ博士、ニュルンベルク州教会文書館のアンドレイア・シュヴァルツ博士、ニュルンベルク市立図書館のクリスティーネ・ザウアー博士、ニュルンベルク市立文書館のホースト－ディーター・バイアーシュテート博士といった専門家にご指導いただき、たいへんありがたかった。ニュルンベルクのゲルマン国立博物館のマルティーン・バウメイスター博士は、午前中いっぱいかけて解説しながらさまざまな処刑用の剣を見せてくれたうえ、フランツ親方その人の剣だったらしい展示品を私が詳しく調べ、（安全な距離をとって）振るってみることも許可してくれた。

　ミヒャイラ・オットも、特別にニュルンベルクの〝穴牢獄〟めぐりを私の自由にさせ、不可解きわまりない私の疑問に辛抱強く答え、いまなおひんやりするその場所の寸法を測ったり写真を撮ったりするのを許可してくれた。〝首吊り役人の家《ハングマンズ・ハウス》〟が犯罪と法の歴史を展示するりっぱな博物館へと驚くべき変貌を遂げるのを見守ってきたハートムト・フロマー博士は、塔の最上階にある自分の事務室へたびたび私を快く迎え入れ、ニュルンベルクの過去の法律やフランケンの地勢について博学多識を伝授してくれた。私は彼に、名物ニュルンベルク・ソーセージの名店も教えてもらった。

　アメリカのナッシュビルに戻ったあとも、本書の完成までには数え切れないほど多くの友人、同僚の協力があった。まっ先に原稿全体に目を通してくれたスティーヴ・プライアーに、早い段階からかなりの分量をものともせず読んでくれたホリー・タッカー。二人の指摘のおかげで、文章の明快さも物語の流れも格段に向上した。法学者で文才にも恵まれた著述家、ダン・シャーフステインが編集者の目で何章かを厳しくチェックしてくれ、エレン・ファニングは分子生物学者の目で評価をしてくれた。

知識の面でいちばん世話になったのはやはり、ヴァンダービルト大学史学科のすばらしい同僚たちだった。彼らのはかりしれない知識量と出し惜しみしない寛容さには、いつまでたっても驚かされる。本来なら全員の名前を挙げるべきところだが、簡略に代表者だけとさせてもらう。マイケル・ベス、ビル・キャファロ、マーシャル・イーキン、ジム・エプスタイン、ピーター・レイク、ジェーン・ランダーズ、キャサリン・モリノー、マット・ラムジー、ヘルムート・スミス、そしてフランク・ウチスロ。院生のクリストファー・メイプス、フランシス・コルブ、ショーン・ボーツにはそれぞれ、編集や引例のさまざまな作業に協力してもらった。ヴァンダービルト大学図書館相互貸借担当のジム・トプロンと彼の率いる精鋭チームを困らせるべく、私は力を尽くしたのだが、彼らはついに音を上げることがなかった。これは単なるお世辞などではない。また、今回のプロジェクトを精神的・経済的に絶えず支援してくれた、リチャード・マッカーティ学長とキャロライン・ディーヴァー学部長に感謝する。

ほかにもたくさんの友人が、さまざまなかたちで本書に貢献してくれた。特に名を挙げて、以下の方々に謝意を表したい。ヴォルフガング・ベーリンガー、ジェニファー・ベヴィントン、トム・ブレイディ、ジョイス・チャプリン、ジェイスン・コイ、ハイコ・ドロステ、ズィークルン・ハウデ、クロウディア・ヤルゼボウスキー、マーク・クレイマー、ポール・クレイマーとその物語的歴史ワークショップ、ウェンディ・レッサー、メアリ・リンデマン、ゲアリ・モーシェス、ハナ・マーフィー、トム・ロビショー、ウーリンカ・ルブラック、トーマス・シュナルケ、ゲアト・シュヴェアホフ、トム・シーマン、リチャード・シーバース、フィル・ソーゲル、そしてジェフ・ワット。

　キャシー・ステュアートの死刑執行人に関する研究は、ほかの何よりも私を導き鼓舞してくれた。ウィーンへの旅（それ自体は悲惨な運命ではないが）をしなくてもすんだのは、彼女が一六二四年のフランツ・シュミットの名誉回復請願書のコピーを貸してくれたおかげだ。また、近世ドイツの死刑執行人について研究してきた先人たちにも、負うところが大きい。巻末の注のいたるところに明記したが、ここに改めて謝意を表したい。一世紀前の著者たち――アルブレヒト・ケラー、テオドール・ハンペ、エルゼ・アングストマン、ヘアマン・クナップ。現代の著者たちのうちでは特に、ユタ・ノヴォサトコ、リチャード・J・エヴァンズ、ヴォルフガング・シルト、ギーゼラ・ヴィルベアツ、イルゼ・シューマン、故リヒャルト・フォン・デュルメン。

　私のエージェントであるレイフ・セイガリンは、当初からこのプロジェクトに信頼を寄せ、ひとりの歴史学者を果敢にも見知らぬ商業出版の世界に送り出してくれた。最初にヒル・アンド・ワン社（後出のファラー社と同様、マクミラン社の傘下にある出版社）で担当してくれた編集者、トマス・ラビアンも、力強い励ましと経験豊かな助言とで、本書の可能性を私に信じさせてくれた。出版にこぎつけるまで作品を見守ってくれたコートニー・ホーデルは、つねに並ぶもの《サン・パレイユ》のない助言者だった（彼女からは外国語の用語を削減するように説得された）。コートニーとその同僚たちのもつ、人を迎え入れる精神と創造力に感謝する――特にジェフ・サーロイ、ジョナサン・リピンコット、デブラ・ヘルファンド、ニック・カリッジ、マーク・クロトフに。ファラー・シュトラウス・アンド・ジルー社での経験は、作家ならきっと夢に見るようなものであった。スティーヴン・ワグリーの何ひとつ見逃さない目と思慮深い朱筆は、私の文章をかつてない水準まで明晰にしてくれたし、ジーン・ソープのみごとな地図は、フランツ・シュミットの世界への視覚的な入り口として、完璧なものだ。

私のこれまでの著書と同じく、今回も——我ながら驚きだが——最後はやはり家族の話になった。私自身が頼りにするようになっている身内の愛情と支えを、フランツ・シュミットもいくばくかは享受していたと思いたい。妻のベス・モーニン・ハリントンは、いつもながら私のいちばん手厳しい編集者であり、たゆまぬ支えでもある。消極的な発言を打ち消そうとする彼女の容赦ない作戦が、今回はみごとに勝利をおさめたが、これからも私の過ちはなくならないだろう（そして心からの感謝も続く）。私たちの子供、ジョージとシャーロットは、フランツ親方を家族の一員と思うようになって、そのついでに近世の犯罪と刑罰についてはこの国でいちばんもの知りな中等学校生となった（友だちやクラスメートたちは大喜びだ）。ほかの親族たちも、私がこんなテーマにとりつかれていても好きにさせてくれ、いつも同じような話ばかりしていても面白そうに聞いてくれた。思いやりをもって辛抱してくれたレバノンのフィルーン家、タンパのハリントン家、そしてスパータとジョーンズボローとタルサのモーニン家の人々に、感謝する。そして最後に、無私の愛情と励ましを手本となって長年示してくれた両親、ジャックとマリリン・ハリントンに感謝したい。初めての息子にものを書く使命感の種を植え育ててくれた父に、賞賛と感謝の気持ちをこめて、本書を捧げる。

訳者あとがき

本書の原題は *The Faithful Executioner: Life and Death, Honor and Shame in the Turbulent Sixteenth Century* という。直訳すれば『誠実なる死刑執行人――激動の十六世紀におけるその生と死、名誉と恥辱』となろうか。題名のとおり、十六世紀ドイツで死刑執行人をしていたフランツ・シュミットが残した日記が、そのバックボーンとなっている。

中世や近世の死刑執行人と言えば、日本人の多くは、映像作品で描かれてきた首斬り人や絞首台の屈強な男たち、あるいはギロチンを前にした刑吏を思い浮かべるだろう。魔女狩りや宗教裁判と残酷な拷問を連想する人も、いるかもしれない。このフランツ〝親方〟も、近世ヨーロッパの自由都市ニュルンベルクの死刑執行人として、四十五年間にわたり四百人近い人を処刑し、さらに何百人もの人を拷問し、体刑を与えてきたという。それも、斬首ばかりでなく車裂きや火あぶりといった残酷な処刑のしかたをたくさんしてきた。そのことだけを聞けば、いったいどれほど残酷で非情な男だったのかと思うはずだ。

だが、原題にあるように、フランツは「誠実（忠実）」な処刑人なのであった。残酷な刑罰の克明な記録であるその日記をひもとくにつれ、わかってくるのは、彼自身は洞察力のある進歩的な人物であり、一族の失われた名誉を回復しようとして一生をかけた、ということなのだ。しかも彼の行動や生活からは、当時の社会状況や犯罪史的な情報がみごとに浮かび上がってくる。

このフランツ・シュミットの日記は、彼が初めて処刑をおこなった一五七三年から退職した一六一八年にかけて書かれたものだが、手書きのオリジナル版は失われ、写しが非公式に回覧されていたという。その後一八〇一年に活字版（ドイツ語）が公刊され、さらに何度かドイツ語版や英語抄訳版が出た。日本でも一八〇一年に編纂された活字版をもとにした邦訳が、『ある首斬り役人の日記』として一九八七年に刊行されている（藤代幸一訳、白水社）。

一方、本書の著者ハリントンは、序文にあるように「ニュルンベルクの市立図書館で、日記そのもののそれまで使われていたどれよりも古くて正確な写本を見つけ」、それを本書の底本としている。さらに彼は、ウィーンのオーストリア国立文書館に保管されていた、シュミット一族の名誉回復を皇帝に訴えた請願書を発見。この二つの新資料は、フランツ親方の日記に関するこれまでの研究にない、画期的な要素となった。以前の版との違いを分析したハリントンは、フランツがこの日記をなぜ、誰のために書いたのかという疑問を抱き、請願書の文面からは、そこに表現されている個人的な感情をくみとっていく。そして彼は、この情報源を活かして「（フランツの）人生と生きた世界を再現しようとする」最初の研究者になったのであった。

日記そのものはほぼ純粋な「記録」であり、フランツ〝自身〟が文章に出てくることもほとんどない、無味乾燥とも言えるものである。ところが前記二つの資料をきっかけに、日記の中からもフランツの真の姿が浮かび上がってきた。彼の日記に隠された意味、そこに潜むドラマは何なのか。

日記を書き出す以前と、書かなくなってから死ぬまでのフランツについても、ハリントンの筆致は鋭く、そしてユニークだ。

近世ドイツの社会や生活については、漠然と（あるいは別の時代や場所と混同して）知っているという人が多いのではないだろうか。正直なところ、その筋の研究者でない筆者も、そうだと言わざるを得ない。では、そうした読者は本書の内容に興味をもてないかというと、そんなことはまったくない。当時の処刑人が社会から疎外され、名誉なき人たち（賤民）とみなされていたこと、しかし逆に、拷問や処刑の過程で人体についてよく知っていた処刑人たちが医療従事者となり、大学出の医師とは別に診療所を開いたりしていたこと、理髪師兼外科医という〝職業〟のこと、魔術や呪いといったことがまだ信じられていた時代、処刑人が触ることによって一種の御利益があるとみなされたりしたこと、当時の犯罪者たちが実に多彩であり、同時に体刑や処刑の方法もバラエティに富んでいたこと、絞首刑よりも斬首刑のほうが苦しまずに死ねることから上等な処刑法とされ、「お慈悲による減刑」により斬首となったこと……。いずれも一般の読者には驚くべき事実であり、思わず興味を惹かれるエピソードだろう。

しかも、父の代にいきなり処刑人一族となったいきさつや、修業時代にカボチャや豚を切って首を刎ねる練習をしたこと、一族の名誉回復がフランツにとってどれほどの悲願だったかということなど、彼自身にまつわる部分も興味の種は尽きないのである。

とはいえ、本書はもちろん、興味本位で読ませるキワモノではない。残酷な拷問や刑罰の描写は、ともすれば刺激を求める対象になってしまうが、著者はつねに学者らしい真摯な目で分析しており、そのことは序文を読んだ段階ですぐにわかってもらえると思う。

著者ジョエル・F・ハリントンは米ヴァンダービルト大学の歴史学教授で、専攻はヨーロッパ史、特に宗教改革と近世ドイツ史。キリスト教史や結婚と家族の歴史、オカルトの歴史なども研究している。これまでの著作としては、近世ドイツにおける孤児と児童犯罪に関する研究書や、宗教改革時のドイツにおける結婚と社会の関係を論じた本などがある。

本書も近世ドイツの話ではあるが、二〇一三年三月に出たオリジナル版は英語であった。そのちょうど一年後、二〇一四年の三月にドイツ語翻訳版が刊行されている。したがって、序文にも書かれてあるように、人名は当時の古い綴りを使っているものの、犯罪者のあだ名や別名は、著者の判断により現代アメリカの俗語（あるいはそれに近いもの）に置き換えたという。訳出に際してはドイツ語版も参考にしているが、英語版原書の人名・地名はできるだけそのままのカタカナ表記（ドイツ語の発音による表記）にし、一方、あだ名を含め著者があえて英語で表現している部分は、日本人読者の便宜をはかり、そのまま英語にしてある。

最後になったが、前述のドイツ語表記のことを含め、歴史的・社会的な用語、言い回しについては、解説執筆の労をとってくださったボン大学の井上周平氏が、全体にわたって目を通してくださった。井上氏は中世後期・近世ドイツの都市史／医療社会史の専門家であり、おそらくこれ以上の適任者はいないであろうと思われる。井上氏のチェックがなかったら、かなり不備のある本が出来上がっていたかもしれない。ただただ感謝するのみであり、この場を借りてお礼申し上げたい。とはいえ、原書解釈に関しての間違いや事実誤認があれば、それはすべて訳者の責任である。また、訳出に際しては澤律子、谷川原理佳のお二方に協力していただいた。そのこともここに記し、感謝したい。

日暮雅通

二〇一四年六月

解説　フランツ・シュミットの生きた時代〜近世ドイツの都市社会と死刑執行人

井上周平

フランツ・シュミットが生きた十六世紀後半のドイツは、神聖ローマ帝国の名のもとに自治権を持った領邦や帝国都市からなる複合国家であった。宗教改革運動による動乱は、一五五五年のアウクスブルク宗教平和令によって「領邦ごとに君侯が宗派を選択する」という原則が確立された状況へと至っていた。しかし、帝国都市では新旧両宗派の並存が認められ、またイエズス会を主軸としたカトリックの対抗宗教改革の波が押し寄せつつあるなど、いまだ緊張関係は続いていた。フランケン地方のペグニッツ河畔に位置するニュルンベルクは、一五二五年に宗教改革を導入してプロテスタントの都市となっていたが、同時に帝国都市として、カトリックの皇帝をトップとする帝国に直属する身分を保持していたことから、両宗派の緊張関係のただ中にあった。

帝国都市ニュルンベルク

ニュルンベルクは、一二一九年に皇帝フリードリヒ二世による自由特許状をきっかけとして次第に自治権を伸張し、十四世紀にはペグニッツ川両岸のゼーバルト地区およびローレンツ地区を市壁で囲うかたちで発展した都市である。中世には、一三五六年の金印勅書によって皇帝の戴冠後に行う最初の帝国会議の開催地に指定され、一四二四年には皇帝戴冠用の宝具を保管する権利をも与えられるなど（本書一四二頁）、帝国都市のなかでも特別な地位にあった。市壁に囲まれた市内の面積は約百六十ヘクタールあり、両岸の地区は、肉橋《フライシュ・ブリュッケ》や絞首人橋《ヘンカーシュテーク》――フランツ・シュミットの住居はその中州にある豚市場《ゾイマルクト》に面していた――などの複数の橋で結ばれていた。

市は、周辺領域に対しても十四世紀後半から支配権を拡大し、十六世紀初頭には都市としてドイツ最大の支配領域を持つようになる。十六世紀半ばには、第二次辺境伯戦争――シュミット家を死刑執行人の身分へとおいやったアルブレヒト・アルキビアデスが起こしたものである――によって支配領域に甚大な被害を受けたものの、都市の経済的繁栄は三十年戦争に至るまで続いていた。

都市の自治を担ったのは市参事会と呼ばれる合議制の統治機関である。ニュルンベルクでは、十九世紀初頭に都市が自治権を喪失するまで、一部の富裕な有力市民の家系（門閥家系）が参事会の実権をほぼ独占的に握っていた。中世ドイツ都市では、十四世紀に同職組合を母体とした政治団体であるツンフトが政治的発言権を求めて、いわゆる「ツンフト闘争」ないし「市民闘争」を起こしたことが知られているが、ニュルンベルクではこの闘争は実を結ばなかった。それどころか一三四九年には政治的ツンフトの結成が禁止され、門閥以外の商人や手工業者の政治的発言権は極めて限定されたものとなっていたのである。

ニュルンベルクの市参事会は、中核となる小参事会と、拡大参事会から構成されていた。小参事会は門閥家系の参事会員が構成し、当初十三名の立法官《コンズル》と十三名の参審人《シェッフェ》の計二十六名からなっていたが、その人数は、一三七〇年以降、門閥家系から推挙された古老八名と手工業者の代表八名が加わることで計四十二名となった。ただし、小参事会における手工業者の代表は、政治的発言権を持たず、参事会内の役職につくこともなく、一五〇九年以降は参事会へ定期的に出席することすらなくなっていた。また、そこに選ばれる人物も、手工業と同時に遠隔地貿易にもたずさわっているような富裕層に属していた。さらに拡大参事会も、商人や手工業親方などの名誉ある市民が「指名された者たち《ゲナンテン》」として選ばれ、十六世紀には三百～四百名からなる組織であったが、その会合は不定期であり、基本的に小参事会が決定したことに賛同するための機関でしかなかった。

十五世紀までは、小参事会に席を占める門閥家系にはそれなりに入れ替わりがあった。しかし、一五二一年の舞踏条例によって市庁舎で催される舞踏会に招かれるべき有力家門が明文化されたことをきっかけに、十六世紀前半には市参事会に席を占めることのできる家門が全部で四十三に固定された（本書一四三頁では四十二とされているが、一五三六年以降に一家系が加わっている）。そして、市民全体も法令などにおいて五段階の階層に区別されることになった。第一に参事会に席を占める門閥家系、第二に拡大参事会の大商人層や法曹家層、第三に拡大参事会のその他の商人層、第四にそれ以外の商人層と拡大参事会の手工業親方層、そして第五にその他のすべての市民である。この序列は、十七世紀初頭に市民権を持たない職人・使用人層が加えられ、六段階になっている。

十五世紀後半に二万八千人程度だった市内の住民数は、十六世紀半ばには四万人に達し、ケルンやアウクスブルクといった大都市に匹敵するまでに増大したと推定されている。そのうち門閥家系や大商人などの富裕層は五パーセント程度でしかなく、手工業親方層が十パーセント、職人層が四十パーセント程度と、住民の半分近くが手工業にたずさわっていた。都市住民の残りは使用人や日雇い労働者で、浮浪者や物乞いもまた少なからず存在していた。一方で、ユダヤ人はすでに一四九八年に市内から追放されていた（本書一七〇頁）。

住民の半数が関わっていた手工業も、寡頭政治を行う市参事会の管理下におかれ、その管理を行うために、一四七〇年には糾問局《ルークアムト》が設置された。さらにひとつの手工業につき数人の親方が、参事会に宣誓をして品質管理にあたった。遠隔地貿易をその財産基盤としていた門閥家系にとって、輸出品の品質コントロールは極めて重要だったのである。一五六四年のリストでは、この宣誓親方が管理に当たる手工業として七十三の職種が挙げられている。

都市行政を牛耳っていた市参事会は、十四世紀前半に皇帝の許可を得て、独自に流血裁判権――死刑や身体刑に相当する犯罪を裁く権利――を行使するようになる。十五世紀初頭には皇帝代官職《シュルトハイス》を買い取ることで、都市における刑事裁判権を完全に掌握した。十六世紀の段階では、重犯罪向けの重罪刑事裁判所《ハルスゲリヒト》と軽犯罪向けの五者裁判所《フュンファーゲリヒト》が設置されている。裁判官職は置かれたものの、実質的には参事会員である参審人《シェッフェ》――フランツ・シュミットの上司たち――が判決を下していた。

拷問・処刑は死刑執行人の任務であったが、犯罪者の逮捕・連行は、警吏《シュタットクネヒト》と市兵《シュタットシュッツェ》（本書における「射手」）によって行われるものとされていた。十六世紀半ばには、警吏は十人程度、市兵は二十～四十人で、治安役人の数としては同時代のヨーロッパの都市のなかでも非常に多かったようである（その他、夜警など複数の補佐職があった〔本書一四三頁〕）。警吏も市兵も、市内の治安維持のために多様な職務を担っており、そのなかには公開処刑の際に死刑執行人を補佐することも含まれていた。警吏は固定給に加えてさまざまな報酬を得る機会もあったため、経済状況もよく、市民権を得ることもできたが、市兵は歩合制で収入に乏しく、一般に賤視の対象となっていた。こうした両者の関係は、本書で描かれる死刑執行人フランツ・シュミットと「獅子《レーヴェ》」たちの関係と相似している。

死刑執行人の不名誉性

ドイツ語圏において死刑執行人職が史料上はじめて登場するのは、十三世紀後半（一二七六年）のアウクスブルクの記録だとされる。ニュルンベルクでも十四世紀後半には、都市から死刑執行人への定期的な支払いが記録されているが、これは前述のように、市参事会が都市の裁判権を掌握し、刑罰の執行を行えるような組織化を進めたことと並行している。

こうした事例もあり、古典的な学説では、職業としての死刑執行人は十三・十四世紀に都市が発展する過程であらわれ、同時に賤視されるようになったとされてきた。しかしその後の研究では、一般的な傾向として死刑執行人に対する賤視があらわれてくるのは十五世紀以降のことで、それがはっきりとするのは十六世紀になってからであるという。

差別の代表的な形態は、同職組合からの排除である。中・近世都市において、職業はかならずしも世襲ではなかった。たとえば大工の息子に生まれたからといって、大工業を継がなくてはならないということはなく、他の手工業の親方のもとで徒弟修行をし、職人として経験を積んで親方試験に合格すれば、その手工業者として独立できた。しかし、庶出児であったり、親が不名誉な職業を営んでいる場合には、組合が徒弟として受け入ることを拒否することがあり、そうした措置がとられる職種は中世末から近世にかけて増大する傾向にあった。

本書の著者は、十六世紀半ばの帝国治安条例《ポリツァイ》で死刑執行人に特有の衣服を身につけるように定めたことを「反動的な法律」として、「すべての『名誉なき』人々の容認へ向かおうとする、誰にも見える流れを押し戻そう」とする試みとしている（本書五一頁）。しかし、死刑執行人やその他の不名誉とされる職業の親を持つ子供がいかなる同職組合からも排除されるべきではないと規定することで、逆説的に、市民層において不名誉な職業への根強い差別が存在していたことを示しているのもこの条例であることには注意したい。

当時の死刑執行人に対するネガティヴなイメージの一例は、十六世紀初頭からくり返し刊行された『放浪者の書』に見ることができる。そこでは、死刑執行人の職と物乞い暮らしとを行きつ戻りつする者が挙げられている。いわゆる宗教改革前夜と呼ばれるこの時期、魂の救済のために行われる貧者へのほどこしをだまし取る「ニセの物乞い」が問題視されるようになるのだが、死刑執行人はそうしたニセの物乞いと結びつけられてイメージされていたのである。

娼婦の管理や皮剝ぎといった、名誉ある人々からは忌避される業務も、死刑執行人の業務と見なされることが多く、住居も市壁のそばや外、あるいは娼館の近くなど、名誉ある市民たちからは地理的に隔てられた場所にあることが多かった。

処刑場もまた、たいていの場合、市外にあった。ニュルンベルク同様、ウィーンにも市門の外に「カラス石」と呼ばれる刑場があり、ヴォルムスでは市外の皮剝ぎ場の近く、ケルンでは郊外にあるハンセン病患者の隔離施設近くが刑場であった。ヘッセン州のベーアフェルデンには、十六世紀末に作られた絞首台が現存しているが、これも郊外の、周囲を菩提樹に囲まれた場所にある。処刑台に触れることは忌避されていたが、処刑台の建て替えに際して市民が総出で関わるのは、「穢れと不運」を分散するため（本書一五四頁）であると同時に、全員が関わることでお互いを侮蔑できないようにするためでもあった。たとえば、一五三一年にアウクスブルクで絞首台が建て替えられた際には、市参事会が市内の大工と石工に全員が参加するよう命じたが、それは誰もが他人を「あいつは死刑執行人の使用人になった」と言って騒ぎ立てることができないようにするためだった。

このように死刑執行人に対する差別については数々の事例を挙げることができる。しかし、こうした事例をすぐにそのまま一般化することはできない。とりわけ地域による違いは大きい。たとえば、一五八五年に南ドイツのウルム市民が北ドイツのリューベックを訪れた際に、「この地では、我々の街でよく見られるように死刑執行人が他の人々から隔離されるということはない。死刑執行人は名誉ある人々とともにテーブルにつくし（もっともカップだけは別だが）、市民や他の名誉ある人々が集まると、死刑執行人の家へ行き、そこで飲み食いする」と、驚きをもって記しているように、場所が異なれば死刑執行人の置かれた立場も違っていた。エムデンやキールのように死刑執行人が市民と隔たりない場所に暮らしている都市もあれば、ブラウンシュヴァイクやチューリヒのように市民権を持っている場所さえあったのである。

北西ドイツを対象とした実証研究から、死刑執行人とその使用人とは明確に区別されるものであり、不名誉性は主として後者に強く結びついていたとする研究者もいる。皮剝ぎを行ったり、動物の死体や屎尿を片づけるような不名誉とされる業務は死刑執行人の使用人が担うもので、さまざまな差別も主としてそうした使用人に対して向けられていたという。この主張を考慮に入れれば、本書の著者が描くように、フランツ・シュミットの名誉回復の道のりにおいて、ニュルンベルクの「獅子《レーヴェ》」たちが不名誉な業務の数々を引き受けたことが重要な役割を果たしたというのも、説得力を増すかもしれない（本書一四九頁）。

ところで、なぜ死刑執行人が「不名誉」であるとされたのか、というそもそもの理由ははっきりとしていない。古典的な研究では、この原因について論じるものが主流であったが、そこで唱えられた学説はどれも決め手に欠けている。

たとえば、法制史家に根強く支持されているものにローマ法継受説がある。古代ローマでは、処刑は奴隷の仕事であり、それゆえ市民からは蔑視される仕事であった。そして、十五世紀後半からドイツ語圏においても次第にローマ法が取り入れられることで、死刑執行人が専門職として成立し、同時に奴隷の仕事という不名誉性も引き継がれたのだという。しかし、ローマ法がまだほとんど影響力を持たなかった時期にもすでに専業の死刑執行人職が存在していることや、賤視に地域差があることを説明できないという批判がある。

娼婦や皮剝ぎといった不名誉な職業と関わりがあったことから、死刑執行人も同様に賤視の対象となったという説もある。しかし、ほとんどの場合それぞれの職業は別々のものとして区別されており、そこに死刑執行人に対する差別の原因を求めることはできない。実際には死刑執行人がすでに賤視されていたからこそ、娼婦の管理や皮剝ぎなどの不名誉な仕事を押しつけられたと考える方が妥当であろうとされている。死刑執行人自体の人物像――人を殺すことを生業とし、みずからの名誉を金に換える人でなし――や、処刑と拷問というその職務自体への忌避感に差別の原因をもとめる議論も、同じように、それが差別の原因だったのか、それとも差別の結果として生じたイメージなのかを史料的に裏付けることは難しい（本書四二頁）。

C・v・アミラやW・ダンケルトは、死刑執行人への賤視の原因をキリスト教以前のゲルマン人の宗教に求めた。それによれば、処刑はもともと神々への供儀であり、死刑執行人はその儀式を司る魔術的・神秘的存在であった。しかし、キリスト教によりそうした「異教の祭祀」が否定され、貶められることで、死刑執行人もまたタブー化されたのだという。このタブー理論はたしかに示唆に富んでいるが、同時にまた史料的な裏付けを欠いており、地域的な差違の存在や、中世初期・盛期における処刑がとくに不名誉性とは無関係であったことも説明できないと批判されている。

このように、不名誉性の原因についての議論には限界がある。そのため、近年の研究は原因論から離れ、職業の不名誉性がとりわけそれが強まる近世の社会においてどのように機能したのかという側面について、実証研究を積み重ねるようになっている。不名誉性がもたらした影響のひとつが、排他的な一族の形成であった（本書三一七頁）。他の職業を学ぶことも、名誉ある人々と結婚することも難しかった死刑執行人は、近隣地域の同職同士で姻戚関係を結び、一族を形成していった。十八世紀には、南ドイツの複数の都市で死刑執行人に共通の姓が確認されている。また、同じ姓が近隣地域の皮剝業にも多くみられ、「家業」を継ぐことができなかった死刑執行人の次男や三男が一帯に進出し、不名誉な職業の領域で一族の勢力を伸ばしていった痕跡を見て取ることができる。

死刑執行人と医療

本書でも見られるように、他の名誉ある職業への道をほとんど断たれていた死刑執行人にとって、唯一残されていた可能性が医療であった。それは収入源としても重要で、すでに十五世紀後半のフランクフルトでは市の死刑執行人が薬を売っていたという記録が残っている。

大学で教育を受けた医師は、その数も少なく、医療の場においてはもっぱら病気の診断のみを行っていた。当時、医学を修めてドクターと呼ばれるまでには、学芸学部で自由七科を修めた後、およそ五年間を医学部で過ごす必要があった。しかし、ドイツの大学では十六世紀初頭まで医学部の規模は小さく、医学を修めようとするごく少数の学生は南フランスのモンペリエや北イタリアのパドヴァなどへ留学するのが常であった。それ以降はドイツの大学でも少しずつ医学の学位取得者の人数が増えていくが、そこで学ばれる医学とは、ガレノスやヒポクラテス、アヴィケンナ、ラーゼスといった古代・中世の医学者の著作に基づいた、理論中心のものだった。解剖学は十六世紀後半から教育課程に導入されていったようであるが、解剖が実地で教えられるようになるのは十七世紀以降のことである。ちなみに、そうした解剖教育に使われたのは刑死者や自殺者の死体で、死刑執行人が運搬の任を課せられることになる。

都市部で実際に患者を治療するのは、手工業者である理髪師や風呂屋だった。十六世紀後半のニュルンベルクでは、理髪師と風呂屋は同じ組合に集っており、徒弟として三年間修行した後、七年以上を職人として働いてから、親方試験を受けることになっていた。その業務は、散髪や髭剃りから、骨折・外傷の手当てや瀉血《しゃけつ》治療、そして簡単な手術まで広範囲にわたっている。

そのほか、定期市や祭が催される時などに街へとやってきて、街頭でパフォーマンスがてら治療を行う歯医者や薬を売り歩く辻医者も存在しており、また、多くの都市で追放措置が取られていたにもかかわらず、ユダヤ人も医療家としてよく知られていた。

このように多様な人々が活動していた医療の場において、死刑執行人は、一方では外科医療家として、他方では魔術的な力を持つ医薬の原料――つまり、人体部位（本書二七二頁）――の供給者として、一定の需要を享受していた。その客層は、貧しい人々だけでなく、富裕層や聖職者まで広範囲にわたっており、顧客の獲得をめぐって理髪師や風呂屋と諍いになることもあった。ニュルンベルクだけでなく、一五七三年アウクスブルクでは理髪師が死刑執行人をニセ医者として非難した記録が残っているし、十七世紀にはシュヴェービッシュ・ハルで風呂屋が参事会に訴えた結果、風呂屋の治療が上手く行かなかった場合のみ、死刑執行人が治療にあたってよいことになった。

しかし、近世において、死刑執行人の医療行為が完全に禁じられることはほとんどなかったようである。反対に、フランクフルトなどのように、医療に秀でていることが死刑執行人の職に就くための条件となっていたところさえあった。十八世紀の啓蒙専制君主として知られるプロイセンのフリードリヒ二世も、「外科医の無知のために患者が苦しむ可能性があるなら、死刑執行人に治療させた方がよい」として、死刑執行人の医療行為を認めている。

近世の死刑執行人が医療知識をどのように身につけていたのかということはよく分かっていない。大抵の場合、おそらくは他の多くの手工業と同じように、口伝と実際の経験とを通じてさまざまな技能を身につけていったのであろう。十七世紀アウクスブルクの死刑執行人は、祖父母から薬の処方を記した手稿を相続していた。本書に登場するフランツ・シュミットのように、死刑執行人の職を代々受け継いできたわけではなく、父親の代において突然その職につかざるを得なくなったケースでは、本書で推定されているように、書物からその知識を得ていたのかも知れない。十六世紀のヨーロッパは「印刷革命」の時代でもあり、活版印刷術の普及により、ラテン語で書かれる学術書だけでなく、一般向けに「俗語」――この場合ドイツ語――で小冊子や一枚刷りのビラが数多く刊行されていた。フランツ・シュミットが、そうした一般向けの刊行物を参照していたことは十分あり得るだろう。実際、もう少し時代を下れば、たとえば十七世紀末から十八世紀初頭にかけてベルンで活動した死刑執行人は、十七世紀初頭に刊行されたドイツ語の医療百科《アルツナイ・ブーフ》を所有していた。

本書でも触れられている通り、十七世紀後半になると、医学の道へ進むことで死刑執行人の家系に付随する不名誉性を脱却する道は、ますます広がっていく。たとえば、十七世紀後半ベルンの死刑執行人の息子は、医療家として長年活動していたことで、市参事会から名誉ある市民として認められている。また、十八世紀初頭に、フランケン地方と隣接するテューリンゲンのある都市で死刑執行人の息子として生まれたヨーハン・フリードリヒ・グラーザーは、大学で医学を学び、医師として活動したのち、帝立自然科学アカデミーの会員に選ばれるまでに至った。

とはいえ、こうした個人の社会的上昇によって、死刑執行人という職業自体の不名誉性が解消されたわけではない。十七世紀のチューリヒで死刑執行人の息子が医師となった後、苗字から「不名誉な出自」が分かることがないようにと、皇帝の特許を得て改姓したことからも分かるように、死刑執行人は依然として不名誉な存在であり、関わりを持つことは「名誉ある市民」の側に立った者にとって恥ずべきことだった。

フランツ・シュミットは皇帝の特許状により、最終的に家門の名誉を回復した。しかし、そこで死刑執行人という職業自体がなくなったわけでもない。ニュルンベルクの死刑執行人職は、十八世紀末のフランス軍の侵攻を経て、市がバイエルン王国に組み入れられる前年まで存続した。たしかに市郊外にあった処刑場は一八〇九年になくなり、十九世紀には公開処刑も行われなくなった。しかし、ドイツにおける死刑制度は二十世紀に至るまで続き、「最後の死刑執行人」と言われるヨーハン・ライヒハルト——叔父からその職を受け継ぎ、ヴァイマール期からナチ期を経て、戦後の連合国統治期まで死刑執行を手がけた——もまたその生涯を蔑視のなかで過ごしたのである。

読書案内

最後に、本書のテーマについてより詳しく知るために、日本語で読める文献を幾つか紹介したい。

まず、近世ドイツ社会全般については、リヒャルト・ファン・デュルメン『近世の文化と日常生活（全三巻）』（佐藤正樹訳、鳥影社、一九九八年）が挙げられる。

近世ヨーロッパの死刑執行人について、日本語で読める研究は決して多くない。阿部謹也『刑吏の社会史』（中公新書、一九七八年）は、刊行から長い年月が経っており、その間ドイツにおいても社会史研究の進展があったが、古典として今でも一読に値する。一九八〇年代以降の研究の進展を踏まえたものとしては、ベルント・レック『歴史のアウトサイダー』（中谷博幸／山中淑江訳、昭和堂、二〇〇一年）が、死刑執行人などの「不名誉な」職業だけでなく、マイノリティやアウトサイダーなど、広範囲に目配りした概観を与えてくれる。また、藤田幸一郎『手工業の名誉と遍歴職人——近代ドイツの職人世界』（未來社、一九九四年）や佐久間弘展『若者職人の社会と文化——十四～十七世紀ドイツ』（青木書店、二〇〇七年）も、名誉観念を巡る議論について扱っている。

「中世の拷問」像は、有名な「ニュルンベルクの鉄の処女」をはじめとして、後世の想像によって実態が覆い隠されてしまっているものも多く、文献も玉石混淆だが、さしあたり、川端博『拷問の歴史』（河出書房新社、一九九七年）が参考になる。明治大学刑事博物館で開催された特別展に基づいており、イタリアのサンジミニャーノ中世犯罪博物館の収蔵品を中心とした写真・図版を見ることができる。また、明治大学刑事博物館には、「鉄の処女」の小型レプリカが収蔵されている。拷問・刑罰規定の根拠となった「カール五世刑事裁判令（カロリナ）」とその前身である「バンベルク刑事裁判令（バンベルゲンシス）」は、塙浩『フランス・ドイツ刑事法史』（信山社出版、一九九二年）のなかに訳出されている。

下層社会の隠語であるロートヴェルシュについては、ハイナー・ベーンケ／ロルフ・ヨハンスマイアー編『放浪者の書』（永野藤夫訳、平凡社、一九八九年）が参考になる。同書では、ネルトリンゲンの事例ではあるが、拷問を受けた放浪者が行った自白の内容も知ることができる。

十六世紀の人々が楽しんだ民話・物語世界については、いわゆる「民衆本」の邦訳を読むことができる。手に取りやすいところでは、『ティル・オイレンシュピーゲルの愉快ないたずら』（阿部謹也訳、岩波文庫、一九九〇年／藤代幸一訳、法政大学出版局、一九七九年）や、イェルク・ヴィクラム『道中よもやま話――近世ドイツ滑稽話集』（名古屋初期新高ドイツ語研究会訳、講談社学術文庫、二〇〇一年）などがある。

フランツ・シュミットが半生を過ごした帝国都市ニュルンベルクについては、日本の西洋史学においても多くの研究が行われている。論文集やインターネット上の学術リポジトリなどを通じて読むことができる論文も多い。ここでは、さしあたり単行本として手に取ることができるものとして、佐久間弘展『ドイツ手工業・同職組合の研究――十四～十七世紀ニュルンベルクを中心に』（創文社、一九九九年）と、池田利昭『中世後期ドイツの犯罪と刑罰――ニュルンベルクの暴力紛争を中心に』（北海道大学出版会、二〇一〇年）を挙げておきたい。

（いのうえ・しゅうへい　ボン大学・院生）

※この小稿の執筆にあたり、池田利昭氏、原田晶子氏、渡邉裕一氏の協力を得た。いずれも中・近世ニュルンベルクを対象とした研究論文を公刊されている研究者である。記して謝意を表したい。

どちらかと言えばノルベルト・エリアスに賛同する。エリアスの〝文明化の過程〞という考え方は、ほかの文化的コンテクストでも通用する貴重なものだ（*Rituals of Retribution*, 880ff.）。しかしながら、最近スティーヴン・ピンカーが後者を普及させるにあたって、残念ながらエリアス説の最大の弱点、つまり、18世紀以降に共感（エンパシー）が育っていったという主張を目立たせてしまった。たとえば、ピンカーによると、「中世のキリスト教世界は残酷文明」だった。18世紀啓蒙思想で「人間性」というものが出現して初めて、「人々は仲間の人間たちへの共感をもっと広げることを願った」というのだ。Steven Pinker, *The Better Angels of Our Nature: Why Violence Has Declined*（New York: Viking, 2011), 132–33. 公開処刑に関する世間の感覚をもっと細かく分析したものとしては、Pieter Spierenburg, *The Spectacle of Suffering: Executions and the Evolution of Repression*（Cambridge: Cambridge University Press, 1984)、および Paul Friedland, *Seeing Justice Done: The Age of Spectacular, Punishment in France*（Oxford: Oxford University Press, 2012)、特に 119–91 を参照。その第二の著作に注意を向けさせてくれた同僚の Lauren Clay に感謝する。

p.316 犯罪は相変わらず：同様の結論、Dülmen, *Theatre of Horror*, 133–37 を参照。

p.317 そのころには：Keller, 262–79; Stuart, 75–82, 227–39; Nowosadtko, 305–16, 333–36; Knapp, *Loch*, 60–61.

p.318 この日記が：この節の記述には特に、Nowosadtko, "'Und nun alter, ehrlicher Franz.'" のみごとな論じ方を参考にした。

p.318 一八一〇年に：1810年9月3日付の手紙。*Achim von Arnim und Jacob und Wilhelm Grimm*, ed. R. Steig（Stuttgart: J. G. Cotta, 1904), 69–70.

p.318 当時ドイツきっての著名作家：G&T, 49; Nowosadtko, "'Und nun alter, ehrlicher Franz,'" 238–41.

p.320 一八七〇年の：特に Stephen Brockmann, *Nuremberg: The Imaginary Capital*（Rochester, NY: Camden House, 2006）を参照。

p.321 一九一三年には：Wolfgang Schild, *Die Eiserne Jungfrau: Dichtung und Wahrheit*, Schriftenreiche des Mittelalterlichen Kriminalmuseums Rothenburg ob der Tauber（2001）の、すばらしい歴史周遊を参照。この出版物に注意を向けさせてくれた Dr. Hartmut Frommer に感謝する。

p.321 過去数十年のあいだに：近世ドイツの処刑人をとりあげた20世紀の史書についての論考は、以下を参照。Wilbertz, 1ff.; Nowosadtko, 3–8; および Stuart, 2–5.

p.321 歴史から閉め出された海賊や魔女：〝中世の首吊り役人〞を中心的登場人物に組み込んだ多数の文芸作品のなかで最も成功したのは、Wilhelm Raabe の *Das letzte Recht*（1862）および *Zum wilden Mann*（1873執筆、1884刊行）; Gerhart Hauptmann の戯曲（*Magnus Garbe*, 1914; 第2版1942）および Ruth Schaumann の戯曲（*Die Zwiebel*, 1943）だろう。もっと最近では、その人物像が大衆的ロマンス小説の題材になっている。たとえば、オリヴァー・ペチュ（Oliver Pötzsch）の *Die Henkerstochter*（英訳版 *The Hangman's Daughter*、Lee Chadeayne 訳、Seattle: AmazonCrossing, 2011、邦訳『首斬り人の娘』猪股和夫訳、早川書房、2012）や、想像力豊かな短編集である Anne Hassel と Ursula Schmid-Spreer 編 *Der Henker von Nürnberg*（Mannheim: Wellhöfer, 2010）などがある。

p.321 なかでもひどいものは：この用語は、Evans, *Rituals of Retribution*, xiii より。

p.322 今に至っても：Pinker, *Better Angels of Our Nature*, 特に 129–88。

p.325 死刑は今も：www.amnesty.org/en/death-penalty/numbers.

p.300 一六二六年の：*RV* 2044：29v–30r, 64r–v（Jun 23 and Jul 4 1625）; 2045：13r–v, 41r–v, 71v（Jul 18 and 26, Aug 3 1625）; 2047：16r（Sep 13 1625）; 2048：1v（Oct 6 1625）; StadtAN B 14/1 138, 108v–110r：頭金373フローリン27と1/4クロイツァー。残金は家を引き払ったあとに支払われた。(Sep 22 1625), StadtAN B1/II, no.74（c. 1626).

p.300 それまで：*RV* 1959：37v–38r（Jan 23 1619）; *RV* 1968：9r（Sep 18 1619).

p.300 魔術と精神の病に関わる：*RV* 2040：29v–30r（Feb 10 1625).

p.300 ここでもまた：*RV* 2002：2r（Apr 4 1622）; *RV* 2046：7r–v（Aug 13 1625).

p.300 どちらの要求も退けられ：*RV* 2071：25v（Jun 26 1627）; StaatsAN B1/III, Nr. VIa/88.

p.304 フランツの請願書原本は：StaatsAN 54a II：Nr. 728.

p.304「尊きニュルンベルク市市長」：*Restitution*, 209r–211r.; *RV* 2039：34v（Jan 17 1625).

p.305 内輪で挙式してから二年後：LKAN St. Lorenz Taufungen 910（Jan 4 1612）; Schumann, "Franz Schmidt," 678–79.

p.305 処刑人じきじきに：*RV* 1877：15r, 21r, 31v–32r（Dec 2, 4, および 7 1612).

p.305 両者の話を聞いたあと：*RV* 1929：64r（Nov 13 1616）; 1931：49v–49r（Dec 30 1616）; 1933：8v–9r（Feb 8 1617).

p.306 だが前回と同様：*RV* 2025：25v, 37r（Jan 8 and 14 1624). 名簿には当初 Rosina Schmidin、あとから Rosina Bückhlin と記載されている。夫については言及がない。

p.306 彼もまた：StaatsAN Rep 65, Nr. 34：42r, 56r.

p.306 ほんのひと世代あとの：1680年から1770年までのあいだ、インゴルシュタット大学だけでも9名。G&T, 17–20, 111–12; Nowosadtko, 321 ff.

p.307 エリーザベトの小さな棺は：*RV* 2122：23r–v（May 19 1631).

p.308 十九日後に：*RV* 2131：74v（Feb 3 1632）; LKAN Lorenz 512. *Nürnberger Kunstlerlexikon*, ed. Manfred H. Grieb（Munich：Saur, 2007), 1：24; StaatsAN 65, 20（Feb 24 1632).

p.309 そのうちのひとりは：LKAN Lorenz 109; StaatsAN Rep 65, Nr. 34：56.

p.310 おそらく：LKAN Lorenz L80, 129; *RV* 2162：49v（Jun 13 1634).

p.310 最後にその地位を確保するまでの：StaatsAN 65, 32：244.

エピローグ

p.311 まずもって社会は：*Resistance, Rebellion, and Death*, 英訳版 Justin O'Brien（New York：Vintage Books, 1974), 180.

p.312 それまでの二世紀にわたる：Walker, *German Home Towns*, 12.

p.313 一六四〇年八月二十九日：StaatsAN 54a II：Nr. 728; および *RV* 2189：30r–v（Jul 22 1636）; 2194：25r–v（Dec 7 1636）; 2225：97r（May 10 1639）; 2232：10v–11v（Nov 2 1639）; 2243：91v（Sep 23 1640). シュレーゲルの自己申告によると、以前の任地では1,500人以上いた顧客が、ニュルンベルクではたった97人しかいないとのことだった。

p.314 フランツェンハンスは、家族で暮らした家に：マリーアは1664年4月12日死去。フランツェンハンスは1683年2月26日に死去（LKAN Beerditgungen St. Lorenz, fol. 311, 328)。

p.315 処刑の手法は：Evans, *Rituals of Retribution*, 109–49.

p.315 これらの説と：この点で、ミシェル・フーコーとフィリップ・アリエスの目的論的な、さもなければ欠陥のある論証に対する、リチャード・エヴァンズの痛烈な批評に筆者は強く影響を受けているが、

p.282 一五九〇年七月二十八日：*FSJ* Jul 28 1590.

p.283 罰を受けることになったのは：Kunstmann, *Zauberwahn*, 78–86. その後世紀末までに、ニュルンベルクも周辺地域の熱狂に圧倒されたのか、魔術を使ったとして男3人と女2人を処刑している（周辺のフランケン地方一帯では魔女狩りで4,500人が処刑された）。

p.284 シュミットは：*FSJ* Nov 13 1617；ASB 217：326r–v.

p.284 人妻バルバラ・ワグネリンと：*FSJ* Oct 13 1604.

p.284 若い廃馬解体業者が：*FSJ* May 2 1605；Dec 23 1600.

p.284 捕らえられた泥棒の：*FSJ* Dec 13 1588.

p.286 フランツも、教戒師である同僚のミュラー師も：*FSJ* Jul 8 1613；*JHJ* Jul 8 1613.

p.286 フランツ親方は、はっきりと：*FSJ* May 10 1599.

p.287 そうした無害な：*FSJ* Mar 6 1604；ASB 215, Hampe, 59–60 に引用。

p.287 さらにランプレヒトは：ASB 218：324r–342r.

p.288 とりわけ彼が罪に問われたのは：*FSJ* Mar 7 1604；Aug 17 1599；Mar 20 1606；Feb 18 1585.

p.288「彼は二年ほどある家で」：*FSJ* Sep 25 1595；Nov 26 1586.

p.288「黄金の日曜日に生まれた子」：*FSJ* Feb 9 1598. この主題については、大作、Johannes Dillinger, *Magical Treasure Hunting in Europe and North America：A History*（New York：Palgrave Macmillan, 2011）を参照。

p.291 仕事で旅に出ることは減り：1601年から1606年にかけて、シュミットは少なくとも年に1回、しばしば2回、ヒルポルトシュタイン、アルトドルフ、ラウフ、ザルツブルク、リヒテナウ、グレーフェンベルクへ処刑の旅に出ていた（*FSJ* Jun 20 1601；Jul 8 1601；Mar 3 1602；May 7 1603；May 27 1603；Jun 16 1604；Aug 13 1604；May 6 1605；May 17 1606）。1609年にヘロルツベルクとヘルスブルックへ出かけ（Feb 10 and Mar 17）、1611年にもう一度、1月17日にエッシュナウへ行った。その後の7年間で、平均して年に2回のむち打ち刑しか手がけていない。ほかにも体刑がとりおこなわれたのは明らかなのにである。

p.291 見物人たちは：ASB 226：43r–v；*FSJ* Feb 28 1611.

p.291 公式に調査の手が入り：StaatsAN 52a, 447：1413–14；*RV* 1871：7v, 22v–23v, 25v, 31v–32r.

p.292 それが五月三十一日になって：StaatsAN 52a, 447：1493.

p.292 動揺しながらも：Siebenkees, *Materialen,* 4：552；*FSJ* Jul 29 1617.

p.293 すさまじい演出になるのを：*RV* 1943：12v, 18r–v, 24v（Nov 10, 12, 13 1617).

p.293 処刑に先立つ五週間：*JHJ* Nov 13 1617.

p.295 一週間後：*RV* 1943：37v, 58r, 80r, 85r–v（Jul 13, 17, 24, 27 1618)；1953：10 v, 41r, 47r（Aug 1, 10, 12 1618).

p.296 明らかに憤慨した：*RV* 1953：55v–56r, 72v, 80r（Aug 14, 20, 22 1618)；1954：33v, 74r（Sep 7 and 21 1618)；1957：42r（Dec 4 1618).

p.297 処刑人を接触伝染病扱いするような：*RV* 1963：4 v, 27r–v, 39r（Apr 29, May 8 and 13 1619).

p.297 慎み深い生活を送り：*RV* 2005：104r–v（Jul 17 1622)；2018：45v（Jun 23 1623)；2037：17r（Nov 16 1624)；2038：32r（Dec 12 1624)；2068：117r（Apr 17 1627)；2189：30r–v（Jul 22 1636)；2194：25r–v（Dec 7 1636)；2214：36r（May 31 1638).

p.298 ベテランの獅子が：Keller, 174.

p.298 それはフランツが：*RV* 1969：29v（Oct 22 1619)；1977：54v（Jun 7 1620)；1991：35v（Jun 8 1621).

p.298 ベルンハルト親方は：*RV* 2052：92v（Feb 21 1626).

72；G&T, 109ff を参照。

p.272 彼が手際よく任務を：ニュルンベルクでは聖ペテロ墓地に葬られるのが通例だった。ただし、墓地内であっても聖化されていない土地に葬られることもあった。Knapp, *Loch*, 77.

p.272 さまざまな人体遺物：Karl H. Dannenfeldt, "Egyptian Mumia：The Sixteenth Century Experience and Debate," in *Sixteenth Century Journal* 16, no. 2（1985）：163–80.

p.273 たとえば：Stuart, 158–59；Stuart は、血、そしてときには人体の一部を分配することを、キリスト教の聖餐になぞらえている。同 180。

p.274 フランツ親方が人体部位商売で：Markwart Herzog, "Scharfrichterliches Medizin. Zu den Beziehungen zwischen Henker und Arzt, Schafott und Medizin," in *Medizinhistorisches Journal* 29（1994）, 330–31；Stuart, 155–60；Nowosadtko, 169–70.

p.274 ある処刑人は：Nowosadtko, 179.

p.274 バイエルンのカトリック教会当局：Stuart, 162；Angstmann, 93.

p.275 フランツ親方に任された：芸術と解剖の交わりに対する別の解釈については、Andrea Carlino, *Books of the Body：Anatomical Ritual and Renaissance Learning*, 英訳 John Tedeschi and Anne C. Tedeschi（Chicago：University of Chicago Press, 2009）を参照。

p.276 一世紀のちのドイツには：Roy Porter, *Blood and Guts：A Short History of Medicine*（London：Allen Lane, 2002）, 53–58.

p.276 心臓も売られ：Nowosadtko, 168–69.

p.276 地元の絞首台で：G&T, 67.

p.276 フランツ・シュミットが：Hampe, 79–81.

p.277 処刑の仕事と：Knapp, *Kriminalrecht*, 64 に引用。

p.277 それでも当時二十四歳の：*FSJ* Jul 21 1578；*RV* 1425：48r（Jul 17 1578）.

p.277 言い換えれば：*FSJ* Jun 1 1581；Oct 16 1584；Dec 8 1590；Dec 18 1593. ペスラーは1641年にもまだ処刑された犯罪者を解剖していた。Knapp, *Kriminalrecht*, 100.

p.278 若いころのフランツは：*FSJ* Jun 26 1578；Aug 22 1587.

p.278 また、理髪師の：*FSJ* Jan 20 1601；Aug 29 1587.

p.278 彼なりに細心の検死を：*FSJ* Jun 4 1596；Mar 21 1615；Oct 1 1605.

p.278 泥棒ゲオルク・ブラウンの首を：*FSJ* Sep 14 1602.

p.279 フランツは見物人の：Angstmann, 99–101；StaatsAN 42a, 447：1063（Aug 7 1583）.

p.280 この市で一件だけあった：Döpler, *Theatrum poenarum*, 1：596；Nowosadtko；183–89；RV 2176：56r（Jul 15 1635）；Hartmut H. Kunstmann, *Zauberwahn und Hexenprozess in der Reichsstadt Nürnberg*（Nuremberg：Nürnberg Stadtarchiv, 1970）, 94–97.

p.280 特にフランケン地方は：Nowosadtko, 98–117；Zagolla, *Folter und Hexenprozess*, 368；Wolfgang Behringer, *Witchcraft Persecutions in Bavaria：Popular Magic, Religious Zealotry, and Reason of State in Early Modern Europe*, 英訳は J. C. Grayson and David Lederer（Cambridge, UK, and New York：Cambridge University Press, 1997）, 401, 表13. フランケンのほかの地域で起きた魔女パニックについては、Susanne Kleinöder-Strobel, *Die Verfolgung von Zauberei und Hexerei in den fränkischen Markgraftümern im 16. Jahrhundert*（Tübingen：J. C. B. Mohr Siebeck, 2002）も参照。

p.280 しかもそれは：Kunstmann, *Zauberwahn*, 39–44.

p.281 ただし：*FSJ* Jul 28 1590.

p.281 アーベンスベルクで：ASB 211：111r–114r；および Kunstmann, *Zauberwahn*, 69–78.

p.282 結局：ASB 211：111r.

p.261 彼はヘルンラインから：Geoffrey Abbott, *Lords of the Scaffold: A History of the Executioner* (London: Eric Dobby, 1991), 104ff.

p.261 ヘルンライン自身：ASB 210:289r–v, 292v–293v.

p.263「たいてい誰にでも」：*Restitution*, 201v.

p.263 ニュルンベルクの為政者たちが：*RV* 1119:13r (Jul 22 1555); G&T, 104–6.

p.263 フランツ自身が：Nowosadtko, 163. 1533年、アウクスブルクの退職した処刑人は、医療顧問専従で生計を立てていけず、やむをえず復職を願い出た。Stuart, 154.

p.264 ニュルンベルクのような大都市では：Robert Jütte, *Ärzte, Heiler, und Patienten: Medizinischer Alltag in der frühen Neuzeit* (Munich: Artemis & Winkler, 1991), 18–19.

p.265 ハンブルクの処刑人：Angstmann, 92; Keller, 226. Paracelsus, *Von dem Fleisch und Mumia* (Stuart, 160で引用)。

p.265 処刑人の寡婦や妻たちも：Matthew Ramsey, *Professional and Popular Medicine in France, 1770–1830: The Social World of Medical Practice* (Cambridge, UK: Cambridge University Press, 1988), 27; Nowosadtko, 165.

p.266 読み書きのできる処刑人にとって：手工業者の家庭に一般医学知識が広まっていったことについては、Michael Hackenberg, "Books in Artisan Homes of Sixteenth-Century Germany," *Journal of Library History* 21 (1986): 72–91を参照。

p.266 今日では魔女狩りに：*Artzney Buch: Von etlichen biß anher unbekandten unnd unbeschriebenen Kranckheiten/deren Verzeichnuß im folgenden Blat zu finden* (Frankfurt am Main, 1583).

p.267 一五一七年の初版以来：著者が調べた版は *Feldtbuch der Wundartzney, newlich getruckt und gebessert* (Strasbourg, 1528).

p.267 フランツ親方が医療家として：1532年に刊行され普及した著作、Lorenz Friesの *Spiegel der Artzney* は実際に、診察中の質問をめぐって構成されていた。Claudia Stein, *Negotiating the French Pox in Early Modern Germany* (Farnham, UK: Ashgate, 2009), 48–49を参照。

p.267 よく読まれていた便覧の：Jütte, *Ärzte*, 108. および David Gentilcore, *Medical Charlatanism in Early Modern Italy* (Oxford, UK: Oxford University Press, 2006).

p.268 傷医者や処刑人が：16世紀後半のケルンで、2,179件のサンプル中、創傷を〝傷医者〟が治療したのは36.6パーセントだった。Jütte, *Ärzte*, table 6; G&T, 111.

p.268 フランツは囚人の治療で：Nowosadtko, 163–66.

p.268 だが、本人の推定するところ：*Restitution*, 202r.

p.269 これに関連して：Valentin Deuserは1641年に皇帝の恩典を得て、〝傷医者兼理髪師として、妨害されることなくどこの家でも訪ねて治療をほどこす〟ことを許された。G&T, 41.

p.269 なかには、皇帝の使者が三人：*Restitution*, 203r–v.

p.270 彼がこの問題で：*RV* 1726:58r–v (Jul 7 1601).

p.270 参事会員たちは：*RV* 1835:25r (Oct 14 1609).

p.271 つまり、ニュルンベルクでは：Mummenhoff, "Die öffentliche Gesundheits," 15; L.W.B. Brockliss and Colin Jones, *The Medical World of Early Modern France* (Oxford, UK: Clarendon Press, 1997), 13–14.

p.271 だが、〝彼らがいくらかは〟：1661年、ニュルンベルク市参事会は、自分たちのところの処刑人が手広く医療行為をしていることについてアウクスブルクの医者たちから寄せられた怒りの質問に、そういう行為は処刑人に認められていると答えた。Stuart, 163.

p.271 フランツ親方の：G&T, 41. ほかの場所で起こった衝突については、Wilbertz, 70ff.; Stuart, 164–

p.245 一方、若い御者の：*FSJ* Oct 1 1612.

p.245 このときも：Hampe, 84. 第1グループの少年5人は、18歳のリーダー、Heinrich Lind の処刑を見せられてから、公開むち打ち刑に処され、追放された。同年、〝12歳以上はひとりもいない〟13人の少年グループも、むち打ち刑のあと追放された。StadtAN F1-2/VII:529; Knapp, *Kriminalrecht*, 9.

p.246 どこかの時点で：*FSJ* Jan 25 1614; StaatsAB A245/I Nr. 146, 82v; ASB 210:86v.

p.246 その結果：*FSJ* Oct 7 1578; Mar 19 1579; Apr 28 1580; Aug 2 1580; Oct 4 1580; Feb 11 1584; Feb 12 1584; Jul 20 1587; May 15 1587; Sep 5 1594; May 3 1597; Jun 16 1604; Jan 12 1615; Dec 19 1615; および ASB 226a:49r-52v.

p.246 ニュルンベルク市内で：ASB 226a:48r; *FSJ* Jan 25 1614.

p.247 それに比肩する：*FSJ* Feb 11 1584; Feb 12 1584.

p.247 このときから先：*FSJ* Sep 5 1594; May 3 1597; Jun 16 1604; Feb 28 1615; Dec 14 1615.

p.247 十六歳のバルタザール・プライスと：*FSJ* Jan 12 1615. および Dec 14 1615.

p.248「〝大物百姓〟」：*FSJ* Dec 19 1615; ASB 218:72vff.

p.249「当地でペーター・ツィークラーから」：*FSJ* Jan 29 1588; Jan 13 1592. および Feb 11 1584; Feb 12 1584; Jun 5 1593; Jan 12 1615; Dec 14 1615; Dec 19 1615.

p.249 使用人のハンス・ドルシュは：*FSJ* Oct 25 1615.

p.250 市民の息子で：*FSJ* May 19 1601.

p.250 子供たちが不実なのを：Joel F. Harrington, "Bad Parents, the State, and the Early Modern Civilizing Process," in *German History* 16, no. 1 (1998):16-28.

p.250 フランツは、むち打ったり：*FSJ* Jan 8 1582; 1574; Apr 15 1578; Mar 6 1606; Apr 2 1590; Jan 14 1584.

p.250 自分の娘に：*FSJ* Dec 12 1598; Mar 6 1606; Jul 18 1583; Sep 1 1586; Jun 7 1612. *RV* 1800:48v-49r (Mar 14 1607).

p.251 むち打ち刑を受け：*FSJ* Jan 14 1584; および Jan 8 1582.

p.251 詐欺師のエリーザベト・アウルホルティン：ASB 213:214v.

p.251 強盗のハンス・リュールは：*FSJ* May 2 1605.

p.251 とりわけ：*FSJ* Jun 16 1604.

p.252 〝若いころから不良で〟：ASB 210:154r. *FSJ* Feb 11 1585.

p.253 彼の歌が：Dieter Merzbacher, "Der Nürnberger Scharfrichter Frantz Schmidt—Autor eines Meisterliedes?," in *MVGN* 73 (1986):63-75.

p.255 犯罪者を処罰することが：Stuart, 179-80.

p.256 道を踏みはずした自分の子を：*FSJ* Apr 2 1590.

p.257［彼は］祈ろうとも：*FSJ* Sep 15 1604. 15〜16世紀芸術におけるりっぱな泥棒と不名誉な泥棒というテーマについては、Mitchell Merback, *The Thief, the Cross, and the Wheel: Pain and the Spectacle of Punishment in Medieval and Renaissance Europe* (Chicago: University of Chicago Press, 1999), 218-65 を参照。

第五章　治療師《ヒーラー》として

p.258 というのは、徳という言葉は：*Essays*, 174.

p.260 廃止とみなされていた溺死刑が：*FSJ* Jan 2 1588; Jan 11 1588; Jan 18 1588.

泥棒”については233ffも参照。
p.230 農夫ハインツ・フリューゲルと：*FSJ* Dec 29 1611; Jul 19 1588.
p.231 吟遊詩人のほうは：*FSJ* Jan 12 1615; Sep 12 1583; Jul 23 1584; Aug 3 1598; Aug 26 1609.
p.231「彼は二十二年間」：*FSJ* Nov 14 1598.
p.232 〝キャベツ農夫”：*FSJ* Nov 18 1617.
p.232 また、錠前師の：*FSJ* Dec 13 1588; Nov 18 1597; Oct 13 1601.
p.232「二回にわたって」：*FSJ* Sep 15 1604.
p.233「さまざまな道具をとりそろえていた」：*FSJ* Apr 29 1600. および Jul 1 1616.
p.233「グリュントラインで」：*FSJ* Oct 25 1597. および Jun 1 1587.
p.234「フライエンフェルスの城に」：*FSJ* Mar 9 1609.
p.234 さえないへまな連中の：*FSJ* Nov 18 1617; Sep 2 1600. および Jul 23 1594; Jul 13 1613.
p.235 フランツ親方が付け加えたこと：*FSJ* Oct 17 1587; Sep 7 1611; Sep 14 1602; Sep 16 1595.
p.235 泥棒がその後に：*FSJ* Oct 1 1612; Jul 8 1613.
p.236 コンラート・クラフトは：*FSJ* Oct 11 1593; Feb 9 1598; Mar 20 1606; Feb 23 1609; Jul 12 1614.
p.237 フランツは日記中で：*FSJ* May 4 1585; Nov 17 1584; Oct 5 1588; May 7 1603. はっきりした「良き死に方」については Jan 10 1581; Nov 6 1595; Dec 23 1600; Sep 15 1605; Sep 18 1605; Jul 8 1613を参照。
p.237 悔悛の意を示した泥棒の：*JHJ*, Hampe, 71に引用。*FSJ* Jul 19 1614. および May 17 1611.
p.238 頑として〝祈ろうとしない”：*JHJ* 39v.
p.238 囚人に拒絶された：*JHJ*, Hampe, 19に引用。
p.238「私が訪れると」：*JHJ*, Hampe, 17–18に引用。
p.239「よくてんかんを」：*FSJ* Jan 11 1588.
p.239 そういう仮病もあったせいか：*FSJ* Jan 28 1613; Jul 8 1613.
p.240 あるいは：*FSJ* Feb 20 1582; Sep 18 1604. および Aug 11 1582; Oct 9 1593.
p.240 〝嘆願と祈りに応じ”：*JHJ* Mar 10 1614.
p.240 刑の執行日の朝：Dülmen, *Theatre of Horror*, 28–32; Schwerhoff, *Köln im Kreuzverhör*, 166ff.
p.240 〝とびきり男前な二十歳の若者”：StaatsAN 226a, 40v, 77r.; *JHJ* 153r; *FSJ* Mar 15 1610.
p.240 ともに市民である：Hampe, 14–16.
p.241 ニュルンベルクの犯罪記録には：同上, 83.
p.241 夫の毒殺未遂で：*FSJ* Oct 3 1588. および Jul 12 1614; Jun 15 1588; May 23 1597; Dec 18 1593.
p.242「彼はたいへん喜び」：*JHJ* Mar 10 1614, Hampe, 16に引用。
p.242 ドイツ国内には：Hampe, 83に引用。
p.242 一六〇九年の：*FSJ* Feb 10 1609.
p.243 処刑人も：Keller, 144–45, 148.
p.243 若いころのフランツは：*FSJ* Jan 10 1581; および Oct 16 1585.
p.243 そういう寛大な処置は：*FSJ* Apr 11 1592; Mar 4 1606; Oct 11 1593; Aug 11 1606; Mar 5 1612. および Mar 17 1609; Sep 5 1611.
p.244 組織化された一味に：Harrington, *Unwanted Child*, 195–214.
p.244『カロリナ刑法典』は：*CCC*, art. 179 および art. 14.
p.244 まだ子供でしかない泥棒に：Harrington, *Unwanted Child*, 221–25.
p.244 一六〇五年：StadtAN F1-14/IV: 1634.
p.245 若い学生で：*FSJ* May 16 1594; Jul 22 1593; Jun 4 1600; Nov 29 1582.

p.215『カロリナ刑法典』その他の刑法は：〝西部の掟〟については、特に以下を参照。Richard Maxwell Brown, "Violence," in *The Oxford History of the American West*, ed. Clyde A. Milner II et al.（Oxford, UK：Oxford University Press, 1994), 393−95. この出典については同僚の Dan Usner に感謝したい。
p.215 命に別状ない傷を：Knapp, *Kriminalrecht*, 170−77, 191−95.
p.215 たまにはわざわざ侮辱的なことや：*FSJ* Oct 26 1602；Mar 17 1609；May 4 1585. および Apr 28 1586.
p.215 そうでなければ：*FSJ* 1577；Apr 10 1578；Oct 6 1579；Nov 28 1583；Apr 28 1586；Feb 18 1591；Jun 1 1587；Oct 13 1588；Aug 11 1600；Aug 11 1606. Knapp, *Kriminalrecht*, 31−37. および Schwerhoff, *Köln im Kreuzverhör*, 265−322.
p.216 たとえば：*FSJ* Oct 13 1588.
p.216「救貧院門のそばを」：*FSJ* Aug 7 1599.
p.217「ファッハのパン屋ザラ」：*FSJ* Apr 20 1587.
p.218「ヘルスブルックのある農夫は」：*FSJ* Apr 11 1592.
p.219 泥棒のペーター・ホフマンは：*FSJ* Sep 20 1587；Mar 6 1604.
p.219 第三の選択肢：Harrington, *Unwanted Child*, 30−34.
p.220 また「農夫の娘を誘惑」：*FSJ* Oct 5 1597；Jul 8 1609；および Jul 1 1609.
p.220 それぞれ自分の娘に：*FSJ* Jan 9 1583；Jul 18 1583；Sep 1 1586；Jul 4 1584；および Jun 16 1585.
p.220「妻が健在なうちから」：*FSJ* Jun 28 1614.
p.221 そして、厭世的な：*FSJ* Feb 22 1611.
p.221 それでも：*FSJ* Jul 20 1587.
p.222 それも：Ulinka Rublack "'Viehisch, frech vnd onverschämpt'：Inzest in Südwestdeutschland, ca. 1530−1700," in Ulbricht, *Von Huren und Rabenmüttern*, 171−213；および David Warren Sabean, Simon Teuscher, and Jon Mathieu, eds., *Kinship in Europe：Approaches to the Long-Term Development*（*1300−1900*）(New York：Berghahn, 2007).
p.222 エリーザベト・メヒテリンが：*FSJ* Jul 23 1605；Jan 29 1599；Mar 5 1611；Feb 28 1611；Jul 7 1584. および Mar 27 1587；Apr 23 1588；Apr 2 1589；Jun 26 1594；Jun 17 1609.
p.223 近世という時代において：このテーマを扱った最高の著作は Helmut Puff, *Sodomy in Reformation Germany and Switzerland, 1400−1600*（London and Chicago：University of Chicago Press, 2003).
p.223「果実商」：*FSJ* Aug 13 1594.
p.224「［前述した］石工と」：*FSJ* Mar 11 1596.
p.224 どちらの件でも：*FSJ* Mar 11 1596；Aug 10 1581.
p.225 フランツはさらに：*FSJ* Jul 3 1596. この点では驚くほど寛容な雰囲気だったという証拠については、Maria R. Boes, "On Trial for Sodomy in Early Modern Germany," in *Sodomy in Early Modern Europe*, ed. Tom Betteridge（Manchester, UK：Manchester University Press, 2002), 27−45 を参照。
p.225「さらし台で」：*FSJ* Apr 19 1591. および Jul 15 1584；Oct 13 1587；May 17 1583；Jul 15 1585. 神を冒瀆すると天罰がくだるという恐れについては、Knapp, *Kriminalrecht*, 277−79 を参照。
p.226 むしろ、日記中で：*FSJ* Jan 5 1587；Jun 25 1590；Jul 29 1600. および Aug 12 1600；Jan 19 1602；Apr 21 1601.
p.228 同様にフランツは：*FSJ* Feb 10 1609；Mar 9 1609；Jan 23 1610；Jan 19 1602.
p.228「ジーモン・シュタルク」：*FSJ* Oct 1 1605.
p.228「彼は宿に」：*FSJ* Jan 27 1586. および Aug 4 1586；Jan 2 1588；Mar 4 1589；Sep 23 1590.
p.229 別の言い方をすれば：Knapp, *Kriminalrecht*, 119−22. 処刑の判決を下す当局の指す〝治らない

1600年冬のペスト流行については、StaatsAN 52b, 226a: 1256–57.

p.198 一見混沌とした世界に：特に、見事な概観は以下で読める。Joy Wiltenburg, *Crime and Culture in Early Modern Germany*（Charlottesville: University of Virginia Press, 2012).

p.200 似たような事件で：*FSJ* 1573; Nov 9 1586; Nov 17 1580; Mar 3 1580; Aug 16 1580; Dec 14 1579.

p.201 傭兵のシュテファン・シュタイナーは：*FSJ* Oct 11 1604; Apr 18 1598.

p.201「ゲオルク・フランク」：*FSJ* Mar 29 1595.

p.202 さまざまな奇襲について記す際に：Knapp, *Kriminalrecht*, 179–80.

p.202 同様に：*FSJ* Apr 28 1579; Dec 6 1580; Jul 27 1582.

p.203 彼が洗いざらい：*FSJ* Oct 23 1589. および Oct 16 1584; Mar 13 1602; Oct 11 1604.

p.204 フランツ親方は、眠りについている人を：*FSJ* Apr 28 1579; Mar 5 1612; Jan 16 1616; Jan 27 1586; Sep 23 1590; May 18 1591; Dec 17 1612. および 1574; May 25 1581; Feb 20 1582; Aug 4 1586; Dec 22 1587; Jan 5 1587; May 30 1587; Apr 11 1592; Jun 21 1593. 夜間に襲撃されやすい問題については Craig Koslofsky, *Evening's Empire: A History of the Night in Early Modern Europe*（Cambridge, UK: Cambridge University Press, 2011).

p.204 殺人未遂で結局有罪になった：*FSJ* Aug 29 1587; Oct 16 1584.

p.204 さらに残忍な：*FSJ* Jun 30 1593.

p.205 同じように残忍な：*FSJ* Sep 18 1604; Aug 13 1604. および Jan 2 1588; Jul 10 1593; Feb 28 1615.

p.205「侵入者たちは」：*FSJ* Jan 16 1616.

p.206「オステンフォースの裏手の」：*FSJ* Jun 4 1599.

p.206 ニュルンベルクでは十七世紀全体で：このうち4人の罪状には凶悪な強盗が含まれていたし（Dülmen, *Theatre of Horror*, appendix, table 5）、16世紀のいくつかの事例でも同様だった。未成年者の強姦で処刑される結果となったものが3例ある（*FSJ* Jul 3 1578; Apr 10 1583; Jun 23, 1612).

p.207 また：*FSJ* Mar 13 1602; Aug 22 1587. および Nov 19 1612; Jun 2 1612; Dec 7 1615.

p.208 何が発端の：*FSJ* Jun 4 1596; Nov 28 1583; Nov 13 1599.

p.208 計画的な暴行の：*FSJ* Jul 17 1582; Aug 11 1582; May 27 1603; May 8 1598; May 17 1611; Oct 11 1608.

p.209「夫の食事に」：*FSJ* Oct 13 1604.

p.209 彼は「行商人から」：*FSJ* Jul 15 1580.

p.210 フランツ親方が処刑した：*FSJ* 1578; Jul 15 1580; May 25 1581; Feb 20 1582; Mar 14 1584; Aug 4 1586; Jan 2 1588; Jul 4 1588; Jun 21 1593; Feb 10 1596; Jul 22 1596; Jul 11 1598; Jan 20 1601; Apr 21 1601.

p.210 人間のありとあらゆる：*FSJ* May 25 1581.

p.210「女のひとりは」：*FSJ* Jul 21 1593. および 1573年の3つの事件は Jul 15 1580; May 25 1581; Feb 20 1582; Aug 4 1586; Dec 8 1587; Feb 10 1596; Jul 22 1596; Apr 21 1601.

p.211 初期のころの日記に：*FSJ* 1574.

p.211 ただし：*FSJ* Oct 11 1603. 遺体への冒瀆についての例は 1574; May 25 1591; Aug 28 1599; Jul 15 1580; Jan 2 1588; Mar 13 1602; Dec 2 1596; Mar 15 1597; Mar 5 1612.

p.213 それに負けず劣らずなのが：*FSJ* May 2 1605; Jul 29 1600; Nov 12 1601; Dec 2 1596; Feb 18 1591; Jun 21 1593; Jul 11 1598. および 1573; 1574; Feb 11 1585; May 4 1585; May 2 1605.

p.214 いずれ逮捕されることを：*FSJ* Mar 3 1597; Jul 29 1600; Feb 10 1596; Jan 17 1611; Feb 20 1582; Jul 27 1582.

p.214 それらを合わせると：*FSJ*: 394件の死罪のうち300件、384件の体刑のうち301件。

p.183「シュタット・ヒルポルトシュタインで」: *FSJ* Jul 28 1590. および Feb 20 1582; Oct 16 1582; Apr 27 1583; Jul 9 1583; Mar 16 1585; Sep 20 1586; Oct 4 1587; Jul 10 1592; Jul 23 1605; Dec 6 1609.

p.184 不貞な妻をもった夫が: *FSJ* Feb 28 1611; Jun 7 1612.

p.184 翌年冬には: *RV* 1431:37v (Dec 29 1579); *RV* 1456:46r (Nov 8 1580); *RV* 1458:25v (Dec 28 1580).

p.185「終生どんなときも」: StaatsAN 44a, Rst Nbg Losungamt, 35 neue Laden, Nr. 1979; StaatsAN 60c, Nr. 1, 181r; および *RV* 1507:9v–10r (Aug 19 1584); *RV* 1508:32r (Sep 25 1584).

p.186 バンベルクのハインリヒ親方が: 1582年のイースター直後、フランツはバンベルクにいる病気の父親を訪ねる請願をして許可を得ている。*RV* 1475:23v (Apr 10 1582).

p.186 〝たくましくて男前の〟: ASB 210:154; および *RV* 1523:8r–v, 23r, 25r, 31r (Feb 1, 8, 9, 10, 1585). StaatsAN 52a, 447:1076.

p.186 いちばんぞっとするのは: *FSJ* Feb 11 1585. および Jul 23 1584.

p.188 フランツ・シュミットは一生懸命: StaatsAB A245/I, Nr. 146, 106v–107v; StaatsAN 52a, 447: 1076–77. また別の一節でシュミットは、犯罪者が親族の男であると認めるばかりか、そのむち打ち刑を助手に任せてもいる。*FSJ* Jun 7 1603.

p.189 ハインリヒ親方に長く仕えた助手: StaatsAB A231/1, Nr. 1809, 1.

p.189 五月が終わらないうちに: StadtsAB B7, Nr. 84 (May 1 1585); StadtsAB B4, Nr. 35, 102r–v (1586); *RV* 1517:21v–22r (May 25 1585).

p.189 その年の夏: StadtAN F1–2/VII:682.

p.189 市壁のすぐ外側にある: St. Rochus Planquadrat H5, #654; Ilse Schumann, "Neues zum Nürnberger Nachrichter Franz Schmidt," in *Genealogie* 25, nos. 9–10 (Sep–Oct 2001):686.

p.190 大多数の処刑は: Hilpoltstein (*FSJ* Jul 20 1580; Aug 20 1584; Mar 6 1589; Sep 19 1593; Feb 28 1594); Lauf (*FSJ* Aug 4 1590; Jun 8 1596; Jun 4 1599); Sulzbach (*FSJ* Feb 23 1593; Mar 11 1597); Hersbruck (*FSJ* Jul 19 1595; Dec 18 1595; Feb 10 1596; Sep 2 1598); Lichtenau (*FSJ* Apr 18 1598). *RV* 1706:38r (Jan 12 1600) も参照。

p.190 この愛称〝ロージー〟と: LKAN St. Sebaldus, 49v, 50v, 70v.

p.191 手工業者の家庭や: たとえば、この時代についてのある研究によると、同じ町に子供が3人以上住んでいるのは、貧困家庭の6世帯中1世帯にとどまるのに対して、アッパーミドル・クラスおよび富裕層の家庭では4世帯中3世帯近くが3人以上の子を養う特権を享受していた。一方、近世の処刑人の家庭782世帯をサンプルにした調査に基づくと、処刑人の家庭には平均して男3人、女3人の子がいた。Jürgen Schlumbohm, *Lebensläufe, Familien, Höfe: Die Bauern und Heuerleute des osnabrückischen Kirchspiels Belm in proto-industrieller Zeit, 1650–1850* (Göttingen: Vandenhoeck and Ruprecht, 1994), 201, 297; G&T, 45–50.

p.191 広範囲に及ぶ法的庇護: *RV* 1621:3v, 10v (Jul 14 1593); ASB 308 (Bürgerbuch 1534–631): 128v.

第四章 賢人として

p.193 ストア派が: *Essays*, 398.

p.194「[ハイラント] およびその仲間の」: *FSJ* Mar 15 1597.

p.197 四歳から十三歳までの: *RV* 2122:23r–v (May 19 1631). StaatsAN Rep 65 (Mikrofilm S 0735).

p.171 フランツはリーンハルト・ディッシンガーが：*FSJ* Dec 2 1613；および Jul 3 1593；Jul 12 1614.
p.171「［彼女は］」：*FSJ* Jan 23 1610.
p.172「泥棒の娼婦」：*FSJ* Feb 23 1593；May 3 1596；Jul 27 1594；Sep 8 1590.
p.173 それは：*FSJ* Aug 12 1579；Jul 28 1590；Apr 21 1601. および Apr 18 1598；Feb 9 1581；Feb 12 1600.
p.174 フランツがごく個人的に定義する：*FSJ* Jan 29 1588.
p.175 たとえば、ニュルンベルク市と：*FSJ* Jul 4 1588；Jul 30 1588；Dec 16 1594；Jul 4 1588；Feb 10 1597.
p.176 ラムシュペルガーは最終的に：*FSJ* May 28 1588.
p.176 ニュルンベルクのリーダーたちでさえ：*FSJ* Feb 12 1596；Jul 11 1598；Nov 18 1617；Nov 13 1617.
p.176 門閥である女主人：*FSJ* Jan 16 1616. および Jul 17 1582.
p.177 もっとひどい裏切り者：*FSJ* Jan 23 1595；Mar 4 1606；May 23 1615；Jun 25 1617；Jan 23 1610；Nov 14 1598.
p.177 晩年になってやっと：*FSJ* Oct 16 1584；Oct 23 1589；Mar 8 1614. および Oct 27 1584.
p.178 自分のいとこから：*FSJ* Mar 3 1580；Nov 17 1580；Jul 3 1593；Mar 30 1598；Jan 18 1603；Nov 20 1611；Nov 2 1615. および Apr 29 1600.
p.178「ペルンガウで」：*FSJ* May 27 1603.
p.178「［彼は］いとこの水車小屋で」：*FSJ* Jul 2 1606.
p.179 たとえば、ある農場労働者が：*FSJ* Jul 23 1578；Jun 23 1612. および May 2 1579；Apr 10 1582；Jun 4 1599.
p.180 この男を：*FSJ* Apr 28 1579；Jun 21 1593. および Feb 28 1615.
p.180「囚人として」：*FSJ* Nov 18 1589. および Apr 10 1582；Nov 1 1578；Sep 2 1598.
p.180 大工のゲオルク・エクローフ：*FSJ* Jul 12 1614；Jan 22 1611.
p.180「残忍にも小刀で」：*FSJ* Mar 6 1578；Jul 13 1579；Jan 26 1580；Feb 29 1580；Aug 14 1582；May 5 1590；Jul 7 1590；Mar 15 1597；May 20 1600；Apr 21 1601；Aug 4 1607；Mar 5 1616.
p.181 いちばんひどいのは：*FSJ* Jan 26 1580；May 5 1590；Jul 7 1590；Jun 26 1606；Feb 8 1614.
p.181 だが彼は：*FSJ* May 17 1606；Aug 4 1607；Dec 6 1580；Nov 17 1584.
p.181 酔っぱらった職人二人が：*FSJ* Jun 11 1585. および Jun 21 1593；Dec 23 1601；Sep 15 1604；Jul 9 1605；Nov 20 1611；Mar 5 1612；Nov 19 1613.
p.182 さらに一週間後の：*FSJ* Oct 15 1585；Oct 21 1585；Apr 14 1586；Apr 25 1587；Jul 15 1589.
p.182 有罪となった泥棒で：*FSJ* Nov 11 1585.
p.182 きっとセンセーショナルな事件だった：*FSJ* Jun 1 1581；Jul 27 1582；Oct 3 1587.
p.182 不貞と欲を織り交ぜた：近世ドイツにおける夫婦間殺人の典型的な例は、冷静で抜け目のない殺人者の妻と対照的に凶暴で激しやすい夫というものだ。以下を参照。Silke Göttsch, "'Vielmahls aber hätte sie gewünscht einen anderen Mann zu haben,' Gattenmord im 18. Jahrhundert," in Ulbricht, *Von Huren und Rabenmüttern*, 313–34.
p.183 たとえば、「ペーター・リットラー」：2人の妻：*FSJ* Feb 15 1580；Apr 27 1583；Jul 9 1583；Mar 26 1584；Oct 29 1584；Jun 6 1586；Jul 14 1590. 3人の妻：Dec 1 1580；Apr 3 1585. 4人の妻：Apr 3 1585；May 29 1588. 5人の妻：Nov 5 1595.
p.183 彼がもうひと言書く：*FSJ* Jul 28 1590. および Feb 20 1582；Oct 16 1582；Apr 27 1583；Jul 9 1583；Mar 16 1585；Sep 20 1586；Oct 4 1587；Jul 10 1592；Jul 23 1605；Dec 6 1609.

ちによるむち打ち刑を受けて町を追放されているのを見た」と同定している。(*FSJ* Aug 4 1586). 以下も参照。Jan 29 1583 ; Feb 9 1585 ; Jun 20 1588 ; Nov 6 1588 ; Jan 15 1594 ; Mar 6 1604.

p.166 フランツは廷吏や : *FSJ* May 29 1582 ; Nov 17 1582 ; Sep 12 1583 ; Dec 4 1583 ; Jan 9 1581 ; Jul 23 1583. 射手の Georg Mayr は盗みをはたらいたかどでむち打ち刑に処され町を追放された (Aug 11 1586)。以下も参照。Nov 18 1589 ; Mar 3 1597 ; Aug 16 1597 ; May 2 1605 ; Feb 10 1609 ; Dec 15 1611. そうした被雇用者に対してたびたび行われた懲罰の詳細については、Bendlage, *Henkers Hertzbruder*, 165−201, 226−33 を参照。

p.166 彼はその手の悪党が : *FSJ* Mar 3 1597 ; Aug 16 1597 ; May 25 1591.

p.167 フランツにとっては : *FSJ* Feb 10 1596 ; ; Mar 24 1590.

p.167 過度の飲酒 : Griffiths, *Lost Londons*, 138 ; 評判の悪い男に関する同時代の英語表現については 196ff を参照。

p.167 袋工であり : *FSJ* May 21 1611 ; Nov 24 1585.

p.168 マリーアと当時の恋人 : *FSJ* May 24 1580 ; Apr 15 1581 ; Dec 20 1582 ; Nov 19 1584 ; Aug 14 1584 ; Mar 16 1585 ; Nov 17 1586 ; Nov 21 1586 ; Jul 14 1593 ; Jul 26 1593 ; Oct 9 1593 ; Nov 10 1597 ; Dec 14 1601 ; Mar 3 1604 ; Feb 12 1605 ; Nov 11 1615 ; Dec 8 1615. 体刑については Sep 8 1590 ; Jan 18 1588 ; Dec 9 1600 ; Apr 21 1601 ; Jan 27 1586.

p.168 売春婦 : *FSJ* Oct 9 1578 ; Oct 15 1579 ; Oct 31 1579 ; Oct 20 1580 ; Jan 9 1581 ; Jan 31 1581 ; Feb 7 1581 ; Feb 21 1581 ; May 6 1581 ; Sep 26 1581 ; Nov 25 1581 ; Dec 20 1582 ; Jan 10 1583 ; Jan 11 1583 ; Jul 15 1583 ; Aug 29 1583 ; Sep 4 1583 ; Nov 26 1583.

p.168 だが、ともすれば : *FSJ* Oct 20 1580 ; Jan 10 1583 ; Jan 31 1581 ; Apr 2 1589 ; Jan 2 1588 ; Jan 18 1588. および May 5 1590 ; Jun 11 1594 ; Jan 3 1595 ; Jun 8 1596.

p.168 フランツが在任中に : 全般的な女性犯罪の犯罪者パターンと処刑については、以下を参照。Rublack, *Crimes of Women* ; Otto Ulbricht, ed., *Von Huren und Rabenmüttern : Weibliche Kriminalität in der frühen Neuzeit* (Vienna, Cologne, and Weimar : Böhlau, 1995) ; Joel F. Harrington, *Reordering Marriage and Society in Reformation Germany* (Cambridge, UK, and New York : Cambridge University Press, 1995), 228−40 ; および Schwerhoff, *Köln im Kreuzverhör*, 178−79.

p.169 フランツは男性が : *FSJ* Feb 9 1581 ; Mar 27 1587 ; Jan 29 1599.

p.169「父も息子も」: *FSJ* Jul 7 1584.

p.169 ニュルンベルクの新しい処刑人 : *FSJ* Nov 6 1610 ; Jul 19 1588. および Laura Gowing, *Domestic Dangers : Women, Words, and Sex in Early Modern London* (Oxford, UK : Oxford University Press, 1996).

p.169 死刑を執行したカトリック教徒に : *FSJ* Jul 3 1593 ; Dec 4 1599 ; May 7 1603 ; Mar 9 1609.

p.169 フランツは「異端者」や : *FSJ* Jul 20 1587 ; Sep 15 1604.

p.170 ユダヤ教徒は : ホーフのユダヤ人には年に一度進貢する義務があり、たびたび起こるユダヤ人家庭への押し込みでは、豚肉のかけらが置きみやげにされることがままあった。Dietlein, *Chronik der Stadt Hof*, 267−68 ; *FSJ* Sep 23 1590 ; Aug 3 1598 ; Oct 26 1602.

p.170 同年のその後 : *FSJ* Sep 23 1590 ; Aug 25 1592 ; Jul 10 1592 ; and Jul 10 1593.

p.170 個人の身元を : 近世におけるこの不安定なアイデンティティという問題については、以下を参照。Natalie Zemon Davis, *The Return of Martin Guerre* (Cambridge, MA : Harvard University Press, 1983、邦訳『帰ってきたマルタン・ゲール　16世紀フランスのにせ亭主騒動』成瀬駒男 訳、平凡社ライブラリー、1993), および Valentin Groebner, *Who Are You? Identification, Deception, and Surveillance in Early Modern Europe*, 英語版 Mark Kyburz and John Peck (Cambridge, MA : Zone, 2007).

p.152 そんな騒ぎが起こっても：Knapp, *Loch*, 20. *FSJ* Jul 3 1593；Nov 22 1603, Sep 15 1604. 1580年、1604年、1611年、1615年の記録に残る刑務所内自殺、およびフランツ・シュミットが言及している自殺未遂については、StadtAN F1, 47：8314, 876r；*FSJ* Jul 11 1598；May 10 1599 も参照。1604年には、殺人犯の服役囚が馬泥棒の被疑者を刑務所内で刺し殺した（ASB 226：17r–v）。

p.154 二十七年後の：StaatsAN 52a, 447：1009–10；ASB 226：23v；*RV* 1775：13r–v（March 1605). 絞首台の新造は *CCC*, art. 215 に規定されている。以下も参照。Keller, 209ff.；Knapp, *Loch*, 69–70；Dülmen, *Theatre of Horror*, 70–73.

p.155「欲深い仲間は」：*FSJ* Sep 3 1588；Nov 5 1588；Dec 22 1586.

p.155 絞首刑になった泥棒マッテス・レンガーは：*FSJ* Jun 15 1591. Jacobs, commentary to 1801 Schmidt journal, 212.

p.156 法制史家であるウィリアム・ミラーは：William Ian Miller, *Humiliation：And Other Essays on Honor, Social Discomfort, and Violence*（Ithaca, NY：Cornell University Press, 1993), 16.

p.158 したがって、牛飼いの：*FSJ* Dec 16 1594；Jun 21 1593.

p.158 市民には：*FSJ* Nov 10 1596；Jan 12 1583.

p.158「事前に灼熱の火ばさみで」：*FSJ* Aug 16 1580.

p.159 しかし、自分が採用された：*FSJ* Jan 4 1582；Jul 24 1585；Oct 5 1597.

p.159 ニュルンベルクで仕事を始めて：*FSJ* Jul 10 1593；および、たとえば Dec 23 1605.

p.159 たとえば：*FSJ* Oct 11 1593；Feb 9 1598；Jul 12 1614.

p.159 また、別の件でも：*FSJ* May 12 1584.

p.161 だがギュルヒェンは：Knapp, *Kriminalrecht*, 100. 全容については Wilhelm Fürst, "Der Prozess gegen Nikolaus von Gülchen, Ratskonsulenten und Advokaten zu Nürnberg, 1605," *MVGN* 20（1913)：139ff を参照。

p.161 ギュルヒェンは公判のあいだ：*FSJ* Dec 23 1605.

p.162 彼にとって：*FSJ* Apr 10 1578；Aug 12 1578；1576.

p.162 これが個人の日記だという性質から：*FSJ* Apr 15 1578；1576；Dec 22 1586；Jun 1 1587；Feb 18 1585；May 29 1582. および Nov 17 1582；Sep 12 1583.

p.162 フランツが「ミヒェル・ゲンパーライン」：*FSJ* Mar 6 1578；Jan 26 1580；Aug 10 1581；Jul 17 1582, Jun 8 1587；Jul 20 1587；Mar 5 1612.

p.164 差別表現排除の概念などない時代：ASB 210：74vff., 112 r；ASB 210：106r–v. および Norbert Schindler, "The World of Nicknames：On the Logic of Popular Nomenclature," *Rebellion, Community, and Custom in Early Modern Germany*, 英語版 Pamela E. Selwyn（Cambridge, UK：Cambridge University Press, 2002 所収), 特に 57–62 を参照。また F. Bock, "Nürnberger Spitzname von 1200 bis 1800," *MVGN* 45（1954)：1–147, および Bock, "Nürnberger Spitzname von 1200 bis 1800 — Nachlese," *MVGN* 49（1959)：1–33 も参照。同じように名付ける傾向は同時代のイングランドにも見られた。Paul Griffiths, *Lost Londons：Change, Crime, and Control in the Capital City, 1550–1660*（Cambridge, UK：Cambridge University Press, 2008), 179–92.

p.164 通称には：*JHJ* 39v.

p.165 女性の場合：*FSJ* Jul 19 1614；Jun 22 1616；Sep 16 1580；Aug 4 1612；Aug 23 1594；Nov 21 1589；Aug 16 1587；Apr 30 1596；Jul 4 and Jul 7 1584.

p.165 市のほかの処刑人にも：シュミットは、口頭で伝わっただけとは思えないような、フランケンのほかの場所での刑罰にたびたび触れている。たとえば、ある泥棒の死刑囚を「ハンス・ヴェーバー、ノイエンシュタット出身のハンス・ヴェーバーだ……私は10年前、ノイエンキルヒェンで彼が枝む

p.141 〝良質なものはニュルンベルクから〟: Reicke, *Geschichte der Reichsstadt Nürnberg*, 998.

p.143 市の八つの行政区: Andrea Bendlage, *Henkers Hertzbruder. Das Strafverfolgungspersonal der Reichsstadt Nürnberg im 15. und 16. Jahrhundert* (Constance: UVK, 2003), 28–31.

p.144「彼らのまことに公明正大なこと」: William Smith, "A Description of the Cittie of Nuremberg" (1590), *MVGN* 48 (1958), 222. 市が雇っていた「情報屋」については、Bendlage, *Henkers Hertzbruder*, 127–37を参照。

p.145 フランツのもっと個人的な記録: バンベルクで奉職した13年間、ハインリヒ・シュミットの年収(週給としてではなく処刑ごとの支払いだった)は平均50フローリン。1574年から1575年にかけてが最高で87フローリン、その翌年は29フローリンに落ち込んだ(StaatsAB A231/1, Nr. 1797/1)。フランツの契約の詳細については、以下を参照。*RV* 1422: 68r (Apr 29 1578); および Knapp, *Loch*, 61–62. ブレーゲンツの処刑人は、年俸で52フローリンの基本給と処刑ごとに1～2フローリンをもらっていた。ミュンヘンの処刑人には、1697年まで年俸83フローリンが支払われた。オスナブリュックの処刑人は、処刑ごとに2ターラー(1.7フローリン)を受け取っていた。Nowosadtko, 65–67; Wilbertz, 101.

p.146 残るリッパートと: *RV* 1119: 9v, 11v, 12r, 17r–v, 18r, 20r (Nov 13–15 1554); Knapp, *Loch*, 56–57.

p.146 マリーアは: StaatsAN 62, 54–79; LKAN Beerdigungen St. Lorenz, 57v: "Jorg Peck Pallenpinder bey dem [sh]onnetbadt Sep 16 1560." イェルクとマルガレータのペック夫妻に生まれた9人の子のうち、少なくとも2人は幼くして死んでいる。ほかにも亡くなった子がいたかもしれない。LKAN Taufungen, St. Sebaldus: 93v (Magdalena; Jul 24 1544), 95r (Maria; Sep 20 1545), 96r (Jorg; May 26 1546), 97r (Gertraud; Mar 14 1547), 99r (Sebastian; Aug 10 1549), 104v (Georgius; Dec 1 1551), 105v (Barbara; Oct 6 1552), 107v (Magdalena; Aug 30 1554), 110v (Philipus; Nov 29 1555).

p.147 そして十二月七日: LKAN Trauungen, St. Sebaldus 1579, 70; *RV* 1430: 34r (Dec 7 1579).

p.147 実際、フランツは: *Stadtlexikon Nürnberg*, 437.

p.148 特に路上清掃と: Ernst Mummenhoff, "Die öffentliche Gesundheits- und Krankenpflege im alten Nürnberg: Das Spital zum Heilige Geist," in *Festschrift zur Eröffnung des Neuen Krankenhauses der Stadt Nürnberg* (Nuremberg, 1898), 6–8; Stuart, 103.

p.149 獅子は引き渡しの仕事のかたわら: G&T, 92. 16世紀後半、ニュルンベルクの獅子たちは年俸で52フローリンもらっていた。Bendlage, *Henkers Hertzbruder*, 36–37, 89.

p.149 その後任クラウス・コーラーも: *RV* 1576: 6v, 10v (Nov 11 and 18 1589); StaatsAN 62, 82–145.

p.150 フランツは日記のある部分で: *FSJ* Aug 16 1597.

p.150 そのため: Knapp, *Loch*, 67.

p.150 〝穴牢獄〟(地下牢)のほか: Schwerhoff, *Köln im Kreuzverhör*, 103.

p.151 蛙塔や貯水塔などの: Knapp, *Kriminalrecht*, 64–81. この時代のドイツにおける精神障害者の収容については、以下を参照。H. C. Erik Midelfort, *A History of Madness in Sixteenth-Century Germany* (Stanford, CA: Stanford University Press, 1999), 特に 322–84.

p.151 囚人は自分の必要経費を: たとえば、1588年に11週と3日収監された Christoph Greisdörffer にかかった経費は、13フローリン2プフェニヒ8ヘラー。釈放時に全額支払われた。StaatsAN 54a, II: 340.

p.151 犯罪局が: エーラーは1557年10月26日に「穴牢獄番」を任命され、週給2フローリンというフランツ・シュミットにひけをとらない高給をもらっていた。*RV* 1148: 24v–25r (Oct 26 1557). ニュルンベルクの看守長の職務については、Bendlage, *Henkers Hertzbruder*, 37–42を参照。

p.152 当時の記録によると: StaatsAN 52a, 447: 1002 (Jun 23 1578); Knapp, *Loch*, 145–47.

p.152 今度は囚人が: Knapp, *Loch*, 20–21.

p.131 だが、高い技術のせいか：*Restitution*, 202v. また別の時点で、シュミットは「私はある程度の危険を冒して処刑した」と記録している（*FSJ* Jan 12 1591）。ジーモン・シラーとその妻の投石騒ぎが起きたのは1612年6月7日。

p.131 つまりフランツは：G&T, 68；および Angstmann, 109.

p.132 一五六三年：*RV* 1222：5r（Apr 14 1563）；*RV* 1224：5r（Jun 28 1563）；*RV* 1230：29v（Dec 9 1563), 38r（Dec 16 1563）；*RV* 1250：31v（Jun 19 1565）；*RV* 1263：20r（Jun 4 1566).

p.133 離婚も重婚も：*RV* 1264：17v（Jun 28 1566）；*RV* 1268：8v（Oct 10 1566）；*RV* 1274：2r（Apr 14 1567）；*RV* 1275：14r（Apr 14 1567）；*RV* 1280：24r（Sep 10 1567）；RV 1280：25v（Sep 12 1567). リーンハルトとクニグンダのリッパート夫妻の7人の子供たちは、Michael (洗礼 Oct 25 1568)、Lorentz (Nov 8 1569)、Jobst (Dec 27 1570)、Conrad (Jul 17 1572)、Barbara (Jul 10 1573)、Margarethe (Feb 13 1575)、そして Magdalena (Dec 6 1577)。LKAN Taufungen St. Sebaldus.

p.134 これに続いて：*RV* 1310：24r–v（Dec 3 1569), 29r–v（Dec 7 1569）；*RV* 1402：22r（Oct 24 1576）；*RV* 1404：1r（Dec 6 1576), 39v（Dec 28 1576).

p.134 これが元で：*RV* 1405：24v（Jan 14 1577).

p.134 なんら偶発的な出来事もなく：ASB 222：75v（23 Oct 1577).

p.135 同日：*RV* 1421：14v（Mar 21 1578）；*RV* 1422：24v（Apr 5 1578), 58r–v（Apr 25 1578), 68r（Apr 29 1578).

p.135 任命から二週間して：*RV* 1423：33v（May 16 1578).

第三章　親方として

p.136 われわれの思想の真の鏡は：*Essays*, 76.

p.136 ふるまうときは：Baltasar Gracián, *The Art of Worldly Wisdom：A Pocket Oracle*, 英語版 Christopher Maurer（New York：Doubleday, 1991), 73.

p.138 ひとつは：*FSJ* Oct 11 1593.

p.139 ある歴史家によれば：StaatsAB A245/I, Nr. 146, 124–125r. このほかの特にスキャンダラスな詐欺行為については *FSJ* Feb 9 1598；Dec 3 1605；Jul 12 1614；および Knapp, *Kriminalrecht*, 247 ff を参照。

p.139 歴史家スチュワート・キャロルによると：Stuart Carroll, *Blood and Violence in Early Modern France*（Oxford, UK：Oxford University Press, 2006), 49.

p.140 フランス人法学者ジャン・ボダンは：*Brevis Germaniae Descriptio*, 74；Klaus Leder, *Kirche und Jugend in Nürnberg und seinem Landgebiet：1400–1800*（Neustadt an der Aisch：Degener, 1973), 1. に引用。ニュルンベルクの概観記述は、近世ニュルンベルクの日常生活全体について英語で書かれたものとしては群を抜いてすばらしい、Gerald Strauss の *Nuremberg in the Sixteenth Century*（New York：John Wiley, 1966), 9–35 の、叙情詩調で生き生きとした描写によるところが大きい。また、以下の概観にも大いに助けられた。Emil Reicke, *Geschichte der Reichsstadt Nürnberg*（Nuremberg：Joh. Phil. Rawschen, 1896；reprint, Neustadt an der Aisch：P.C.W. Schmidt, 1983）；Werner Schultheiß, *Kleine Geschichte Nürnbergs*, 3rd ed.（Nuremberg：Lorenz Spindler, 1997）；*Nürnberg：Eine europäische Stadt in Mittelalter und Neuzeit*, ed. Helmut Neuhaus（Nuremberg：Selbstverlag des Vereins für Geschichte der Stadt Nürnberg, 2000）；および、不可欠な資料である *Stadtlexikon Nürnberg*, ed. Michael Diefenbacher and Rudolf Endres（Nuremberg：W. Tümmels Verlag, 2000).

p.113 ニュルンベルクの処刑台の : *FSJ* Sep 23 1590; Jul 10 1593; および Knapp, *Kriminalrecht*, 136.

p.114 バンベルクとニュルンベルクでの : *FSJ*:「剣による処刑187件、絞首索による処刑172件」。ハインリヒ・シュミットがバンベルクに在職中、1572年後半から1585年初めにかけて執行した106件の処刑のうち105件は、絞首刑 (67件) または斬首刑 (38件) だった。Schumann, "Heinrich Schmidt Nachrichter," 605.

p.114 フランツのキャリアの前半 : 全般的にみて、フランツ・シュミットが執行した死刑のうち斬首刑は47.5パーセントになった (394件中187件)。

p.114 その一方で : *FSJ* Jun 5 1573; 1573; 1576. シュミットが首吊り役人 (Henker) でなく刑吏 (*Nachrichter*) を自称したことについては、*Restitution*, 201v–202v を参照。

p.114 古代ローマ人がポエナ・カピタースと呼んだ : Knapp, *Kriminalrecht*, 52–53; Wilbertz, 87–88.

p.115 フランツは五回の成功例を : *FSJ* Mar 19 1579; Aug 16 1580; Jul 17 1582; Aug 11 1582; Jul 7 1584.

p.115 よく知られた法律書の : Keller, 157, 160–65.

p.116 法廷の有罪宣言 : Dülmen, *Theatre of Horror*, 特に 5–42.

p.117 自分が殺した男の未亡人から : *JHJ* Mar 5 1612, Hampe, 73 に引用。

p.118「彼女は自分の苦難に」: *JHJ* 97r–v (Mar 7 1615); *FSJ* Mar 7 . また、絞首台で礼儀正しく死ぬことの重要性については Stuart, 175ff を参照。

p.119 ふてぶてしい強盗が : Hampe, 73.

p.120 フォーゲルの気持ちが : Hampe, 69, 75.

p.121 裁判官は : Hampe, 19; および Richard J. Evans, *Rituals of Retribution: Capital Punishment in Germany, 1600–1987* (Oxford, UK, and New York: Oxford University Press, 1996), 69–70.

p.122 これは : *FSJ* Feb 9 1598.

p.122 行進全体をすっぽり包む : ASB 226a: 58v; *FSJ* Sep 23 1590.

p.123 だがここでも : *FSJ* Feb 18 1585; Sep 16 1580 ; および Dec 19 1615. "Wenn mein Stündlein vorhanden ist" (1562) および "Was mein Gott will" (1554), Jürgen C. Jacobs and Heinz Rölleke, commentary to 1801 version of Schmidt journal, 230.

p.123 〝貴婦人の門のところでは〟: *JHJ* Mar 5 1611.

p.124 侮辱され憤慨した : *FSJ* Mar 11 1597; *JHJ* Mar 11 1597. および Dec 18 1600; Mar 18 1616.

p.124 おとなしく悔恨の情を : *FSJ* Nov 6 1595; Jan 10 1581; 1576; Jul 1 1616; *JHJ* Jul 1 1616.

p.125「穴牢獄に」: *FSJ* Mar 9 1609; Dec 23 1600; Jul 8 1613.

p.125「彼は [ここから]」: *FSJ* Jul 11 1598.

p.128 だが、彼の最後の言葉は : *FSJ* Jan 28 1613; *JHJ* Jan 28 1613; ASB 226: 56r–57v.

p.128 〝フランツは彼女の代わりに〟: *FSJ* Aug 16 1580.

p.129 〝裁きの椅子〟に座っても : *JHJ* Feb 28 1611; *FSJ* Feb 28 1611.

p.129 彼の四十五年にわたる : 1506, 1509, 1540, and Jul 20 1587. *FSJ* Feb 12 1596; Sep 2 1600; Jan 19 1602; Feb 28 1611. バンベルク写本にだけ出てくる、2カ所に追加された「拭き掃除する」(putzen) という表記 (Dec 17 1612; Feb 8 1614) は、シュミットが三人称で言及されているところからして、明らかに後世版で年代記の記述に基づいて書き加えられたものだ。Hampe, 31; および G&T, 73–74.

p.129 よく知られたフランツの節制 : Angstmann, 109–10; Wilbertz, 127–28; Dülmen, *Theatre of Horror*, 231–40; Keller, 230.

p.131 本人はその死刑囚に : StaatsAN 52b, 226a: 176; Hampe, 79; *RV* 2250; 13r–v, 15r–v (Mar 16 1641), 29r–v (Mar 30 1641), 59r (Apr 1 1641); StadtAN FI-14/IV: 2106–7.

p.104 彼の日記に付けられた注釈によると：Jason P. Coy, *Strangers and Misfits: Banishment, Social Control, and Authority in Early Modern Germany*（Leiden: Brill, 2008), 2–3; Schwerhoff, *Köln im Kreuzverhör*, 148–53. 追放の実行はドイツ全土で見ると16世紀後半にピークを迎えたと考えられる。1578年以前の記録されていないむち打ちに加え、日記はほかのむち打ちにも言及している。*FSJ* Feb 29 1580; Jun 7 1603; Aug 4 1586.

p.104 ニュルンベルクではあらゆる：*FSJ* Oct 24 1597.

p.105 ニュルンベルクで「たいへん若い」：*FSJ* Jan 10 1583.

p.105 ほかの道具より：1573年、シュミットの前任者によるむち打ち刑で、受刑者が翌日死亡したことがあった。Knapp, *Kriminalrecht*, 63.

p.106 ニュルンベルクの同僚の：Stuart, 143.

p.106 だがそれどころか：Keller, 100.

p.106 これらの中には：Siebenkees, *Materialien*, 1: 543 ff; Keller, 189–96; Knapp, *Kriminalrecht*, 52–53. どちらの伝統もドイツの一部地方では18世紀まで続いていた。

p.107 女性に対する刑事罰は：Keller, 7.

p.107 驚くべきことに：Siebenkees, *Materialien*, 2: 599–600. A 1513 のケースは Keller, 160 に引用されている。以下も参照。G&T, 55–56; Richard van Dülmen, *Theatre of Horror: Crime and Punishment in Early Modern Germany*, 英語版 Elisabeth Neu（Cambridge, UK: Polity Press, 1990), 88–89; および *CCC*, arts. 124, 130, 133.

p.108 〝だが、その棒が折れて〟：Keller, 185; Knapp, *Kriminalrecht*, 58.

p.108 フランツ自身は：*FSJ* Mar 6 1578. この Apollonia Vöglin の神明裁判については、Harrington, *Unwanted Child*, 21–71を参照。

p.109 参事会員がついに：*FSJ* Jan 26 1580; 法律家の意見は Knapp, *Kriminalrecht*, 58 に引用。

p.110 のちにフランツ親方が：*FSJ* Jul 17 1582; Aug 11 1582; Jul 11 1598; Mar 5 1611; Jul 19 1595; Aug 10 1581; Oct 26 1581; Jun 8 1587; Oct 11 1593.

p.110 その後フランツが：*FSJ* Jan 18 1588.

p.110 内臓抉りと四つ裂きの刑の：*FSJ* 1573; 1576; Aug 6 1579; Jan 26 1580; Mar 3 1580; Aug 16 1580; Jul 27 1582; Aug 11 1582; Aug 14 1582; Nov 9 1586; Jan 2 1588; May 28 1588; May 5 1590; Jul 7 1590; May 25 1591; Jun 30 1593; Jan 2 1595; Mar 15 1597; Oct 26 1602; Aug 13 1604; Dec 7 1615.

p.111 後年のある時期に：*RV* 1551: 5v（Jan 2 1588).

p.111 しかし、ぞっとする犯行の場合でも：*FSJ* Jul 27 1582; Nov 9 1586; Jan 2 1595; Feb 10 1597; Mar 15 1597; Dec 7 1615.

p.111 一度だけ殴打の数に：*FSJ* Mar 29 1595. フランツ・シュミットは日記に、つまんだ回数を4回と記しているだけだ。その他、2回（Feb 11 1585）3回（Aug 16 1580 および Oct 23 1589）4回（Mar 5 1612)。一方、フーコーらによって悪名が高くなった〈内蔵抉りと四つ裂きの刑〉は、近世でもやはりめったにない処刑形態であることに変わりはなく、例外的でありすぎ、どんな社会歴史学的文脈においても有用でなかった。

p.112 どちらの男も：*FSJ* May 10 1599; *JHJ* Aug 4 1612.

p.112 だが、個々の処刑現場では：*FSJ* Feb 11 1584; Feb 12 1584; Oct 21 1585; Dec 19 1615. 同pp. 173–79 も参照。初めて女性が絞首刑に処されたのは、ハンブルクでは1619年、アーヘンでは1662年、ブレスラウ（現ポーランドのヴロツワフ）では1750年。Keller, 171; G&T, 55.

p.113 死刑執行人がもう一方の：引用は Keller, 170. また *CCC*, arts. 159 および 162; Wilbertz, 86–87 も参照。

p.97 取り調べと判決前の：*FSJ* Dec 4 1599；Dec 23 1605. および *RV* 2551：23r–v（Oct 10 1663).

p.97 監獄付きのある教戒師の：*JHJ* 88v–89r（Feb 8 1614). Helena Nusslerin（*RV* 1309：16v [Nov 12 1569]）および Barbara Schwenderin（*RV* 1142：31v；1143：8r [May 8 1557]）の場合はいずれも、最初の尋問から8日間待って拷問に進むよう命じられた。同様に、マルガレータ・フォークリンの場合、2週間のあいだ体力回復を待ってから死刑が執行された（*RV* 2249：24v [Feb 19 1641]).

p.97 おそらく心臓発作：StadtAN F1-2/VII（1586).

p.98 〝クソ、行くぞ、とんま〟：ASB 215：18.

p.98 〝怒りに駆られて〟：当局はクロイツマイアーを〝神聖なものへのたび重なる冒瀆〟で告発した。ASB 212：121r–122v, 125v–126r；*FSJ* Sep 5 1594.

p.98 驚くばかりの再犯を：マイアーの事件の詳細な分析については、Harrington, *Unwanted Child*, 177–227 を参照。

p.98 すると容疑者は：ASB 215：332r.

p.99 非公開で行われる尋問手続きは：シュミットが年に何回拷問に参加していたかを見積もるのは難しい。同時代のアンスバハの処刑人たち（1575 ～ 1600年）は、平均して週に一度ほど拷問していた。Angstmann, 105.

p.99「そのおかげでその男は」：*FSJ* Apr 21 1602.

p.100 また拷問の問題は：たとえば *FSJ* May 25 1581；Feb 20 1582；Aug 4 1586（2x)；Jul 11 1598 を参照。

p.100 彼は何かの折りに：*FSJ* Jul 6 1592. 当時の法律専門家たちのあいだで拷問の信頼性に対する疑問が広まっていたことについては、Zagolla, *Folter und Hexenprozess*, 34ff を参照。

p.101 少なくとも魔女の疑いを：1588年および1591年。Knapp, *Loch*, 33 に引用。この点における処刑人の裁量については、以下を参照。Zagolla, *Folter und Hexenprozess*, 367–73；および Joel F. Harrington, "Tortured Truths：The Self-Expositions of a Career Juvenile Criminal in Early Modern Nuremberg," in *German History* 23, no. 2（2005)：143–71.

p.101 さらに彼は：1549 ～ 1675年にケルンでおこなわれた114件の拷問結果に基づく。Schwerhoff, *Köln im Kreuzverhör*, 114–17. たとえば、ケルンおよびロストックでは、強盗10人に6人が拷問を受けているのに対し、殺人犯で拷問を受けたのは10人に1人だけだった。Zagolla, *Folter und Hexenprozess*, 48, 61–63.

p.102 〝法における詩歌〟：Jacob Grimm, "Von der Poesie im Recht"（初版1815年).

p.103 あるニュルンベルクの法律顧問は：Knapp, *Kriminalrecht*, 60.

p.104 また、四人の売春業者と：*FSJ* Aug 13 1578；Oct 9 1578；Nov 9 1579；Feb 7 1581；May 6 1581；Apr 22, 1585；Jun 25 1586；Aug 23 1593；Sep 25 1595；Oct 24 1597；Feb 23 1609；Nov 25 1612；Jan 30 1614. この時代、浮浪者に焼印が押されたことについては、Jütte, *Poverty and Deviance*, 164ff を参照。耳削ぎについては Jan 29 1583；Sep 4 1583；Jan 22 1600；Aug 4 1601；and Dec 9 1600。舌先切り取りは Apr 19 1591。この若き職人（ジャーニーマン）は初期に執行した体刑の件数も内容も記録していないが、彼の父親が少なくとも耳を6つ、指を2本切り落とし、焼印を2つ押すのを、見たか手伝ったかはした。1576年、Hans Peyhel の処刑について、「2年前、ヘルツォーゲンアウラハで、私は彼の両耳を削ぎ、枝むちでむち打ち刑に処したことがある」と注記している。1572 ～ 1585年、ハインリヒが（1578年以前はときとしてフランツ・シュミットが）執行したむち打ちは85件、耳削ぎは11件、指の切り落としは3件、焼印を押したのは2件だった。Schumann, "Heinrich Schmidt Nachrichter," 605.

p.104 一五七二年秋から：StaatsAB A231/a, Nr. 1797, 1–Nr. 1803, 1.

Urban Foundations of Western Society [Cambridge, UK: Cambridge University Press, 2003], 38) のなかで、移住者はほとんどのドイツ都市部において人口の3～8パーセントを構成していたと概算している。

p.88 特にそいつが最近：Angstmann, especially 2–73.

p.88 フランツはまた：こうしたしるし（シンボル）の例については Spicker-Beck, *Räuber*, 100ff および Florike Egmond, *Underworlds: Organized Crime in the Netherlands, 1650–1800* (Cambridge, UK: Polity Press, 1993) を参照。また、Carsten Küther, *Menschen auf der Strasse: Vagierende Unterschichten in Bayern, Franken, und Schwaben in der zweiten Hälfte des 18. Jahrhunderts* (Göttingen: Vandenhoeck and Ruprecht, 1983) の、特に 60–73 を参照。

p.89 当然アルコールと：近世の殺人の三分の二は刺殺関連であり、最もありふれた犯行現場は酒場だった。Julius R. Ruff, *Violence in Early Modern Europe, 1500–1800* (Cambridge, UK: Cambridge University Press, 2001), 123. フランツ親方の時代の飲酒文化については、以下を参照。B. Ann Tlusty, *Bacchus and Civic Order: The Culture of Drink in Early Modern Germany* (Charlottesville and London: University Press of Virginia, 2001); B. Ann Tlusty and Beat Kümin, eds., *Public Drinking in the Early Modern World: Voices from the Tavern, 1500–1800*, vols. 1 and 2, *The Holy Roman Empire* (London: Pickering and Chatto, 2011); Marc Forster, "Taverns and Inns in the German Countryside: Male Honor and Public Space," in *Politics and Reformations: Communities, Polities, Nations, and Empires: Essays in Honor of Thomas A. Brady, Jr.*, ed. Christopher Ocker et al. (Leiden: Brill, 2007), 230–50.

p.91 だが彼は：フランツ親方が「ワインもビールも口にしない」ことの典型的な引用例は ASB 210:248v を参照。

p.92 フランツの日記にはいとも簡単に：*FSJ* Nov 18 1617; Dec 3 1612; Mar 15 1597; Nov 14 1598.

p.93 もし死体から出血したり：1549年のニュルンベルクの記録によると、嬰児殺しの容疑者が一家の共同便所で発見された新生児の死体に対面させられている。〝その家の主人が、「おお！ 罪なきみどりごよ、ここにいる私たちのなかに［あなたを殺した］罪ある者がいるならば、合図をしておくれ」と言うと、死んだ子の左腕が持ち上がったという〟。すると、被疑者であるメイドがその場で失神した。ASB 226a:32v; *FSJ* May 3 1597; StaatsAN 52a, 447:1155; Ulinka Rublack は、17世紀の犯罪記録のなかに棺桶裁判の記述を見つけている（*The Crimes of Women in Early Modern Germany* [Oxford, UK: Clarendon Press, 1999], 58)。また、Robert Zagolla は、もっとのちの時代にもそういうやり方を続けていた地方もあると主張している（*Folter und Hexenprozess: Die strafrechtliche Spruchpraxis der Juristenfakultät Rostock im 17. Jahrhundert* [Bielefeld: Verlag für Regionalgeschichte, 2007], 220).

p.94 ある殺人容疑の女が：*FSJ* Jul 6 1592; Jan 16 1616; また *JHJ* Jan 16 1616. Johann Christian Siebenkees, ed. (*Materialien zur nürnbergischen Geschichte* [Nuremberg, 1792], 2:593–98) に、16世紀ニュルンベルクであった棺桶裁判の例が二つ（1576年に1件、1599年に1件）記録されている。

p.94 拷問は徐々に：たとえば *RV* 1419:26v. また Knapp, *Loch*, 25ff.; Zagolla, *Folter und Hexenprozess*, 327–28 も参照。

p.94 老練の裁判官が：Christian Ulrich Grupen, *Observationes Juris Criminalis* (1754), Keller, 200 に引用。

p.95 この状況下で：16世紀後半のケルンで拷問を受けた犯罪容疑者はほんの1、2パーセント。その大多数が本職の強盗や泥棒だった。Schwerhoff, *Köln im Kreuzverhör*, 109–15; および Stuart, 141–42 を参照。

p.95 人間の発想力とサディズムが：G&T, 86–88; Zagolla, *Folter und Hexenprozess*, 399–400.

p.96 二世紀後に：嬰児殺し事件で拷問するに足る理由については、以下を参照。*CCC*, art. 131, para. 36; および Rublack, *Crimes of Women*, 54; Wilbertz, 80; Nowosadtko, 164.

p.96 予想通り、二人はついに：*FSJ* May 10 1599; Knapp, *Loch*, 37.

Werke: Kritische Gesamtausgabe (Weimar: Herman Böhlau, 1883ff.; reprint, 1964–68), 19: 624–26; "Kirchenpostille zum Evangelium am 4. Sonntag nach Trinitatis," 同書, 6: 36–42; "Von weltlicher Obrigkeit, wie weit man ihr Gehorsam schuldig sei," 同書, 11: 265.

p.65 そんなとき、法廷がうまく機能するために : *Praxis rerum criminalium, durch den Herrn J. Damhouder, in hoch Teutsche Sprach verwandelt durch M. Beuther von Carlstat* (Frankfurt am Main, 1565), 264ff. Jacob Döpler, *Theatrum poenarum, suppliciorum, et executionum criminalium: oder, Schau-platz derer leibes und lebens-straffen* (Sondershausen, 1693), 1: 540.

p.66 死刑執行人のなかにはほかの : G&T, 23.

p.67 彼女もまた : バイロイトにて1560年9月2日に結婚。G&T, 5398.

p.68 それでも、市の役人は : *RV* 1313: 14v (Mar 4 1570).

p.69 しかし、そうした親方は少なく : Nowosadtko, 196; Wilbertz, 117–20.

p.72「私は仁慈あふれるバンベルク公と」: Keller, 114–15.

p.74 特に腕のよい者は : Keller, 245–46. *Rotwelsch*（隠語）は、漂泊する修道士や見習いたちが使うラテン語の仲間言葉と、ヘブライ語、イディッシュ語、ロマニー語（ロマの言語）がまじったもの。英語のコクニー（ロンドン子なまり）のように、大多数の言葉は意味の取り替えによって生み出された（比喩または〝置換、接辞添加、子音や母音や音節の反転といった形式の技法〞を通して）。Robert Jütte, *Poverty and Deviance in Early Modern Europe* (Cambridge, UK: Cambridge University Press, 1995), 182–83; および同著者の *Abbild und soziale Wirklichkeit des Bettler-und Gaunertums zu Beginn der Neuzeit: Sozial-, mentalitäts-, und sprachgeschichtliche Studien zum* Liber vagatorum *(1510)* (Cologne and Vienna: Böhlau, 1988), 特に 26–106; および Siegmund A. Wolf, *Wörterbuch des Rotwelschen: Deutsche Gaunersprache* (Mannheim: Bibliographisches Institut, 1956); Ludwig Günther, *Die deutsche Gaunersprache und verwandte Geheim und Berufssprachen* (Wiesbaden: Sändig, 1956).

p.74 面白がっているとは言えないが : Angstmann によるすばらしい概観、特に 2–73 を参照。

p.75 妻の情夫だという : Jacob Grimm et al., *Weisthümer* (Göttingen: Dieterich, 1840), 1: 818–19; Eduard Osenbrüggen, *Studien zur deutschen und schweizerischen Rechtsgeschichte* (Schaffhausen: Fr. Hurter, 1868), 392–403; Keller, 243.

p.76 それぞれの剣には : Keller, 247–48; G&T, 68–70.

p.77「剣を使った最初の処刑」: *FSJ* 1573; Aug 13 1577; Mar 19 1579.

p.77 十八世紀までプロイセンでは : Wilbertz, 123.

p.79 そこには、新しい親方は : Johann Michael Edelhäuser の *Meisterbrief* (1772年), G&T, 99 に基づく。1676年の *Meisterbrief* の全文については、Keller, 239 および Nowosadtko, 196–97 を参照。

p.79「純朴に暮らしていた父が」: *Restitution*, 201v–202r.

第二章　キャリアの始まり——遍歴修業時代

p.80 人間の判断力は : *Essays*, 63.

p.85 また、父の名代として : ホルフェルトで1573年に2件、1575年に1件。フォルヒハイムで1577年に4件、1578年に1件。バンベルクで1574年に1件、1577年に2件。

p.87 しかし、若い死刑執行人が : Harrington, *The Unwanted Child: The Fate of Foundlings, Orphans, and Juvenile Criminals in Early Modern Germany* (Chicago and London: University of Chicago Press, 2009), 78–79. Katherine A. Lynch は (*Individuals, Families, and Communities in Europe, 1200–1800: The*

なら罰金20フローリンを払うよう、義務づけた。Keller, 79ff., 121–22;G&T, 26–28;Nowosadtko, 239–48.

p.54 また、広く人々に尊敬され:Wilbertz, 333;Nowosadtko, 266;および Stuart, 3.

p.55 その際には:カロリング朝の統治者たちはこれらの公職を、*carnifices*(直訳すれば肉製造業者)、*apparitores*(執行吏)、あるいはもっと端的に *Knechte*(しもべ)あるいは、*Gerichtsherren*(法廷の主)と、ローマ時代の名称で呼びつづけた。13世紀には *Fronbote*(*Büttel* とも)、つまり廷吏という重要な人物になり、ザクセン法鑑 *Sachsenspiegel*(1224)では〝神聖なる使者〟あるいは〝神のしもべ〟と呼ぶことによって、その職分の神聖さを強調した。*Sachsenspiegel* も シュヴァーベン法鑑 *Schwabenspiegel*(1275)も、専従の処刑人には触れていない。G&T, 14. および Keller, 79–91も参照。

p.56 首吊り役人を常勤の:*Bambergensis Constitutio Criminalis,* published as *Johann von Schwarzenberg: Bambergische halßgericht und rechtliche Ordnung, Nachdruck der Ausgabe Mainz 1510*(Nuremberg: Verlag Medien & Kultur, 1979), 258b.

p.57 地域によっては:Stuart, 23–26;Nowosadtko, 50–51, 62;G&T, 9, 15;Keller, 46–47.

p.57 全ドイツで:Stuart, 29ff.

p.58 もうひとつは:*Bambergensis*;*CCC.*

p.58『カロリナ刑法典』は、ローマ法の:*CCC,* 序文。

p.59 その廷吏のなかには:ニュルンベルクには *Nachrichter*(刑吏)という用語が13世紀にはもう伝わっていたが、ほかの地域にも広まったのは16世紀になってから(*CCC* の 86, 96 および 97 参照)、北部に普及したのは17世紀初頭だった。それに比べて *Scharfrichter*(死刑執行人)のほうは、ドイツのどこでも一律に16世紀早々から使われていた。地方によって違うさまざまな処刑人の呼び名については、以下を参照。Angstmann, 4–75, 特に 28–31, 36–43, 45–50;および Keller, 106ff.;Jacob and Wilhelm Grimm, *Deutsches Wörterbuch*(Leipzig: S. Hirzel, 1877), 4, pt. 2:990–93;7:103–4;および 8:2196–97.

p.59 そこには、どのような犯罪が:*CCC,* art. 258b.

p.60 それよりずっと大きな、近隣の:Gerd Schwerhoff, *Köln im Kreuzverhör: Kriminalität, Herrschaft, und Gesellschaft in einer frühneuzeitlichen Stadt*(Bonn: Bouvier, 1991), 155;Schumann, "Heinrich Schmidt Nachrichter," 605;Angstmann, 105.

p.61 たとえば、財産を奪う罪で:16世紀後半のケルンの例では、これがその時期の処刑の四分の三になる。処刑件数193のうち、85が窃盗、62が強盗だった。Schwerhoff, *Köln im Kreuzverhör*, 154.

p.62 成人したフランツ親方が:*FSJ* Apr 5 1589.

p.62 ハンガリー方面軍に:18世紀英国や19世紀フランスでは、海外植民地への流刑のほうが一般的だった。以下を参照。André Zysberg, "Galley and Hard Labor Convicts in France(1550–1850): From the Galleys to Hard Labor Camps: Essay on a Long Lasting Penal Institution," in *The Emergence of Carceral Institutions: Prisons, Galleys, and Lunatic Asylums, 1550–1900,* ed. Pieter Spierenburg (Rotterdam: Erasmus Universiteit, 1984), 特に 78–85;および Knapp, *Kriminalrecht,* 79–81も参照。

p.63 しかし、フランツ・シュミットの:ニュルンベルクの懲罰所、労役所の始まりについては、以下を参照。Joel F. Harrington, "Escape from the Great Confinement: The Genealogy of a German Workhouse," in *Journal of Modern History* 71(1999):308–45.

p.63 追放刑もそうだが:*FSJ* Dec 15 1593;Sep 5 1594;Mar 29 1595;May 19 1601;May 28 1595;Nov 22 1603;Aug 17 1599;May 2 1605;Jan 25 1614(2x);Jul 19 1614;Jan 11 1615;Jan 12 1615. さらに Harrington, "Escape from the Great Confinement," 330–32.

p.64〝もしあなたが〟:"Ob Kriegsleute auch in seligem Stande sein können"(1526), in *D. Martin Luthers*

いけにえを捧げていた異教徒のゲルマン民族聖職者の流れをくむ者であり、彼らが中傷されるのはキリスト教的な改宗運動の一部であるという、ユング的な解釈に基づく考えをもつ歴史家さえいた。Karl von Amira, *Die germanischen Todesstrafen*（Munich：Verlag der Bayerischen Akademie der Wissenschaften, 1922）および Nowosadtko, 21–36, and G&T, 14, 38–39 の議論を参照。

p.43 こうした一族のなかには：近世ドイツで処刑人の家系として著名だったのは、以下の一族。Brand, Döring, Fahner, Fuchs, Gebhardt, Gutschlag, Hellriegel, Hennings, Kaufmann, Konrad, Kühn, Rathmann, Schwanhardt, and Schwarz, G&T, 46；および Stuart, 69 を参照。

p.46 それから数年経っていたが：フランツは父親の恥辱について *Restitution*, 201r–v で述べている。また *Enoch Widmans Chronik der Stadt Hof*, ed. Christian Meyer（Hof：Lion, 1893), 430 でも確認される。ただし、ハインリヒ・シュミットの名前が出ているわけではなく、辺境伯が2人の従者に命じて鉄砲鍛冶がひとり絞首刑に処されたことを明記するもの。ホーフ包囲戦については以下を参照。Friedrich Ebert, *Kleine Geschichte der Stadt Hof*（Hof：Hoermann, 1961), 34ff.；E. Dietlein, *Chronik der Stadt Hof*, vol. 1：*Allgemeine Stadtgeschichte bis zum Jahre 1603*（Hof：Hoermann, 1937), 329–94；Kurt Stierstorfer, *Die Belagerung Hofs, 1553*（Hof：Nordoberfränkischen Vereins für Natur, Geschichts-, und Landeskunde, 2003).

p.47 フランツ・シュミットがこの世に：ホーフのこの時期の洗礼記録は残っていない。この年代はヨハネス・ハーゲンドルン師の日記の記述に基づいて決定した。1618年8月初めのことだったフランツ親方の退職について、牧師がこの処刑人はもう64歳の誕生日を迎えていると注記しているのだ（*JHJ* 68r)。1624年に出されたシュミットの名誉回復勅令に、父が名誉を剥奪された時点でフランツはもう生まれていたという言及がないので、誕生日はおおよそ1553年11月から1554年7月までに絞られる。

p.47 ここ何百年かは：Ebert, *Kleine Geschichte der Stadt Hof*, 25–27.

p.48 その秋：*Widmans Chronik*, 180, 188.

p.48 一五六〇年五月までの：Dietlein, *Chronik*, 434–35.

p.49 キャリアのうえで画期的な：Ilse Schumann, "Der Bamberger Nachrichter Heinrich Schmidt：Eine Ergänzung zu seinem berühmten Sohn Franz," in *Genealogie* 3（2001)：596–608.

p.49 司教の統治は：Johannes Looshorn, *Die Geschichte des Bisthums Bamberg*, vol 5：*1556–1622*（Bamberg：Handels-Dr., 1903), 106, 148, 217.

p.50 シュミット一家は平均年収：StaatsAB A231/a, Nr. 1797, 1–Nr. 1809, 1（Ämterrechnungen, 1573–1584).

p.50 一五七二年の晩夏に：StadtAB Rep B5, Nr. 80（1572/73).

p.50 これくらいの規模の都市では：Stuart, 54–63；G&T, 23；Keller, 120；Wilbertz, 323–24.

p.51 シュミット一家がプロテスタントで：ホーフはほとんどルター派信徒ばかりの町だったが、1570年のバンベルクでプロテスタント人口はほんの14パーセントにすぎなかった。Karin Dengler-Schrieber, *Kleine Bamberger Stadtgeschichte*（Regensburg：Friedrich Puslet, 2006), 78.

p.51 いわゆる前世紀の：Wilbertz, 319–21.

p.52 主に出生に基づく：Werner Danckert, *Unehrliche Leute. Die verfemten Berufe*, 2nd ed.（Bern：Francke, 1979), 39ff. 同職組合の道徳観念については以下を参照。Mack Walker, *German Home Towns：Community, State, and General Estate, 1648–1871*（Ithaca, NY：Cornell University Press, 1971), 90–107.

p.52 いくつかの都市では：ベルリンの処刑人は赤い飾りが付いた灰色の帽子をかぶることになっていた。14世紀には、耳をすっぽり覆うが顔は隠れない縁なし帽をかぶる処刑人もいたらしい。1543年、フランクフルト・アム・マイン市は市の処刑人に、〝上衣に赤、白、緑の袖章を〟つけるよう、つけない

Today, 英語版 Thomas Robisheaux (Charlottesville : University of Virginia Press, 1996), 68–105.

p.30 たいていの両親は : 最近の概観については、以下を参照。C. Pfister, "Population of Late Medieval Germany," in *Germany : A New Social and Economic History*, vol. 1, *1450–1630*, ed. Bob Scribner, 213 ff.

p.31 どんなタイミングで流行が始まるか : Imhof, *Lost Worlds*, 72.

p.31 あらゆる食料の欠乏で : Imhof, *Lost Worlds*, 87–88. さらに John D. Post, *The Last Great Subsistence Crisis in the Western World* (Baltimore : Johns Hopkins University Press, 1977) も参照。小氷期については以下を参照。Wolfgang Behringer, *Kulturgeschichte des Klimas : Von der Eiszeit bis zur globalen Erwärmung* (Munich : C. H. Beck, 2007、邦訳『気候の文化史　氷期から地球温暖化まで』松岡尚子、小関節子、柳沢ゆりえ、河辺暁子、杉村園子、後藤久子 訳、丸善プラネット、2014), 特に 120–95.

p.32 この男は数え切れない人間を : Thomas A. Brady, Jr., *German Histories in the Age of Reformations* (Cambridge, UK : Cambridge University Press, 2009), 96–97.

p.33「身分、財産、地位の」: Brady, *German Histories*, 97. さらに Knapp, *Kriminalrecht*, 155–60 も参照。

p.33 貴族間の経済統合が : 以下の論証に説得力がある。Hillay Zmora, *The Feud in Early Modern Germany* (Cambridge, UK : Cambridge University Press, 2011). また、同著者による姉妹編 *State and Nobility in Early Modern Franconia, 1440–1567* (Cambridge, UK : Cambridge University Press, 1997) も参照。

p.34 こうした雇い兵たちを : Monika Spicker-Beck, *Räuber, Mordbrenner, umschweifendes Gesind : Zur Kriminalität im 16. Jahrhundert* (Freiburg im Breisgau : Rombach, 1995), 25 に引用されている1522年8月12日の判決より。

p.34「何頭もの家畜を刺し殺し」: Hans Jakob Christoffel von Grimmelshausen, *An Unabridged Translation of Simplicius Simplicissimus*, 英訳版 Monte Adair (Lanham, MD : University Press of America, 1986), 9–10.

p.35「三つの水車小屋で」: *FSJ* Feb 14 1596. ある16世紀の例では強盗3人のうちひとり以上が傭兵だった。Spicker-Beck, *Räuber*, 68.

p.36 火つけ人殺しで知られた : 以下を参照。Bob Scribner, "The Mordbrenner Panic in Sixteenth Century Germany," in *The German Underworld : Deviants and Outcasts in German History*, ed. Richard J. Evans (London and New York : Routledge, 1988), 29–56 ; Gerhard Fritz, *Eine Rotte von allerhandt rauberischem Gesindt : Öffentliche Sicherheit in Südwestdeutschland vom Ende des Dreissigjährigen Krieges bis zum Ende des Alten Reiches* (Ostfildern J. Thorbecke, 2004), 469–500 ; および Spicker-Beck, *Räuber*, 特に 25 ff.

p.38「神よ、われらを護りたまえ」: Imhof, *Lost Worlds*, 4.

p.42 民間伝承には : Angstmann, 85.

p.42 近世のドイツでは : ほかの不名誉な職業は理髪師、物乞い、街路清掃人、皮なめし人、廷吏、射手、羊飼い、雌豚去勢人、便所掃除人、粉屋、夜警、役者、煙突掃除人、徴税吏など。Nowosadtko, 12–13 and 24–28.

p.42 〝娼婦の息子の首吊り役人〟: "Der Hurenson der Hencker," in 1276 Augsburg Stadtrecht, Keller, 108. 処刑人たちのあいだでごくありふれた名前が実はシュミット（鍛冶屋）、シュナイダー（仕立屋）、シュライナー（大工）などといった職業名であることに鑑みると、この議論は心もとない。もとは犯罪者だった首吊り役人も何人かいたかもしれないが、それも通例というよりは例外だったのではなかろうか。Angstmann (74–113) は、このテーマについて20世紀初めに行われた当時の人類学的調査、および歴史物語における彼女の発見に大きく影響を受けている。中世の処刑人は儀式として

に処し、追放」というくだりである。*FSJ* Jun 7 1603.

p.17 フランツ親方の日記をもとに：「彼は自分の考えを整理することがまったくできなかった」と Keller は結論づけている。(252).

p.17 以前出版された二つの活字版：Endter編1801年版は、18世紀の写本（StaatsAN Rep 25：S II. L 25, no. 12 所収）をもとにしている。Albrecht Keller 編 1913年版は、主として17世紀後半の GNM Bibliothek 2° HS Merkel 32 からの抜粋。筆者自身による *FSJ* 英訳（近日刊行予定）は、1634年 Stadtchronik of Hans Rigel in the StadtBN, 652 2° に基づく。その他の写しや断片は、17世紀後半および18世紀に生まれたものらしく、少なくとも Staatsbibliothek Bamberg（SH MSC Hist. 70 and MSC Hist. 83）に 2バージョン、GNM（Bibliothek 4° HS 187 514；Archiv, Rst Nürnberg, Gerichtswesen Nr. V1/3）に 2バージョン現存する。

p.20 ドイツの処刑人として：この動機は Keller（*Maister Franntzn Schmidts Nachrichters*, Introduction, x–xi）および Nowosadtko（"'Und nun alter, ehrlicher Franz'：Die Transformation des Scharfrichtermotivs am Beispiel einer Nurnberger Malefizchronik," *Internationales Archiv für Sozialgeschichte der deutschen Literatur* 31, no. 1［2006］：223–45）の両方により示唆されているが、いずれも著者フランツの人生に含まれる意味にまでは言及していない。

p.21 にもかかわらずフランツは：LKAN 所載の結婚・出生・死亡登録から、シュミットの出自や家庭生活の外観を再構成することができた。主として Staatsarchiv Nürnberg で見つかった尋問記録《プロトコル》その他の刑事裁判所記録からは、彼の仕事関係の事情がかなり詳しく判明した。ニュルンベルク市参事会行政命令集 *Ratsverläße* はとりわけ重宝な情報源で、彼の人生の公私にわたって新事実を明らかにする、さまざまな情報を提供してくれた。行政命令集はまた、彼が兼業していた医療顧問としての仕事に、特にニュルンベルクの処刑人を退職してからのその仕事に、光明を投ずる一助ともなった（日記ではろくに言及されていない）。最後に、先人研究者たちが摘み集めた貴重な伝記情報の恩恵を大いにこうむった。特に、Albrecht Keller, Wolfgang Leiser, Jürgen C. Jacobs, および Ilse Schumann。

p.23 殺人の発生率だけで：この点を概観するには Julius R. Ruff, *Violence in Early Modern Europe, 1500–1800*（Cambridge, UK：Cambridge University Press, 2001）が適している。

第一章　徒弟時代《アプレンティス》

p.27 息子がまだほんの幼児のあいだに：*Collected Works of Erasmus*, vol. 25, *Literary and Educational Writings*, ed. J. K. Sowards（Toronto：University of Toronto Press, 1985), 305.

p.27 人間の真価は：*Essays*, 英語版 J. M. Cohen（Harmondsworth, UK, and Baltimore：Penguin, 1958), 116.

p.29 時代錯誤じみた感情移入：近世の人たちが動物の苦痛に無関心だったらしいことについては、Robert Darnton の名著 *The Great Cat Massacre and Other Episodes in French Cultural History*（New York：Vintage, 1985、邦訳『猫の大虐殺』海保眞夫、鷲見洋一 訳、岩波現代文庫、2007）を参照。

p.29 ここでもハインリヒ親方は：Wilbertz, 120–31に記述されている、名門処刑人一族の息子たちに一般的だった修業経験に基づいて再構成した。フランツ・シュミットは、1573年6月に遍歴修業中の職人（ジャーニーマン）として仕事を始めたこと以外、父親のそばで修業したことを日記に何も記していない。

p.30 だがそれはシュミット一家のような：この部分は特に、以下の論じ方に負うところが大きい。Arthur E. Imhof, *Lost Worlds：How Our European Ancestors Coped with Everyday Life and Why Life Is So Hard*

序

p. 9　有用な人物は：Heinrich Sochaczewsky, *Der Scharfrichter von Berlin*（Berlin：A. Weichert, 1889), 297.

p.12 〝このように恐ろしく〟：*JHJ* Nov 13 1617；Theodor Hampe, "Die lezte Amstverrichtung des Nürnberger Scharfrichters Franz Schmidt," in *MVGN* 26（1926)：321 ff も参照。

p.13 それとも：20世紀の歴史家たちのあいだで近世《アーリー・モダン》の処刑人の性格は、社会病質者から社会の犠牲者仲間に対する無感動までさまざまに描写された。Nowosadtko, 352.

p.14 一九一三年版の英語抄訳版が：*Meister Frantzen Nachrichter alhier in Nürnberg, all sein Richten am Leben, so wohl seine Leibs Straffen, so Er verRicht, alleß hierin Ordentlich beschrieben, aus seinem selbst eigenen Buch abschrieben worden*, ed. J. M. F. von Endter（Nuremberg：J. L. S. Lechner, 1801), reprinted with a commentary by Jürgen C. Jacobs and Heinz Rölleke（Dortmund：Harenberg, 1980). *Maister Franntzn Schmidts Nachrichters inn Nürmberg all sein Richten*, ed. Albrecht Keller（Leipzig：Heims, 1913), reprinted with an introduction by Wolfgang Leiser（Neustadt an der Aisch, P. C. W. Schmidt, 1979). 後者の英語版は *A Hangman's Diary, Being the Journal of Master Franz Schmidt, Public Executioner of Nuremberg, 1573–1617*, 英語版 C. V. Calvert and A. W. Gruner（New York：D. Appleton, 1928), reprinted（Montclair, NJ：Patterson Smith, 1973).

p.15 当時、ドイツ人の大多数は：たとえば、アンスバッハの処刑人の1575～1603年の〝日記〟（StaatsAN Rep 132, Nr. 57)；ロイトリンゲンの処刑人の 1563–68 年の日記（*Württembergische Vierteljahrshefte für Landesgeschichte*, 1 [1878], 85–86)；オーラウ（現オワヴァ）の Andreas Tinel の1600年頃のもの（Keller, 257 に引用)；ハイガーロッホの Jacob Steinmayer の 1764–81年のもの（*Württembergische Vierteljahrshefte für Landesgeschichte*, 4 [1881]：159 ff.)；ザルツブルクの Franz Joseph Wohlmuth のもの（*Das Salzburger Scharfrichtertagebuch*, ed. Peter Putzer [Vienna：Österreichischer Kunst-und Kulturverlag, 1985])；シュターデの Johann Christian Zippel のもの（Gisela Wilbertz, "Das Notizbuch des Scharfrichters Johann Christian Zippel in Stade [1766–1782]," in *Stader Jahrbuch*, n. s. 65 [1975]：59–78）などを参照。近世の処刑人による記録の概観は Keller, 248–60 を参照。

せいぜいのところ、ある程度まで字を読めたのは男性の3人にひとりの割合であった。Hans Jörg Künast, "Getruckt zu Augspurg"：*Buchdruck und Buchhandel in Augsburg zwischen 1468 und 1555*（Tübingen：Max Niemeyer, 1997), 11–13；R. A. Houston, *Literacy in Early Modern Europe：Culture and Education, 1500–1800*（Harlow, UK：Pearson Education, 2002), 125 ff.

p.15 その後、ヨーロッパでは：それらのうち最も有名なものは、パリで代々処刑人だった Henri Sanson（アンリ・サンソン）が一族の話を収集した回想記 *Sept générations d'exécuteurs, 1688–1847*, 6 vols.（Paris：Décembre-Alonnier, 1862–63）だろう（英語への抄訳版は London：Chatto and Windus, 1876)。イギリスにおける例としては、John Evelyn, *Diary of John Evelyn*（London：Bickers and Bush, 1879)；および Stewart P. Evans, *Executioner：The Chronicles of James Berry, Victorian Hangman*（Stroud, UK：Sutton, 2004）がある。

p.16 しかもその用例は：日記のなかだけでなく、ニュルンベルクにおけるシュミットの在任期間もずっとそうである。：1573（2x)；1576（3x)；1577（2x)；Mar 6 1578；Apr 10 1578；Jul 21 1578；Mar 19 1579；Jan 26 1580；Feb 20 1583；Oct 16 1584；Aug 4 1586；Jul 4 1588；Apr 19 1591；Mar 11 1598；Sep 14 1602；Jun 7 1603；Mar 4 1606；Dec 23 1606.

p.17 悪名高い追いはぎだった：1585年2月11日に処刑されたフリードリヒ・ヴェルナー。唯一の例外は（殺人者の逃亡を幇助したかどで）「私の親族であるハンス・シュピスを獅子によりむち打ちの刑

原註

〈原註における略称〉

Angstmann: Else Angstmann, *Der Henker in der Volksmeinung: Seine Namen und sein Vorkommen in der mündlichen Volksüberlieferung* (Bonn : Fritz Klopp, 1928).

ASB: Amts- und Standbücher; Staatsarchiv Nürnberg, Bestand 52b.

CCC: *Die Peinliche Gerichtsordnung Kaiser Karl V: Constitutio Criminalis Carolina: Die Carolina und ihre Vorgängerinnen. Text, Erläuterung, Geschichte.* Edited by J. Kohler and Willy Scheel (Halle an der Saale: Verlag Buchhandlung des Waisenhauses, 1900).

FSJ: Frantz Schmidt's journal; Stadtbibliothek Nürnberg, Amb 652. 2°.

G&T: Johann Glenzdorf and Fritz Treichel, *Henker, Schinder, und arme Sünder*, 2 vols (Bad Münder am Deister: Wilhelm Rost, 1970).

GNM: Germanisches Nationalmuseum Nürnberg.

JHJ: Journal of prison chaplain Johannes Hagendorn (1563–1624). Germanisches Nationalmuseum Nürnberg, 3857 Hs.

Hampe: Theodor Hampe, *Die Nürnberger Malefizbücher als Quellen der reichsstädtischen Sittengeschichte vom 14. bis zum 18. Jahrhundert* (Bamberg: C. C. Buchner, 1927).

Keller: Albrecht Keller. *Der Scharfrichter in der deutschen Kulturgeschichte* (Bonn: K. Schroeder, 1921).

Knapp, *Kriminalrecht*: Hermann Knapp, *Das alte Nürnberger Kriminalrecht* (Berlin: J. Guttentag, 1896).

Knapp, *Loch*: Hermann Knapp. *Das Lochgefängnis, Tortur, und Richtung in Alt-Nürnberg* (Nuremberg: Heerdengen-Barbeck, 1907).

LKAN: Landeskirchlichesarchiv Nürnberg.

MVGN: *Mitteilungen des Vereins für die Geschichte der Stadt Nürnbergs.*

Nowosadtko: Jutta Nowosadtko, *Scharfrichter und Abdecker: Der Alltag zweier "unehrlicher Berufe" in der Frühen Neuzeit* (Paderborn : Ferdinand Schöningh, 1994).

Restitution: Haus-, Hof-, Staatsarchiv Wien. *Restitutionen.* Fasz. 6/S, Franz Schmidt, 1624.

RV: *Ratsverlaß* (decree of Nuremberg city council). Staatsarchiv Nürnberg, Rep. 60a.

StaatsAB: Staatsarchiv Bamberg.

StaatsAN: Staatsarchiv Nürnberg.

Stuart: Kathy Stuart, *Defiled Trades and Social Outcasts: Honor and Ritual Pollution in Early Modern Germany* (Cambridge, UK, and New York: Cambridge University Press, 1999).

Wilbertz: Gisela Wilbertz. *Scharfrichter und Abdecker im Hochstift Osnabrück: Untersuchungen zur Sozialgeschichte zweier "unehrlichen" Berufe im nordwesten Raum vom 16. bis zum 19. Jahrhundert* (Osnabrück: Wenner, 1979).

《扉ページ》

Albrecht Dürer, *Saint Catherine* [*of Alexandria*] *and the Hangman* (1517).
死刑執行人が剣を振り下ろす前、ひざまずく聖女がうごかないようおさえていることに注目。

《口絵図版出典》

Bayerisches Hauptstaatsarchiv München : 口絵32
Germanisches Nationalmuseum Nürnberg : 口絵11、20、28、35、43
Kunsthistorisches Museum Wien : 口絵5
Luzern Zentralbibliothek : 口絵13、14
Mary Evans Picture Collection : 口絵30
Museen der Stadt Nürnberg : 口絵3
Staatliche Museen Nürnberg : 口絵42
Staatliche Museen zu Berlin, Kunstbibliothek : 口絵31、33
Staatsarchiv Nürmberg : 口絵2、10、22、24、25、27
Stadtarchiv Nürnberg : 口絵8、9、16、17、23、26、29、34
Stadtbibliothek Nürnberg : 口絵1、40
Zentralbibliothek Zürich : 口絵18、19、21、41

【装丁】柳川貴代

【著者紹介】
ジョエル・F・ハリントン Joel F. Harrington
ヴァンダービルト大学教授。専攻はヨーロッパ史、とくに宗教改革と近世ドイツ。主な著作に、2010年度ローランド・H・ベイントン賞を受賞した『The Unwanted Child: The Fate of Foundlings, Orphans, and Juvenile Criminals in Early Modern Germany』、『Reordering Marriage and Society in Reformation Germany』、『A Cloud of Witnesses: Readings in the History of Western Christianity』などがある。現在テネシー州・ナッシュビル在住。

【訳者紹介】
日暮雅通(ひぐらし・まさみち)
1954年生まれ。青山学院大学卒、英米文芸・ノンフィクション翻訳家。日本推理作家協会会員。訳書に『未解決事件　死者の声を甦らせる者たち』(柏書房)『シャーロック・ホームズの科学捜査を読む——ヴィクトリア時代の法科学百科』(河出書房新社)『図説 中世ヨーロッパ 武器・防具・戦術百科』(原書房)『スパイの歴史』(東洋書林)『新訳シャーロック・ホームズ全集』(光文社)『最初の刑事』(早川書房)ほか多数がある。

死《し》刑《けい》執《しっ》行《こう》人《にん》
残《のこ》された日記《にっき》と、その真相《しんそう》

2014年8月10日　第1刷発行

著　者　ジョエル・F・ハリントン
訳　者　日暮雅通
発行者　富澤凡子
発行所　柏書房株式会社
東京都文京区本郷2-15-13(〒113-0033)
電話(03)3830-1891 (営業)
(03)3830-1894 (編集)

組版　高橋克行　金井紅美
印刷・製本　中央精版印刷株式会社

ISBN978-4-7601-4447-1